Mappa femminile della città di Milano

Direzione editoriale
Rossana Di Fazio, Margherita Marcheselli

Direzione amministrativa
Verena Mantovani

Progetto grafico e impaginazione
Rossana Di Fazio, Dafne Calgaro, Daniela Meda

Questo libro è stato realizzato anche grazie al contributo di:
Trust Nel nome della donna
Associazione Toponomastica femminile

In copertina:
Cristina Trivulzio di Belgioioso, ritratto scultoreo, Piazza Belgioioso, Milano (Foto Loris Calgaro)

Aperture:
Itinerario 1: *Statue sul tetto del Duomo di Milano* (Shutterstock)
Itinerario 2: Ernesta Bisi, *La famiglia Manzoni intorno al 1825*,
(dettaglio, le figlie e figli: Giulietta, Pietro, Cristina, Sofia, Enrico, Clara e Vittoria)
Itinerario 3: Gentile e Giovanni Bellini, *Predica di S. Marco in Egitto* (dettaglio),
Milano, Pinacoteca di Brera, ©2022. Foto Scala, Firenze - su concessione Ministero Beni e Attività Culturali e del Turismo
Itinerario 4: Bartolomeo Suardi detto il Bramantino, *Arazzi Trivulzio*, *Aprile* (dettaglio),
Sala della Balla, Museo degli Strumenti Musicali, Castello Sforzesco
Itinerario 5: Chiesa di Santa Maria delle Grazie (Foto Loris Calgaro)

www.enciclopediadelledonne.it
redazione@enciclopediadelledonne.it

ISBN: 9788899270353

Lorenza Minoli

Mappa femminile della città di Milano

Itinerari nel centro storico

con la collaborazione di
Linda Bertella

enciclopediadelledonne.it i libri

Sommario

Introduzione
di Lorenza Minoli

Abbiamo sinora poche attestazioni di donne architette o urbaniste precedenti il Novecento, tuttavia conosciamo figure mitologiche o letterarie e immagini che illustrano la capacità femminile di costruire e far costruire, basti pensare alle magnifiche muratrici della Città delle donne di Christine de Pizan (1405).
Ma una città non è fatta solo di architetture: la città è sempre stata un luogo per donne e da loro vissuto e tessuto. Questi vissuti personali hanno impregnato i muri delle abitazioni: come dice Virginia Woolf in *Una stanza tutta per sé*: «le donne son restate sedute all'interno delle loro case per milioni di anni, tanto che i muri stessi sono impregnati della loro forza creatrice, la quale eccede talmente la capacità dei mattoni e della malta che...» (e continuiamo noi) ... hanno di certo contribuito a caratterizzare e addirittura a modificare le strutture residenziali e il loro rapporto con l'architettura della città.
Qualcosa in questo senso possono dirci gli edifici dove sono nate, quelli in cui hanno vissuto o svolto attività culturale o lavorativa. Il concetto di luogo va esteso ai territori o porzioni di essi che possono essere stati connotati in qualche forma dalla frequentazione femminile quotidiana per l'espletamento delle mansioni di cura o di lavoro extradomestico.
Esempio paradigmatico è quello delle alzaie dei navigli o degli argini di altri tipi di corsi d'acqua fortemente caratterizzati fino all'inizio del secolo scorso dalla presenza delle lavandaie (la ricca e variegata ritrattistica di genere ne è testimonianza) dove sopravvivono resti, spesso totalmente trascurati, delle cosiddette *preje* (pietre per lavare), dei *brellin* (assi per insaponare e sbattere la biancheria), delle tettoie (presenti più frequentemente nei veri e propri lavatoi pubblici). Oppure pensiamo alle mondine, alle prime operaie tessili,

alle tabacchine, alle artigiane e alle *piscinine* delle sartorie, modisterie, camicerie. Proprio gli scioperi di queste ultime categorie sono stati l'occasione delle prime uscite in massa per le vie della città come cittadine consapevoli.

Ricalcare fisicamente, con i nostri passi, queste diverse percorrenze, scoprendone delle nuove, incrociando le tracce di esistenze diverse, intesse una conoscenza del territorio pulsante e del tutto nuova, in grado di fornire rinnovati input per le trasformazioni.

L'obiettivo principale del mio lavoro di molti anni, ora organizzato e raccolto in questo libro-guida, è quello di conoscere e mostrare le tracce di questa presenza decisiva delle donne nel tessuto della città.

Si tratta di provare a coglierne le tracce materiali in città – eventuali, rare, rappresentazioni (scultoree, pittoriche, musive, incisioni) o dediche, presenze museali, ecc. – e di trovare il modo per seguire i soggetti di genere femminile negli interni dove sono nati, hanno vissuto, lavorato e operato nel campo della cura come in quello della produzione artistica e culturale.

Spingendo l'occhio attraverso qualche crepa o fessura, tendendo l'orecchio, leggendo tra le righe si può provare a rendere più trasparenti e lievi le pareti fino ad abbattere le murature, che si rinchiusero alle spalle delle donne dall'instaurazione del patriarcato in poi (ma già altre mura si stanno erigendo).

Entrando negli interni domestici c'è tutto un mondo ancora da conoscere, in molti casi da "decifrare", prima che "registrare", poiché è un mondo le cui modalità, tempi, temi non sono stati recepiti nelle storiografie ufficiali, che si sono costruite sui valori della cultura dominante, quindi maschili. Eppure dietro a un uomo famoso ci fu sempre una donna che gli permetteva di dedicarsi alla creatività libero dai problemi della quotidianità, dietro alla targa che lo celebra sulle "pareti" urbane ci sono vissuti da scoprire, profili biografici da ricostruire, operati da valorizzare anche per il peso che indirettamente hanno avuto nella costruzione del manufatto urbano.

«La città non dice il suo passato,
lo contiene come le linee d'una mano,
scritto negli spigoli delle vie»

Italo Calvino, *Le città invisibili*

Mappa femminile della città di Milano e Toponomastica femminile

Raccogliamo il contributo di Maria Pia Ercolini, presidente dell'associazione Toponomastica femminile e di Nadia Boaretto, coordinatrice della sezione milanese. Toponomastica femminile, impegnata nella valorizzazione delle tracce femminili in tutte le città italiane, ha seguito da sempre il lavoro di Lorenza Minoli, una delle socie fondatrici dell'associazione, con grande interesse e partecipazione.

Che cos'è Toponomastica femminile

di Maria Pia Ercolini

La toponomastica ricostruisce la storia e la memoria di un popolo, ne mette in luce modelli e valori: è la città che narra il suo carattere e descrive la società che la circonda.
A chi appartiene lo spazio pubblico oggi?
Sono i numeri a parlare. A livello nazionale, meno del 5% delle aree di circolazione è intitolato a donne, e di questa esigua presenza più della metà celebra immagini mariane, sante, mitologiche e leggendarie.
Resta ben poco per ricordare le protagoniste laiche della civiltà e offrire alle nuove generazioni orizzonti paritari, di reciproco rispetto e stima.
La marginalizzazione dell'operato femminile è confermata dallo squilibrio di genere: ogni 100 strade dedicate a uomini, se ne incontrano appena 8 con nomi di donne. La trasmissione dei valori, dunque, resta ancorata a pensieri e azioni esclusivamente maschili e le donne si affacciano nello spazio urbano come comparse, corpi e volti spesso commercializzati e destinati a un piacere androcentrico.
L'idea del soggetto maschile come elemento universale pervade ogni campo: solo uomini stilizzati nella segnaletica stradale, statue e monumenti eretti a un solo genere, resistenze nel declinare al femminile le professioni prestigiose, ostacoli per la trasmissione del cognome materno…

Delle nostre storie rimangono poche tracce e rare testimonianze, che non consentono di rendere noto il reale apporto delle menti femminili alla costruzione del mondo.
Nasce da questa esigenza l'impegno di Toponomastica femminile, che da un decennio propone alla cittadinanza, alle scuole, alle istituzioni sguardi nuovi e inclusivi sulle città.

L'incontro con Lorenza Minoli

di Nadia Boaretto

Correva l'anno 2015 e nel pomeriggio del 16 ottobre si concludeva in gloria delle donne il primo convegno milanese di Toponomastica femminile con l'itinerario "A piedi per la città. Esperienza attiva di un percorso urbano di genere". Si completava così mirabilmente l'esposizione con cui Lorenza Minoli, a coronamento della mattinata, aveva delineato il progetto di una Guida di Milano sulle tracce della presenza femminile.
Un nutrito drappello di toponomaste munite di auricolari si snodò allora in una entusiasmante passeggiata condotta dalla pifferaia magica Lorenza Minoli che, partendo da Palazzo Marino, culla di Marianna De Leyva immortalata da Manzoni come la Monaca di Monza, davanti alla Scala citava Maria Malibran e la miriade di voci celebri esibitesi nel tempio dell'opera lirica, per poi dirigersi alla Cappella delle Ballerine in San Fedele, e di seguito in via Manzoni, via Bigli e nei vari punti focali che nel centro cittadino recano l'impronta di Maria Gaetana Agnesi, Clara Maffei e molte altre, ora degnamente evocate in questa guida.
Successivamente il progetto fu presentato alla Casa delle Donne, ricevendo il plauso di Francesca Zajczyk, delegata del sindaco alle Pari Opportunità, e di Anita Sonego, Consigliera Comunale per le Pari Opportunità alla quale, durante il convegno, era stata affidata una

lettera da consegnare al sindaco in cui si chiedevano nuove intitolazioni pubbliche da dedicare a donne benemerite per il loro operato. Il censimento, che era stato il primo compito assunto da Toponomastica femminile, constatava come soltanto il 4% delle vie si riferisse a figure di donne, in buona percentuale sante e madonne. Immaginando vecchie e giovani generazioni alzare lo sguardo verso le targhe stradali della città, non si poteva che concludere che ogni eccelso contributo alle arti, alla letteratura, alla partecipazione storica era da attribuirsi a uomini, tramandati alla memoria dei posteri in testimonianza imperitura. E le donne? Cancellate, quindi inesistenti?
Da quella prima verifica si sono sviluppate innumerevoli idee e realizzazioni mirate, soprattutto, alle scolaresche, per incitarle a ricercare nel proprio quartiere e in territori a più vasto raggio la scia delle donne che vissero e agirono a esaltazione dei talenti femminili e per il bene della comunità. Per questo è nato il concorso "Sulle Vie della Parità", che ogni 8 marzo propone agli Enti locali nominativi femminili a cui intitolare luoghi pubblici come giardini, rotatorie, piste ciclabili, vie, aule istituzionali, sale convegni, istituti...
Lorenza Minoli in questo libro continua a guidarci per le vie di Milano, arricchendo il percorso che mosse i primi passi il 16 ottobre 2015. E ancora una volta noi la seguiremo.

Gruppo delle partecipanti alla prima passeggiata milanese "sulle tracce delle donne", primavera 2015, riunite in piazza San Fedele sotto la statua di Alessandro Manzoni.

Itinerari nel centro storico

MILANO

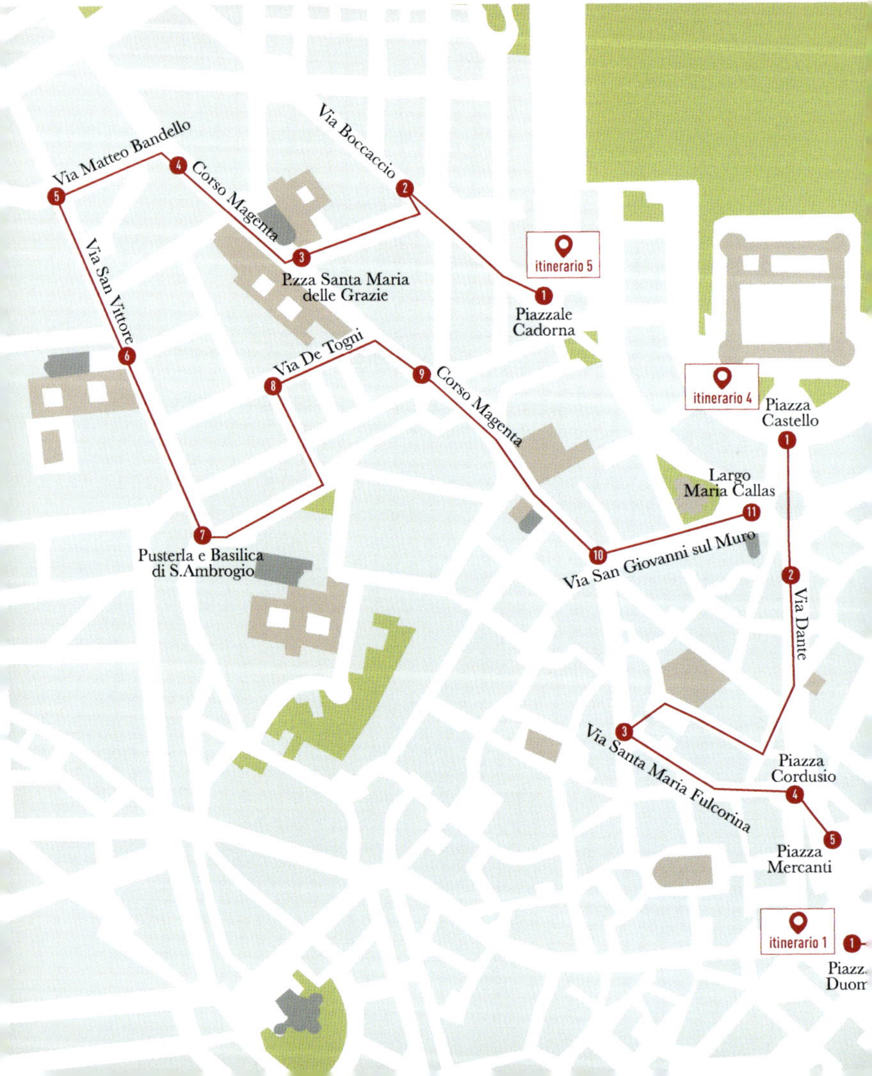

Corso Garibaldi
V.le Monte Grappa
Via Marsala
Via Solferino
Piazzale Pricipessa Clotilde
Via della Moscova
Via S. Marco
Via S. Fermo d. Battaglia
Corso di Porta Nuova
P.zza S. Marco
Via Madonnina
Via Fiori Chiari
Via San Carpoforo
Via Fiori Oscuri
Via Brera
Via Borgonuovo
Via G. Verdi
itinerario 3
Via Monte di Pietà
Via A. Manzoni
Via A. Manzoni
via Borgospesso
Piazza della Scala
Via della Spiga
Via Bigli
Piazza Belgioioso
Piazza S. Fedele
Galleria Vittorio manuele II
itinerario 2
Via Sant'Andrea
Via Monte Nap

Itinerario 1

DA PIAZZA DUOMO A PIAZZA DELLA SCALA

Via Cusani
Via Broletto
Via G. Verdi
Via Filodrammatici
Teatro alla Scala
Piazza della Scala
3
Via Dante
Via Santa Margherita
Galleria Vittorio Emanuele II
2
Piazza Cordusio
Via Mercanti
Via Orefici
1
Piazza Duomo
Via Torino

Itinerario 1

DA PIAZZA DUOMO A PIAZZA DELLA SCALA

Tappa 1

LA PIAZZA E IL DUOMO / p. 18

- La piazza
- Il Duomo - Esterni
- Il Duomo - Interni
- Il Museo del Duomo

Tappa 2

GALLERIA VITTORIO EMANUELE II / p. 74

Tra le idee socialiste di Anna Kuliscioff
e la moda di Miuccia Prada

Tappa 3

LA SCALA / p. 82

- Piazza della Scala
- Teatro alla Scala

<
Amanzia Guérillot, *L'isolato del Rebecchino dai gradini del Duomo*, 1850, Palazzo Morando, Museo costume, moda, immagine. Una veduta di Milano ottocentesca prima dell'intervento di Giuseppe Mengoni

>
Area storica del centro di Milano su cui si iniziò a costruire la nuova cattedrale a partire dalla zona absidale (attuale retro) liberando progressivamente il terreno necessario, mediante l'abbattimento delle costruzioni e del tessuto urbano medievali.

Tappa 1

La piazza e il Duomo

La piazza

La piazza del Duomo, come la vediamo e come possiamo viverla ancora oggi, è il risultato di una storia lunga e complessa. Si è arrivati a ricavare il grande invaso vuoto rinunciando a porzioni di tessuto urbano medievale tra cui da ultimo, nella seconda metà del XIX sec., il cosiddetto Coperto dei Figini sito nel lato nord e il Rebecchino, che occupava un'area a sud incombendo e nascondendo in parte la nuova chiesa in costruzione. Si è configurata così, per sottrazione, la grande piazza dall'esatta geometria euclidea. L'impronta stilistica prevalente della piazza è quella ottocentesca che deriva dallo sviluppo del progetto dell'architetto Giuseppe Mengoni, di cui si sono realizzate prioritariamente le due quinte laterali (nord e sud) con edifici in stile neorinascimentale e porticati, rivestiti dalle tonalità calde e rosate della pietra di Verona.

Il **lato meridionale** della piazza è interrotto dal complesso dell'Arengario, intervento di architettura moderna concepito secondo i nuovi canoni del movimento razionalista europeo. Progettato da architetti dello sparuto gruppo più all'avanguardia nel panorama italiano

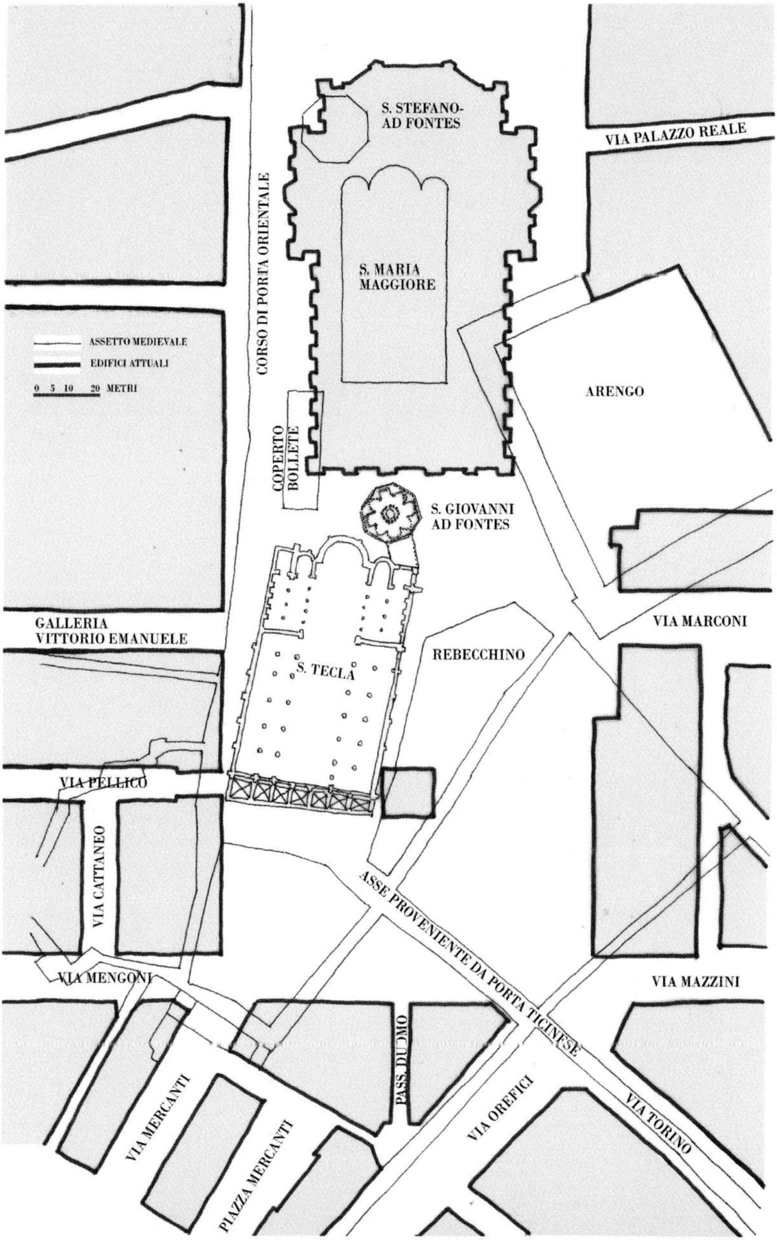
S. STEFANO-
AD FONTES
VIA PALAZZO REALE
CORSO DI PORTA ORIENTALE
S. MARIA
MAGGIORE
ASSETTO MEDIEVALE
EDIFICI ATTUALI
0 5 10 20 METRI
ARENGO
COPERTO
BOLLETE
S. GIOVANNI
AD FONTES
VIA MARCONI
GALLERIA
VITTORIO EMANUELE
REBECCHINO
S. TECLA
VIA PELLICO
VIA CATTANEO
ASSE PROVENIENTE DA PORTA TICINESE
VIA MENGONI
VIA MAZZINI
PASS. DUOMO
VIA MERCANTI
PIAZZA MERCANTI
VIA OREFICI
VIA TORINO

<

Amanzia Guérillot, *Veduta del fianco sinistro del Duomo di Milano dal Rebecchino, 1852-54*, Palazzo Morando, Museo costume, moda, immagine

>

Arengario, Bassorilievo raffigurante le porte di accesso alla città

Amanzia Guérillot

(1828-1905)

Il padre di origine francese fu il suo primo maestro. Tra il 1847 e il 1853 espose a Brera diversi dipinti tra cui la *Veduta del Palazzo di Giustizia di Milano*, la *Veduta della Piazza San Sepolcro* e la *Veduta della piazza del Duomo*, divenendo un'esponente del vedutismo romantico lombardo. Fu allieva e modella del pittore Angelo Inganni, che sposò nel 1859. Come in tanti altri casi simili, anche il lavoro di Amanzia fu talora attribuito al marito.

Amanzia Guérillot, ritratta dal marito Angelo Inganni, all'opera davanti al suo cavalletto nel 1850. Civica Pinacoteca Tosio Martinengo, Brescia.

degli anni Trenta (Gardella, Griffini, Muzio, Portaluppi), presenta due edifici a torre, due *propilei* che inquadrano il successivo invaso urbanistico, ovvero la piazza Diaz. Realizzati tra il 1939 e il 1956 sono stati progettati come giustapposizione di volumi geometrici primari per rispondere al concorso pubblico bandito nel 1937. Le superfici sono quasi totalmente prive di decorazioni, se non per le cornici dei portici al piano della piazza e i bassorilievi di Arturo Martini a soggetto civico. Tra questi spicca la raffigurazione allegorica di Milano rappresentata come una giovane donna comodamente adagiata e circondata dai simboli delle antiche porte cittadine. Le facciate del complesso sono determinate dalla successione regolare delle arcate che, come occhiaie vuote, evocano stranianti atmosfere metafisiche già sperimentate nell'architettura fascista di ambiente romano (EUR).

Agli inizi del Duemila l'Amministrazione italiana approvò un progetto di largo respiro per istituire il nuovo **Museo del '900,** dedicato all'arte moderna e contemporanea. L'istituzione museale prevista inglobò una parte del settecentesco Palazzo Reale, che nei secoli precedenti era stato utilizzato come sede rappresentativa dei vari governi succedutisi e come residenza nobiliare. Ospitò perciò personaggi illustri tra cui l'imperatrice Maria Teresa d'Austria.

<
Palazzo Carminati in una foto degli anni Ottanta

>
Milano, Piazza Duomo, 1962

Il **lato ovest** della piazza presenta il notissimo edificio detto Carminati, dal nome della sala da ballo che dall'inizio del Novecento costituì un'occasione di grande richiamo soprattutto per i giovani. Per varie vicende questo lato non è stato inserito nel nuovo progetto di ripristino globale. Non avendo un valore artistico intrinseco è stato utilizzato come supporto delle prime insegne pubblicitarie commerciali. Tra queste tutti i milanesi ricordano quella dell'**omino Brill** che, oltre a sorprendere il passante con il lampo di luce che all'improvviso sprizzava dalla punta della grossa scarpa nera, con accensione intermittente, guadagnava la simpatia dei passanti anche grazie ai movimenti un po' impacciati e autoironici con cui lo aveva caratterizzato il suo disegnatore.

Altrettanto famosa fu l'insegna della **signorina Kores**, con le mani sempre sulla macchina da scrivere, divenuta icona e simbolo della condizione lavorativa delle donne. Tornata d'attualità grazie alla ricerca storica sul lavoro femminile negli anni del miracolo economico (enciclopediadelledonne.it, 2019).

L'insieme delle installazioni pubblicitarie, il cui stile è cambiato più volte nel tempo in conseguenza dell'evoluzione del gusto artistico, costituisce un pregevole esempio di Néon Art italiana.

Dalla neon art al *trompe l'oeil* urbano

Fu forse proprio la parete di Palazzo Carminati l'esempio anticipatore da cui si è dipanato anche a Milano un *fil rouge* che ha portato a opere di grande interesse e di rottura con la tradizione. In alcuni casi tali opere ben si prestano per costituire un sistema d'arte a scala urbana con obiettivi chiaramente riconoscibili. L'interesse a realizzare opere di grande respiro ed effetto anche in pieno centro si può rilevare ad esempio nella serie di *trompe l'oeil* che ha trovato il suo supporto ideale sulle testate cieche delle abitazioni, rimaste irrisolte dai diversi tentativi dei piani regolatori o trascurate dopo gli sventramenti della Seconda guerra mondiale. Un esempio attuale è nei murales che stanno comparendo sempre più numerosi lungo Corso Garibaldi, proprio utilizzando come supporto le testate cieche. Certo ben diversa è l'atmosfera che si può respirare ora nel Corso rispetto a quella nostalgico-risorgimentale che a suo tempo portò a cambiare la toponomastica della zona (l'intestazione all'"eroe dei due mondi" ad esempio cancellò l'antica denominazione "Comasina"). Gli artisti "di strada" uscendo allo scoperto con coraggio sono arrivati ad essere riconosciuti come protagonisti di eventi artistici a tutti gli effetti tanto da essere presenti anche in prestigiose sedi museali. Tra questi si sono messe in evidenza alcune artiste come la milanese **Elisabetta Mastro** che ha recentemente realizzato un murales di eccezionale lunghezza che indaga sugli stati d'animo umani dal titolo *Mutevole*. ■

Comunicare: immagini e immaginario della modernità

«Il dettaglio è fondamentale per la definizione dell'insieme, il dettaglio può determinare un progetto e certamente lo caratterizza. Il risultato complessivo dell'opera è connesso ai dettagli, per disegno e qualità. Il dettaglio incide sui valori spaziali e volumetrici del costruito.»

È la filosofia di **Franca Helg**, architetta e designer, nonché docente univeristaria amatissina, che nel 1964, insieme a Franco Albini e Bob Norda, si aggiudica il Compasso d'oro – tuttora il maggiore riconoscimento dell'industrial design conferito dall'Adi, Associazione per il disegno industriale – per le particolari qualità del coordinamento architettonico e dell'organizzazione della segnaletica delle nuove stazioni della Metropolitana Milanese.
Comunicazione, progetto architettonico, materiali, *usabilità*, come si dice oggi: una sintesi che fa della linea 1 della metropolitana milanese un riferimento mondiale di progetto ben riuscito.
Altre donne che operano nel settore determinante e nascente della comunicazione nella Milano degli anni Sessanta lasciano la loro impronta decisiva nel favorire una città delle donne, a partire dalla piazza, fino ai muri della città e alle pagine delle riviste femminili, decisive, immagini e immaginari inediti per l'itinerario esistenziale di una donna.
Basti pensare che nell'ufficio pubblicitario della Rinascente – a due passi dal neon della Signorina Kores e dalla metropolitana e proprio dove lavorano decine di commesse – lavorano due donne con funzioni tuttaltro che ancillari. Una è **Amneris Latis**, art director e stylist che dal 1954 dirige l'ufficio pubblicità, con iniziative culturali che marcano la modernità dei magazzini e un respiro internazionale; l'altra è **Lora Lamm** (Arosa, 1928) grafica e illustratrice, a Milano dal 1952 dove viene accolta nello Studio Boggeri, aperto agli artisti d'oltralpe. Viene introdotta poi da Max Huber nel 1954 nella squadra della Rinascente e collabora – unica "impiegata" – nell'ufficio creativo a fianco di Amneris, e autrice dei vari manifesti >>

>> che celebrano le nuove aperture e anche i rispettivi lanci di stagione. Nel 1958 Lora Lamm prende il posto di Max Huber come capo del dipartimento creativo fino al 1963, e il suo popolo di donne disegnate contribuisce a tratteggiare un immaginario femminile libero da modelli estetici, lontanissimo tanto dalle prosperose "Signorine grandi firme" che dalle "maggiorate": la sua carriera prosegue come freelance per Pirelli, Olivetti, la Centrale del Latte di Milano e molte altre aziende fino al ritorno a Zurigo nel 1963.
Va ricordato il lavoro di una grande graphic designer come **Anita Klinz** (Abbazia, 1925-2013) che raggiunge il ruolo di art director della Mondadori, della rivista «Epoca», del Saggiatore e orienta un pezzo della editoria italiana. Disegna direttamente le copertine, ma si circonda di bravissimi grafici e illustratori di provenienza culturale diversa con una visione del progetto che va di pari passo con quella artistica e artigianale.
È la chiave di volta di un ambito produttivo che segnerà la storia milanese e quella del design internazionale - cui parteciperanno altre grandissime figure come **Anna Castelli** o **Gae Aulenti**. ■

Palazzo Reale: esposizioni decisive

A partire dalla prima grande e celeberrima mostra dedicata a Caravaggio, curata da Roberto Longhi nel 1951, Palazzo Reale è stata sede di innumerevoli mostre d'arte, molte delle quali hanno fatto storia. Tre grandi esposizioni, in particolare, più una assai recente, hanno rappresentato altrettante tappe decisive nell'affermazione di una presenza attiva delle artiste e delle donne nella società nella storia moderna e contemporanea.

Il 14 febbraio 1980 si inaugurava la mostra *L'altra metà dell'avanguardia 1910-1940 - Pittrici e scultrici nei movimenti delle avanguardie storiche* a cura di **Lea Vergine**: fu la prima grande esposizione collettiva con un forte respiro critico, storiografico, di ricerca, uno sforzo che mise in luce come scrisse Vergine «una palese forza squassante [delle artiste], ragione di schianti e di esaltazioni. Il che sta a significare il vigore di una posizione rivoluzionaria e non rivoltosa che ha innovato, con pienezza di autocoscienza» e che fece conoscere una schiera di artiste capaci di sconfiggere l'anonimato. L'allestimento era di Achille Castiglioni, le luci del fratello Piero, la grafica del catalogo di **Grazia Varisco**, le "foto di scena" di **Maria Mulas**, il video Rai fu firmato da **Anna Zanoli**, e le artiste coinvolte viventi che parteciparono erano grandi nomi dell'arte contemporanea: Carol Rama, Meret Oppenheim, Sonia Delaunay, per citarne solo alcune.

Tre anni più tardi *Esistere come donna* (1981) a cura della storica **Rachele Farina** rappresentò invece un momento decisivo e condiviso non solo con studiose e storiche, ma anche fra artiste e grafiche: l'allestimento era di **Anna Ferrieri Castelli**, mentre **Anna** e **Lica Steiner** si occuparono del catalogo, edito da Mazzotta. Collaborò anche l'autrice di questa guida. Fu un'occasione di grande respiro – la mostra girò mezza Europa – per una ricerca che raccontava e documentava quella condizione femminile funzionale, ma anche dialettica rispetto a una società sostanzialmente patriarcale: L'esposizione ottenne il Premio Europa 1983, e valse a Rachele Farina >>

» il cavalierato della Repubblica; quel catalogo e quella ricerca fanno ancora scuola. Decisamente diverse, e meno militanti, le due iniziative più recenti, che tuttavia hanno avuto il grande merito di far conoscere al grande pubblico personalità artistiche semisconosciute, e di chiarire una presenza femminile nell'arte antica niente affatto episodica e illuminando gli itinerari di un vasto numero di artiste del passato. Sono le mostre *L'Arte delle Donne – dal Rinascimento al Surrealismo*, a cura di Hans Albert Peters, Sergio Benedetti, Beatrice Buscaroli, Susan Fischer Sterling, Ilene Gutman, Francesco Petrucci, Elena Pontiggia, Nicola Spinosa, Edoardo Testori e Marco Vallora, e la recente *Le signore dell'arte Storia di donne tra '500 e '600* a cura di Anna Maria Bava, Gioia Mori e Alain Tapié (2020-2021). ■

La vocazionalità del luogo

L'analisi delle vicissitudini del luogo, tra storia e leggenda, ci rivela che l'area su cui è stata edificata la grande cattedrale cristiana (una delle maggiori al mondo per dimensioni) ha manifestato nel corso dei secoli, a partire dalla preistoria, una vocazione a essere luogo di espressione della vita spirituale e religiosa della comunità, nonché di culto e celebrazione di divinità femminili.

Belisama, forse, fu la prima. Era una divinità della guerra, adorata dai *druidi*, i sacerdoti delle prime popolazioni celtiche, ma anche, contradditoriamente, dea della natura, sovrintendente alle acque che allora scendevano copiose verso il centro della Pianura padana.

Il santuario a lei dedicato, **Betel**, era interamente ricoperto di essenze vegetali di vario tipo (erbe, licheni), e privo di elementi lapidei. Nel III secolo a.C., durante il consolato di Marcello, si introdusse un'altra divinità femminile, più simile alla **Minerva** romana, dispensatrice di favori e di tutele legati alla saggezza.

In epoca paleocristiana, a partire dal IV secolo d.C., in quest'area si cominciò a costruire un edificio di culto, una vera e propria chiesa *(Basilica maior)*, una costruzione in muratura di cui permangono pochi resti protoromanici e romanici, visitabili nell'area archeologica del Duomo sottostante il Sagrato, e accessibile dall'interno della cattedrale. Dai rilievi e dagli studi effettuati si dedusse che si trattava di una basilica lunga 67 metri e larga 45 metri, a cinque navate, scandite da 90 colonne monolitiche in marmo proveniente dall'Africa del Nord. La chiesa era divisa in due parti da un grande arco, la parte verso l'abside detta *tempio* (poi denominata *presbiterio*) e la parte verso l'ingresso, *platea*. Chiamata anche *Basilica nova intramurana* fu fondata probabilmente intorno alla metà del IV secolo. Verso la metà del IX secolo nella medesima area, si eresse un'altra basilica, *Santa Maria Maggiore* più piccola della precedente e perciò chiamata *Minor o Ecclesia Jemalis* (invernale) mentre l'altra più grande veniva usata per le celebrazioni estive.

La dea Belisama

Belisama, il cui nome deriva dalla radice protoindoeuropea "bel" = "luce" e significherebbe "estate brillante", era la dea celtica e ligure del fuoco, della saggezza, della forgiatura e dell'artigianato, moglie di Bel/Belenus/Belanu dio del Sole, uno dei maggiori e più antichi déi europei. Associata dai Romani a Minerva, come la divinità Birghid viene spesso raffigurata con un serpente e una scrofa bianca e condivide con lei la radice del nome e le caratteristiche tanto da poter affermare che si tratti della stessa divinità. Il fatto che venga spesso rappresentata con dei serpenti fra le mani, sta a indicare che era una dea della saggezza e della guarigione, proprio come le antiche divinità mesopotamiche (cfr. Vittoria Longoni, *Madre Natura*, 2021).
Belisama era anche la dea delle acque, signora dei fiumi, dei ruscelli e delle fonti sacre a scopo curativo e legato alla fertilità. Varianti del nome sono: Belisana, Belisna, Belisma, Belasama, Belesana. Iscrizioni con il suo nome sono state rinvenute dalla Gallia Cisalpina e Transalpina, a sud, sino alle isole britanniche, a nord. La sua pianta sacra era il biancospino.
In Irlanda Belisama viene festeggiata con il suo consorte il primo maggio durante una festa detta "Beltane".
Nel passaggio da una divinità all'altra ovvero al cambio di modalità devozionali e dedicatorie non viene mai tralasciato o negato l'insieme delle valenze sociali, bensì resta nello spessore dei valori del personaggio.
Quindi, avvicinandosi dalla preistoria alla storia, le pratiche sociali vengono perlopiù mantenute fino ad arrivare a Maria, la più piena di grazia, la più luminosa. ■

>
Stemma della Fabbrica del Duomo di Milano con Madonna, angeli e santi e la facciata della Chiesa di S. Maria Maggiore, ambito lombardo tra il 1450 e il 1500, Museo del Duomo.

La figura della Madre di Dio domina l'immagine e anima la scena con il gesto teatrale di apertura del mantello e delle braccia in segno di invito e di accoglienza.

Santa Tecla fu la nuova denominazione della basilica *Maior*, precedentemente dedicata al Salvatore. I primi riferimenti sicuri alla denominazione di Santa Tecla partono dal IV sec. e si moltiplicano dall'VIII al XIV. I più recenti studi archeologici attestano l'uso religioso dell'area ben prima della consacrazione da parte del vescovo Ambrogio e dell'usanza di attribuire sacre reliquie ritrovate dai fedeli a edifici che non avevano nessuna testimonianza (*traslazione*) in tal senso e che da quel momento prendevano il nome del santo corrispondente. È il caso della *Basilica Maior*, cui fu assegnata la testa di Santa Tecla. Si tratta di un personaggio femminile di grande interesse, anche se la sua biografia è di certo mescolata a elementi leggendari. Appena giovinetta, convertita da San Paolo, indossato un abito maschile, lasciò la casa e la famiglia d'origine, rifiutando un matrimonio combinato per seguire l'apostolo nei sui viaggi. Successivamente iniziò a sua volta la predicazione seguita da un gruppo di pellegrine esponendosi maggiormente al rischio di persecuzione per la propria fede cristiana e per il valore connesso alla difesa della verginità. Uscì indenne da tutte le prove a cui fu sottoposta, comprese quelle del rogo e dell'esposizione alle belve feroci. Secondo la leggenda, inseguita da aggressori, si salvò

<
Stemma della Veneranda Fabbrica del Duomo, XV sec., Museo del Duomo.

>
Bassorilievo raffigurante la facciata di S. Maria Maggiore con Madonna, angeli e santi, seconda metà del XV sec., Museo del Duomo

>>
Stemma della Veneranda Fabbrica del Duomo, modellino in gesso, XX sec., Museo del Duomo

scomparendo miracolosamente dentro una roccia o, secondo altre fonti, si spense nei luoghi d'origine dove si era ritirata per fare vita ascetica.

Altre notizie sulla santa vengono da Sant'Ambrogio e dal suo *De virginibus*, nonché dagli *Apostolorum Acta*, in particolare gli *Atti di Paolo e Tecla*, che narrano della predicazione di Paolo e della sua discepola. Tali Atti facevano parte degli Apocrifi, cosa che non giovò alla diffusione né al consolidamento del culto relativo alla prima martire cristiana.

Il Duomo – Esterni

Le sue dimensioni ne fanno uno dei maggiori templi della cristianità: lunghezza 158 metri, larghezza 66 metri ai fianchi e 93 al transetto, altezza alla guglia maggiore (che sostiene la Madonnina dorata) 108.5 metri; 3400 statue. A questi non trascurabili dati architettonici bisogna aggiungere le mezze figure collocate negli sguanci delle finestre, i doccioni e molte altre forme decorative, per lo più simboliche e/o allegoriche, collocate in tutti gli spazi e interspazi possibili, sugli spigoli o i profili, in bande o fasce, dovunque ci sia un spazio modellabile. «El principio dil Domo de Milano fu nell'anno 1386», data

<
La facciata del Duomo

>
Giuseppe Perego, *Madonna Assunta*, rame dorato, 1774

in cui secondo tradizione il duca Gian Galeazzo Visconti avrebbe posato la prima pietra. Gian Galeazzo Visconti (1351-1402), figlio di Galeazzo Visconti e di Bianca di Savoia, fu il personaggio di maggior rilievo del casato. Signore e duca di Milano, durante il suo governo il territorio del Ducato conobbe la sua massima estensione. Gian Galeazzo aveva una pericolosa controfaccia fatta di efferatezza e brutalità. Fu l'ambizione il collante dei due aspetti della sua personalità, quella di amante ed estimatore delle arti e quella di comandante spietato. Fu lui a volere una cattedrale non soltanto più grande ma anche più importante e resa preziosa dalle opere d'arte (soprattutto scultoree e vetrarie) di cui fu ammantata.

La facciata. Al centro: Eva

La facciata è suddivisa in campate (cinque come le navate interne) da sei contrafforti culminanti in guglie, e traforata da un certo numero di aperture: cinque portali seicenteschi al piano terra, con evidenziazione di quello centrale, cinque finestre coeve al piano superiore, di cui quella centrale settecentesca con balcone, più tre cosiddette "gotiche", per arrivare al coronamento superiore trattato con motivo a "falconata". La facciata è stato un campo di battaglia

tra le difformi aspirazioni stilistiche degli architetti e artisti cui di volta in volta veniva assegnato l'incarico che, lungi dal comporre le divergenze, hanno creato una tavola polistile, quasi un "imparaticcio" che ha continuato ad arricchirsi. Mentre il monumentale corpo di fabbrica si accresceva verso ovest, ogni fase o sospensione dei lavori dava origine a una nuova facciata. Disponiamo così di una curiosa sequenza di disegni, incisioni, bassorilievi o modellini attraverso cui è passata alla storia. Napoleone Bonaparte pretese che si ponesse la parola fine al moltiplicarsi di guglie e decorazioni. Sotto la direzione di Giuseppe Zanoia e Carlo Amati si arrivò al suo compimento nel 1813, con una soluzione ibrida tra verticalità gotica, prevalente a lungo nei paesi del Nord Europa, e orizzontalità romanico-lombarda. Dalla posa della prima pietra erano passati più di 400 anni! La facciata del Duomo può essere vista come una grande pagina o tavola (forte è infatti la sensazione di bidimensionalità che suscita a prima vista), su cui si sono "scritte", incise o modellate, scene dell'Antico Testamento. Particolarmente interessanti, perfino stupefacenti, gli altorilievi progettati da Pellegrino Tibaldi, che mettono al centro un personaggio femminile, collocati negli spazi delle lunette o timpani sopra i cinque grandi portali.

Ester e Assuero

Il programma iconografico si fonda sulla **genealogia femminile che lega Eva a Maria**, attraverso le eroine dell'Antico Testamento. Come pagine di un libro, che si leggono da sinistra a destra, incontriamo: *Ester e Assuero*, *Giaele e Sisara*, *La creazione di Eva*, *Giuditta e Oloferne* e, infine, *La regina di Saba e Salomon*e.

Ognuna di queste scene ha come protagonista una donna. Un personaggio femminile dal carattere particolarmente forte e volitivo che per raggiungere il proprio scopo non esita ad agire anche violando i canoni esistenziali sempre seguiti. La forza è resa dal punto di vista figurativo attraverso una rappresentazione ipertrofica dei corpi che nell'estendersi sembrano forzare la cornice.

Riassumiamo in poche parole le vicende rappresentate, dedotte dai Libri dell'Antico Testamento.

Ester e Assuero. **Ester** è una delle fanciulle vergini che il Palazzo Reale assiro ospita in attesa dell'unico incontro, dopo dodici mesi di preparazione, con il re Assuero. Dopo l'incontro verrà trasferita, come prevede la tradizione, nella seconda casa (harem), da cui solo l'invito reale potrà richiamarla. Ester osa presentarsi una seconda volta al re, in tutta la sua bellezza, e lo indurrà a concederle quello che più desidera: la salvezza del suo popolo dalla minaccia di stermi-

Giaele
e Sisara

nio della città di Susa, avanzata da un potente della corte reale. Nella composizione Ester sembra quasi venir meno, al punto che le figure vicine devono sostenerla e confortarla. L'atteggiamento di Ester, con gli occhi rivolti verso il basso, simula la modestia femminile così come l'abito, elegante ma semplice, con lievi decorazioni in tessuto, come le piccole nappe che pendono dalla fusciacca morbidamente avvolta intorno alla vita.

Giaele e Sisara. **Giaele** è una delle eroine del tempo delle lotte tra le tribù di Israele. Durante uno di questi scontri, il condottiero sconfitto Sisara entra nella tenda di Giaele, moglie del nemico. Dopo averlo indotto a bere e a riposare, armata di un picchetto della tenda lo uccide nel sonno. Giaele si trasforma da donna accogliente e suadente a cruenta assassina. Ma il suo gesto coraggioso salva il suo popolo. Dal punto di vista iconografico la figura di Giaele campeggia in tutto il riquadro, grazie all'estensione delle bianche e morbide braccia a contrasto con la durezza degli strumenti per l'uccisione, rispetto alla quale l'espressione del volto e dello sguardo appaiono angosciati e spaventati.

La creazione di Eva. Tra animali e piante, che richiamano il Paradiso terrestre, emerge al centro il corpo nudo della prima donna. La figura di **Eva** appare più dinamica e vitale rispetto al dormiente Adamo e al

Creazione di Eva

Padre celeste. Colpisce particolarmente l'espressione dei suoi occhi rivolti al cielo con angoscia e accettazione, accentuata dal modellato della bocca semiaperta. L'ubicazione centrale di questo altorilievo nel contesto della cattedrale e della piazza ribadisce l'importanza dell'intestazione mariana a tutto il complesso.

Giuditta e Oloferne. **Giuditta** è una giovane vedova, bella e ricca, senza figli (ma sarà chiamata "madre" del popolo ebreo), per nulla intenzionata a risposarsi. Dopo anni di stretta osservanza delle norme sociali e religiose, per soccorrere il suo popolo che, stremato dal lungo assedio condotto alla città di Betulia dalle truppe di Oloferne, sta per arrendersi, decide in piena autonomia di compiere un'azione straordinaria che richiede grande determinazione e coraggio. Dopo avere pregato, fattasi ancora più bella, elegante e profumata, si presenta all'accampamento nemico per un colloquio personale con il crudele generale nemico. La sua bellezza, che tutti abbaglia, le apre ogni porta. Ammessa al cospetto del generale, utilizzando con grande sicurezza e sottile furbizia le sue armi seduttive, fa sì che l'uomo affascinato beva grandi quantità di vino fino a cadere completamente ubriaco. Giuditta allora, brandita la scimitarra del generale, gli taglia la testa, consegnandola poi alla schiava

Giuditta
e Oloferne

che l'accompagna, per nasconderla. Dal punto di vista iconografico la scena appare concentrata nella zona centrale grazie alla postura raccolta delle braccia che determinano un anello virtuale intorno all'evento tragico. Lo scompiglio della sua capigliatura sottolinea il pathos dell'azione. Tema caro alla pittura cinque e seicentesca, il soggetto di questa scena è stato affrontato da molti artisti e artiste tra cui Artemisia Gentileschi (1593-1656) e Fede Galizia (1578-1630).

La Regina di Saba e il re Salomone. La **Regina di Saba** si reca in visita dal re d'Israele Salomone per interrogarlo direttamente sulla grande saggezza di cui le era pervenuta fama. Si presenta al re con un grande corteo e ricchi doni. La scena iconograficamente ha delle valenze che l'avvicinano a quella di Ester e Assuero, con il personaggio femminile di grande prestigio che si pone con gentilezza e ossequio al re.

A queste espressive figurazioni dei lunotti corrispondono le cinque porte di bronzo. Tra tutte, quella che colpisce ed emoziona maggiormente è la più antica, quella centrale, realizzata dal milanese Lodovico Pogliaghi (1857-1950). La porta si divide in due grandi battenti di cui uno è dedicato alle gioie di Maria, mentre l'altro è dedicato ai dolori della sua vita. Al centro del portale destro è rap-

<
La Regina di Saba e il Re Salomone

>
Lodovico Pogliaghi, porta bronzea

presentata in un medaglione quadrilobato la figura di Maria rappresentata con vesti drappeggiate e trasportata in cielo da una triplice ghirlanda di raggi di fiori e di angeli.

Nei riquadri intorno si svolgono le scene principali della vita di Maria (tra cui Nascita, Annunciazione, Visitazione). L'altro battente, dedicato ai dolori di Maria, ha nel medaglione centrale quadrilobato la scena della Deposizione di Cristo in un quadro di grandissima mestizia. Qui si nota l'espressione di dolore dei personaggi e persino dei fiori che si piegano piangenti intorno al corpo esanime di Gesù. La linea di chiusura centrale delle due porte è sottolineata dalla stilizzazione di un fusto d'albero che si allunga fino a espandere le sue chiome nel sovrapporta che contiene l'incoronazione di Maria. Dal punto di vista artistico l'opera che suscitò molti plausi ci emoziona ancora grandemente.

Partendo idealmente dai resti sotterranei della ex cattedrale di Santa Tecla e risalendo con lo sguardo lungo l'asse di simmetria centrale della facciata, per culminare al livello della Madonnina, che svetta sulla guglia più alta dal 1774, si moltiplicano i soggetti femminili del Nuovo e dell'Antico testamento, collocati in posizione ottimale nel marmo di Candoglia per essere visti e letti da qualsiasi

<
Lodovico Pogliaghi, porta bronzea, medaglione centrale

>
Il balcone e le statue femminili che rappresentano il Nuovo e il Vecchio Testamento

visitatore del luogo sacro. Eppure non sono così noti. Il balcone iniziato da Leopoldo Pollack nel 1790 ospita ai lati due figure femminili scolpite a tutto tondo rappresentanti rispettivamente il Vecchio (a destra) e il Nuovo Testamento (a sinistra). Curiosamente una fama è cresciuta intorno a questa seconda statua: quella di essere ispiratrice della Statua della Libertà americana. In epoca tarda fu apposta sopra il balcone la dedicazione a Maria, che avviene tramite la scritta MARIAE NASCENTI.

Prospetti laterali, abside, terrazze

Il Duomo ha costituito nei secoli della sua costruzione un'attiva fucina per tutte le arti. In particolare per quanto riguarda la scultura, il "laboratorio Duomo" permise lo sviluppo di una vera e propria scuola milanese, essendo fino alla fine del Trecento prevalente quella romanica locale poco diffusa e prevalendo quella di matrice campionese e pisana. Ricordiamo anche quanto più che mai la nostra cattedrale meriti la denominazione di "europea" in quanto, soprattutto nell'ambito della decorazione scultorea fino alla metà del Quattrocento vi lavorarono maestranze provenienti da tutta l'Europa continentale. Nonostante il grande e vario numero di artisti, bisogna

aspettare il XX secolo (1953), per incontrare un'artefice donna documentata, **Liliana Nocera,** autrice della statua di Sant'Hermes posta su una delle guglie absidali.

Il ricco apparato decorativo conta in totale circa 3.400 statue di varie dimensioni. La maggior parte sono di produzione ottocentesca. All'esterno le statue comprendono le figure che decorano finestre e pareti, i cosiddetti "giganti" e quelle poste sulla sommità delle guglie. In questo contesto ci preme focalizzare l'attenzione sulle statue con soggetti femminili. Queste raffigurano sante delle quali si hanno in alcuni casi veri e propri ritratti (come per Santa Bartolomea Capitanio, Santa Maria Goretti, Santa Francesca Cabrini), mentre per le più antiche la raffigurazione è imperniata su elementi simbolici e attributi (per esempio Santa Lucia che presenta gli occhi divelti). Altre statue hanno invece carattere allegorico, talora simbolico, ovvero la sembianza umana rimanda a concetti, principi, ideali religiosi, morali e civili personificati al femminile.

Qui di seguito riportiamo i prospetti architettonici con le indicazioni delle posizioni e l'identificazione della gran parte delle statue femminili.

Facciata

1. Ester e Assuero
2. Giaele e Sisara
3. Eva
4. Giuditta e Oloferne
5. La Regina di Saba
6. Personificazione Nuovo Testamento
7. Personificazione Antico Testamento

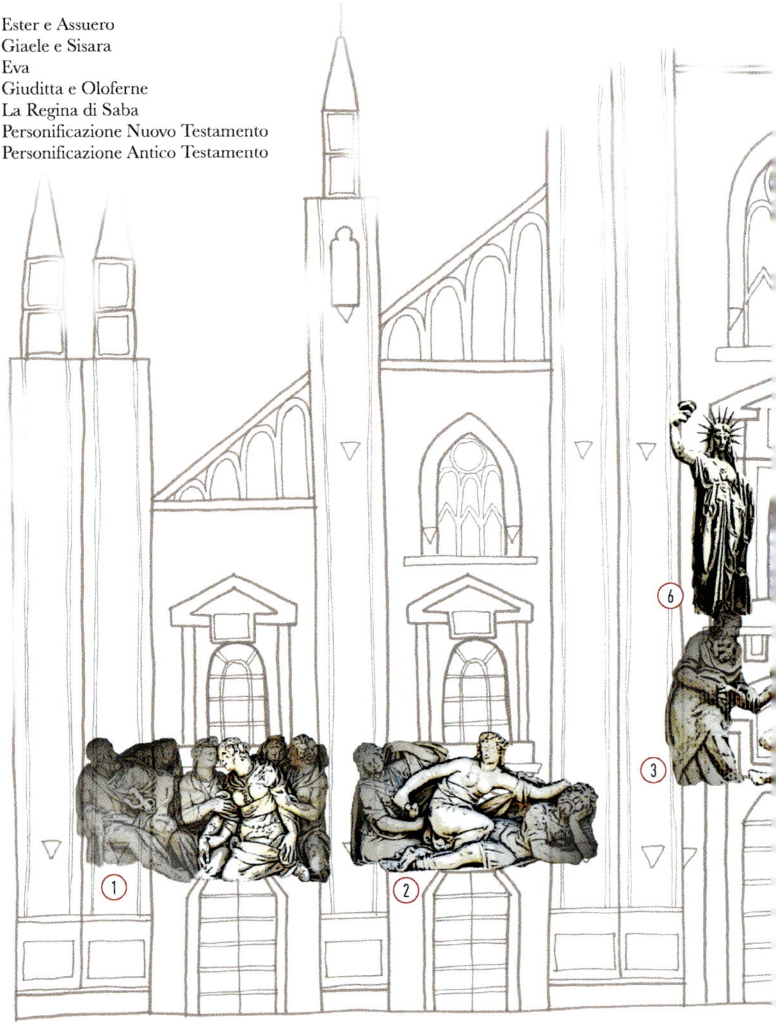

7
4
5

Fianco meridionale esterno

1. S. Elisabetta (1860)
2. S. Marta (1860)
3. S. Anna (1860)
4. S. Erina (1667)
5. S. Monica (1860)
6. S. Barbara (1860)
7. S. Lucia (1865)
8. S. Agata
9. S. Paola (1863)
10. S. Radegonda (1860)
11. Sibilla
12. S. Cristina (1672)
13. S. Felicita
14. S. Rufina
15. S. Ida (1865)
16. S. Seconda (1865)
17. S. Regina (1863)
18. S. Marciana (1865)
19. S. Mara Egiziaca (1865)
20. S. Eulalia
21. S. Elena (1963)
22. S. Marcellina (1863)
23. S. Apollonia (1863)
24. S. Dorotea (1877)
25. S. Mustiola (1863)
26. S. Afra (1865)
27. S. Agnese (1863)

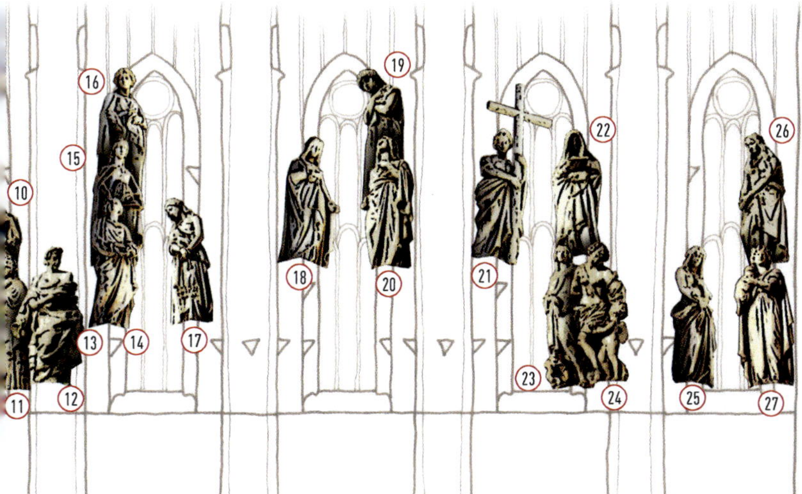

Capocroce meridionale

1. S. Cecilia
2. S. Margherita (XIV sec.)
3. S. Elena (XIV sec.)
4. La Speranza (XV sec.)
5. La Carità (XV sec.)
6. La Pazienza (XV sec.)
7. L'Umiltà (XV sec.)
8. La Fede (XV sec.)
9. La Prudenza (XV sec.)
10. Santa martire
11. S. Rosalia (XIV sec.)
12. Maddalena (XII sec.)
13. Santa con libro (XVI sec.)
14. S. Valeria (1869)
15. S. Tecla (1869)
16. S. Caterina (1870)

17. S. Pelagia (1870)
18. S. Agnese
19. S. Clara
20. S. Colomba
21. Santa con libro
22. S. Liberata (XIV sec.)
23. S. Sofia
24. S. Tecla
25. S. Pelagia
26. S. Lucia
27. S. Margherita
28. S. Agata (1867)
29. S. Priscilla (1867)
30. S. Edvige (1867)
31. S. Matilde (1867)

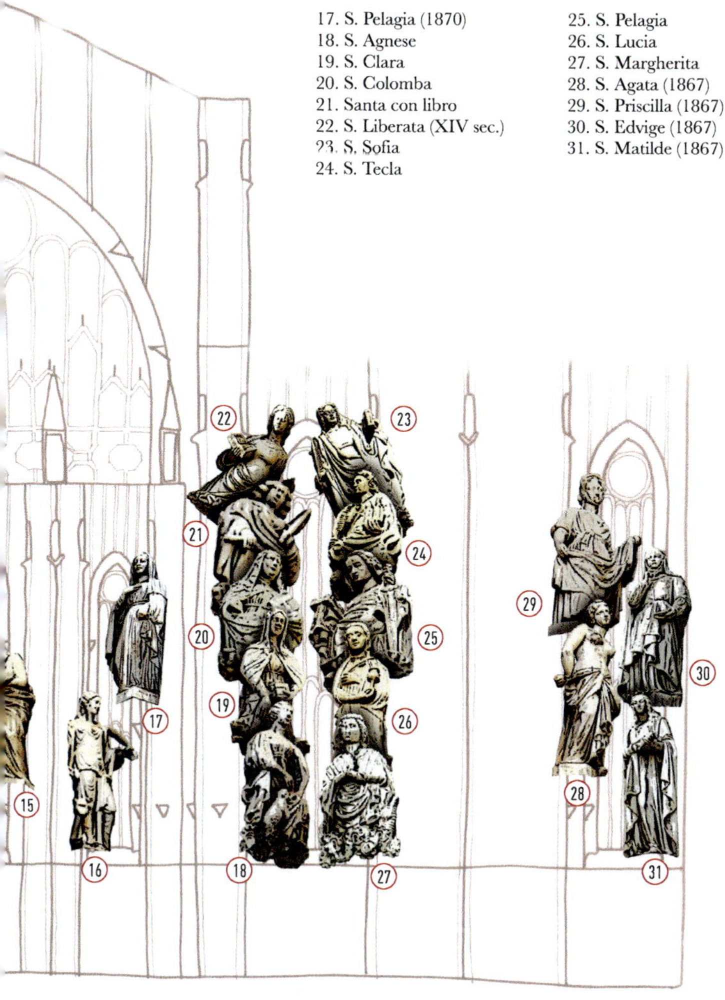

Abside esterno

1. S. Teresa (1867)
2. S. Dorotea (1867)
3. S. Giusta (1867)
4. S. Lidia (1867)
5. Santa con libro (XVI sec.)
6. S. Adelaide (1867)
7. S. Eulalia (1867)
8. S. Eufemia (1867)
9. S. Orsola (XVII sec.)
10. S. Abigaille (XVI sec.)
11. S. Debora (1867)
12. S. Anna madre di Samuele (1867)
13. S. Savina
14. Figura femminile
15. Figura femminile
16. Rilievo Vergine (1403)

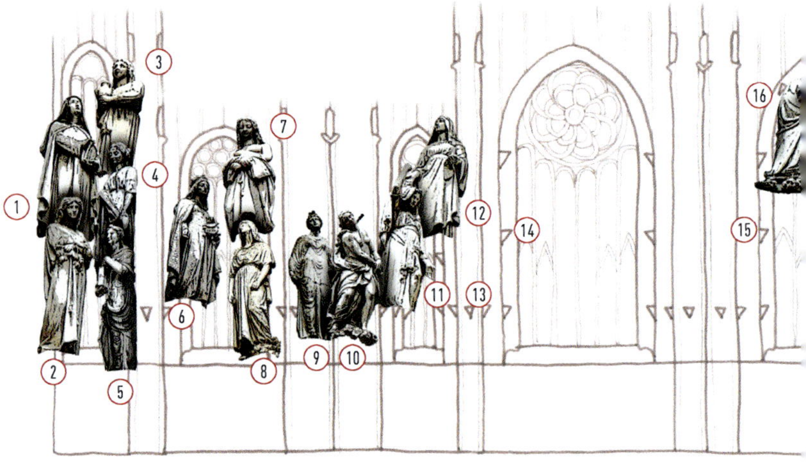

17. Santa Martire (XVI sec.)
18. Eva (fine XV sec.)
19. Santa velata con libro (XV sec.)
20. Santa velata con libro (XVI sec.)
21. S. Lucia (XV sec.)
22. Sibilla Cumana
23. La Fortezza (XVI sec.)
24. Sibilla Libica (XVI sec.)
25. S. Giustina
26. S. Radegonda
27. Virtù
28. La Religione
29. La Liberalità
30. L'Umiltà
31. Figura bucolica
32. La Carità

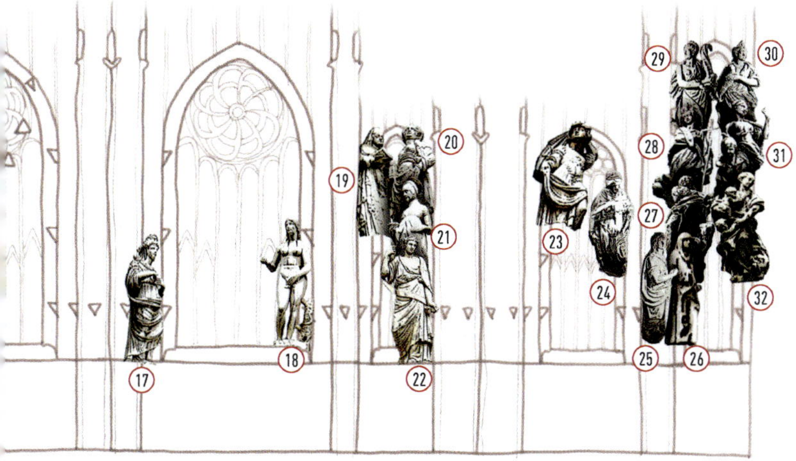

Capocroce settentrionale

1. S. Cristina (XVII sec.)
2. S. Caterina (1393)
3. S. Veronica (1390)
4. S. Agata (1398)
5. S. Valeria (XIV sec.)
6. S. Candida (XIV sec.)
7. S. Elena (XIV sec.)
8. S. Radegonda
9. S. Petronilla (XIV sec.)
10. S. Apollonia (XIV sec.)
11. Maddalena (1393)
12. Santa Martire
13. S. Francesca
14. Santa Martire (1600)
15. Santa con libro (XVI sec.)
16. S. Caterina (XVI sec.)
17. S. Rosalia
18. La Dottrina
19. Santa con mano sul petto (XVI sec.)

20. S. Eufemia (1591)
21. S. Cristina (1742)
22. La Castità
23. Maddalena (XV sec.)
24. La Fede (1686)
25. S. Aurea
26. S. Sofia
27. Monaca
28. S. Orsola
29. S. Lucia
30. S. Giustina (XV sec.)
31. S. Radegonda (XV sec.)
32. S. Barbara (XV sec.)
33. S. Tecla (XV sec.)
34. Santa con Chiesa (XV sec.)
35. S. Eufemia (XV sec.)
36. S. Agata (1735)
37. S. Felicita (1734)
38. Martire legata a un tronco

Fianco settentrionale esterno

1. Sibilla (1670)
2. S. Margherita (XVI sec.)
3. Sibilla (XVII sec.)
4. La Purità che offre un cuore (XVII sec.)
5. S. Pelagia (1589)
6. S. Valeria (1597)
7. S. Agnese
8. Giuditta (1703)
9. L'Umiltà (1751)
10. S. Caterina (1611)
11. Santa martire (1613)
12. Santa con fiori (1766)
13. Maddalena (1794)
14. Figura allegorica con compasso (XVI sec.)
15. Sibilla (1695)
16. Sibilla (XVI sec.)
17. Santa (XVII sec.)
18. Figura che si specchia (1746)
19. La Liberalità (1697)
20. S. Oliva
21. S. Margherita d'Antiochia
22. S. Marcellina
23. S. Margherita (1673)
24. Giuditta
25. S. Cecilia (1612)
26. Sibilla delfica (XVII sec.)
27. S. Agnese (1631)
28. L'Umiltà (1744)
29. S. Tecla (1632)
30. Santa con fuoco ai piedi (XVII sec.)
31. S. Cristina (1614)
32. S. Agata (1614)
33. Sibilla (XVI sec.)
34. Sibilla (XVII sec.)
35. Santa Martire

17
18
19
14
20
21
23
24
22
28
27
25
26
29
30
32
33
34
31
35

Copertura

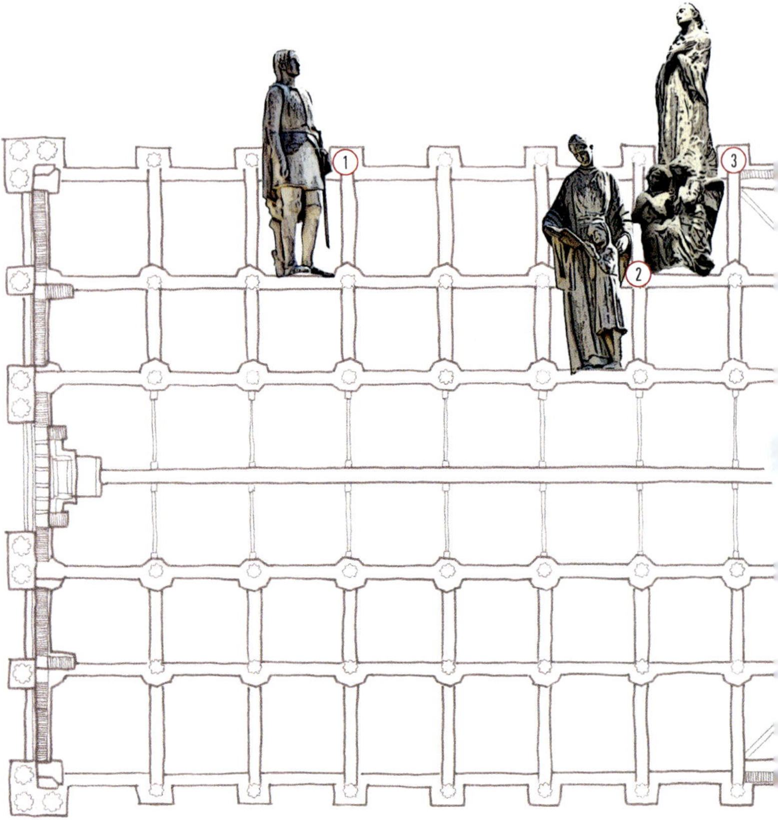

1. S. Giovanna d'Arco
2. S. Bartolomea Capitanio
3. S. Maria Goretti
4. S. Cecilia
5. S. Maddalena
6. S. Francesca Cabrini
7. Madonnina

4
5
6
7

Il Duomo – Interni

Entriamo nella cattedrale dal primo portale a destra, ponendo di nuovo attenzione alle esuberanti forme femminili con cui si descrive il primo episodio biblico – la *Visita della regina di Saba a Salomone* – rappresentato in questa prima fascia di facciata o basamento.

Il cambiamento di atmosfera appena entrati è molto forte, soprattutto dal punto di vista luminoso e sonoro. La penombra che si spinge fino a diventare ombra totale agli estremi punti della verticalità sembra assecondare il desiderio di spiritualità e preghiera individuali.

Qui di seguito riportiamo un elenco delle opere d'arte a soggetto prevalentemente femminile che incontriamo in questo itinerario antiorario, approfondendo l'analisi nei casi di particolare rilevanza (i numeri fanno riferimento alla mappa alle pagg. 50-51).

① **Altare di Sant'Agata** (VI campata). Progettato da Pellegrino Tibaldi nel 1597. Al centro pala marmorea raffigurante la *Santa visitata in carcere da san Pietro* (opera di Federico Zuccari, fine sec. XVI). Ai lati statue di *Santa Caterina da Siena* e *Sant'Apollonia* (Pompeo Marchesi 1856)

② **Altare *Virgo Potens*** Dedicato alla Madonna presenta al centro la pala con la Vergine tra i santi Caterina e Paolo (opera di un lapicida renano del 1389).

La vetrata sovrastante raffigura le storie di *Sant'Agnese* e *Santa Tecla* (Bertini, 1897-1905) e al centro cinque antelli dedicati alla *Madonna della Neve*.

Tra le statue dei capitelli dei piloni della navata destra troviamo le statue dedicate a *Santa Teresina del Bambin Gesù* (1959) e *Sant'Orsola* (1869).

③ Procedendo verso il transetto si trova **il Monumento a Gian Giacomo Medici** (scultore Leone Leoni 1509-1590) che ospita due sculture bronzee femminili dal modellato di grande efficacia ed eleganza con valore allegorico (la *Milizia* e la *Pace*).

Interno

1. Altare di S. Agata (S. Caterina da Siena)
2. Capitello del pilone (S. Teresina del Bambin Gesù)
3. Monumento a Gian Giacomo Medici (La Pace)
4. Altare di S. Giovanni Bono
5. Altare della Presentazione della Vergine (S. Caterina d'Alessandria)
6. Altare di S. Agnese
7. Portale della Sacrestia Meridionale Capitolare
8. Tornacoro
9. Madonna dell'Aiuto

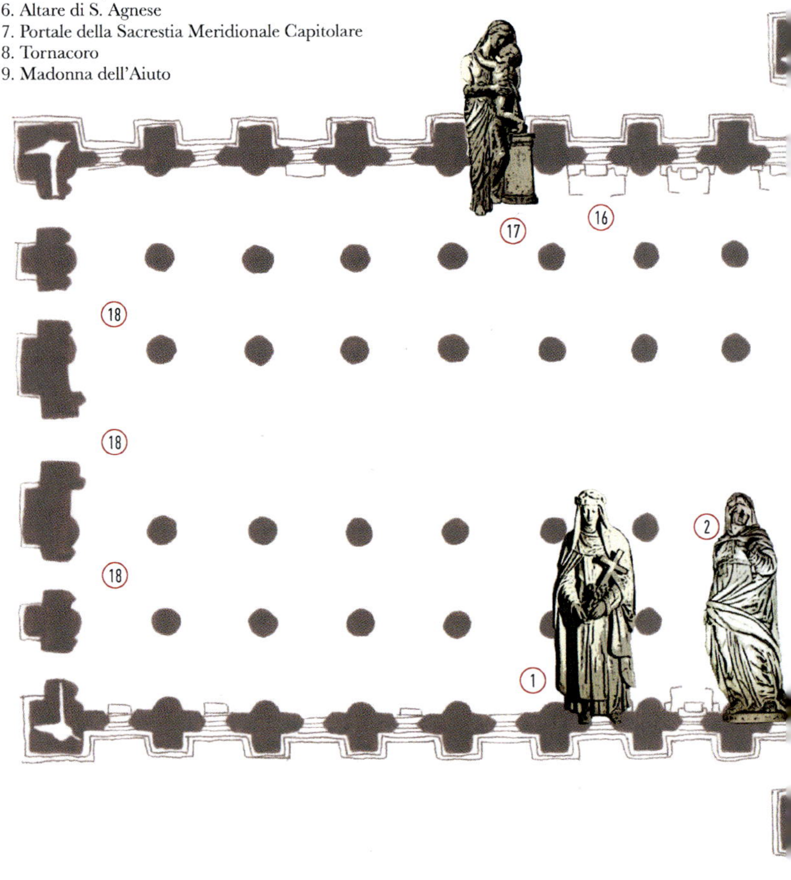

10. Stendardo processionale della Vergine del Rosario
11. Portale della Sacrestia Settentrionale
12. Altare di S. Tecla
13. Altare di S. Prassede
14. Altare della Madonna dell'Albero (Vergine con Bambino)
15. Altare di S. Caterina da Siena
16. Altare del Crocifisso
17. Edicola Tarchetta (Vergine con Bambino)
18. Vetrate

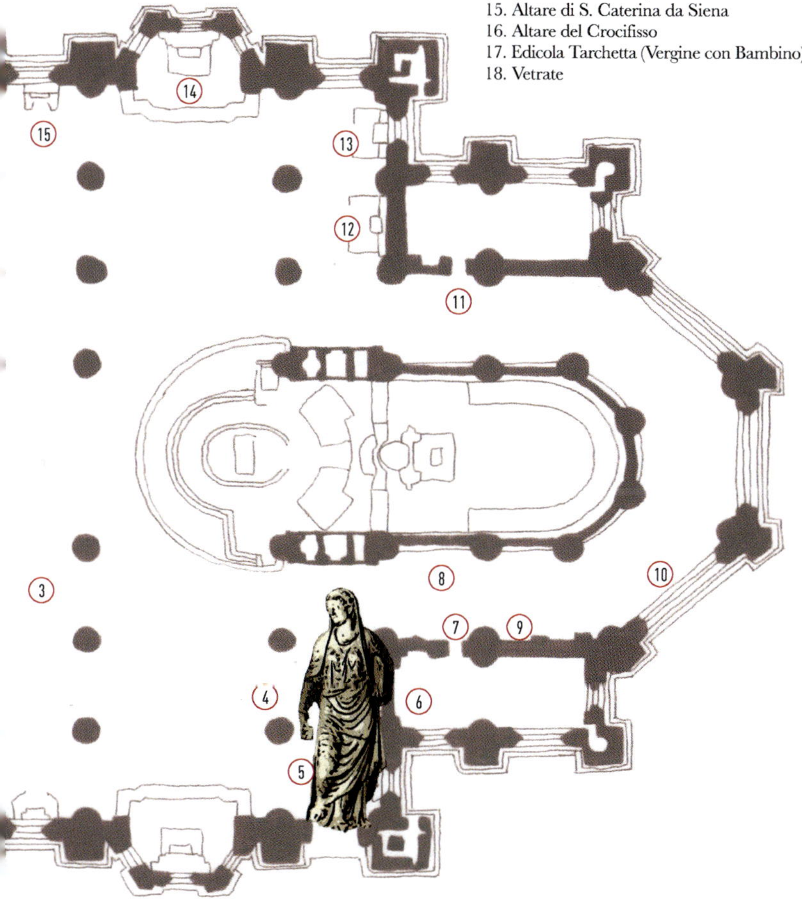

p. 59
Vetrata di S. Caterina, XV sec.

p. 64
G. Sormani, *Madonna dell'Aiuto*, affresco, 1566

p. 67
Ludovica Antonia Pellegrini, Stendardo processionale della Vergine del Rosario

>
Bambaja, *Presentazione di Maria al Tempio*, bassorilievo su pietra

④ L'uso allegorico delle sembianze femminili è frequente nell'arte antica come attestano vari esempi di questa cattedrale. Anche l'**altare** subito seguente, **dedicato a San Giovanni Bono**, presenta varie raffigurazioni allegoriche nelle lesene a destra e a sinistra (*Prudenza, Giustizia, Temperanza e Fortezza*). Osservando più nel dettaglio ci colpisce l'episodio della *Nascita del Santo* con la ricostruzione di un ambiente domestico in cui risultano solo figure di donne. Nel transetto, la vetrata dedicata a Santa Caterina d'Alessandria (Biagio e Giuseppe Arcimboldi metà XVI secolo).

⑤ **Altare della Presentazione della Vergine.** Pala marmorea della *Presentazione di Maria al Tempio* (Agostino Busti detto il Bambaja 1543). Sola, senza apparente esitazione, con grande dignità e decisione Maria bambina sale l'imponente scalinata. Ha lasciato dietro di sé i genitori, timorosi ma consapevoli di doverla lasciare andare.

In cima alla scala il sacerdote, con il seguito delle eminenze in abiti cerimoniali, è colto nell'atto di esprimere un gesto affettuoso di accoglienza e sembra abbandonare con una certa rigidità e fatica le posizioni precostituite nella raffigurazione artistica come nell'organizzazione religiosa. Così potremmo tentare di interpretare questa fase dell'esistenza della giovane Maria sulla scorta della lettura dell'espres-

sivo bassorilievo facente parte di uno dei cicli della *Vita della Madonna* esistenti nel Duomo. In particolare segnaliamo quello del tornacoro absidale realizzato con tecnica a bassorilievo su pietra. Lateralmente si trovano due rilievi con la *Natività* e lo *Sposalizio della Vergine* e la statua di *Santa Caterina* che presenta i consueti attributi della ruota e del libro, il cui abito è caratterizzato da un elegante panneggio eseguito con alta maestria (Cristoforo Lombardo, prima metà del XVI secolo). Il paliotto raffigura la *Nascita della Vergine* (Antonio Tandardini 1863).

⑥ **Altare di Sant'Agnese** (Martino Bassi 1595 ca.). Pala marmorea con il *Martirio della Santa* (Carlo e Giovanni Domenico Beretta, 1750). Il paliotto raffigura la giovane Santa al centro con il simbolo dell'Agnello.

⑦ **Portale della Sacrestia Meridionale o Capitolare** (1391 artisti renani). L'insieme delle due sacrestie costituisce la prima opera di scultura inserita nell'architettura interna del Duomo. Il portale di ingresso a quella meridionale è un'opera d'arte estremamente concentrata di significati suddivisa in fasce orizzontali. In basso il Compianto di Cristo, al Centro la Vergine in Trono tra due Santi e nella parte più alta della cuspide una Vergine della Misericordia di grande impatto scenografico. Lungo la cornice dell'arco sono riportati episodi della Vita di Maria mentre alla base compaiono le piccole sagome delle vergini stolte e delle vergini savie, episodio diffusamente rappresentato nelle cattedrali francesi e tedesche. All'interno della sacrestia (non visitabile) è presente una struttura particolarmente adatta alla funzione (lavabo) anch'essa racchiusa da una cuspide sovrastata da un medaglione. Soggetto del medaglione *Cristo e la samaritana*, ci colpiscono il dettaglio e la naturalezza degli atteggiamenti.

⑧ **Tornacoro.** Ciclo molto significativo della scultura lombarda tardomanieristica e barocca. Raffigura diciassette altorilievi marmorei con episodi della *Vita della Madonna* intervallati da simboli mariani eseguiti da differenti artisti. Tra le scene meglio raffigurate citiamo *Le nozze di Cana* (Giovanni Bellandi 1620-1622).

⑨ **Madonna dell'Aiuto** (affresco di G. Sormani, 1566); Chiamata anche *Madonna del latte* o *del Parto*, da sempre oggetto di grande devozione tanto che per evitare che il fumo delle candele accese dai fedeli la rovinasse, dal 1981 è presente una copia all'altare omonimo nella navata di sinistra.

⑩ **Stendardo processionale della Vergine del Rosario.** Quest'opera è doppiamente interessante in quanto non solo il soggetto è mariano, ma anche l'esecuzione è opera di una donna, celebre ricamatrice milanese del XVI secolo, Ludovica Antonia Pellegrini. La ricamatrice avrebbe realizzato la parte centrale, quella più preziosa in quanto «taffetà, operato con oro e argento, ricamato a punto raso con sete policrome e lumeggiature in oro e argento, incorniciato da medaglioni con i quindici misteri del Rosario e, in basso, dai cinque simboli mariani» (E. Brivio, *Il Duomo*). Questi furono invece eseguiti da Margherita Barzi di cui resta un frammento di firma. Ludovica eseguì anche un abito sacerdotale con l'*Incoronazione della Vergine* e il paliotto di San Carlo (Museo del Duomo). Fu anche direttrice di una scuola di ricamo in Milano.

Da questo punto in poi non è più possibile per i visitatori continuare il percorso poiché le esigenze del turismo di massa comportano la protezione di un'area a esclusivo uso dei fedeli. Continuiamo la descrizione seguendo la medesima direzione di percorso.

⑪ **Portale della sacrestia settentrionale.** Siamo giunti alla sacrestia settentrionale o aquilonare. Anche qui un ricco portale segna l'ingresso all'interno (Giacomo da Campione, 1389). È la prima opera scultorea del Duomo. In una cuspide è raffigurata la *Gloria di Cristo Re* tra cherubini e santi. La lunetta nella parte inferiore rappresenta il Salvatore in trono tra la Madonna e Giovanni Battista. Lasciata l'area della sagrestia attraversiamo il transetto e ci dirigiamo verso la navata settentrionale.

⑫ **Altare di Santa Tecla.** Al centro Pala marmorea settecentesca raffigurante il *Martirio della Santa* che diede il nome all'antica cat-

tedrale estiva. Sul timpano statue cinquecentesche tra cui un'effigie di Santa Cristina.

⑬ **Altare di Santa Prassede.** Pala seicentesca con *Cristo fra le tre Marie, San Carlo e Santa Prassede.*

⑭ **Cappella della Madonna dell'Albero.** Il nome ricorda un precedente altare nello stesso transetto. Sopra l'altare marmoreo una statua tardo-settecentesca della *Vergine con bambino* (Buzzi). Ai lati due sculture rappresentano l'arcangelo Gabriele e la Vergine Annunciata (1660-1662). Sulle lesene del grande arco sei altorilievi con episodi della *Vita della Vergine* tra cui la *Nascita di Maria* (1550 Bottega di Cristoforo Lombardo), Sposalizio (1544 Ciapparelli), Natività (1520, Cristoforo Solari); la cappella presenta una volta molto preziosa decorata ad altorilievo. Quest'area della chiesa è particolarmente importante per la presenza del grandioso *Candelabro Trivulzio* collocato davanti alla Cappella. Si tratta di un esemplare unico donato da Giovanni Battista Trivulzio nel 1562, ascrivibile a maestranze d'oltralpe del XII secolo. Alto cinque metri, presenta sette bracci come la Menorah della tradizione ebraica; in fusione di bronzo e arricchito da moltissime pietre preziose, raffigura episodi dell'Antico Testamento quasi miniaturizzati. In uno dei nodi è cesellata la figura della *Vergine in trono con il bambino* verso cui si dirigono i Magi. Vetrate della cappella di epoca ottocentesca (Giovanni Bertini) celebrano la *Vita della Madonna* illustrandone le tappe essenziali divenute icone.

⑮ **Altare di Santa Caterina da Siena.** È una struttura tripartita di impianto classicheggiante (archi a tutto sesto) con elementi gotici che accoglie al centro la statua della Santa in legno policromo e dorato di intonazione barocca.

Nella vetrata soprastante: la parte inferiore è dedicata alla narrazione della vita dei genitori di Maria, mentre nella parte superiore sono mostrate scene della vita di Maria stessa.

Prima di lasciare il transetto osserviamo in particolare i capitelli di due piloni in cui sono collocate due statue, interessante esempio di scultura novecentesca, una dedicata a *Sant'Ada* (figlia di Eva e seconda donna nominata nella Genesi) e *Santa Noemi*.

⑯ **Altare del Crocifisso.** Il crocifisso è oggetto di grande devozione in quanto ritenuto quello portato in processione da San Carlo durante il periodo della peste del 1576. La cappella seicentesca è decorata con statue tra le quali *Santa Maria Maddalena* (1841) e *Santa Maria di Cleofe* (1841).

Sopra l'altare, vetrata dedicata a Sant'Elena e al rinvenimento della Croce (1570-1577). Ricordiamo che, secondo la tradizione cristiana, Sant'Elena, madre di Costantino, è legata al ritrovamento delle Vera Croce di Cristo di cui uno dei chiodi è conservato in cattedrale, protetto da una teca nella zona absidale.

⑰ Sostiamo per analizzare meglio la cosiddetta ***edicola Tarchetta***, parte di un monumento quattrocentesco ricomposto nel XIX secolo, notevole per la presenza della *Vergine con Bambino* di particolare eleganza, che ricorda l'originale disperso. La vetrata soprastante narra le *Glorie della Vergine* tra cui l'*Assunzione* e la *Dormizione* (1565 circa).

⑱ **Le vetrate** proseguono nella controfacciata tardo-ottocentesca e colpiscono particolarmente per il puntuale disegno e la vivacità dei colori. La prima a destra è dedicata a *Santa Tecla*. La parte centrale è tutta occupata da quella dedicata alla *Vergine Assunta* che campeggia in cielo oro con il suo manto azzurro intenso. Ai lati le vetrate contengono diversi elementi allegorici tra cui due figure femminili rappresentanti la *Chiesa* e la *Sinagoga*.

⑲ Prima di lasciare il luogo di culto è possibile scendere nel sottosuolo per visitare **i resti archeologici del battistero di San Giovanni** (IV secolo) e della precedente cattedrale dedicata a Santa Tecla (IV secolo).

Usciamo passando sotto l'altorilievo con la scena biblica di *Ester e Assuero*.

Fede Galizia

(1578-1630)

Un'importante testimonianza della devozione legata alla cattedrale è un dipinto di una delle maggiori artiste attive a Milano, Fede Galizia. Figlia d'arte, il padre Nunzio, pittore di miniature, si era trasferito a Milano da Trento. Fede impara da lui a dipingere e dall'età di dodici anni abbiamo già testimonianza della sua attività di pittrice. Non apparteneva a una specifica scuola pittorica, ma nelle sue opere ritroviamo spunti della tradizione lombarda, del tardo Manierismo emiliano di Correggio e Parmigianino, nella ritrattistica di Lorenzo Lotto e di Giovan Battista Morone, nei dipinti sacri di Giovan Battista Crespi e Giulio Cesare Procaccini.

Fin da giovane, Fede è già pittrice di ritratti importanti apprezzati nelle corti europee ed eseguiti su commissione.

Fu autrice di numerose nature morte, un genere nuovo della pittura tardo Manierista. Si dedicò anche a opere di carattere religioso, come il dipinto qui raffigurato. Famose anche le sue tele che raffigurano la vicenda biblica di Giuditta e Oloferne, tema che interessa e in cui si cimentarono anche altre artiste.

Fede Galizia, *San Carlo in processione con il sacro chiodo*, olio su tela (1627-1630), Museo del Duomo. Il quadro fu portato in processione durante la peste del 1630 di cui fu vittima anche la pittrice. Sullo sfondo si può notare l'antica facciata del Duomo

La devozione femminile e le benefattrici del Duomo

È risaputo quanto le donazioni siano state di fondamentale importanza per la costruzione della cattedrale. Grazie agli amministratori della Veneranda Fabbrica che annotavano pedissequamente ogni elargizione, senza distinzioni d'importanza (si passa da pietre preziose a modestissime formagelle!), moltissime informazioni sono giunte fino a noi. Sappiamo di elargizioni anche imposte, di sontuosi spettacoli organizzati per raccogliere fondi o di piccole iniziative di fanciulle che si recavano da sole casa per casa, offrendo un momento di pausa canora. Donne di varia estrazione sociale e di diverse capacità economiche ebbero un ruolo fondamentale nel sostenere, finanziare e promuovere la costruzione della cattedrale. Come ci testimoniano documenti reperibili più facilmente in testi della cultura nordica, quando presenti, i compiti loro assegnati nei cantieri delle grandi cattedrali erano di minori responsabilità e meno significativi, come per esempio l'impasto della malta e il trasporto dei materiali. Non a caso viene fatto un riferimento all'inserimento di additivi come vino, aceto, vischio, uova e sangue. Quest'ultimo "ingrediente" si connette sottilmente a quell'aura di magia e mistero che sembrava annidarsi tra le pieghe e gli anfratti dell'immenso cantiere. Tra le tante donatrici ricordiamo qualche nome. Sicuramente **Caterina Visconti** che sembrava nutrire un particolare affetto per Milano, e pare avesse preso particolarmente a cuore la costruzione della nuova cattedrale. Sappiamo di una sua ingente donazione che lei avrebbe voluto restasse anonima ma in realtà risultò registrata. Altra famosa donatrice fu **Caterina di Abbiate Guazzone** o "Caterina la matta". Di lei sappiamo che lavorava gratis nel cantiere, dove si presentava pressoché quotidianamente. Presto si fece riconoscere dai milanesi come la più assidua e generosa, arrivando persino a donare il suo unico indumento invernale nella fredda stagione (1387). Abbiamo poi testimonianza di lasciti da parte di donne di tutt'altra estrazione, come la prostituta **Donnola** che nel novembre 1387 fece una lauta donazione. Tra le nobildonne si ricorda **Marta Codivacca**, proveniente da una delle famiglie nobili più influenti di Padova, vedova del milanese Giovannolo. ■

Il Museo del Duomo

Il Museo del Duomo si trova all'interno di Palazzo Reale e raccoglie, in un suggestivo percorso creato nel 2013, il prezioso Tesoro del Duomo (nelle prime sale) e gli originali a tutto tondo di numerose statue di cui molte ritraggono soggetti femminili. Oltre alle statue sono esposti anche altri particolari architettonici come doccioni, pinnacoli, prove scultoree e altri oggetti legati alla cattedrale come reliquiari, paliotti, arazzi e modelli in scala. Di seguito citiamo solo alcune di queste opere.

Nella pagina accanto: **Sant'Agnese** (1491). Con questa scultura, attribuita a Benedetto Briosco, si può notare un iniziale impegno nella resa del movimento accentuato dai ricchi panneggi degli abiti. È una delle espressioni della nuova ricerca della bellezza e dell'eleganza.

In alto, da sinistra: **Eva**; **Sant'Elena**; **Santa Lucia** (seconda metà del XV secolo): questa santa si trova sovente ripetuta (ad esempio tra le statue dei capitelli) poiché considerata dagli scalpellini della Fabbrica la loro protettrice; La **Maddalena** trasportata dagli angeli o l'**Assunta** (1565).

<
Ingresso della Galleria Vittorio Emanuele II

>
Vista dall'interno, dalla zona d'intersezione dei quattro bracci detta Ottagono

p. 76
Mosaico allegorico che rappresenta l'Europa

Figura allegorica

Tappa 2

Galleria Vittorio Emanuele II

Tra le idee socialiste di Anna Kuliscioff e la moda di Miuccia Prada

Il progetto vincitore del concorso indetto dalla città per collegare i due poli urbani principali ovvero il Duomo e piazza della Scala risultò quello di Giuseppe Mengoni (1829-1877). Oltre che brillante sul piano della risposta alle funzioni esplicitamente richieste, si presentava tecnologicamente avanzato su quello dei materiali e della concezione strutturale. Era infatti uno dei primi edifici italiani a utilizzare come copertura di un fabbricato o di parti di esso il vetro supportato da una struttura metallica lasciata "a vista". Tra i primi esempi il più noto a livello internazionale fu la Tour Eiffel, costruita per simboleggiare la Francia all'Esposizione Universale di Parigi del 1889. In contraddizione con questa scelta architettonicamente corraggiosa, il progettista optò per la sua architettura il linguaggio stilistico neorinascimentale, quindi basato sulla geometria perfetta dell'arco a tutto sesto, ovvero a centro unico, evidentemente ritenuto il più adatto al doppio scopo di evidenziare l'imbocco della

Galleria e dall'altro di esaltarne l'importanza creando un'atmosfera aulica. Molto nota e frequentata, è ancora in grado di regalare forti emozioni. Eretta a partire dal 1865, si inserisce nel quadro degli interventi che interessarono la piazza e tutta la città per celebrare Vittorio Emanuele II come primo sovrano dell'Italia unita, all'indomani della fine della seconda guerra d'indipendenza. Rifacendosi alla moda dei *passage* europei, parigini e londinesi, inaugurata già qualche decennio prima, l'architetto coglie e ben utilizza la forza dell'idea di un collegamento coperto. A Milano esisteva già un edificio di questo genere, un passaggio con pavimenti in marmo e copertura in ferro e vetro, ma più contenuta nelle dimensioni e nelle decorazioni, la Galleria De Cristoforis. Purtroppo demolita negli anni Trenta, si trovava nell'area chiamata "la contrada del veder", in zona San Babila, ma dalla parte opposta rispetto all'attuale galleria omonima. Negli anni le gallerie in città si sono moltiplicate (se ne contano una quarantina), diverse tra loro per struttura e apparati decorativi, talvolta allegre, animate e colorite, tal altra silenziose, fredde, in stato di semiabbandono. Milano fu anche il modello per le successive gallerie sorte in altre importanti città italiane, come Genova, Torino, Napoli, Trieste...

Passando dagli esterni agli interni, inoltrandoci nella Galleria, l'atmosfera si fa più elegante, calda e accogliente. Quasi un interno abitativo privato trasposto nello spazio pubblico. La cupola è il centro geometrico e il cuore pulsante della costruzione, l'area in cui convegono le linee che dirigono lo sguardo verso l'alto. In questa monumentale costruzione la nostra ricerca della presenza femminile ci porta a porre l'attenzione sui busti delle **erme** scultoree, che ci osservano dai pilastrini che decorano l'ultimo dei quattro piani e sulle **lunette** dell'Ottagono, in origine realizzate in affresco e ora a mosaico, in cui le fattezze femminili personificano i continenti.

I mosaici originali che costituiscono il programma iconografico (gli originali si trovano attualmente al Civico Museo di Milano) rappresentano in sembianze femminile le quattro parti (Asia, Africa, America ed Europa) di cui era composto il mondo secondo l'immaginario di allora. Sembianze femminili hanno pure le figure allegoriche che chiudono i bracci corti, aggiunti in un secondo momento, a rappresentare le principali attività dell'umanità sulla Terra: le scienze, le arti, l'industria e l'agricoltura. Percorrendo questo "salotto" milanese possiamo andare con la mente alle donne che lo hanno popolato: le dame che qui passeggiavano, in cerca di vetri di Murano, gioielli, biancheria; le cantanti che si esibivano all'Ottagono in cerca di un ingaggio; le prostitute che, come racconta Capuana, qui avvicinavano i possibili clienti. Oppure pensiamo agli eleganti caffè, come il Biffi e il Savini, dove era solita sedersi Maria Callas per un pomeridiano o per la cena dopo lo spettacolo. E poi le boutique di moda: oltre alla più famosa Prada, che dal 1914 apre le sue elegantissime vetrine in posizione privilegiata sull'angolo dell'Ottagono, seguono Prada-uomo, Louis Vuitton, ma anche Luisa Spagnoli, Gucci e all'uscita verso piazza Scala, la cappelleria Borsalino.

Tra le tante donne che hanno attraversato la Galleria ricordiamo in particolare Anna Kuliscioff che qui abitò, come testimonia la targa bronzea, posta al lato destro dell'ingresso, che la raffigura insieme al compagno Filippo Turati, in un atteggiamento meno rigido e inespressivo di quello solitamente utilizzato nelle raffigurazioni celebrative ufficiali. L'ottagono era il punto di incontro delle due leader del femminismo milanese, Anna Kuliscioff e Anna Maria Mozzoni.

Anna restò in questo appartamento per tantissimi anni, durante i quali in numerose e diverse occasioni lei e Turati furono prelevati dalla polizia per testimonianze, giudizi, arresti, trasferimenti in carcere. Una donna esemplare eppure non ancora abbastanza celebrata, la prima laureata in medicina all'università di Napoli, la "dottora dei poveri", l'"unico uomo presente a Milano" (come la definì Antonio Labriola in una lettera a Engels).

Anna Kuliscioff

(1855-1925)

Anna Kuliscioff

Anja Rozenstein nasce in Crimea da una famiglia ebrea benestante. Questo le consente di poter coltivare gli studi. Molto presto si interessa delle condizioni delle classi lavoratrici. Nel 1871 si trasferisce a Zurigo per proseguire gli studi di filosofia, poiché in Russia alle donne era proibito l'accesso all'università.

Dopo circa tre anni di soggiorno all'estero (1871-73), periodo in cui s'innamora e sposa a Zurigo un connazionale che condivide le sue idee politiche, deve tornare in patria richiamata dallo zar, che temeva l'ingresso di ideologie destabilizzanti. Nel 1874 si stabilisce a Odessa, dove continua il suo attivismo politico in nome di giustizia e libertà. Viene arrestata con il marito, che viene condannato ai lavori forzati in Siberia. In seguito a questi eventi Anja cambia il nome per assumere quello di Kuliscioff e si trasferisce a Kiev. Ma appena ricevuti i documenti necessari lascia nuovamente e definitivamente la Russia per i paesi dell'occidente europeo, dove proseguire nell'impegno politico e negli studi universitari. Si stabilisce a Lugano e nel 1877 incontra l'esule italiano Andrea Costa che da poco ha lasciato il partito anarchico e che l'affascina al punto da farle decidere quasi subito di vivere con lui. Avranno una figlia: Andreina. Prendono casa a Parigi, ma già dopo pochi anni la relazione vacilla. Nel 1878 viene arrestata a Firenze dove si era recata per il congresso anarchico. Il processo fiorentino, tra il '79 e l'80, le darà molta notorietà. Ma la carcerazione minerà la sua salute. Nel 1885, dopo un susseguirsi di crisi, liti e incomprensioni, si separa definitivamente dal Costa, esprimendo in lettere tanto lucide quanto determinate le motivazioni del fallimento della loro unione. Nell'anno accademico 1886-87 si laurea in medicina a Napoli, prima donna a laurearsi in quella sede universitaria. Proprio a Napoli incontra Filippo Turati che diventerà il suo compagno. Si specializza poi in ginecologia a Torino e a Padova, realizzando così il suo vero e primario obiettivo, la salute e il benessere delle donne e dei bambini. Nel suo curriculum spicca l'applicazione dell'osservazione scientifica alle febbri puerperali, che all'epoca mietevano tante vittime tra i neonati e le madri. Con Turati si trasferisce a Milano e a lei si rivolge subito **Alessandrina Ravizza** (vedi pag. 286) per conferirle la direzione dell'ambulatorio medico realizzato nel 1887 vicino alle cucine economiche allestite già un decennio prima in via Anfiteatro. Anna accetta l'incarico, ma deve rinunciarvi dopo soli pochi mesi per l'aggravarsi delle sue condizioni di salute. Dall'osservatorio privilegiato della sua professione medica traccia un quadro delle condizioni di vita delle donne e dei bambini impiegati nell'industria assai drammatico. Per questo suo impegno verrà chiamata "la dottora dei poveri".

Manifestazione delle donne pro suffragio

Anna non si limita alla critica della società esistente, ma propone una strategia per il superamento della subalternità e delle diseguaglianze, esortando le lavoratrici a uscire dall'individualità e dall'isolamento per consociarsi e acquisire forza politica. Anna e Filippo a Milano si stabiliscono in piazza Duomo al n° 23. Qui fondano la Lega socialista milanese, che poi darà origine al Partito Socialista. Anna farà parte dell'esecutivo dal 1911. In questa casa ospitano la redazione della rivista «Critica sociale» (edita dal 1891), importante voce ufficiale del socialismo, di cui Anna diventa direttrice.

Donna estremamente tenera e premurosa e allo stesso tempo vigile e determinata sulle questioni politiche e sociali in cui crede ed è attivamente impegnata. Gli obiettivi del femminismo milanese in quel periodo sono essenzialmente di tipo "emancipatorio" ovvero vertono sulla richiesta di parità effettiva su temi fondamentali come il salario (ugual paga per ugual lavoro), le condizioni di lavoro (orari, sicurezza), il diritto di voto. Sarà però necessario per le donne rinunciare a combattere per conquistare l'intero pacchetto di diritti e procedere invece per gradi successivi, vista l'impreparazione e indisponibilità anche da parte degli stessi compagni di partito e perfino del partner sentimentale. Dall'appartamento al secondo piano dell'edificio della nuova Galleria Vittorio Emanuele,

La targa dedicata ad A. Kuliscioff e F. Turati

con due grandi finestre che affacciano sul Duomo, i due socialisti verranno prelevati più volte per interrogatori, testimonianze, per presenziare ai processi a loro carico e poi essere reclusi in carcere. Ma riceveranno anche ospiti importanti come Margherita e Cesare Sarfatti che, appena giunti a Milano, aveva trovato alloggio per un breve periodo di tempo in via Brera. Altra presenza frequente e gradita era quella dei coniugi Majno.

Il dibattito che si svolgeva - talora con toni molto aspri in particolare in occasione dei primi Convegni e Congressi delle donne - intorno alla progettazione di una legislazione di protezione del lavoro femminile, aveva evidenziato le diverse componenti del femminismo milanese, diviso in due correnti principali, la prima soprannominata del "femminismo pratico" che faceva riferimento a **Anna Maria Mozzoni,** mentre l'altra, che vedeva nella connessione ideologica e politica la via più incisiva per portare avanti le riforme, era interpretata dalla Kuliscioff. Ha anche parte attiva, assieme alla sindacalista **Maria Gioia**, nella lotta per l'estensione del voto alle donne, tanto che col suo sostegno, nel 1911, nasce il Comitato Socialista per il suffragio femminile.

Anna si allontana dalla politica attiva alle soglie della Prima guerra mondiale, rispetto alla quale fu fautrice dell'interventismo. Furono anni di delusione e sfiducia nelle possibilità della politica. Muore nel 1925. Durante il trasferimento al Cimitero Monumentale alcuni fascisti si scagliarono contro le carrozze del corteo funebre. È sepolta accanto a Turati, in una tomba coperta da un grande blocco di granito.

A Milano è stata istituita la Fondazione Anna Kuliscioff, con sede in Via Vallazze 34, che ha una biblioteca di 35.000 volumi, opuscoli dedicati alla storia del Socialismo, oltre a numerose foto e alcuni elementi della mobilia che arredavano l'appartamento di piazza del Duomo. L'amministrazione comunale le ha anche intestato una via nella zona nord-ovest della città, non lontano da via Bisceglie.

Miuccia Prada

(1948)

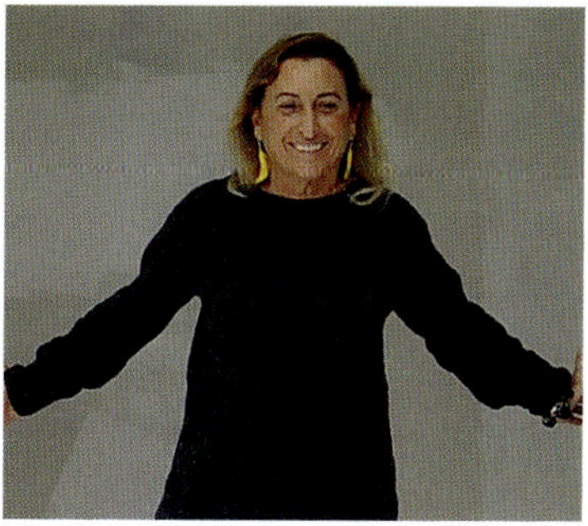

Miuccia Prada

Maria Miuccia Bianchi, in una recente intervista, a chi le chiese quali siano le priorità della nostra esistenza rispose «Fare bene le cose che ci piacciono». Questa filosofia, in continuità con lo spirito del nonno, l'ha portata a trasformare l'azienda di famiglia in una delle case di moda più blasonate del mercato internazionale. Miuccia cominciò lì la sua carriera nel 1977, dopo aver studiato scienze politiche e recitazione al Piccolo Teatro di Milano. Fin da subito mostrò la sua originalità disegnando, agli inizi degli anni Ottanta, la famosa collezione di borse nere in fine nylon che diventarono presto richiestissime in tutto il mondo: «se il simbolo del lusso è una borsa di coccodrillo, io la farò di nylon». Introduce nella moda il vintage e il "brutto". Vestirsi per essere belli è solo una possibilità, ci si può vestire anche per manifestare le proprie idee. Dal 1993 ha preso vita la linea frivola, libera, fantasiosa, Miu Miu. Questa libertà di espressione e ricerca di idee sono alla base della sua pionieristica collaborazione con architetti innovativi nella creazione dei suoi spazi. Così dal collezionismo d'arte contemporanea che condivide insieme al marito Patrizio Bertelli, nel 1993 passa al mecenatismo dando vita a Fondazione Prada con l'obiettivo di riflettere sull'impegno culturale e sui codici estetici del nostro tempo. Nel 2015 nasce la sede milanese, affidata all'architetto olandese Rem Koolhas che trasforma lo spazio di un'antica distilleria nella periferia milanese per ospitare la sua incredibile collezione e le mostre temporanee di artisti che fanno pensare. C'è anche uno spazio dove si proiettano film. «La ragazza che voglia essere elegante per migliorare la propria esistenza deve leggere libri, guardare film...» Nel corso della sua carriera Miuccia Prada ha conseguito numerosi premi per l'originale visione, innovazione e contributo alla moda internazionale.

La Fondazione Prada in largo Isarco 2

Tappa 3
La Scala

Piazza della Scala

All'uscita dalla Galleria, al termine del piacevole percorso "protetto", ci si affaccia su piazza della Scala. I quattro lati sono occupati da edifici di periodi diversi, sedi delle istituzioni più rappresentative della città (amministrative, artistico-culturali, finanziarie). Al centro il monumento a Leonardo da Vinci (opera di M. Magni).

Il teatro, paradigmatico esempio del nuovo stile architettonico neoclassico, di cui l'imperial-regio architetto Giuseppe Piermarini fu il principale esponente e inventore, fu realizzato nel periodo 1776-78. Il dirimpettaio palazzo Marino è ben più antico, risale infatti alla fine del XVI secolo quando fu progettato da Galeazzo Alessi su incarico del facoltoso finanziere genovese Tomaso Marino. Costruito a più riprese, è stato infine ultimato soltanto nel 1892 – con la facciata sulla piazza della Scala – dall'architetto Luca Beltrami (1854-1933)sul modello originario alessiano. Il Beltrami progettò anche i due edifici che delimitano lateralmente la piazza, rispettivamente del 1905 e 1910, originariamente destinati agli uffici della Banca commerciale italiana. La piazza man-

<
Il Teatro alla Scala, visto dall'uscita della Galleria Vittorio Emanuele II, dopo l'intervento di restauro e l'integrazione funzionale

>
Angelo Inganni, *La facciata del Teatro alla Scala*, 1852, Museo Teatrale alla Scala

tiene ancora oggi la sua configurazione originale, come testimoniano le numerose riproduzioni d'epoca. Una bella e nota tela di Angelo Inganni, conservata al Museo civico di via S. Andrea, rende non solo la compatta eleganza della scena architettonica ma anche la vivacità dei traffici nell'andirivieni quotidiano. I due palazzi laterali rappresentano un ottimo esempio di rinnovamento degli interni, che si sono adeguati ad accogliere le esigenze di nuove funzioni, valorizzando nel contempo il contesto architettonico e la funzione originaria. Gli austeri ambienti concepiti per gli uffici della Banca commerciale italiana dal 2011 accolgono il nuovo museo denominato **Gallerie d'Italia**, firmato dall'architetto Michele de Lucchi, per riunire e presentare al pubblico il patrimonio artistico del gruppo Intesa San Paolo, inglobando anche alcuni ambienti degli attigui palazzi sette-ottocenteschi Anguissola e Brentani. Il piano terreno del nuovo polo espositivo è dedicato alla collezione d'arte moderna e contemporanea, che annovera anche opere di totale rottura con la tradizione accademica. Alla quota inferiore è stata allestita la quadreria dell'800, in una cornice espositiva più consona all'epoca delle opere. Anche il Teatro alla Scala è stato oggetto di un importante intervento di adeguamento funzionale e restauro, affidati all'archistar Mario Botta, che non ne ha minimamente compromesso l'estetica.

Protagoniste

«Se fossi ricco, un mezzo scudo, di tempo in tempo, per sentire la **Pasta**; venti soldi per vedere la **Marchionni**...», così sognava il giovane squattrinato Carlo Cattaneo nel rigido inverno del 1830.
Una serata a sentire Giuditta Pasta equivaleva alla visita a un importante monumento storico o artistico secondo l'instancabile viaggiatore Henry Beyle (Stendhal), amante dell'opera lirica, per il quale assistere almeno a uno spettacolo alla Scala, interpretato dalla soprano preferita, costituiva una delle tappe obbligate di ogni suo soggiorno nel capoluogo lombardo. Il teatro, produttore di cultura e di svago ma anche "fabbrica", è uno dei pochi luoghi in cui sono compresenti in gran numero donne di tutti i ceti economici e sociali, impegnate come lavoratrici nei diversi ruoli professionali. Alle artiste vere e proprie, che hanno il massimo della visibilità, bisogna infatti aggiungere le scenografe e tutto il backstage di costumiste, sarte, guardarobiere, truccatrici, parrucchiere fino alle addette alle pulizie. Qui erano apprezzate per la professionalità nell'espletamento dei compiti e delle mansioni loro assegnate e, aspetto importantissimo, al lavoro svolto per lo più veniva corrisposto un regolare compenso; fatto che, assicurando l'autonomia economica, talora persino la ricchezza, era di per sé emancipatorio. Inoltre, dalla fine del XIX secolo e nel XX, cominciano ad affermarsi le musiciste e le direttrici d'orchestra.
La presenza di queste artiste nei numerosi salotti cittadini dava prestigio e costituiva un forte elemento di richiamo; molto spesso loro stesse animavano un proprio spazio di ricevimento e di cultura. ■

Teatro alla Scala, gli interni

Teatro alla Scala

L'edificazione

A sostenere la richiesta della costruzione di una nuova struttura, in sostituzione del teatro di corte bruciato nel 1717 e successivamente di nuovo incorso nel medesimo incidente nel 1776, furono soprattutto la pervicacia dei palchettisti e la lungimiranza dell'**imperatrice Maria Teresa,** che diede il consenso e le aree per la costruzione di due teatri. Uno di dimensioni minori sul terreno delle ex Scuole Cannobiane (poi Teatro Lirico) e l'altro su un'area che fino a quel momento era occupata dalla chiesa di Santa Maria alla Scala. Questa era stata eretta nel 1381 per precisa volontà di **Regina della Scala**, della dinastia scaligera di Verona, che aveva sposato Bernabò Visconti diventando signora di Milano (vedi pag. 138).

L'incarico di progettazione del grande teatro fu affidato a Giuseppe Piermarini (1734-1808) che, dopo la conclusione di altre due grandiose opere architettoniche – Palazzo Belgioioso e Palazzo Greppi – più o meno contemporanee, entrambe divenute modello di riferimento del nuovo stile neoclassico, aveva guadagnato il titolo di imperial-regio architetto, ispettore delle fabbriche imperiali e primo professore della nuova Accademia di Brera.

La magia della bacchetta

La corta, sottilissima bacchetta del direttore d'orchestra è sospesa a mezz'aria, immobile; tutti gli sguardi sono concentrati su quell'esile bastoncino e le mani che lo reggono.
È il momento magico, di forte tensione, in cui tutto sembra interrompersi in attesa che il torrente delle note si sciolga e gli spettatori possano abbandonarsi al flusso musicale.
All'esterno, in quegli stessi attimi, è l'intero edificio ad apparire come in un momento di sospensione, di "congelamento" nel tempo e nello spazio.
Forse è l'effetto dello stile, o piuttosto la definizione del volume architettonico, a far sì che, camminando per le strade di Milano al crepuscolo, quando le luci sono tutte accese all'interno prima dell'inizio dello spettacolo mentre la piazza, fuori, è già totalmente buia –, l'elegante edificio sembri una grande arca o un misterioso vascello pronto a salpare.
Solo al compimento del viaggio, il gruppo verrà sbarcato a terra e reinserito nella storia. ■

La direttrice d'orchestra Xian Zhang, la prima donna ad essere nominata direttrice di un'orchestra sinfonica italiana stabile, La Verdi di Milano

Edificato tra 1776 e il 1778, esemplare traduzione in termini architettonici dei canoni e degli stilemi della nuova corrente artistica classicista – che, muovendo da Schliemann e Winkelmann, si diffuse in tutta Europa anche grazie alle vittoriose armate napoleoniche, incontrando poi molta fortuna persino oltreoceano –, l'organismo del teatro si presenta come volume geometricamente ben definito e concluso. La divisione della facciata in tre fasce orizzontali e l'alternanza del motivo finestra-semicolonna, benché introducano una certa ritmicità, non sono sufficienti ad alleggerire la percezione complessiva gravata dal pesante, ma necessario, volume del tetto-copertura del palcoscenico. L'apparato decorativo, ripetitivo nelle forme e negli accostamenti, contribuisce a presentarci un edificio più sobrio e severo rispetto agli altri esempi del neoclassicismo milanese. Il bel timpano con il bassorilievo di Andrea Appiani risulta poco visibile.

Gli interni

Costruito applicando tutte le possibili innovazioni allora disponibili in particolare per quanto riguardava la sicurezza antincendi, il teatro ha struttura in muratura ma l'interno ha comunque delle parti in legno. La sala, su cui si affacciano quattro ordini di palchi più due gallerie, presenta la tipica forma a "ferro di cavallo" che, se accuratamente realizzata, consente un'acustica eccezionale. Nel concepire il sistema di accesso a palchi e retropalchi, scale e ridotti, e nello scegliere i materiali di finitura il progettista dovette senz'altro tenere conto anche delle modalità di utilizzo del teatro che nei secoli scorsi erano ben diverse da quelle attuali. Data la lunga durata delle opere liriche, per esempio, il pubblico era solito consumare i pasti in teatro, al punto che si dovette varare una norma per proibire tra l'altro di svuotare i vasi da notte lungo i corridoi e limitare il numero degli inservienti personali ammessi a portare ai loro padroni pranzi fumanti a più portate. Luogo di espressione della socievolezza e di scambio di mondanità salottiere, gli ambienti del teatro erano utilizzati molto frequentemente per incontri galanti.

Sarte e costumiste al lavoro nei laboratori del Teatro alla Scala. I laboratori, prima dislocati nelle sedi di Bovisa, Pero, Abanella e nello stesso Piermarini, sono riuniti, dal 2001, presso l'ex-insediamento industriale delle acciaierie Ansaldo a Milano

Interventi di restauro e ristrutturazione

Gravemente danneggiato dai bombardamenti del 1943, il Teatro alla Scala fu il primo edificio pubblico a riaprire i battenti nel 1946, inaugurando la nuova stagione musicale con un'opera diretta da Arturo Toscanini.

Più recentemente, agli inizi del nuovo millennio, il teatro fu chiuso per essere sottoposto a una non facile opera di revisione totale del fabbricato con l'obiettivo di dotarlo di uno spazio scenico di maggiori dimensioni, in linea con le moderne esigenze di allestimento, e di un maggior numero di spazi funzionali come camerini, salottini di prova, ecc.

Nel suo progetto Mario Botta prese la non facile decisione di riunire tutte queste funzioni in un nuovo volume unico assolutamente moderno di pianta ellittica e rivestito in marmo Botticino che, posto in posizione un po' arretrata rispetto al piano della facciata, è quasi invisibile e perciò non entra in conflitto con l'architettura storica del Piermarini sempre al centro della scena. La sera una miriade di piccoli punti luminosi inseriti nelle pareti perimetrali, lungi dal cancellarle pur smaterializzandole, aggiunge un pizzico di mistero allo sfondo.

I laboratori

Parte dei vasti spazi post industriali della ex acciaieria Ansaldo, tra via Tortona e via Savona con ingresso da via Bergognone, sono stati acquisiti e organizzati per supportare le molteplici attività necessarie allo svolgimento della stagione scaligera (non solo quella preminente della opera lirica, ma anche quella concertistica, della danza, del balletto). Nella medesima struttura ha trovato sede anche tutto ciò che riguarda la formazione e la didattica delle future addette e dei futuri specialiste e specialiste. Qui si esercita il prezioso lavoro di sarte, costumiste, scenografe.

Le cantanti e le danzatrici

Dal punto di vista più specifico della tecnica e delle caratteristiche vocali delle interpreti donne, è interessante osservare che la maggior parte ebbe un registro vocale che si estendeva tra quello di contralto e quello di soprano, con possibilità di passaggio, nei casi di maggior versatilità, dall'uno all'altro. Il registro ottimale sarebbe stato classificato in seguito come di mezzosoprano. In tale situazione si trovarono a cantare, dall'inizio dell'Ottocento, parti che in precedenza venivano assegnate alle cosiddette "voci bianche" ovvero ai cantanti evirati, che solo da questa data furono esclusi. La presenza dei cantanti evirati si era resa necessaria a seguito del divieto di partecipazione delle donne a qualsiasi forma di spettacolo pubblico

Tolte le maschere, fu con grande stupore che il pubblico riconobbe tra gli attori anche un volto femminile! Fino a tutto il secolo XVII era normale che fossero gli uomini a interpretare i ruoli femminili. Alle donne infatti era caldamente sconsigliato, se non palesemente proibito, recitare su palcoscenici pubblici. Quando più tardi fu loro permesso esibirsi come ballerine erano ovviamente prive di esperienza e il loro corpo mancava di allenamento. I pesanti e complessi abiti di scena non favorivano l'espressione di agilità, leggerezza, armonia, e non consentivano neppure la necessaria preparazione fisica. Solo con la Rivoluzione francese si cominciò a introdurre qualche modifica vantaggiosa per le performance delle danzatrici, a partire dalla lunghezza e leggerezza delle gonne. Si scoprirono le caviglie e i malleoli, rendendo visibile l'abilità del moto dei piedi che si incrociavano con grande velocità ma ancora *terre à terre*! Con l'accorciamento ulteriore delle gonne fino a scoprire l'intera gamba, l'adozione di tessuti sempre più trasparenti (tutù) e l'introduzione e diffusione dell'uso delle scarpette a punta irrigidita, siamo in piena epoca del balletto "classico", debitore del neoclassicismo proprio delle arti visive, e "romantico". Viene infranta anche la regola che riguardava la posizione del busto e delle braccia ora non più così eretto il primo nè così rigide le seconde. Salti, capriole, piroette da semplici a multiple, sono ora possibili anche per le giovani donne, che in breve diventano le interpreti privilegiate della danza sempre più *aérienne*.

Le artiste liriche tra cuore e carriera

Percorrendo la vita di alcune esponenti di questo mondo, che potremmo già definire "dello spettacolo", colpisce ritrovare situazioni esistenziali e meccanismi relazionali molto simili anche se agiti da personaggi diversi, quasi delle costanti che puntualmente si ripropongono nelle medesime fasi della vita.

Nei secoli scorsi, il percorso delle giovani donne che desideravano intraprendere la carriera di cantante passava per una fase iniziale di riconoscimento della qualità della voce e di formazione, curata talora dai genitori stessi e successivamente perfezionata nei conservatori delle proprie città; quello di Milano era tra i più ambiti. Se l'auspicato >>

>> successo giungeva a coronare gli sforzi si prospettava un orizzonte di vita ricco di esperienze, conoscenze, gratificazioni e anche denaro. Però questa carriera, richiedendo la disponibilità ad allontanarsi dalla casa e dalla famiglia d'origine per adeguarsi a una vita "nomade", inevitabilmente esponeva le artiste a critiche e maldicenze. Nei casi in cui la famiglia d'origine non accettava affatto di buon grado questo tipo di scelte e poneva vari ostacoli, la possibilità di godere serenamente delle mete conquistate si allontanava sempre più. Di fatto erano frequenti le relazioni extraconiugali, in cui a essere indisponibili a regolarizzare le nuove *liaison* erano di solito gli uomini, personaggi più anziani che già avevano conseguito mete di successo e... erano coniugati: addirittura Napoleone I, l'imprenditore teatrale, il compositore celebre o il collega professionista. Di solito l'artista incontrava questi pigmalioni agli esordi di una carriera che si prospettava brillante oppure, già all'apice del successo e della conquista di un grande carisma personale. Prevedibili i problemi che ne derivavano: dalle maternità negate (con tutti i rischi degli aborti clandestini) a quelle portate a termine ma forzatamente celate con l'adozione, ai dinieghi di riconoscimento di paternità, alla riprovazione sociale e conseguente solitudine. In qualche raro caso in questo come in altri ambienti artistici si verificava la situazione opposta, ovvero la cantante o l'artista affermata aiutava il giovane promettente, ma senza determinare le medesime tristi conseguenze. Al di là degli stereotipi, riscontriamo nel vissuto di queste personagge del XVIII e XIX secolo le capacità di autonomia, il coraggio e un grande senso di libertà nell'affrontare anche da sole viaggi in tutta Europa, all'epoca assai avventurosi e pieni di rischi. Abili imprenditrici della propria carriera e della propria economia, alcune restavano tuttavia vittime del sogno ingannevole dell'amore romantico il più delle volte tradito e che finiva miseramente. Esempio paradigmatico fu l'evoluzione del rapporto fra Giuseppina Strepponi (vedi pag. 138) e Giuseppe Verdi. ■

Giuseppina Grassini
(1773-1859)

Giuseppina Grassini in abito di scena ritratta da Louise Élisabeth Vigée Le Brun, 1805 ca.

«A guidare la mia vita sono state le note del violino di mia madre.» Così confidava in una lettera a Elisabeth Vigée Le Brun, sua ritrattista. Ma il violino a un certo punto tacque, dopo l'ennesima lite con il marito e la nascita di un altro dei diciotto figli messi al mondo. Come Giuseppina era ammaliata dalla madre quando cantava così la madre seppe cogliere il talento della figlia. Giuseppina Maria Camilla nacque a Varese. La sua biografia presenta molti dei caratteri comuni a quella delle altre grandi cantanti sue contemporanee, ma in un certo senso "al massimo dei livelli" (infatti il ruolo di "uomo del destino" in questo caso fu interpretato da Napoleone Bonaparte).

Esordì nel 1789 al Teatro Ducale di Parma e l'anno successivo debuttò alla Scala in opere leggere e semiserie. Dal 1792 però, le furono presentate opere serie per le quali sembravano più adatte la voce da contralto e la sua presenza sul palcoscenico. Si esibì nuovamente alla Scala nel 1794 e nel 1796, incontrando sempre il plauso del pubblico. Ma proprio il grande successo divenne poi la causa dei problemi e delle sofferenze patite nella vita privata dalla giovane donna. Nel 1800 infatti incontrò Napoleone Bonaparte, in onore del quale fu invitata a cantare nel periodo del suo soggiorno a Milano. La sua voce definita da molti come meravigliosa, unita al fascino della sua figura, in breve accesero la passione dell'allora primo console. A sua volta la figura magnetica e di potere del generale non lasciò indifferente la cantante, che se ne innamorò perdutamente. In breve divenne sua amante, seguendolo poi a Parigi, dove fu alloggiata/confinata in una residenza di discreto prestigio ma lontana dal centro e dagli itinerari mondani e di socializzazione. In un primo tempo la situazione le procurò grandi privilegi (cantò più volte all'Opera) e possibilità di nuove esperienze, pagate però al caro prezzo della sua reputazione. Fuori dal teatro e dal ruolo, la sua condotta infatti veniva giudicata scandalosa (Napoleone era sposato), procurandole non pochi dispiaceri, visto che conduceva una vita estremamente ritirata, quasi da reclusa, oppressa dalla solitudine e dal silenzio. Vennero poi i giorni del distacco totale, dell'incoronazione a imperatore di Napoleone e della consorte Giuseppina de Beauharnais (1804), cui la cantante assistette confusa tra la folla come in occasione del viaggio trionfale a Milano della coppia imperiale (senza che la Grassini fosse almeno ammessa a corte). Una nuova amante, la polacca Maria Walewska, veniva intanto a occupare il cuore dell'imperatore, dandogli anche un figlio come la seconda moglie, l'asburgica Maria Luisa (la prima ormai era stata ripudiata), che gli assicurò l'erede ufficiale.

Da quel momento l'artista alternò fasi depressive di quasi totale inattività a periodi di ripresa dell'entusiasmo e dell'energia tali da consentirle di risalire sul palcoscenico. In tali situazioni la famiglia e la casa di Varese furono per la cantante il rifugio sicuro, sempre aperto e pronto ad accoglierla a ogni nuovo momento critico. Ma la sua residenza ufficiale era comunque nell'appartamento al secondo piano di Palazzo Arese, in corso Venezia n°8, donatole da Napoleone. Purtroppo il palazzo non esiste più, cancellato dai bombardamenti dell'ultimo conflitto mondiale.

Forse l'amicizia con il più acerrimo nemico dell'ex amante, il duca di Wellington di cui alcuni dicono divenisse intima, l'aiutò a superare la tristezza e il rimpianto per la relazione perduta. Ma forse maggiore fu lo stimolo derivante dalla nuova occupazione come maestra di aspiranti cantanti liriche, a Parigi e a Milano. Tra le sue allieve predilette vi furono le due nipoti **Giuditta** e **Giulia Grisi** (vedi pag. 99) e la grande **Giuditta Pasta** (vedi pag. 96). Fu ospite alla Scala per l'ultima volta nel 1817 esibendosi con la sorella minore Matilde. Compì ancora una lunga tournée per l'Italia prima d'iniziare a ritirarsi progressivamente dalle scene, mentre il suo animo veniva grandemente rattristato dalla notizia della malattia e poi della morte del suo sempre amato Napoleone.

Questa trasmissione di saperi e competenze tra donne di generazioni differenti avvalora il possesso di una professionalità riconosciuta, svelandoci di fatto un'area professionale e una linea di discendenza femminile. A lei è intestata una via nelle adiacenze del Parco Nord.

Rosa Morolli in Morandi

(1782-1824)

Rosa Morolli

Soprano, nativa di Senigallia, fu una delle prime cantanti definite "rossiniane", ma ebbe comunque un repertorio vario (tra gli altri Paër, Cimarosa e il primo Donizetti) adeguato alla versatilità dei suoi mezzi vocali. Il pubblico l'amò in particolare per la vivacità del temperamento che la fece eccellere soprattutto nei ruoli buffi. In opere di questo tipo, tra cui *Così fan tutte* di Mozart, si esibì più volte anche alla Scala, in particolare nell'anno 1807, in compresenza con altre artiste come la piemontese **Belloc**. Nei ruoli seri, fu una delle migliori interpreti di Desdemona nell'*Otello* e di Amenaide nel *Tancredi*. Morì a soli quarantadue anni per malattia.

Teresa Belloc

(1784-1804)

Teresa Belloc ritratta da A. Conté

Piemontese di nascita, la famiglia risiedeva a S. Benigno Canavese. Fu tra le artiste del bel canto quella con il maggior numero di presenze sulla scena del nuovo grande teatro scaligero. Una delle prime cantanti "rossiniane", contribuì a definire un nuovo stile di canto e di opera lirica.

Il suo registro vocale si posizionava, come quello di molte colleghe contemporanee, tra soprano e contralto in quel ruolo che poi sarà classificato come mezzosoprano, con possibilità di sconfinamento nei due domini. Apprezzata per l'eccellenza dei mezzi vocali di cui era naturalmente dotata nonché per la spontanea disinvoltura e capacità di "calcare il palcoscenico", fu molto lodata anche per la grande serietà dell'impegno, che le consentì una delle più lunghe carriere possibili in quest'ambito professionale assai logorante. L'oculata gestione degli alti guadagni le permise di costruire nel proprio paese natale Villa Belloc, un elegante palazzetto neoclassico.

Isabella Angela Colbran

(1785-1845)

Soprano di origini spagnole, in breve tempo divenne uno dei personaggi più in vista del panorama musicale italiano e in particolare lombardo. Cresciuta in un ambiente già fortemente implicato in campo musicale, infatti il padre era maestro di cappella e di camera del re, ricevette i primi rudimenti d'istruzione musicale in famiglia. Poi fu allieva dei più celebri compositori e maestri di canto della stessa capitale madrilena. Grazie al sostegno finanziario della regina Maria Luisa, poté cominciare a viaggiare per conoscere anche altri maestri e scuole e perfezionare le proprie doti. Con la famiglia si recò in Francia e in Sicilia, dove il padre acquistò alcune proprietà fondiarie e forse un castello a Modica. Nel ritorno verso nord si fermarono a Bologna, dove Isabella era stata ammessa alla famosa Accademia Filarmonica Bolognese e dove avvenne il suo debutto italiano, nel 1807. L'anno successivo fu invece quello del debutto alla Scala di Milano. Da quel momento cominciò a viaggiare per calcare i palcoscenici dei maggiori teatri italiani, in particolare di quello napoletano dove dominò la scena per anni (dal 1811 al 1822) anche grazie alla relazione affettiva intrecciata con Domenico Barbaja, il più importante degli impresari reali. In quest'ambito artistico e

Isabella Colbran rappresentata come Saffo ritratta da Heinrich Schmidt, prima metà del XIX sec.

manageriale, allora ricco di energie e vitalità, sostenute dall'apprezzamento generale della scuola musicale napoletana, incontrò il giovanissimo maestro pesarese, Gioachino Rossini, reduce dai successi già ottenuti sulle scene bolognesi, veneziane ma anche scaligere. Il repertorio della Colbran era molto ricco e variato, ma da quel momento il suo canto e la sua presenza scenica mirarono specialmente all'affermazione ulteriore della musica del compositore. Ne divenne la principale interprete, protagonista delle sue opere serie del periodo napoletano. Il loro sodalizio artistico e professionale fu molto intenso sfociando presto in una vera e propria relazione sentimentale, a cui seguì dopo qualche tempo il matrimonio (1822). La coppia viaggiò molto tra Venezia, Parigi, Londra per poi rientrare a Bologna nella villa di Castenaso, che Isabella aveva ereditato dal padre. L'unione legale, proficua per entrambi sul piano propriamente artistico, per Rossini lo fu anche dal lato pratico ed economico. La Colbran infatti portava in dote un patrimonio cospicuo la cui metà spettava, per patto matrimoniale, al neo marito. Sul piano artistico la bellezza della cantante, la sua presenza scenica e le caratteristiche vocali davano molo risalto e sicuro successo alle opere che sceglieva d'interpretare. Nel medesimo tempo, le partiture musicali e canore del maestro favorivano le caratteristiche di virtuosismo quasi "acrobatico" della Colbran e la fitta coloritura della sua voce, rispecchiando l'inventiva, l'abilità delle variazioni e le "fiorettature" del compositore. Ma già pochi anni dopo, la voce della cantante cominciò ad accusare dei problemi di sovraffaticamento. Ciò influì non poco sul carattere e la sicurezza dell'artista, la cui vita iniziò una china discendente e degradante (gioco d'azzardo e spese pazze che la portarono a dilapidare in breve il non piccolo patrimonio, con la conseguenza di debiti, falsità, ecc.). Si giunse così alla separazione di fatto cui seguì quella legale, nel 1837. Nel frattempo, il grande compositore aveva già avviato una nuova relazione con la famosa cortigiana parigina Olympe Pélissier, che sposò dopo la morte della prima moglie.

Giuditta Negri in Pasta

(1797-1865)

Soprano e contralto, fu una delle più eccellenti e celebri cantanti liriche del primo '800, una delle primedonne che fecero la storia del Teatro alla Scala. Angiola Maria Costanza Negri, soprannominata Giuditta fin da bambina, nacque a Saronno in una famiglia della media borghesia lombarda. Presto si evidenziarono le sue doti canore riconosciute e sostenute in particolare dallo zio materno, ingegnere, progettista

Giuditta Pasta in abito di scena
ritratta da François Gérard, 1831/1835

tra l'altro del ponte sul Ticino a Boffalora, violinista e cultore di musica. Fu lui a impartire alla nipote i primi rudimenti di conoscenza della musica e del canto, fino al momento in cui poté iscriverla al Conservatorio di Milano grazie anche all'appoggio di una già celebre cantante, **Giuseppina Grassini** (vedi pag. 92). Con lei Giuditta condivise in seguito la scena in alcune opere importanti, in cui letteralmente trascinarono il pubblico con duetti (*tête-à-tête*) divenuti celebri. Nel capoluogo lombardo la giovane esordì nel 1815 al Teatro Filodrammatici insieme all'avvocato e tenore Giuseppe Pasta, conosciuto al Conservatorio e sposato l'anno successivo. Con lui avrà l'unica figlia, Clelia (1817). Negli anni immediatamente seguenti, viaggia per l'Italia e l'Europa, insieme al marito, ingaggiata da teatri sempre più importanti, mentre era ancora fortemente impegnata nell'educazione della sua voce. Eccezionale dono di natura ma che richiedeva grande applicazione, studio ed esercizio, per trasformarla in quello strumento eccezionale per sonorità, duttilità, agilità, estensione di timbri e varietà di colori che alla fine tutti le riconobbero. Furono tuttavia la forte presenza scenica e le capacità recitative – indusse al pianto Chopin, mandò in estasi Stendhal – che la fecero emergere tra le maggiori cantanti liriche e le protagoniste del Teatro alla Scala, pur in assenza di quelle caratteristiche di avvenenza che senz'altro facilitarono molte altre. La sua prima consacrazione avvenne dunque sui palcoscenici di Parigi e Londra dove, nel 1821, interpretò con grande successo il ruolo di Desdemona nell'*Otello* di Rossini, delle cui opere fu protagonista anche in successivi allestimenti. Fu molto amata anche da altri compositori, come Donizetti che scrisse la partitura di *Anna Bolena* tenendo in considerazione proprio le caratteristiche vocali dell'artista. L'opera fu allestita in prima assoluta nel 1930 al Teatro Carcano di Milano, dove riscosse grande successo. Una vera passione provò per lei il catanese Bellini, astro nascente nel panorama operistico italiano, di cui la Pasta fu musa ispiratrice interpretando come protagonista le prime assolute di *La sonnambula* e di *Norma* rispettivamente al Teatro Carcano e alla Scala, nel 1931. Questo primo allestimento della Norma fu anche il debutto alla Scala della giovane soprano, ma fu anche un clamoroso fiasco, cui però seguirono nell'immediato ben trentaquattro repliche.

La vicinanza con il tempio della lirica, oltre all'indiscussa posizione centrale nella città, furono alla radice dell'acquisto da parte della soprano di un palazzetto sito in

Contrada del Monte n. 1275, l'attuale via Monte Napoleone n.14. Purtroppo dell'edificio, di cui si conserva testimonianza fotografica al Civico archivio fotografico del Castello Sforzesco, fu raso al suolo dal bombardamento del 1943 e ora non esiste più nulla di originario. Di aspetto modesto e non in buone condizioni di conservazione era tuttavia rappresentativo dello status economico di grande agio risultante da una carriera di successo e ben gestita. Acquistato nel 1829, fu sottoposto a restauro esterno e interno. Colpisce in particolare il programma decorativo dei grandi saloni di rappresentanza, che segue i criteri e il gusto storicista dell'epoca, ma presenta temi e soggetti originali, ovvero scene tratte dalle opere interpretate dalla proprietaria o suoi ritratti nei diversi costumi di scena. Inoltre, accanto agli elementi decorativi tratti dal repertorio classico più usuale, compaiono sagome (di non immediata identificazione, per i non addetti) che inaspettatamente rappresentano gli strumenti scientifici di recentissima invenzione all'epoca. Scelte che, indirettamente, costituiscono una testimonianza dell'aggiornamento culturale e scientifico della proprietaria nonché della sua apertura mentale. La soprano però non abitò a lungo questa dimora così accuratamente e magnificamente decorata – la sua presenza è documentata in modo certo dal 1834 al 1849 – sia per le frequenti tournée, sia perché disponeva di altre residenze altrettanto amate. In particolare quella parigina, nel cui salotto era solita ospitare, oltre a importanti personalità della cultura e dell'arte, anche patrioti in esilio o transfughi. Ma la residenza che più utilizzò e amò, soprattutto con l'avanzare dell'età, fu l'affascinante villa "Roda" a Blevio, direttamente affacciata sulle sponde del lago di Como. Acquistata da un'altra donna – la sarta e modista Madame Ribier, che a sua volta aveva ottenuto grande successo nel suo campo professionale in epoca napoleonica – fu luogo frequentato spesso e con grande piacere da cantanti, compositori, musicisti che qui trassero anche ispirazione. Primo tra tutti Bellini per la *Norma*. Soffermandoci ad analizzare alcuni degli elementi che rendevano speciale questa dimora, possiamo trarre altre testimonianze delle qualità del personaggio che, tra l'altro, nella realizzazione del giardino volle inserire, in una sorta di grotta artificiale, allora molto di moda, i ritratti di altre cantanti per le quali nutriva una grande stima e che desiderava celebrare (**Angelica Catalani, Giuseppina Grassini, Giulia Grisi, Maria Malibran e Josephine Fodor**).

Giuditta Grisi
(1805-1840)

Giuditta Grisi

Mezzosoprano, fu una delle protagoniste della storia del grande teatro milanese. Sorella di **Giulia**, come lei nacque a Varese e poi intraprese la medesima carriera. Nipote della famosa soprano varesina **Giuseppina Grassini**, cugina della soprano **Ernesta Grisi** (moglie di Théophile Gautier) e della danzatrice **Carlotta Grisi**, fu interprete molto apprezzata sui palcoscenici europei, in particolarte di Londra e Parigi.

Nel 1834 sposò il conte Barni di Lodi. Già dieci anni dopo l'inizio dell'attività professionale la sua voce accusò un calo di capacità, forse dovuta a ruoli vocali troppo impegnativi per le sue corde. Si ritirò dalle scene poco più che trentenne.

Giulia Grisi
(1811-1869)

Giulia Grisi

Soprano, ebbe un'attività professionale più lunga della sorella ma comunque limitata nel tempo, anche se non brevissimo, di vent'anni. Fu la prima interprete della *Norma* di Bellini al teatro alla Scala nel '31, e prestò poi la propria voce anche alle protagoniste delle opere di Donizetti cantando sia al teatro Carcano sia alla Cannobiana, nel '32. Dopo un primo infelice matrimonio con il nobile visconte Gerardo di Belcy, da cui presto divorziò, nel 1845 si risposò con un collega, il tenore Mario conte di Candia. Con lui calcò con grande successo anche i palcoscenici di oltreoceano. Entrambi patrioti e amici di Garibaldi e di Mazzini, ne sostennero la causa e le iniziative, come la scuola per italiani emigrati a Londra.
Alle due sorelle la Municipalità ha intestato una via, sita nel quartiere di Bruzzano nelle vicinanze del Parco Nord.

Maria Felicia Anna Garcìa Malibran

(1808-1836)

Maria Malibran ritratta da Ary Sheffer, 1831

Nata a Parigi da una famiglia di origine andalusa, "soprano di bravura" o "soprano drammatico" è, secondo alcuni, la definizione tecnica del ruolo assegnatole nell'opera lirica dal suo tipo di vocalità. Insieme a **Giuditta Pasta**, contribuì all'affermazione sulla scena musicale di giovani autori innovativi prima dell'instaurarsi dell'egemonia verdiana. Furono entrambe personalità in grado di acquisire grande notorietà a livello internazionale, determinata anche dalla loro abilità e versatilità nell'immedesimarsi nei personaggi che interpretavano e che risultavano così più convincenti e coinvolgenti. I loro comportamenti personali, nella vita privata e sulla scena, che potremmo definire "divistici" ante litteram, concorsero ad accrescere la loro fama. Naturalmente, il vero catalizzatore in grado di ammaliare, ipnotizzare, entusiasmare il pubblico era la voce. Nel caso della cantante franco-andalusa, non era perfetta come dotazione spontanea ma aveva grandi potenzialità su cui lei seppe costruire, con grande tenacia e disciplina, quello strumento canoro versatile, estensibile, ricco di colorazioni ma anche in grado di performance virtuosistiche che fu ammirato dovunque. Se per molti artisti lirici valse il discorso dell'influenza dell'ambiente e delle inclinazioni familiari, nel caso di Maria Felicia Malibran possiamo dire che la sua stessa esistenza fu una combinazione musicale: messa al mondo e allattata da una soprano (la madre), educata da un tenore (suo padre), sorella di un maestro di canto già famoso, Rodriguez Garcia e di un'altra soprano. A Parigi esordì nel 1824 iniziando poi, ancora giovanissima, a compiere frequenti e lunghi viaggi. Durante una tournée a New York, incontrò il banchiere Eugène Malibran, che decise in breve tempo di sposare nonostante la differenza di età. L'unione non ebbe lunga durata. Felicia ottenne la separazione dal marito ma soltanto molti anni dopo. Mantenne comunque il cognome con cui già aveva conseguito una certa notorietà. Tornata in Europa, si legò sentimentalmente al violinista e compositore belga Ch. De Bériot, da cui ebbe due figli e che potè sposare solo dopo l'annullamento del primo matrimonio, nel 1836. Nel periodo in cui visse a Parigi il suo salotto fu molto ambito per le frequentazioni di alto profilo; recatasi in Inghilterra, morì a Manchester appena ventottenne per i postumi di una rovinosa caduta da cavallo.

Personalità ricca di energie, sensibile e versatile, fu anche compositrice. La sua preferenza s'indirizzò verso la scrittura di brani vocali da camera, seguendo una personale vena intimistica. Ma si espresse anche in un altro campo artistico, quello della pittura, prediligendo in particolare il ritratto.

Clelia Maria Josepha (Giuseppina) Strepponi

(1815-1897)

Giuseppina Strepponi legge lo spartito del *Nabucodonosor*, 1942

Fu una soprano dotata di grandi capacità canore opportunamente esercitate in lunghi anni di studio serio e costante, sostenuto dalla sua personalità decisa e volitiva ma anche generosa e capace di grande dedizione. Nata a Lodi, iniziò la formazione musicale in ambito famigliare con il padre, musicista di professione, e proseguì poi al Conservatorio di Milano, che poté frequentare grazie al conseguimento di una borsa di studio. Diplomatasi, seguì l'itinerario comune a molti altri artisti lirici, frequentando i palcoscenici delle maggiori città italiane e straniere dove ottenne grandi successi. Nel 1839, le si aprirono le porte della Scala. Qui incontrò l'esordiente Giuseppe Verdi che, colpito dalle sue capacità vocali e interpretative, la volle nel ruolo di Abigaille nel *Nabucodonosor*, allestito nel 1842. In realtà l'incontro con il giovane maestro risaliva a qualche tempo prima, quando Giuseppina, già artista affermata, si era prodigata per fare conoscere la sua musica in ambienti diversi. Proprio con questo spartito sulle ginocchia è ritratta nel famoso quadro esposto al Museo alla Scala. Il quadro di forte impatto visivo, che la ritrae con un abito in seta dallo spavaldo colore rosso – ingentilito però dai romantici fiori appuntati tra i capelli e sulla scollatura – nell'atto di leggere lo spartito musicale del *Nabucodonosor*, risale proprio a questo periodo. Nell'evolversi della relazione il ruolo di donna sempre innamorata, a disposizione delle scelte del partner, non le fu certo grato. All'inizio della relazione, nel 1846, la coppia visse insieme a Parigi un periodo felice fino a che Verdi non decise di tornare nella casa natale a Busseto (PR) esponendo di fatto la compagna, nell'ambigua condizione di non coniugata, ai pregiudizi di un ambiente provinciale ristretto e retrogrado in cui già si sussurrava delle sue relazioni affettive precedenti e del figlio avuto segretamente. Lì la grande cantante ex primadonna scaligera si sentì umiliata, persino derisa. Verdi in realtà s'impegnò a cercare una soluzione acquistando un'altra dimora, non lontana e con possedimenti agricoli dove Giuseppina si poté impegnare in attività che amava e dove anche il musicista passò periodi sereni. Nei rari casi in cui doveva recarsi nel capoluogo lombardo, solitamente per brevi periodi, la cantante soggiornava nel medesimo Hotel de Milan divenuto per il marito quasi una seconda casa ed estremamente comodo per recarsi in visita nella dirimpettaia via Bigli, dove si trovava il salotto della contessa **Clara Maffei** (vedi pag. 165) di cui era intima amica e confidente. Alcune fonti riportano le confidenze che le due donne si scambiarono in un famoso carteggio.

L'eco delle avventure galanti del maestro arrivava però regolarmente alla compagna, che pur addolorata sopportava per la grande devozione e amore fino a che non si sentì realmente minacciata – anche se nel frattempo la situazione coniugale era stata regolarizzata dal matrimonio (1859) – da una nuova fiamma più ardente delle precedenti. Era comparsa sulla scena, anche nella vita privata della coppia, **Teresa Stolz**, esordiente grande soprano, di quasi vent'anni più giovane che in molte circostanze andava sostituendosi al ruolo stesso di Giuseppina. Accompagnava, infatti, pubblicamente e affettuosamente il maestro alle prime e nei viaggi per l'allestimento dei nuovi concerti di cui spesso era

lei l'interprete. Per la Strepponi era come la replica, vent'anni dopo, della sua stessa storia. La situazione raggiunse livelli d'insopportabilità quando Verdi pretese di portare la sua nuova passione amorosa nella villa di Sant'Agata di Busseto in cui viveva la moglie e arrivò in qualche caso, come durante l'ultimo soggiorno a Parigi per la prima dell'*Aida*, a costringere le due donne a vivere un *ménage* à *trois* per nulla gradito a entrambe e che perciò determinò l'allontanamento dell'una e dell'altra.
Già ammalata da tempo, Giuseppina non oppose più resistenza alla malattia e morì, a Sant'Agata, nel 1897. È sepolta a Milano insieme al marito nella Cripta della Casa di riposo per musicisti, da lui fondata in Via Buonarroti. La sistemazione complessiva della cripta fu decisa proprio dalla Stolz come ultimo omaggio ai coniugi defunti. Le pareti sono impreziosite da decorazioni musive con figure allegoriche disegnate dal Pogliaghi. Il sito è visitabile.
La municipalità le ha attribuito un riconoscimento toponomastico, intestandole una via nella zona nord della città, tra il Parco Nord e Bruzzano.

Teresie Stulzova (Teresa Stolz)

(1834-1902)

Teresa Stolz

Cantante lirica di origini boeme, nacque a Kostelec nad Labem, compì i primi studi musicali in famiglia e in seguito al conservatorio di Praga, città in cui debuttò nel 1855. Raggiunse poi le due sorelle maggiori a Trieste dove poté avvantaggiarsi degli insegnamenti di ottimi maestri, iniziando da qui una tournée che la portò nelle maggiori città italiane. Il debutto in Italia avvenne a Torino nel 1864 e l'anno successivo a Milano, al Teatro alla Scala, nella *Giovanna D'Arco* di Verdi. Da quel momento fu presente sul palcoscenico scaligero regolarmente fino al 1877 mentre continuava a partecipare anche a spettacoli allestiti in altre città. Nel 1872 fu l'applauditissima e indimenticabile protagonista della prima italiana dell'*Aida* di Verdi e la sua prova fu giudicata così perfetta da essere ritenuta insuperabile. La voce della cantante, definita tecnicamente di "soprano drammatico", colpì il grande compositore per la sua notevole estensione ma anche per il tono potente e il timbro appassionato. Probabilmente però questa voce fu fin troppo messa a dura prova dallo spartito musicale del compositore. Fu anche soprano solista, cantò alla prima della celebre *Messa di Requiem* composta da Verdi per la morte di Alessandro Manzoni nella chiesa di S. Marco (1874) e nel successivo riallestimento al Teatro alla Scala (1879). Dal momento in cui conobbe Verdi, già famoso musicista e di vent'anni più anziano, divenne l'interprete preferita delle sue opere, di molte delle quali fu anche la primadonna alla première. Per il Maestro si trattò di un incontro di grande importanza sul piano umano e professionale, di cui un evidente segnale fu l'intensificarsi della produzione artistica, ma anche sul piano più privato e intimo della relazione amorosa. La relazione – vissuta pubblicamente alla luce del sole, anzi maturata nell'ambito di un rapporto di amicizia famigliare – destabilizzò il lungo sodalizio tra Verdi e **Giuseppina Strepponi**, la ex grande soprano, compagna di una vita, sposata nel 1859 dopo molti anni di convivenza (vedi sopra). Era una situazione certamente non facile da vivere all'epoca, soprattutto in una tipica cittadina della provincia come quella emiliana. Dubbi, sospetti e invidie, testimoniati dall'epistolario, s'insinuarono nei rapporti tra i membri del "terzetto" accrescendo i dispiaceri che accompagnarono gli ultimi anni della vita di Giuseppina. Mentre ormai lei si era allontanata definitivamente dalle scene Teresa molto più giovane, bella e di temperamento deciso, quasi volitivo, prendeva il suo posto accanto al Maestro, accompagnandolo pubblicamente per tutta Europa nelle città dove ne venivano allestite le opere.

Renata Tebaldi

(1922-2004)

Renata Tebaldi

Soprano dotata di voce eccezionale per morbidezza e luminosità, nacque a Pesaro.
Nel maggio 2016 la municipalità milanese le ha intestato una piccola piazza nella zona di porta Vercellina.
«Voce d'angelo» pare esclamasse il direttore Arturo Toscanini quando la ascoltò per la prima volta, durante un'audizione per il concerto di riapertura della Scala, ricostruita in tempi record dopo la guerra. Che sia leggenda o storia, quell'etichetta definì per tutta la sua vita artistica la bellissima e unica voce di soprano lirico di Renata Tebaldi, una delle cantanti più famose e amate di tutti i tempi. Proprio a quel concerto di rigenerazione reale e simbolica della città, l'11 maggio 1946, si deve il suo debutto a 24 anni nel teatro milanese e il consolidamento del suo rapporto non sempre facile con Milano. Tebaldi, seppure giovanissima, si era già fatta le ossa nei panni di Elena, a 22 anni nel *Mefistofele* di Boito al teatro di Rovigo. Poi al Regio di Parma con *Bohème*, *Amico Fritz* e *Andrea Chénier* e a Trieste nel 1945 con *Otello* e *Andrea Chénier*, assieme a Mario Del Monaco. Quando incontrò Toscanini la Tebaldi era "milanese" già da due anni: si era trasferita insieme alla madre nel 1944, da Langhirano, nel Parmense dove erano andate a vivere quando Renata aveva solo 3 anni, lasciando Pesaro e abbandonando al suo destino il padre e marito, Teobaldo Tebaldi, violoncellista e seduttore seriale. A Milano le due donne vivono prima in una pensioncina e poi, dopo la guerra, all'Hotel Regina, proprio quello che durante l'occupazione era stato la sede della Gestapo e luogo famigerato di torture. Con il debutto alla Scala la carriera della Tebaldi spicca il volo e si afferma a livello internazionale, grazie alle tournée del teatro milanese in giro per il mondo. Si impone la sua voce cristallina, morbida e vellutata, il cosiddetto "velluto della Tebaldi": «La compattezza, la sonorità, lo squillo erano tutt'uno con il velluto, la dolcezza, il calore, il languore; e il modo di fraseggio non li ho mai trovati in nessun'altra voce» scrive di

Renata Tebaldi e Maria Callas: due primedonne insieme per sfatare la leggenda della loro rivalità

lei il grande musicologo e massimo esperto di voci Rodolfo Celletti. Il suo personaggio preferito era la *Tosca*, e il suo repertorio d'elezione quello pucciniano, assieme a Verdi, ma si è cimentata anche con Rossini, Bellini, Donizetti, Wagner e Mozart. Ha cantato con Beniamino Gigli, Mariano Stabile, Franco Corelli, Mario Del Monaco e sotto la direzione, oltre che di Toscanini, di giganti come De Sabata, Giulini e Karajan.

Il suo rapporto con Milano, strettissimo, è stato in parte contrastato e avvelenato dalla rivalità in larga parte costruita dai giornali con **Maria Callas**. Una dicotomia innanzitutto artistica, per le diverse caratteristiche vocali e interpretative delle due cantanti, riassunte e semplificate in una Tebaldi "apollinea" e una Callas "dionisiaca" o addirittura Tebaldi angelo e Callas diavolo, accentuata anche dalla diversa personalità delle due donne, più riservata, molto religiosa, la prima, decisamente più esuberante la seconda, che polarizzano i resoconti delle cronache mondane. Anche se non mancano le somiglianze. Da quelle fisiche: entrambe altissime, 1,74 la Tebaldi e 1,73 la Callas, entrambe eleganti e dive, entrambe sfortunate in amore. In modo più riservato la Tebaldi, con sporadici fidanzamenti e storie infelici con uomini sposati, tra cui il direttore d'orchestra Arturo Basile. Decisamente più glamour e sotto i riflettori quella della Callas. Ma il mito racconta che proprio le disavventure amorose hanno contribuito ad unirle verso la fine: quando nel 1968 la Callas lesse sui giornali che Onassis avrebbe sposato Jacqueline Kennedy, andò a consolarsi al Metropolitan ad una recita dell'*Adriana Lecouvreur* con la Tebaldi, che poi andò a salutare in camerino: la foto del loro abbraccio commosso fece il giro del mondo. Facendo un passo indietro il dato storico racconta che nel momento in cui sorge la stella della Callas, a metà degli anni '50, la presenza della Tebaldi diventa sempre più sporadica alla Scala, fino a una vera e propria rottura che si interrompe solo nel 1959 con una rentrée trionfale con la Tosca. Nel frattempo la sua carriera decolla negli Stati Uniti, soprattutto a partire dal 1955 dopo il debutto al Metropolitan con *Otello*. In America verrà consacrata diva a tutti gli effetti, soprannominata a "Miss sold out" e "regina del Met". A lei dedicano una stella nella Hollywood Walk of Fame, la famosa strada di Hollywood dedicata alle *celebrities* dello spettacolo.

La carriera di Renata Tebaldi dura 32 anni esatti: dal 23 maggio 1944 al 23 maggio 1976 quando canta in un recital a favore dei terremotati del Friuli al Manzoni di Milano: ha solo 54 anni, ma decide di smettere quando la voce è ancora al massimo. «Non ho mai più riaperto il pianoforte e non ho mai più cantato una nota», dirà poi in un'intervista. Nei successivi 28 anni continua a frequentare i teatri, soprattutto la Scala dove ama andare ad assistere alle prove del maestro Muti, suo grande ammiratore. Milano da decenni è la sua città, quando non è negli Stati Uniti. Nei suoi itinerari milanesi si spinge ogni domenica fino alla chiesa dei santi Paolo e Barnaba, a pochi passi da casa sua: «Cominciai a sentire mia la città solo nel '50 – racconta nel 2002 in un'intervista a Repubblica – quando acquistammo un appartamento in piazzetta Guastalla. Ho sempre avuto la passione dell'antico, e ho aggiunto pian piano tanti bei mobili. È piena di ricordi, di foto con le dediche di Toscanini, Mitropoulos, Serafin, Cilea». Una casa amata, dove le piace farsi fotografare nel salotto dalla moquette color salmone tra i mobili Luigi XVI, il pianoforte a mezza coda gremito di fotografie. All'inizio ci visse con la madre, poi con Tina Viganò, singolare figura di governante-amica-ammiratrice che per seguirla abbandonò tutto, compreso il fidanzato, e le restò accanto come un'ombra per 42 anni diventandone poi l'erede universale alla morte, nel 2004, e continuando a vivere nella casa zeppa di cimeli di piazzetta Guastalla, fino a che una parte di reperti non venne trasferita nel museo dedicato alla cantante a Busseto. A Renata Tebaldi è intitolato il giardino di piazza Nicolò Tommaseo.

Maria Callas

(1923-1977)

Maria Callas, 1956 (foto Barbara Pflaum)

La più famosa cantante lirica del XX secolo, forse l'ultima delle grandi dive del teatro operistico, fu personaggio di grande carisma sulla scena, voce potente dotata di un timbro del tutto particolare, grande interprete del repertorio operistico della Scala di cui fu prima donna dal 1950 al 1962. Versatile, empatica, carismatica, s'identificò con le eroine verdiane ma anche con le protagoniste dei melodrammi del primo '800, che contribuì a riattualizzarne la musica e la vocalità con un'operazione soprannominata "belcanto renaissance", innescata non da un mero interesse storicistico ma dall'impegno stesso con cui l'artista si dedicava alla preparazione di ciascuna opera. L'identificazione era più con lo spirito dell'opera e del suo ideatore piuttosto che con la lettera del testo scritto, che l'artista non interpretava mai pedissequamente

L'esistenza di Maria, difficile fin dagli esordi (quasi rifiutata alla nascita dalla madre che attendeva convinta un figlio maschio), conobbe molti momenti ardui: la miseria, la solitudine, le delusioni, i tradimenti e i grandi dolori.

Sulle caratteristiche della sua voce e le sue doti di attrice si sono versati fiumi d'inchiostro. Molti furono gli estimatori che soprattutto agli inizi, galvanizzati dal suo canto e dalla sua presenza scenica, rasentarono comportamenti vicini al fanatismo e all'idolatria. Ma molti ne furono anche i detrattori, che spesso le opponevano la più solare e dolce Renata Tebaldi.

Sophie Cecilia Anna Maria Kalogeropoulos (Maria Callas), nacque a New York dove la famiglia, di origine greca, si era trasferita per necessità legate al lavoro del padre. La nascita della seconda figlia, Maria, fu accolta dai familiari con una certa delusione soprattutto da parte della madre che aspettava convinta un figlio maschio e del resto era già fortemente legata alla primogenita Jackie, di sette anni maggiore di Maria. Furono le lezioni di musica impartite alla prima figlia, destinata dalla madre a una carriera musicale, a formare anche la piccola Maria che vi prendeva parte spontaneamente, per puro spirito d'imitazione o di rivalsa; ma ben presto fu chiaro che l'ugola più promettente era quella della secondogenita. Infatti già all'età di dieci anni Maria cominciò a cantare in pubblico, in ambito scolastico e dilettantesco, vincendo premi e concorsi anche radiofonici. Nella metropoli d'oltreoceano Maria rimase fino all'età di tredici anni. Era il 1937 quando Evangelia, la madre, decise di tornare al paese d'origine portando con sé le due figlie. Ad Atene la tredicenne Maria continuò gli studi, in parte presso il Conservatorio nazionale.

Nel '39, per circostanze fortuite, s'imbatté nella grande soprano leggera, di origini spagnole, **Elvira de Hidalgo** che, bloccata in Grecia dalla Seconda guerra mondiale, iniziava a tenere dei corsi di educazione musicale e canto. Maria fu subito accettata dalla scuola dopo una sola audizione.

La Hidalgo fu la vera maestra di Maria. Il rapporto che si stabilì tra le due artiste fu speciale per entrambe. Il debutto in un'opera importante avvenne nel 1942 ne *La Tosca* di Puccini, ad Atene. Ma con la fine della guerra mondiale e il cambiamento degli assetti politici, Maria perse il modesto incarico di corista del teatro statale che le aveva procurato la sua insegnante. Senza soldi e valide prospettive lavorative, decise di ritornare negli Stati Uniti. Nel 1945, sola, s'imbarcò e intraprese il viaggio di ritorno dopo otto anni di assenza. A New York l'attendeva il padre a cui era legata da un forte sentimento d'affetto. Ma dal punto di vista professionale si trovò presto a sperimentare mille difficoltà anche solo per essere accolta e ascoltata. Fu un periodo molto difficile. Perciò quando, qualche tempo dopo, le fu offerta, anche se come sostituzione, la parte di protagonista nell'opera *La Gioconda* di Ponchielli, che era in cartellone per la stagione estiva 1947 all'Arena di Verona, accettò con entusiasmo e si rimise in viaggio per l'Italia. Dopo il debutto all'Arena conobbe il maestro Serafin e l'industriale Giovanni Battista Meneghini. Serafin, raffinato intenditore e autorevole critico musicale, fu il primo a riconoscere le caratteristiche peculiari, i pregi e i limiti della voce della giovane artista greca e le insegnò i segreti dell'interpretazione operistica, dandole anche proficue indicazioni per la sua carriera. Meneghini, facoltoso imprenditore nel campo dei materiali da costruzione e amante del teatro lirico, la introdusse nel bel mondo fatto di agi, incontri importanti, successi che Maria fino a quel momento non aveva mai conosciuto. La giovane soprano ben presto se ne innamorò, iniziando poi una convivenza che durò parecchi anni prima di essere coronata

Maria Callas con Pier Paolo Pasolini sul set di *Medea*

dal matrimonio, nel 1949. La coppia abitò prima a Verona, poi a Sirmione e infine si stabilì a Milano in un'elegante villa nella zona residenziale di via Buonarroti n. 40. In quegli anni l'imprenditore veneto iniziò ad interessarsi a livello professionale del lavoro della moglie, assumendo in prima persona tutte le iniziative, le attività gestionali, amministrative, burocratiche fino alla programmazione artistica, operando di fatto in tutti i ruoli: da agente teatrale a rappresentante legale, da amministratore ad alter ego della moglie.

Il 1950 è l'anno in cui la Callas mette piede per la prima volta nel tempio milanese della lirica, interpretando *Aida* di Verdi in sostituzione di Renata Tebaldi indisposta. Tuttavia la sua prova non ricevette molta attenzione né da parte del pubblico, che amava moltissimo la Tebaldi, né della critica. Soltanto dopo la presentazione di Arturo Toscanini, alla Callas si aprirono definitivamente le porte del tempio della lirica italiana. Il 1951 fu l'anno del vero e proprio debutto alla Scala. Dopo quel momento dalla verdiana Elena protagonista di *I vespri siciliani alla Paolina di Poliuto*, di Donizetti (1960), la Callas regnò, incontrastata primadonna, sulla stagione scaligera inaugurandola per ben sei volte.

Tra tutte le opere da lei interpretate in molti ritengono che il brano in cui si concentrò e dimostrò al massimo livello la sua bravura fu l'ultima scena di *Anna Bolena* di Donizetti. Fenomenale da subito, per l'artista dai tre registri si coniò un neologismo "soprano drammatico d'agilità".
La sua fama si consacrò in Italia ma si diffuse rapidamente anche all'estero, quasi in tutto il mondo.
Già dal 1958, però, la sua voce cominciò ad avere problemi. La rinuncia a proseguire nella rappresentazione di *Norma* con cui si inaugurava la stagione dell'Opera di Roma alla presenza delle massime autorità dello stato, compreso il presidente della repubblica Giovanni Gronchi, non fu un capriccio da primadonna ma il segnale che la sua voce cominciava a risentire forse dell'eccessivo impegno o forse, come ipotizzarono alcuni, era una delle conseguenze collaterali della rigida dieta dimagrante cui si sottoponeva da anni. D'altra parte era proprio grazie allo stretto controllo del regime alimentare che aveva ottenuto quella silhouette che, insieme al lavoro creativo della sua stilista preferita, Biki, l'aveva trasformata in una delle donne più eleganti e affascinanti del momento.
Come già accennato, secondo molti critici musicali Maria contribuì alla riscoperta, valorizzazione e riproposizione, delle opere della prima metà dell'800 (il cosiddetto "belcanto renaissance") e della relativa vocalità ("canto di bravura"), quelle che le valsero l'attributo di "soprano drammatico d'agilità". In realtà la riproposizione riguardava più lo spirito dell'opera e del suo ideatore che il testo scritto, rispetto al quale la soprano si prendeva delle libertà interpretative sull'esempio delle più celebri cantanti liriche del passato dai nomi famosi, come **Giuditta Pasta** (vedi pag. 96) e **Maria Malibran** (vedi pag. 100) di cui la si disse erede.
Anche i registi più famosi dell'epoca furono coinvolti nella creazione delle opere callasiane, tra cui Strehler, Zeffirelli e soprattutto Luchino Visconti, con cui ebbe un rapporto di particolare empatia e che firmò una mitica *Traviata* del 1955.
A differenza dell'ambito più propriamente lavorativo in cui la Callas, figura professionale di altissimo livello, appare capace di dedizione e impegno alla ricerca continua della perfezione, probabilmente non corrispose nella vita privata una donna altrettanto forte, volitiva e strutturata. La grande diva aveva una personalità intimamente fragile.
Dopo dodici anni di vita in stretta simbiosi con Meneghini, lo lasciò per accettare la corte del ricchissimo armatore greco Aristotele Onassis, che si svolse sullo sfondo della lussuosa motonave Cristina.

La passione per Onassis, intensamente ricambiata agli inizi, divenne poi la maggior causa di grandi sofferenze, ma anche di quotidiane offese e umiliazioni conseguenti ai comportamenti platealmente maschilisti dell'armatore. In quel momento, sentimentalmente già così arduo, si verificò anche la perdita dell'unico figlio, morto a pochi mesi dalla nascita. Poi il tradimento più crudele: il matrimonio, che l'armatore aveva sempre negato alla cantante, fu invece celebrato nel 1968, con grandi fasti e clamore di cronaca, con la donna più famosa e potente del momento, **Jacqueline Lee Bouvier Kennedy**, vedova del presidente degli Stati Uniti rimasto vittima del tragico attentato di Dallas.

Questi momenti di grande frustrazione per una prima donna che aveva toccato le vette della popolarità (pur restando sempre succube del sogno d'amore), furono ancora più drammatici per la cantante la cui voce, benché ancora giovane, cominciava a dare segnali di affaticamento sempre più percepibili e a incrinarsi anzi tempo, minando il successo dell'artista. Con grande forza d'animo la cantante cercò di riprendere il proprio cammino, anche sperimentando nuovi campi di espressione artistica come il cinema. Fu l'amicizia con lo scrittore Pier Paolo Pasolini che le presentò la giusta occasione: il ruolo di Medea nel film da lui diretto come regista. Dal punto di vista cinematografico la pellicola suscitò grande plauso; la Medea messa in scena era una creazione del tutto personale della Callas, emanazione del suo essere più profondo, talora sensibilmente divergente dal personaggio sceneggiato da Pasolini.

Anche questa volta la salvò la voce, sua ricchezza e patrimonio personale, benché ormai abbastanza a rischio. La crisi delle sue capacità vocali l'aveva portata alla depressione, la ripresa delle possibilità della sua ugola le permise di risalire la china. In particolare fu proprio la comprensione, l'affetto e il sostegno di un grande professionista dello strumento vocale, il collega e grande tenore Giuseppe Di Stefano, che la spronarono e la sostennero nella volontà di esercitarsi intensamente fino a potersi ripresentare sul palcoscenico. Fu un'altra parentesi felice della sua vita, ma di breve durata.

La grande ex divina, sempre più sola e depressa, si ritirò nel bell'appartamento parigino dove nel settembre 1977 fu trovata priva di vita. Le circostanze e il contesto del tragico evento hanno lasciato uno strascico di dubbi e sospetti, mai chiariti.

Maria Teresa Agnesi in Pinottini

(1720-1795)

Ritratto di M.T. Agnesi, Museo Teatrale alla Scala

Clavicembalista e compositrice, si distinse per la preparazione tecnica e il talento nella scrittura per orchestra, sia per l'opera lirica che sinfonica. Compose quattro opere liriche, concerti e arie per clavicembalo e per pianoforte. Sorella maggiore di **Maria Gaetana** (vedi pag. 250), aveva 33 anni quando la sua prima opera *Ciro in Aumenia* fu rappresentata al Teatro San Carlo di Napoli, a questa seguirono *Sofonisba*, *Il Re pastore*, *Il Creso*, *Ulisse in Campania*. Alcune sue musiche furono stampate nel 1756 da Pier Domenico Soresi. Nel 2018 l'Amministrazione comunale milanese le ha intitolato un giardino in zona Porta Romana.

Giulia Recli

(1884-1970)

Giulia Recli

Studiò pianoforte, canto e composizione al Conservatorio di Milano. I riconoscimenti ricevuti ad alcuni concorsi internazionali le aprono una carriera di compositrice, soprattutto in ambito sinfonico, furono accolti con successo al Teatro alla Scala di Milano, all'Augusteo di Roma, alla Royal Albert Hall di Londra alla Metropolitan Opera House di New York. Compose più di duecento liriche, vari brani per testi sacri e profani, ma anche per piccoli ensemble. Fu nominata Ufficiale dell'Ordine al merito della Repubblica Italiana e per molti anni fu vicesegretaria del sindacato dei musicisti italiani. Fu anche saggista e didatta. A Brivio, borgo sull'Adda, dove trascorse i suoi ultimi anni, fondò la banda musicale che porta il suo nome.

Elisabetta Brusa

(1954)

Elisabetta Brusa

Già nell'infanzia compose 32 brani per pianoforte. Diplomata in composizione, ha scelto di continuare a comporre nella tonalità, ricevendo numerosi riconoscimenti nazionali e internazionali: con il quartetto *Belsize* l'International Competition For Composition for String Quartet, la Fromm Foundation Fellowship e molte borse di studio in USA per completare la sua *Sinfonia n.1 per grande orchestra* e altre opere. Le sue musiche sono state eseguite in Festival, Teatri, radio e tv italiane e internazionali. Suoi quattro volumi di opere per orchestra sono pubblicati con Naxos, ispirati prevalentemente ad opere letterarie ed artistiche e alla musica di diverse epoche.

Dal 1985 è titolare della cattedra di composizione al Conservatorio G. Verdi.

Annie Fontana

(1955)

Annie Fontana

Diplomata in composizione, in pianoforte, organo e composizione organistica. Impegnata nell'attività concertistica, si è poi dedicata esclusivamente alla composizione. Dal 1977 insegna e attualmente è titolare della cattedra di composizione per la didattica presso il conservatorio C. Pollini di Padova. Le sue opere sono strumentali e vocali, ha ricevuto premi nazionali e internazionali, in particolare *Il Concerto per clarinetto e Orchestra* premiato con "V. Bucchi", Prix de Composition Musicale Prince Pierre de Monaco, e "Rodolfo del Corona"; *Neve per coro di voci bianche* con la Federazione cori del Trentino di Trento).

Beatrice Campodonico

(1958)

Beatrice Campodonico

Diplomata in composizione, in musica e canto corale, perfezionandosi poi in composizione di musica elettronica, in didattica della composizione. Le sue opere sono soprattutto per musica solistica e da camera per svariati organici. Ha inoltre curato diverse rassegne dedicate alle compositrici italiane. È stata segnalata al concorso Nazionale di Composizione dell'USCI con il brano corale *Isola di Ulisse*; ha ricevuto il premio Etruria con il brano *Carillon* per pianoforte, e un Diploma di merito al concorso Internazionale di composizione "Paolo Borsacchi" con *La leggenda di Vassilissa*. Le sue musiche sono state eseguite in importanti manifestazioni italiane. Dal 1988 ha rivestito ruoli importanti in diverse associazioni di musica contemporanea. Dal 2011 insegna teoria ritmica e percezione musicale presso il Conservatorio di Musica "G.Verdi" di Milano.

Anne Marie Turcotte

Anne Marie Turcotte

Diplomata in pianoforte, composizione, musica corale e direzione di coro. Particolarmente interessata alla musica d'insieme per piccoli e grandi gruppi.

Ha ricevuto numerosi primi premi a concorsi nazionali e internazionali. Molte sue composizioni sono state commissionate per prestigiosi festivals: Maggio Musicale Fiorentino, Milano Classica, Festival internazionale di Murcia, Progetto Musica - Roma, Amici della Musica di Cagliari, Universal Sacred Music - New York, Columbus University – Ohio; e per programmi radiofonici (Musica in Italia Oggi e Radio3suite). Pubblica con Edipan, Ricordi, Edizioni musicali Sinfonica, Bèrben. Attualmente insegna composizione presso il Conservatorio G. Verdi di Milano.

Cecilia Chailly
(1960)

Cecilia Chailly

Famosa arpista, figlia del compositore Luciano Chailly, si specializza nella composizione contemporanea, e nell'uso dell'arpa elettrica. Collabora con John Cage, Mina, Ludovico Einaudi, Fabrizio De Andrè, Andrea Bocelli, Teresa De Sio, Giorgio Conte, Lucio Dalla.

Studiosa delle filosofie orientali, sperimenta la scrittura di musica world.

Per la Scuola Civica di Jazz di Milano realizza il "Sound Project", un corso didattico sperimentale di evoluzione interiore attraverso il suono, il canto e l'improvvisazione.

Il primo album *Anima* (1997) riceve il Premio De Sica, l'album *Ama* (2001), segna invece il suo debutto nel pop, fra canzoni e suoni sull'arpa elettrica, influenze lounge, blues, sinfoniche, techno; in *Istanti* (2009) si uniscono influenze operistiche, melodie mediterranee, accenti blues. La sua creatività poliedrica si esprime anche nella letteratura e nel canto, ricevendo diversi premi nazionali e internazionali sia come compositrice che come scrittrice.

Teresa Fogliazzi in Angiolini

(1730-1792)

Auguste Vestris e Teresa Angiolini, 1810, Bibliotheque-Musee de l'Opera, Parigi

Nacque a Milano da una famiglia facoltosa e fu tra le artiste che poterono esibirsi nella cornice del nuovissimo Teatro alla Scala, da poco inaugurato (nel 1778). Accanto a lei il marito Angiolini, collega esperto ballerino, coreografo, librettista e musicista che divenne *maître de ballet* della corte asburgica (1758) per il suo multiforme talento, ma anche grazie all'appoggio della moglie. Teresa, infatti, fu anche l'apprezzata animatrice di un salotto – che incontrò il favore di personalità stimate e riconosciute – per le sue qualità personali che trascendevano l'abilità e la preparazione professionali espresse nella danza: «...ingegnosa, abile parlatrice, generosa d'animo...» erano alcuni degli elogi che le venivano rivolti dai frequentatori. Agli inizi della carriera viaggiò, esibendosi in diverse capitali europee, in particolare a Vienna e a Mosca, per poi ritornare a Milano. La condizione di vita nomade richiesta agli artisti dalla necessità di essere presenti anche all'estero mal si conciliava con l'impegno procreativo e i doveri di madre. Quindi finiva con l'essere una condizione penalizzante per le giovani di questo particolare settore professionale, tanto più quando le gravidanze erano numerose come nel caso di Teresa, che ebbe ben 12 figli, quattro dei quali proseguirono la carriera di danzatori. Trascorse gli ultimi anni della sua vita a Cormano, nella villa *La Malgasciata*.

Marianna Sophia (Maria) Taglioni

(1809-1884)

Maria Taglioni danza sulle punte

Celebre personaggio, fu considerata la danzatrice per antonomasia al punto che, nella sua figura, si sommarono quelle di altre due famose ballerine con il medesimo nome.

nacque a Stoccolma da una famiglia i cui membri da varie generazioni si erano dedicati all'espressione artistica in diversi campi. Padre e madre danzavano, i fratelli erano cantanti lirici, altre parenti artiste visive. Fu la madre a portare la giovane Maria a Parigi per una più accurata e aggiornata formazione musicale. Il padre la chiamò a Vienna dove la sottopose a un duro lavoro per arrivare a debuttare nel 1822 all'Hoftheatre con una coreografia da lui stesso ideata su musica di Rossini. A Vienna debuttava in quel periodo anche **Amalia Brugnoli**, che faceva un uso delle scarpette rigide (già sperimentate da altre artiste) più personale e innovativo. Sono molte le cose che cambiano in questi anni. La più evidente è lo spostamento del corpo in avanti che determina una postura squilibrata ma proprio per questo più aerea e leggera: infatti, toccavano il suolo pochi centimentri di una punta per volta.

Maria debuttò all'Opéra di Parigi nel 1827 danzando assieme al fratello su una creazione del padre, una situazione che si ripeté varie volte. Gli anni immediatamente successivi furono i più importanti della sua carriera. Nel 1830 esordì al Covent Garden e nel medesimo anno firmò un nuovo contratto con l'Opéra. Nel 1831 un altro contratto la tutelerà per gli anni seguenti. Nel 1832 sposò un nobile inglese con cui ebbe due figli, ma il matrimonio non durò molto a lungo. Riprese presto a viaggiare per esibirsi sui palcoscenici più imporanti d'Europa. Fu definita la "Malibran della danza". Tenne a Parigi un salotto frequentato da intellettuali e personaggi di rilievo dell'epoca come H. Balzac, Th. Gauthier, V. Hugo, George Sand, Madame de Girardin. Esordì alla Scala nel 1841 con grande consenso di pubblico e di critica. In più occasioni si trovò a danzare sul medesimo palcoscenico insieme a **Fanny Cerrito**, con cui condivise celebri *pas de deux e de quatre*. Enorme fu l'entusiasmo

suscitato nel pubblico, una parte del quale la opponeva alla più giovane Fanny dando origine a un'accesa competizione musicale che vide in campo agguerriti "taglionisti" contro "cerretisti". Pare si diffondesse un vera e propria "taglionimania" che coinvolgeva i più disparati generi merceologici chiamati con il nome della danzatrice o realizzati a imitazione del suo stile!
Visse gli ultimi anni a Marsiglia presso uno dei figli.

Celebre fu anche la nipote (nata a Berlino nel 1833), spesso confusa con la zia, ma che visse prevalentemente all'estero. In Austria, dove aveva sposato un nobile viennese; i palcoscenici da lei più battuti furono quelli londinesi.
Si hanno notzie anche di una terza danzatrice con il medesimo nome, che però si esibì soltanto in America e di cui si conosce con certezza solo la data della morte, avvenuta nel 1882.

Franziska (Fanny) Elssler
(1810-1884)

Fanny Elssler

È una delle più note danzatrici del periodo d'oro della danza classica e del balletto romantico. Il suo stile, meno aereo ed elevato rispetto a quello di Maria Taglioni, fu chiamato *tacqueté* in quanto caratterizzato da passi veloci, puntati e ribattuti. Franziska nacque a Gumpendorf, vicino a Vienna, dove a sette anni già si esibiva nel teatro Karntner-Thor insieme alla sorella, maggiore di qualche anno. Nel 1827 le due giovani si recarono a Napoli per perfezionare la loro tecnica. Durante il soggiorno nella città partenopea il principe ereditario Leopoldo s'invaghì di Franziska da cui ebbe un figlio. L'erede, non riconosciuto, ebbe una vita infelice che si concluse in modo tragico. Nel 1830 le due sorelle Elssler vennero ingaggiate a Berlino, ma era solo un'altra tappa dell'ancora lungo viaggio artistico/esistenziale. Nel 1834 Fanny debuttò all'Opéra di Parigi e nel 1938 alla Scala di Milano. Nel 1840 il raggio dei suoi spostamenti si estese fino oltreoceano, dove venne accolta con grande entusiasmo in particolare negli Stati Uniti e a Cuba. Al ritorno ebbe ancora un'attività intensa che la portò sui palcoscenici delle maggiori città europee, legando il suo nome in particolare all'interpretazione di *Giselle* (famoso balletto di Jean Coralli) e *La Esmeralda* (tratto da *Notre-Dame de Paris* di Victor Hugo). Continuò a esibirsi anche nella sede scaligera, che diventava sempre più cassa di risonanza degli umori politici e del malcontento antiaustriaco fino a che, nel 1848, incorse nello spiacevole episodio di essere fischiata e boicottata per la sua appartenenza all'odiata imperial-regia nazione. Forse fu anche questa la causa del suo precoce ritiro dalla scena. Trascorse il resto della sua vita nella città di Amburgo con la figlia, godendo dei lauti guadagni conseguiti grazie alla sua attività artistica.

Francesca Giuseppa Raffaella (Fanny) Cerrito

(1817-1909)

Fanny Cerrito

Nacque a Napoli, che dal Settecento era meta privilegiata del *Grand tour* ma anche uno dei fari di irradiazione di conoscenze tecniche e artistiche nel campo del canto lirico, della danza e delle altre arti drammatiche, per la presenza di maestri riconosciuti a livello internazionale. Nella città partenopea compì la sua formazione e fece il suo debutto. Poi la carriera di Fanny si sviluppò in tutta Europa, in particolare alla Scala di Milano dove debuttò nel 1837 e fu prima ballerina dal 1838. Negli anni successivi (1840-1848) ricoprì analogo ruolo al *Her Majesty's Theatre* di Londra e in seguito (1847-1851) all'Opéra di Parigi. A Londra sposò uno dei suoi maestri, sir Arthur Saint-Leon, con cui in seguito condivise, con grande successo, i palcoscenici europei dal 1847 al 1851. Celebri i *pas de deux* danzati con la Taglioni e i *pas de quatre* con la medesima **Taglioni**,

Lucile Grahan e **Carlotta Grisi** (cugina delle cantanti **Giulia** e **Giuditta**) in cui si raggiunse l'acme del balletto romantico, quello che noi siamo abituati a chiamare "classico". Le affascinanti immagini d'epoca che la ritraggono ci restituiscono nel contempo la testimonianza dell'evoluzione che si stava attuando nel mondo della danza. Di ritorno a Londra, in più occasioni si esibì su pressante richiesta della regina Vittoria. In una di queste esibizioni in cui era previsto il *pas de deux* delle due Fanny, l'antagonismo tra loro raggiunse il punto più alto. Leggerezza, rapidità, levità (*aérien*) si confrontarono al massimo livello con agilità, elasticità, forza allenate per potere eseguire piroette, salti e capriole in tutte le direzioni. Nel 1851 ruppe il legame matrimoniale e la collaborazione professionale con il marito per iniziare una nuova relazione con un nobile spagnolo, dal quale ebbe la figlia Matilde.

Giovannina Visconti in Manzoni

(1820-1886)

Ballerine

Danzatrice professionista, ancora giovanissima nel 1846 abbandonò il palcoscenico per sposare in gran segreto il figlio di Alessandro Manzoni, Pietro, che tenne a lungo nascosta la relazione temendo le critiche, la riprovazione nonché gli ostacoli che gli avrebbe potuto porre l'ambiente familiare. Ma la nuora seppe conquistare la simpatia del grande vecchio e così Pietro, che era il più affidabile tra i figli maschi, poté occuparsi di buon grado degli aspetti organizzativi e finanziari della famiglia. Quando il padre fu più anziano e vedovo per la seconda volta, Pietro si trasferì con la sua famiglia (quattro figli) nel palazzetto di via G. Morone per essergli vicino e poterlo meglio aiutare. Una foto d'epoca, conservata nella villa di campagna di Brusuglio, ci restituisce un'immagine olografica della piccola comunità famigliare.

Carla Fracci

(1936-2021)

Carla Fracci da bambina non voleva fare la ballerina ma la parrucchiera. Come poi sia diventata l'incarnazione incontrastata dell'eroina romantica Giselle, è frutto della traiettoria non scontata di una donna che ama raccontarsi e raccontare le difficoltà di una vera e propria militanza nella danza, inizialmente nata da una scelta da lei subita e imposta dai genitori e in particolare dal padre tranviere. L'idea di mandarla alla scuola di ballo del Teatro alla Scala era nata per caso su consiglio di un amico di famiglia, professore d'orchestra in teatro, che l'aveva vista improvvisare un valzer. La scuola era gratuita «altrimenti i miei genitori non se la sarebbero potuta permettere» e lei a 10 anni finì nella fila delle ballerine "da rivedere", perché un po' troppo gracile, ma con un bel viso e due occhioni dolci. Fracci ricorda spesso che passando davanti alla Scala alla guida del tram 18 il padre faceva «due scampanellii, una pausa, un terzo trillo» per farsi riconoscere da lei mentre si esercitava alla sbarra nella sala Trieste. A 12 anni balla come comparsa nella *Bella Addormentata*, l'étoile è Margot Fonteyn, e lei ne rimane folgorata. Da quel momento la strada è segnata, un lavoro duro e una disciplina ferrea per plasmare quel corpo minuto: si diploma nel 1954, dopo due anni è danzatrice solista e nel 1958 è già prima ballerina. E da allora in poi non si è mai fermata. Oltre 200 i ruoli interpretati con i più grandi danzatori dell'epoca, da Vladimir Vasiliev a Henning Kronstam, da Amedeo Amodio a Paolo Bortoluzzi, da Erik Bruhn a Mikhail Bariyshnikov, fino al rapporto strettissimo, anche di amicizia, con Rudolf Nureyev. Giulietta, Aurora, Gelsomina, Swanilda: Carla Fracci veste i panni delle protagoniste dei più celebri balletti di repertorio, ma il suo nome è indissolubilmente legato a Giselle. Nella sua lunghissima carriera si è spinta anche ad interpretare ruoli moderni e non convenzionali, come *L'après-midi d'un faune, Evgenij Onegin, La vita di Maria, La bambola di Kokoschka e Filumena Marturano*, riduzione pantomima realizzata appositamente per lei da Eduardo De Filippo dall'omonima commedia.

Protagonista della scena internazionale, Fracci ha collaborato con tutti i più grandi artisti e registi, come Franco Zeffirelli, Luchino Visconti, **Maria Callas** (vedi pag. 108). Anche attrice, è rimasta memorabile la sua interpretazione di **Giuseppina**

Strepponi (vedi pag. 101), compagna e poi seconda moglie di Giuseppe Verdi, nello sceneggiato Rai di Renato Castellani del 1982. Fondamentale nella sua vita è stato l'incontro con Beppe Menegatti, regista fiorentino diventato nel 1964 suo marito, che ha curato gran parte dei suoi spettacoli, tra cui un singolare *Amleto* in cui lei interpreta, appunto, il ruolo maschile di Amleto. A lui si deve, sembra, il suggerimento del guardaroba *total white* scelto dall'artista.

Carla Fracci

Nel 1969 Fracci ha avuto un figlio, Francesco, scelta allora sconsigliata per il timore di rovinare la linea filiforme delle étoile. Ma la Fracci non si è lasciata condizionare. Proprio in quel periodo consolida il rapporto di amicizia con il poeta Eugenio Montale, non ancora premio Nobel, allora critico musicale del «Corriere della Sera» che di lei parla, in una recensione del balletto *Giulietta e Romeo*, come de «l'eterna fanciulla danzante». E proprio alla neomamma che ritorna a danzare dedica nel 1969 la poesia *La danzatrice stanca*.

Accanto all'attività sul palcoscenico Fracci affianca l'attività didattica e un impegno caparbio di diffusione della danza anche nelle realtà periferiche lontano dai grandi palcoscenici, promuovendo spettacoli nelle piazze della provincia italiana e nei luoghi meno scontati, come il carcere di San Vittore dove danza per le detenute. Negli anni Ottanta dirige il corpo di ballo del Teatro San Carlo di Napoli, poi per un anno quello dell'Arena di Verona, infine all'Opera di Roma, dove rimane per 10 anni, sino al 2010. Fracci non ha mai nascosto l'amarezza di non aver ricevuto un incarico simile al Teatro alla Scala. Ha continuato il suo impegno per la danza, talvolta ancora in scena, ma soprattutto come paladina di un'arte sublime. Nel 2012 si è rivolta al presidente della Repubblica Giorgio Napolitano perché tutelasse il balletto classico e le fondazioni liriche altrimenti condannate alla scomparsa, nel 2013 a Laura Boldrini, allora Presidente della Camera. Ci ha lasciato nel maggio del 2021.

Museo teatrale alla Scala

Ideato e promosso da un gruppo di intellettuali tra cui Arrigo Boito, Lodovico Pogliaghi e Carlo Vimercati, il Museo aprì i battenti nel 1913. Si fondò sulle opere raccolte da collezionisti privati, tra cui la prima fu quella di Giulio Sambon. Vi sono esposti dipinti, sculture, ritratti e anche mezzibusti o teste (la maggior parte ritrae personaggi femminili) oltre a qualche oggetto personale appartenuto agli artisti e alle artiste. Il tutto è ambientato in locali arredati ancora come residenza privata, accoglienti anche se un po' affollati date le loro ridotte dimensioni. Molto attento e preciso appare inoltre il corredo didascalico. Durante la Seconda guerra mondiale le collezioni furono spostate in luoghi sicuri per la custodia e al termine della guerra, il museo fu riallestito ad opera di **Fernanda Wittgens** (vedi pag. 248). Dal Teatro alla Scala, un sentiero tracciato da tante piccole orme di piedi o di sole punte ci guida all'interno della vicina chiesa di San Fedele, fino all'altare della *Madonna dei Torriani*. Una cosiddetta "Madonna del latte" popolarmente soprannominata "Madonna di ballerin". ■

Il Monastero di Santa Radegonda. Le prime cantatrici d'Italia.

In una piccola via parallela all'imponente Galleria Vittorio Emanule, non lontano dal Teatro alla Scala, l'attuale via Santa Radegonda, si trovava un monastero, fondato nella seconda metà del VII secolo e dedicato dal 1130, appunto, a Santa Radegonda. Nel secolo XVII le monache qui ospitate erano famose per la loro maestria come cantatrici e musiciste «le monache di Santa Radegonda di Milano, nel possesso della musica sono dotate di così rara isquisitezza, che vengono riconosciute per le prime cantatrici d'Italia. Vestono l'abito cassinense del P. S. Benedetto, e pure sotto le nere spoglie sembrano à chi le ascolta, candidi, armoniosi cigni, che, e riempiono i cuori di maraviglia, e rapiscono le lingue à loro encomij. Frà quelle religiose, merita sommi vanti Donna Chiara Margarita Cozzolani, Chiara di nome, ma più di merito; e Margarita, per nobiltà d'ingegno, rara, ed eccellente, che se nell'anno 1620 ivi s'indossò quell'habito sacro, fece nell'essercitio della musica riuscite così grandi; che dal 1640. fino al 1650 hà mandato alle stampe, quattro opere di musica». Così Filippo Piccinelli (1604-1678), teologo e studioso.

Chiara Margarita Cozzolani (1602-1678) è solo una delle religiose che oltre a eccellenti cantanti furono senz'altro compositrici. Alcune sue composizioni sono andate perdute, ci restano tre opere a sua firma composte tra il 1649 e il 1650. Nel 1650 fu eletta badessa e smise di comporre, forse a causa degli impegni dovuti alla nuova carica o forse per obbedienza ai suoi superiori che temevano che la musica sacra potesse costituire uno strumento di distrazione durante le funzioni liturgiche, secondo quanto stabilito dal Concilio di Trento e portato avanti con decisione da San Carlo Borromeo (1538-1584) durante la sua attività riformatrice della Chiesa Ambrosiana.

Nel 1782, sotto il governo austriaco, le monache vennero trasferite nel monastero di Santa Prassede, il monastero venne demolito e si aprì la strada attuale.

Itinerario 2

DA PIAZZA SAN FEDELE A VIA VERDI

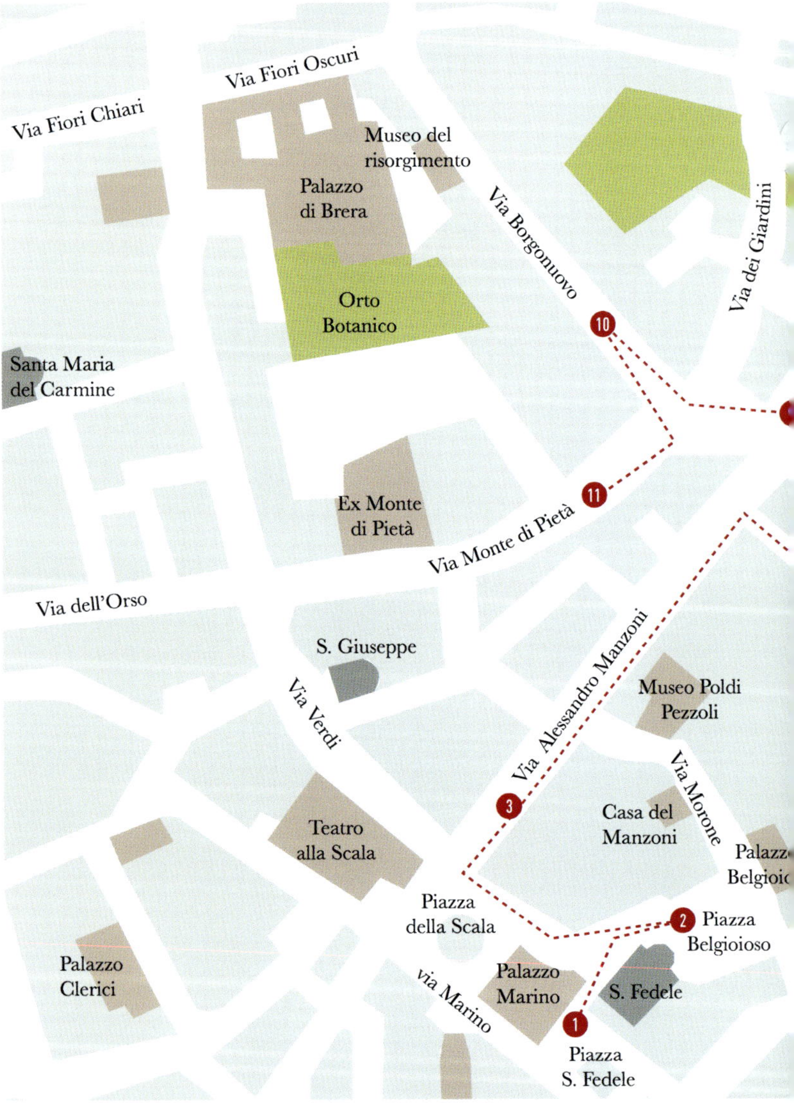

Via Fiori Oscuri
Via Fiori Chiari
Museo del risorgimento
Palazzo di Brera
Via Borgonuovo
Via dei Giardini
Orto Botanico
10
Santa Maria del Carmine
Ex Monte di Pietà
11
Via Monte di Pietà
Via dell'Orso
S. Giuseppe
Via Alessandro Manzoni
Museo Poldi Pezzoli
Via Verdi
Via Morone
3
Casa del Manzoni
Teatro alla Scala
Palazzo Belgioio
Piazza della Scala
2
Piazza Belgioioso
Palazzo Clerici
Palazzo Marino
S. Fedele
via Marino
1
Piazza S. Fedele

Itinerario 2

DA PIAZZA SAN FEDELE A VIA VERDI

Tappa 1 / PIAZZA SAN FEDELE / p. 130
Palazzo Marino
Al civico 4 – Santa Maria alla Scala in San Fedele

Tappa 2 / PIAZZA BELGIOIOSO / p. 140
Al civico 2 – Palazzo Belgioioso
Al civico 11 – Palazzo Besana
Via Morone al civico 1 – Casa Manzoni

Tappa 3 / VIA MANZONI – Parte iniziale / p. 156
Al civico 6 – Palazzo Brentani
Al civico 12 – Museo Poldi Pezzoli
Al civico 29 – Grand Hotel et de Milan

Tappa 4 / VIA BIGLI / p. 164
Al civico 21 – Palazzo Olivazzi Trivulzio
Al civico 9 – Palazzo Taverna

Tappa 5 / VIA MONTE NAPOLEONE / p. 177
Al civico 14 – Palazzo Pasta
Al civico 8 – Caffè pasticceria Cova

Tappa 6 / VIA SANT'ANDREA / p. 185
Al civico 6 – Palazzo Morando

Tappa 7 / VIA DELLA SPIGA / p. 188
Al civico 25 – Antico e moderno a confronto

Tappa 8 / VIA BORGOSPESSO / p. 188
Al civico 15 – Abitazione di V. Cima della Scala
Al civico 12 – Abitazione di Neera

Tappa 9 / VIA MANZONI – Parte finale / p. 194
Al civico 30 – Palazzo Gallarati Scotti
Archi di Porta Nuova
Al civico 41 – Palazzo Borromeo D'Adda

Tappa 10 / VIA BORGONUOVO / p. 207
Al civico 20 – Palazzo Bigli Samoyloff
Al civico 23 – Palazzo Moriggia - Museo del Risorgimento
Al civico 27 – Casa di ringhiera

Tappa 11 / VIA MONTE DI PIETÀ / p. 211
Ai civici 5 e 8 – Conventi, chiostri e fondatrici
Al civico 14 – Casa Confalonieri

<
Chiesa di San Fedele

>
Palazzo Marino

>>
Ingresso principale originario di Palazzo Marino sulla via Marino

Tappa 1
Piazza San Fedele

La definizione urbanistico-architettonica della piazza nell'assetto attuale è piuttosto recente. Fino al XIX secolo l'area era occupata dal seicentesco Palazzo Sannazzari, demolito nel 1814, e dalla casa della Compagnia di Gesù. Il monumento a Manzoni, realizzato nel 1883 dallo scultore A. Barzaghi, ne costituisce il polo geometrico e urbanistico mentre dal punto di vista emotivo ed empatico potremmo immaginare di proseguire, attraverso l'effige del grande scrittore che ha alla sua destra la facciata cinquecentesca di Palazzo Marino, il dialogo con la "sventurata" che lì nacque, nel 1575, e ispirò con la propria tragica vicenda umana il personaggio letterario di suor Gertrude, la Monaca di Monza; vicenda emblematica, specchio di tante altre storie simili e frequenti nei secoli passati.

L'autore de *I promessi sposi*, uomo di profonda fede cristiana, abitando nella vicina via Morone fu assiduo frequentatore della Chiesa di San Fedele, che si trova alle spalle della statua e ne ricorda con una targa bronzea, collocata al lato del secondo altare a sinistra, l'ultima comunione. Fu proprio per le conseguenze di una caduta sui gradini ghiacciati della medesima chiesa che Manzoni morì, il 22 maggio 1873.

Palazzo Marino

"C'è una culla... tre patelli, tre lanzoletti e tre orletti..."

La costruzione del palazzo fu commissionata, a partire dal 1553, dal banchiere genovese Tomaso Marino duca di Terranova di Calabria che, aspirando a possedere una residenza grande e prestigiosa a Milano, ne affidò l'incarico all'architetto Gaetano Alessi (1512-72). L'architetto era già famoso per le opere realizzate a Genova. I lavori iniziarono dunque nel 1553 e proseguirono con alterne vicende.

La facciata principale all'epoca era quella su via Marino e, insieme alla facciata adiacente rivolta verso piazza S. Fedele, rappresenta la parte più antica e originaria dell'edificio, mentre l'attuale fronte su piazza Scala con l'ingresso alla sede del Comune fu completata successivamente da Luca Beltrami, nel 1892.

Dal punto di vista architettonico l'edificio si presenta come un grande volume stereotipato con i due corpi frontali, anteriore e posteriore, più alti dei laterali. Il coronamento sommitale è rettilineo con balaustra perforata. Solo all'interno il volume si arricchisce e acquista dinamicità per la presenza di due corti porticate con archi a tutto sesto e colonne binate. Le facciate hanno ripartizione orizzontale sottolineata da fasce che seguono la lunga successione delle

Marianna De Leyva

(1575-1650)

F. Hayez, *La monaca*, Collezione privata

È la "vera" monaca di Monza, il soggetto storico la cui vicenda umana ispirò ad Alessandro Manzoni uno dei personaggi dei *Promessi Sposi* a cui diede il nome di suor Gertrude. La vicenda è documentata nelle *Historiarum patriae 1641-43* di G. Ripamonti, cui lo scrittore fa riferimento, mentre solo molto più tardi, a lavoro compiuto, seppe che nell'Arcivescovado di Milano si conservava il testo integrale del *Processo per la violazione della clausura, la deflorazione e l'omicidio di una monaca del monastero di S. Margherita di Monza, commessi da Giò Paolo Osio, 1608.* Un inventario notarile del 1576 descrive tra gli altri oggetti presenti nel palazzo anche una culla finemente rivestita e altri elementi di corredo infantile: «...culla addobbata con una copertura di grogan guarnito di una passamana di seta bianca, foderata di sandal bianco e un corredo costituito da tre patelli di panno rosso, tre lanzoletti, tre orletti, sei patelli e più doi lanzoletti di cambraja goerniti di un lavor di refo fatto a osso.» Il linguaggio del documento legale (la "cambraja" era un fine tessuto di cotone originario di Cambrai, in Francia) dà testimonianza di una nascita di rango e di una cura attenta e amorevole. La piccola Marianna fu colpita nel primo anno di vita da un evento doloroso, la morte prematura della madre. Il padre, militare di carriera si risposò, nel 1588, con una nobildonna spagnola con la quale andò a vivere in Spagna. L'orfana fu affidata alla cura di balie, istitutrici, zie e in seguito forse inviata a un educandato. È qui che giocò con le prime bambole che le vengono regalate, allusivamente vestite da suore o da badesse. L'inventario notarile è allegato al primo di una sequela di atti giudiziari promossi dalla famiglia per sottrarle l'eredità materna. Marianna lasciò la dimora paterna nel 1589, anno in cui entra come novizia nel convento benedettino di Santa Margherita a Monza, allora feudo della famiglia paterna. Vestì l'abito monastico assumendo il nome di suor Virginia Maria, il nome della madre. Pronunciò i voti solenni nel 1591. «Lei medesima, stanca di quel lungo strazio, chiese allora di entrare più presto che fosse possibile, nel monastero. Non c'era sicuramente nessuno che volesse frenare una tale impazienza. Fu dunque fatta la volontà e, condotta pomposamente al monastero, vestì l'abito. Dopo dodici mesi di noviziato, piena di pentimento e ripentimenti, si trovò al momento della professione, al momento cioè in cui conveniva, o dire un no più strano, più inaspettato, più scandaloso che mai, o ripetere un sì tante volte detto. Lo ripeté, e fu monaca per sempre.» (*I Promessi sposi*, cap. X). La giovane accettò la corte di Gianpaolo Osio, un nobile del luogo che già in precedenza si era reso colpevole di atti violenti. La sua abitazione confinava proprio con il convento. La corte interna fu il primo teatro in cui s'intrecciò, con la complicità di alcune più umili consorelle, una storia d'amore clandestina e tormentata. La relazione continuò per circa dieci anni, durante i quali l'Osio si macchiò di diversi omicidi. Dall'unione nacque, forse dopo un primo aborto, una figlia di cui si conoscono le vicissitudini storiche, mentre di un probabile secondo figlio non si hanno ulteriori notizie. La successiva scoperta della relazione e dei crimini ad essa connessi, divenuta di pubblico dominio e scandalo, costrinse il cardinale Federico Borromeo, a prendere provvedimenti. Contro l'Osio venne spiccato un mandato di cattura, cui lui tentò di sottrarsi fuggendo, ma invano poiché fu ucciso dai suoi stessi protettori. Contro la Signora invece fu istruito un processo presso il Sant'Uffizio. Riconosciuta colpevole, la monaca verrà condannata alla carcerazione perpetua: «Sia posta in una piccola cella e vi sia rinchiusa; ...si ostruisca l'entrata con un muro, con pietre e calcestruzzo e... vi sia murata per sempre, finché avrà vita». Visse in queste condizioni per tredici anni, dal 1609 al 1622, nella Pia casa delle convertite di Santa Valeria. Terminata la carcerazione la Signora di Monza, continuò a risiedervi. La sua unica consolazione fu il fitto scambio epistolare con il cardinale Borromeo.

F. Guardi, *Il parlatorio di San Zaccaria a Venezia*, 1746, Venezia, Ca' Rezzonico

Monacazioni forzate

La consuetudine, molto diffusa tra il XVI e il XVII secolo, di destinare alla vita monastica uno o più figlie anche della medesima famiglia aveva motivazioni socio-culturali ma soprattutto economiche. L'obiettivo era quello di non disperdere il patrimonio della famiglia mantenendolo unito in un unico asse ereditario, quello rappresentato dal maschio primogenito. Gli istituti giuridici del *maggiorasco* e quello del *fedecommesso* (che riguardavano l'indivisibilità del patrimonio e l'obbligo della sua trasmissione al parente maschio più vicino di grado) furono tra le principali cause di tali scelte. Il principio che governava tutta la società era il diritto di *patria potestà*, che comportava il dominio assoluto del padre sui membri della famiglia e sulle sue proprietà, ancora saldamente esercitato fino al XIX secolo.
Le critiche avanzate da Lutero e dai suoi seguaci alla vita monastica in generale, unite alle denunce di abusi e allo scoppio di qualche scandalo, obbligarono il legislatore a prendere provvedimenti che s'inquadrarono nella logica del Concilio di Trento (1545-1563). I cardinali Carlo e Federico Borromeo provvidero a redigere un nuovo regolamento e nuove norme che riguardavano in particolare la verifica dell'autenticità delle vocazioni e l'eliminazione all'interno dei luoghi pii di tutti i privilegi di casta. Già in precedenza ci si era preoccupati di innalzare a dodici anni compiuti l'età minima per l'entrata in convento.
Le nuove norme ebbero come conseguenza l'inasprimento delle condizioni di vita all'interno dei conventi e l'obbligo della clausura. Talora dall'interno si levarono alte voci di protesta. Fu il caso, ad esempio, della monaca veneziana **Arcangela Tarabotti** (1604-52), che sotto lo pseudonimo del suo nome anagrammato – *Gallerana Baratotti* – nel Seicento scrisse *La semplicità ingannata*, *L'inferno monacale* e *Che le donne siano della spetie degli huomini. Difesa delle donne contro Horatio Plata*, 1651.
Da un convento napoletano dove era stata rinchiusa per volere della propria madre, la principessa **Enrichetta Caracciolo Forino** (1821-1901) lamentava la stessa triste condizione. La sua tragica >>

>> esperienza raccontata nel libro *Misteri del chiostro napoletano*, pubblicato a Firenze nel 1864, suscitò grande scalpore. Nella Milano dei lumi **Anna Clara Verri** (1732-81), una degli undici figli della potente e ricca famiglia di proprietari terrieri, sorella degli "illuminati" Pietro, Giovanni e Alessandro, subì la stessa perdita coatta della libertà. Lo stesso Pietro descrisse lo strazio dell'ultimo viaggio, sul Lago Maggiore, in cui l'accompagnò prima dell'entrata in convento (San Paolo Converso). Rinchiusa per il resto della sua esistenza, soltanto la sua voce talora si udiva, sempre in toni estremamente accorati. Questa pratica s'interruppe definitivamente solo a seguito dei provvedimenti di chiusura dei conventi iniziata dal governo asburgico a metà Settecento e proseguita da quello napoleonico tra Settecento e Ottocento. Il convento monzese di Santa Margherita ormai non esiste più. L'unica traccia materiale sopravissuta si trova nell'omonima piazzetta ed è costituita dal portale in pietra in cui era inserita la porta d'ingresso al monastero. Resta anche un traccia toponomastica, la denominazione *Via della Signora* data alla strada che costeggia il muro di cinta dell'ex convento dei Capuccini, dove Fra' Cristoforo portò Lucia e la madre per visitare la Signora. ■

finestre e suddividono i diversi piani. A questa prima scomposizione si aggiungono in gran numero cornici, lesene, modanature, mensole, paraste, medaglioni, tratti da diversi archivi decorativi del passato, che affollano la superficie delle facciate esterne e ancor più di quelle interne e che, unite al gioco delle loro ombre, colmano l'horror vacui tipico dell'Alessi e di molti suoi contemporanei.

In questo palazzo ereditato dal padre la nobildonna **Virginia Marino**, vedova con già quattro figli tra cui un maschio, nel 1574 sposò in seconde nozze don Martino De Leyva, signore feudatario di Monza, portando una dote cospicua. L'anno successivo partorì una bambina cui fu dato il nome di **Marianna**.

Al civico 4 / **Santa Maria alla Scala in San Fedele**

Regina della Scala, una delle prime fondatrici di chiese

Sulla piazza prospiciente la facciata antica di palazzo Marino si affaccia la chiesa. Al colmo si colloca il grande timpano di coronamento, che reca a bassorilievo la scena dell'*Assunzione in cielo della Vergine* (di Gaetano Matteo Monti) con voli di angeli e di arcangeli convergenti verso il vertice, dove è affissa la corona aggettante. I raggi che irradiano dal centro della figura di Maria, creandole attorno l'aurea della sacralità, accentuano l'atmosfera di levità e rarefatta trascendenza che sembra "sfumare" tutta la scena nel cielo soprastante.

La Chiesa di San Fedele è considerata uno dei migliori esempi di architettura religiosa della Controriforma. Caratteri comuni delle chiese di questo periodo sono la pianta a navata unica con cappelle laterali, la centralità dell'altare e l'aggiunta di un pulpito laterale. L'edificio è ritenuto il capolavoro del suo architetto, Pellegrino Pellegrini detto Tibaldi, che, su incarico dei padri Gesuiti, diede inizio alla costruzione nel 1569. I lavori proseguirono poi sotto la direzione di altri architetti, tra cui Martino Bassi e F. Maria Richini che costruì il coro e la cripta. La facciata fu ultimata soltanto nel 1835, sempre sui disegni originali del Tibaldi.

<
Il timpano con la scena dell'Assunzione in cielo della Vergine

>
Scuola di Bernardino Luini, *Madonna della Scala* (XVI sec.)

Proseguendo il nostro itinerario alla ricerca delle rappresentazioni femminili, all'interno si nota l'affresco della *Madonna della Scala* sopra l'altare della seconda cappella di sinistra. D'impostazione quattrocentesca e ritoccato a più riprese proviene, come il coro ligneo cinquecentesco e altri quadri e arredi, dalla precedente Chiesa di Santa Maria alla Scala, fatta erigere nel 1381 per espressa volontà di **Regina della Scala Visconti**, moglie di Bernabò Visconti. Lo testimonia anche l'iscrizione sulla lastra di marmo collocata all'inizio della navata di sinistra. Al centro del bel pavimento in marmi policromi della zona presbiteriale di fronte all'altare è raffigurata una scala dal disegno semplice ed essenziale, evidente richiamo alla dinastia scaligera.

La Chiesa di Santa Maria alla Scala fu demolita nel 1776 dal regio architetto Giuseppe Piermarini per costruire il grande tempio della lirica, che proprio da lì prese il nome, concepito dal piano teresiano di potenziamento delle strutture per la cultura. Molti degli arredi e degli oggetti che la impreziosivano furono reimpiegati in San Fedele il cui ordine religioso, i Gesuiti, nel frattempo era stato soppresso per volere del pontefice.

Beatrice Regina della Scala
(1335-1384)

Tra i personaggi femminili appartenenti alle famiglie che fondarono il Ducato di Milano, quello di Beatrice Regina della Scala è uno dei meno noti. Sposò giovanissima (1350) Bernabò Visconti duca di Milano, esempio di governante inaffidabile e crudele e di marito infedele. Fu madre di quindici figli (dieci femmine e cinque maschi) e allevò anche i figli naturali del consorte. La storiografia ci trasmette l'immagine di una donna forte, autonoma e in grado di far valere la propria autorità, a cui il marito affida personalmente la difesa dei beni portati in dote e a cui consente di intervenire nel governo della città. La vediamo partecipare a varie azioni belliche volte alla difesa o alla riconquista dei territori scaligeri: è presente all'assedio di Reggio (1372) e alla testa di armate si dirige verso Brescia (1379). Nel medesimo anno in cui fece erigere la chiesa, commissionò anche la costruzione del *Castello di S. Angelo* a Lodi. Fu sepolta, come il marito, nella Chiesa di S. Giovanni in Conca.

La sua arca funebre è attualmente conservata, e visitabile, al Museo delle antichità del Castello Sforzesco vicino a quella del consorte. In marmo, con scene a bassorilievo nei riquadri laterali, eretta su colonne ha una visibilità piuttosto rilevante, anche se non paragonabile a quella monumentale del consorte Bernabò, opera del grande maestro Giacomo da Campione.

Proseguendo verso il presbiterio, a destra dell'altare maggiore, si accede percorrendo uno strettissimo passaggio a una piccola cappella, detta "Cappella delle ballerine" per l'usanza scaramantica delle artiste della Scala di farvi una visita e portarvi fiori prima del debutto. Sopra all'altare è collocata la Madonna dei Torriani in atto di allattare Gesù, anch'essa proveniente dalla Chiesa di S. Maria della Scala. Particolare esempio di "Madonna del latte", è valorizzata dalla

Madonna del latte

nuova contestualizzazione che le ha affiancato due tele monocromatiche dai colori molto tenui. Ora fa parte di un percorso museale di nuova concezione che inscrisce opere di artisti contemporanei accanto alle opere storiche già presenti nel luogo di culto. L'artista Mimmo Paladino genialmente ha sostituito gli innumerevoli ex-voto, che secondo tradizione erano appesi alle pareti, con un nugolo di scarpette da ballo, in bronzo argentato, la cui punta è confitta direttamente nella parete verticale anziché nel pavimento. L'intervento risulta di grande impatto. L'istituzione museale comprende anche una piccola Quadreria, che accoglie alcuni dipinti sul tema della Vergine con il Bambino.

Tappa 2

Piazza Belgioioso

Di superficie modesta, ma di proporzioni geometricamente armoniche e impreziosita dall'affaccio di palazzi di grande valore architettonico e storico, Piazza Belgioioso costituisce uno dei più eleganti ed emozionanti spazi pubblici milanesi. Fu realizzata a completamento del progetto di Palazzo Belgioioso tra il 1772 e il 1781 su disegno di Giuseppe Piermarini (1730-1808), imperial-regio architetto di Maria Teresa d'Austria, principale esponente del neoclassicismo lombardo e allievo del Vanvitelli. Entrambe le opere furono commissionate dal principe Alberico XII di Belgioioso d'Este. Sul lato opposto della piazza si affaccia Palazzo Besana, altro esempio di architettura residenziale neoclassica, un po' più tarda (fu terminato nel 1815), il cui autore non particolarmente famoso ci lascia tuttavia un'apprezzabile immagine di elegante sobrietà che ben si adegua al tono e all'atmosfera del quadrilatero piermariniano.

Al civico 2 / **Palazzo Belgioioso**

Cristina non ha mai abitato qui

L'imponente edificio che domina la piazza costituisce uno dei più alti esempi di palazzo nobiliare settecentesco, una delle migliori opere del

<
Palazzo Belgioioso (Foto di Giovanni Dall'Orto)

>
Giuseppe Bergomi, Ritratto scultoreo di Cristina Trivulzio di Belgioioso, 2021, Piazza Belgioioso

p. 143
Facciata di Casa Manzoni su Piazza Belgioioso

suo progettista. Nella facciata di notevole estensione lineare, vanvitelliana, la ripetizione degli elementi compositivi tipici del repertorio neoclassico – simmetricamente scanditi ai lati del grande timpano centrale sorretto da colonne corinzie – è mediata dalla sottolineatura dell'orizzontalità e dagli effetti chiaroscurali ricavati nel paramento murario grazie ai numerosi aggetti.

Nell'affacciarsi a questa piazza, di fronte al grandioso palazzo Belgioioso, il pensiero non può non correre a un grande personaggio femminile dell'Ottocento, protagonista del Risorgimento lombardo, la principessa **Cristina Trivulzio in Belgioioso** (1808-71), ora raffigurata in una delle poche statue a tutto tondo presenti in città, dedicate a una donna. Nata nel palazzo Trivulzio di piazza Sant'Alessandro nel 1824, a soli sedici anni sposò il principe Emiliano di Belgioioso, rampollo dell'illustre casato. La cerimonia nuziale fu celebrata nella vicina Chiesa di San Fedele, ma Cristina non abitò mai in questa bellissima residenza urbana poiché con il marito andò a vivere nella villa di Merate (LC), dove spesso veniva lasciata sola dal non sollecito consorte. L'unione durò soltanto quattro anni, dopo i quali Cristina si separò dal marito.

Con l'Ottocento, essendo ormai diffuso l'utilizzo dei grandi palazzi nobiliari suddivisi in appartamenti d'affitto, l'edificio ospitò anche personaggi come la contessa **Clara Maffei** con il marito, che abitarono al secondo piano per un breve periodo di tempo. Avevano lasciato la prima casa coniugale di via Monte di Pietà per la necessità di un alloggio più grande e soprattutto con uno spazio di ricevimento più consono al numero sempre crescente degli ospiti. La sede definitiva del celebre salotto fu poi in via Bigli n° 21.

Al civico 11 / Palazzo Besana (Ex Viscontini)

La "giardiniera" che rifiutò Stendhal

Al secondo piano dell'elegante palazzo neoclassico risiedette, dopo la separazione dal marito, **Metilde Viscontini in Dembowski**, gentildonna colta e politicamente impegnata come "giardiniera" risorgimentale. Dall'aspetto minuto e aggraziato, negli splendidi ambienti di questa dimora condusse un vivace salotto culturale.

Via Morone al civico 1 / Casa Manzoni

Tutte le donne della casa

Il palazzetto che teatralmente chiude la neoclassica piazza Belgioioso, simulando poco probabili facciate rinascimentali lombarde progettate nella seconda metà dell'Ottocento dall'architetto A. Boni, fu la casa di Alessandro Manzoni. Lo ricorda una lapide apposta sulla parete sul lato destro dell'ingresso. Ma qui vissero, morirono e nacquero alcune donne significative per la storia milanese del XVIII e XIX secolo: in particolare **Enrichetta Blondel** e **Teresa Borri Stampa**, rispettivamente prima e seconda moglie dello scrittore; **Giulia Beccaria**, la madre, e la numerosa figliolanza.

L'edificio fa angolo con via Gerolamo Morone sulla quale si presenta il vero e proprio ingresso, attualmente identificato con il civico n° 1.

Alessandro Manzoni (1785-1873) si trasferì in questo palazzo con la famiglia nel 1814 e vi rimase fino alla morte. Il grande scrittore era rientrato a Milano dopo il quinquennale soggiorno parigino, che tra l'altro lo aveva riavvicinato intellettualmente e affettivamente alla

ALESSANDRO MANZONI

Metilde Viscontini in Dembowski

(1790-1825)

Nacque da una famiglia dell'alta borghesia milanese che, anche nel passato, aveva annoverato tra i suoi componenti figure femminili di rilievo. La bisnonna, **Bianca Ferrari**, già nel Settecento era stata animatrice di un salotto politico e letterario; la nonna, **Elena Milesi in Viscontini**, fu la "sura Lenin" ispiratrice dell'omonima poesia di Carlo Porta e tra le cugine **Bianca Milesi,** anch'essa "giardiniera", divenne un'affermata pittrice mentre **Francesca Milesi** ebbe un ruolo di primo piano nei moti indipendentisti del '21. A soli diciassette anni Metilde sposò un ufficiale polacco dell'esercito napoleonico, molto più anziano, da cui ebbe due figli maschi. La prima residenza della coppia fu in via S. Maurilio. Presto però l'unione rivelò gravi incompatibilità: il coniuge manifestò comportamenti violenti e la giovane donna fuggì chiedendo la separazione. Dopo un breve periodo all'estero in Svizzera, a Berna, per proteggere sé e i figli, rientrò a Milano. Con grande lucidità intellettuale, consapevole dei propri diritti – malgrado, in quanto donna, non fossero ancora sanciti dalle disposizioni legislative, né dal codice napoleonico né da quello austroungarico – e con una buona dose di coraggio continuò a perseguire la propria battaglia personale per la separazione dal marito. Dovette aspettare a lungo ma alla fine le venne accordata, anche se a condizioni solo parziali di libertà e di indipendenza. Il patto comportava infatti l'obbligo di continuare a vivere nella casa dell'ex consorte, che nel frattempo si era spostato in via del Gesù, anche se "separata di letto e di appartamento". Solo nel 1817 fu del tutto libera dai vincoli matrimoniali, ma i figli restarono affidati al marito. Lasciata la casa coniugale, affittò l'appartamento di palazzo Besana.

Qui animò un salotto politico culturale, il "salotto azzurro" (memoria-omaggio alla più celebre *chambre bleu* di Madame de Rambouillet), frequentato da intellettuali, artisti e musicisti per lo più patrioti risorgimentali di cui condivise il pensiero e le azioni antiasburgiche. Partecipò quindi alla rete di attività delle cosiddette "giardiniere" che, come i Carbonari e in collegamento con essi, si riunivano in luoghi segreti. Nato a Napoli ed esteso poi al Piemonte, il fenomeno aveva trovato in Lombardia un terreno fertile per la sua affermazione grazie a gentildonne come **Teresa Casati Confalonieri**, **Bianca**

Milesi, Costanza Arconati, Camilla Besana Fè e altre con le quali Metilde partecipava anche alla società segreta dei Federati. Molti degli ospiti abituali del salotto, per lo più membri della società dei Federati, ebbero parte attiva nei moti del '21, subendo poi le amare conseguenze della successiva repressione. Anche la Dembowski fu arrestata e sottoposta a interrogatorio, durante il quale si comportò con grande coraggio e fermezza e non rivelò i nomi delle compagne. La sua attività si estese anche al campo dei diritti civili, in particolare a sostegno delle donne che come lei, volendosi separare dal marito, rischiavano di perdere i figli.

«Come esprimere il rapimento di rispetto che mi inspirano l'espressione angelica e la calma dolcezza di quei lineamenti che ricordano la mite nobiltà di Leonardo da Vinci? Il colore dei capelli, il taglio della fronte, la collocazione degli occhi ne fanno il tipo della bellezza lombarda... Si sogna la felicità di essere presentati a quella donna straordinaria in qualche castello gotico e solitario...» Stendhal in *Promenades dans Rome*, II, 1817. A Metilde si riferisce Stendahl in questo brano e a lei pensa nello scrivere il trattatello *De l'amour* (1822).

Riferimenti e richiami al profilo dell'inavvicinabile Metilde sono ravvisabili anche in alcuni personaggi dei suoi romanzi, in particolare nella protagonista de *Il rosso e il nero* (1830). Instancabile viaggiatore e temperamento passionale, volle che il ricordo dei suoi amori e delle sue passioni gli fossero compagni anche nell'ultimo viaggio, per cui compose lui stesso l'epigrafe: «*Qui giace Arrigo Beyle milanese/.../, scrisse, amò, visse /.../ Quest'anima adorava Cimarosa, Shakespeare, Mozart, il Correggio./ Amò appassionatamente A. (Angela Pietragrua), M. (Matilde Viscontini Dembowski).*»

La riservata signora ebbe anche un altro corteggiatore di rango, Ugo Foscolo, cui ugualmente non dette alcuna speranza forse perché segretamente innamorata, suggeriscono alcune fonti contemporanee, di un gentiluomo rimasto nell'ombra.

Morì appena trentacinquenne per lue.

Riposa nel Famedio della città di Milano presso il Cimitero Monumentale.

<
Ernesta Bisi, *La famiglia Manzoni intorno al 1825*, in alto: Alessandro tra la madre Giulia e la moglie Enrichetta; in basso: i figli Giulietta, Pietro, Cristina, Sofia, Enrico, Clara e Vittoria, Museo Manzoniano

>
F. Hayez, *Ritratto di Alessandro Manzoni*, 1841, Pinacoteca di Brera

madre Giulia Beccaria fino a quel momento a lui quasi sconosciuta (dal momento che dopo la separazione dei genitori era stato affidato al padre), ma da allora sempre presente nella vita dello scrittore anche dopo il matrimonio con la giovane Enrichetta Blondel, celebrato a Milano nel 1808, di cui anzi sembra sia stata la principale artefice. Insieme si stabilirono dapprima in via San Vito al Carrobbio, poi a palazzo Beccaria in via Brera e infine in questo palazzetto.

Al momento dell'acquisto l'immobile si presentava in condizioni assai fatiscenti, per cui il neoproprietario dovette provvedere a un primo immediato restauro. L'aspetto attuale si deve a un intervento successivo (1864) affidato all'architetto A. Boni, che nelle vicinanze aveva il suo laboratorio di terrecotte. Proprio con cornici, lesene, fasce, formelle, ecc. A. Boni – maestro nei revival stilistici allora molto in voga – realizzò la versione rinascimentale lombarda del prospetto su piazza Belgioioso. Fino ad allora, come attestano stampe d'epoca, vi era una parete fatiscente e cieca. Vennero dunque aperte nuove finestre in tre ordini sovrapposti e una porta centrale, con sovrastante balcone di rappresentanza, secondo uno schema compositivo simmetrico. Il prospetto è ulteriormente arricchito da fasce in cotto che bordano le finestre, ampliandosi in un motivo triangolare sopra a quelle del piano nobile e

a fasce marcapiano che riprendono i livelli della facciata attigua e ricreano, con effetto trompe-l'oeil, l'immagine di una balconata continua a livello del piano nobile. Si tratta di un falso prospetto o prospetto decorativo, dal momento che come ingresso si è sempre conservato quello da via Morone; questo prospetto, la vera facciata, nell'insieme conserva l'impostazione originaria. Di volume apparentemente modesto se rapportato alle due imponenti strutture neoclassiche di palazzo Belgioioso e palazzo Besana che si affacciano sulla medesima piazza, ma compatto e unitario, il contrasto fra l'intonaco giallo trattato a graffito e il cotto delle cornici appare ora meno accentuato che in passato.

La planimetria

La pianta è organizzata intorno a una corte quadrangolare porticata su due lati, cui si accede direttamente da via Morone. Lo studio dello scrittore vi si affacciava da un lato mentre da quello opposto guardava il rigoglioso giardino interno su cui si aprivano due grandi finestre, così da essere quasi immerso nel verde. Il giardino fu uno degli aspetti più apprezzati dalla madre, che in una lettera ebbe a dire «... ci troviamo contentissime della nostra casa... la situazione non può essere migliore della parte del giardino che abitiamo per intero noi». Tale

<
Casa Manzoni, Il salotto

>
Casa Manzoni, Lo studio

giudizio era condiviso dal resto della famiglia e in particolare dal Manzoni che aveva una vera passione per la botanica e il giardinaggio. Fu lui stesso infatti a piantare e curare la grande sofora che ancora oggi vi si erge svettante. Nella sistemazione attuale, il parterre verde costituisce l'estensione all'aperto del museo di scultura delle adiacenti Gallerie d'Italia.

Il piano terra, nella parte che si svolge attorno alla corte d'ingresso, era destinato ai servizi e ai servitori. Il ritrovamento di un grande camino nell'ambiente centrale del lato sinistro ha fatto ipotizzare che lì fosse ubicata la cucina, che dunque sarebbe stata di dimensioni piuttosto ridotte rispetto agli usi dell'epoca; ma probabilmente alcune delle sue funzioni potevano svolgersi in locali attigui dove erano annessi più spazi per gli alloggi e la vita della servitù. Sul lato destro c'erano invece la rimessa delle carrozze e altre attrezzature. Il lato migliore, ovvero quello più silenzioso e affacciato sul giardino interno, era occupato dallo studio di Alessandro Manzoni e da quello dell'avvocato, poeta e scrittore, Tommaso Grossi. Corridoi e scale di servizio disimpegnavano la zona padronale da quella di servizio.

Il piano nobile era riservato invece alla vita della famiglia. Nel corpo centrale si trova il grandioso salone di ricevimento e poi le camera da letto, le stanze di servizio, i guardaroba, i wc. A proposito

Enrichetta Blondel

(1791-1833)

Enrichetta Blondel il giorno del matrimonio

Nacque da una ricca famiglia svizzera, originaria del cantone di Vaud, di religione calvinista. Il padre, che si era trasferito in Italia già da qualche tempo, fondò a Casirate d'Adda (BG) un'industria tessile. Lì nacque Enrichetta. Una targa, apposta nel 1955 sulle pareti della chiesa parrocchiale, ricorda il suo battesimo: «*Enrichetta Blondel/sposa diletta di Alessandro Manzoni /nata in questo paese /da Luigi e Maria Mariton/attingeva la grazia battesimale/al sacro fonte di questa parrocchia/il 19 luglio 1791 /per tornare ventenne/nel grembo della chiesa/ dolcemente traendovi/anche il suo sposo*». Ebbe ben sette fratelli. Appena sedicenne, e forse su indicazione della madre dello scrittore, fu presentata al giovane Alessandro Manzoni, che rimase subito colpito e conquistato dai pregi del suo carattere «... molto dolce, una notevole rettitudine morale e un grande attaccamento ai genitori. Penserete che ho corso un po' troppo, ma dopo averla veramente conosciuta, ogni rinvio mi è sembrato inutile...», confidò in un carteggio poco prima di decidere di sposarla. Il matrimonio venne celebrato a Milano nel 1808 a Palazzo Imbonati-Blondel, in via Tomaso Marino. Poco dopo i novelli sposi ripresero il cammino per Parigi. Alessandro era al settimo cielo per la felicità: aveva la moglie ideale per lui senza dover rinunciare alla madre. Nella capitale francese, dove ormai era di casa, oltre che con i salotti intellettuali di tradizione illuminista ed enciclopedista già frequentati insieme alla madre, Alessandro e la giovane moglie entrarono in contatto con ambienti giansenisti. In quest'ambito Enrichetta, molto interessata e sensibile alla questione religiosa, maturò la riflessione critica sulla propria religione arrivando a decidere di convertirsi al cattolicesimo, coinvolgendo anche Alessandro e persino la suocera Giulia. La conversione di Enrichetta (1810), assai sofferta e meditata, va vista come estremo atto d'amore verso il marito tanto più che, nel fare questa scelta, sapeva di arrecare un grande dolore alla sua famiglia di origine, in particolare alla madre, che per un periodo di tempo smise di frequentarla. Tornata a Milano, la famiglia prese alloggio dapprima in via San Vito al Carrobbio, poi a palazzo Beccaria in via Brera e infine nel palazzo in contrada del Morone n° 1171 (oggi via Morone n° 1), angolo piazza Belgioioso. Per Alessandro la situazione familiare era idilliaca come ebbe a riconoscere in più occasioni, trovandosi al centro delle manifestazioni d'amore della madre e della moglie che dedicarono la loro vita al suo benessere e a spianargli qualsiasi difficoltà pratica. La famiglia Manzoni, molto ammirata e lodata e forse anche invidiata dai contemporanei, in realtà si resse sulla vita di sacrificio della prima moglie Enrichetta che, benché di salute cagionevole e già affetta dalla tisi, sostenne ben dodici gravidanze a partire dai diciassette anni, ebbe dieci parti e otto figli sopravvissuti. Aggiungendo a tutto ciò la rigida osservanza delle regole di vita quotidiana datele dall'abate giansenista, si può capire come la sua salute fosse messa a dura prova costringendola spesso a letto, perseguitata oltre che dalle febbri anche da una progressiva cecità. A proposito dei suoi figli in una lettera a una cugina, in occasione del matrimonio della primogenita Giulia con Massimo d'Azeglio (1831), Enrichetta scrisse: «... bisogna che vi faccia fare un po' di conoscenza dei miei figli che sono 8 avendo avuto peraltro 12 gravidanze... Dopo Giulia viene mio figlio Pietro già più alto di suo padre di tutta la testa, ha appena compiuto il suo diciottesimo compleanno, poi viene Cristina di 16 anni, Sofia di 14, Enrico di 12, Vittorina di 9, Filippo di 5 e 1/2 e la mia piccola Matilde di soli 13 mesi che mi è tanto cara e che ci sembra tanto interessante come se fosse la nostra prima figlia...» (Enrichetta Manzoni Blondel, *Lettere*). Dopo un lungo alternarsi di momenti di aggravamento dei sintomi e persistenza della malattia, morì nel 1833 a poco più di quarant'anni lasciando un grande vuoto nel cuore non solo del marito e dei figli ma anche della suocera Giulia. A Enrichetta Alessandro Manzoni dedicò *l'Adelchi*, poema lirico la cui protagonista, *Ermengarda*, è l'espressione stessa del suo ideale femminile, ovvero di una donna capace di sopportare i casi avversi del destino con grande abnegazione e dignità dando, senza risparmiarsi, cure e amore.

«Alla diletta venerata sua moglie Enrichetta Luigia Blondel la quale insieme con le affezioni coniugali e con la sapienza materna poté serbare un animo verginale, consacra questo Adelchi l'autore dolente di non potere a più splendido e a più durevole monumento raccomandare il caro nome e la memoria di tante virtù.»

Fu sepolta nel cimitero di Brusuglio nell'hinterland milanese.

Teresa Borri Stampa in Manzoni

(1799-1861)

Pochi anni dopo la scomparsa dell'amatissima prima moglie Enrichetta Blondel, lo scrittore conobbe Teresa Borri. Vedova del marchese Stampa da cui aveva avuto l'unico figlio, Stefano, gli era stata presentata come donna colta che conduceva una vita ritirata, tutta dedita alla casa e al figlio. Preceduto forse da un esame da parte della madre Giulia, il matrimonio venne celebrato nel 1837. Come Alessandro anche Teresa aveva frequentato Parigi, dove aveva vissuto per un periodo con il primo marito interessandosi all'ambiente artistico e iniziando quella raccolta bibliografica che, proseguita poi dal figlio, divenne un fondo di notevoli proporzioni. Anche a Milano aveva mantenuto la familiarità con alcuni artisti, in particolare con il già celebre Francesco Hayez, amico di famiglia, che la ritrasse una prima volta come giovane vedova (aveva ventidue anni) con il figlio al centro di una scena romanticamente bucolica in cui figurano anche la madre e il fratello. In seguito la ritrasse ancora, più anziana e austera nell'abbigliamento, nella medesima posa in cui aveva eseguito il celebre ritratto del Manzoni (1841) ma alcuni anni più tardi. Altri ritratti assai naturali e gradevoli eseguiti a matita, pastelli e biacca,

F. Hayez, *Ritratto di Teresa Borri Stampa*, 1848

le furono dedicati dal pittore Carlo Gerosa negli anni '37, '47 e '50. Teresa condivise con il marito l'interesse per la ricerca linguistica, collaborando con lui alla toscanizzazione della lingua italiana. Tuttavia anche se molto attenta alle esigenze e ai gusti del coniuge e del figlio che le fu affezionatissimo, non seppe essere altrettanto accogliente con i figli della prima moglie. Vittorina Manzoni, scrivendo a una sorella, definisce la matrigna "malaticcia" e "bisbetica". Perciò i figli cercarono di abbandonare al più presto il tetto paterno. Due figlie scelsero di sposarsi ancora molto giovani. Peggiore fu il rapporto con l'ormai anziana suocera Giulia, che trascorse gli ultimi anni molto amareggiata dalla freddezza e dagli sgarbi della nuora. Infatti, appena entrata in casa Manzoni Teresa dimostrò subito di non accettare interferenze nel ruolo di moglie cui si dedicò quasi esclusivamente. Lasciò invece all'anziana Giulia tutto il carico della gestione della famiglia e della casa. Lo scontro tra le due donne era frequente e se ne discuteva apertamente tra gli amici, alcuni dei quali si allontanarono spontaneamente o furono emarginati dallo stretto rapporto di coppia in cui Teresa coinvolgeva il marito. Con il passare degli anni Teresa si ripiegò sempre più su se stessa e sulle sue malattie per alleviare le quali faceva frequenti e lunghi soggiorni nella splendida villa di Lesa sul lago Maggiore, che la ritempravano per qualche periodo. Per Alessandro invece il vero rifugio era la villa di Brusuglio lasciatagli dalla madre, che a sua volta l'aveva ereditata dal conte Carlo Imbonati.

Giulia Beccaria in Manzoni

(1762-1841)

Maria Cosway, *Ritratto di Giulia Manzoni Beccaria*, 1802, Biblioteca Nazionale Braidense

Era la primogenita dell'illustre giurista ed economista Cesare Beccaria (1738-1841), il cui nome è rimasto nella storia indissolubilmente legato al suo trattato *Dei delitti e delle pene* che per la prima volta affrontava in modo organico ed esauriente la questione dell'abolizione della pena di morte.

Giulia avrebbe potuto avere una vita propria nelle residenze di cui disponeva, ma essendo ormai sola e soprattutto per il rapporto speciale che si era instaurato con Alessandro a partire dai cinque anni di soggiorno a Parigi, sentendosi sempre ben accetta sia dal figlio sia dalla sua prima moglie, risiedette nella loro casa. Ricordiamo che il giovane Alessandro, al termine degli studi, aveva raggiunto la madre nella capitale francese subito dopo la morte dell'amatissimo compagno di lei, Carlo Imbonati, cui dedicò la famosa ode.

Villa Manzoni a Brusuglio, incisione, 1879

di questi ultimi, pare che in casa Manzoni fosse stato installato uno dei primi wc dotati di acqua per la pulizia, detti "all'inglese".

Alla nostra sensibilità l'ultimo piano appare più gradevole e familiare, probabilmente a causa della minore altezza dei locali e del maggior calore dato dai rivestimenti lignei di pavimenti e soffitti. Questi ultimi in particolare sono a cassettoni, decorati con motivi floreali e tinteggiati con colori neutri.

In una parte di questo piano fu allestito un elegante appartamento, completamente autonomo e come avulso dal resto della casa, probabilmente voluto e abitato da Giulia Beccaria dopo avere sperimentato le difficoltà di convivenza con la seconda nuora, Teresa Borri Stampa.

Il palazzo attualmente è sede della Società storica lombarda e del Centro nazionale di studi manzoniani, cui si deve la conservazione di parte degli arredi originari. Di recente è stato riaperto al pubblico, dopo un intervento di restauro conservativo e di riordino del patrimonio biblio-museografico, ed è normalmente visitabile.

La famiglia

La presenza in famiglia della nobildonna Giulia fu utilissima, anzi in molte occasioni indispensabile come alla morte di Enrichetta, ma anche molto ingombrante ("troppo", per la seconda moglie Teresa Borri). Approfondendo un po' la ricerca e la riflessione, oltre agli apprezzamenti unanimi dei visitatori del salotto di casa Manzoni per la sua presenza nobile e autorevole, si scopre che Giulia fu la "stratega" dell'organizzazione domestica della casa e della famiglia. Tutto dipendeva da lei, dall'approvvigionamento alimentare alla preparazione e consumo dei cibi, dalla gestione del numeroso personale di servizio (due camerieri e due cameriere, un cocchiere, una balia, una governante, una donna per i lavori "pesanti" e inoltre le istitutrici francesi, preoccupandosi persino della "salvaguardia" delle collaboratrici più giovani dagli appetiti dei maschi di famiglia), alla cura della biancheria di casa. Ma si occupava anche delle pratiche amministrative, finanziarie e reddituali tipiche dei casati nobiliari. Inoltre, seguì costantemente il lavoro del figlio e ne curò le relazioni sociali; fu l'abile pianificatrice dei viaggi che il Manzoni, pur non amando affatto allontanarsi da casa, volle compiere: più volte a Parigi, poi quello in Toscana con sosta a Genova per raggiungere Livorno, e infine a Firenze (1825). L'impresa era ardua trattandosi di mettere in moto "carovane" di dieci-quindici persone tra famigliari e addetti vari, ognuno con le proprie esigenze, molti accomunati dalla salute cagionevole e dai disturbi propriamente legati al viaggio. Bisognava tenere conto anche della situazione delle strade e quindi dei tempi lunghi occorrenti che comportavano ulteriori difficoltà come, per esempio, trovare un numero sufficiente di letti ai posti di rifornimento dei cavalli. Tutta questa analisi, mentre ci fa meglio conoscere e apprezzare il personaggio e le sue capacità, serve anche a evidenziare e definire uno dei ruoli femminili che implicano intelligenza e conoscenze. Costituisce inoltre una valida testimonianza e un'esemplificazione del lavorio che si svolgeva all'interno della cortina muraria "alle spalle" di un grande personaggio. Lo scrittore, *enfant gâté*, totalmente sollevato dalle incombenze pratiche quotidiane, poteva così dedicarsi quasi interamente alle sue ricerche storiche e linguistiche, al lavoro letterario o alle altre sue due passioni, la botanica e il giardinaggio.

Ma la situazione in casa Manzoni cambiò drasticamente, come si è detto nelle pagine precedenti, con l'arrivo della seconda moglie Teresa Stampa. Infatti la neonuora non risparmiò all'anziana suocera occasioni per escluderla dall'intimità con il figlio, assumendo gelosamente e restrittivamente il ruolo di moglie e padrona di casa, anche rispetto agli amici di più lungo sodalizio, e ai figli. Ciò amareggiò gli ultimi anni della vita di Giulia che si trovò a essere anello di congiunzione tra due grandi storie famigliari, due grandi personaggi maschili (Alessandro, il figlio, e Cesare, il padre) di chiara fama già all'epoca ma tuttavia, anche se in modo diverso, fragili e bisognosi di aiuto nella vita quotidiana, famigliare e domestica.

Tappa 3
Via Manzoni – Parte iniziale

Al civico 6 / Palazzo Brentani (poi Greppi)

L'edificio che la famiglia Brentani fece costruire nel Settecento come propria residenza presenta ora una facciata di chiara impostazione neoclassica conseguente alla ristrutturazione commissionata nel 1829

<
Palazzo Brentani

>
Il tondo dedicato a Maria Gaetana Agnesi

dai nuovi proprietari, i conti Greppi, all'architetto Luigi Canonica, uno dei migliori interpreti del ritorno alla classicità. La particolarità per cui c'interessa dedicare attenzione a questo prospetto non è tanto la sua sobria eleganza, senz'altro apprezzabile, quanto il motivo decorativo che interviene proprio a interrompere quella compostezza, un po' rigida e severa, allineando tra le finestre del primo e del secondo piano una sequenza di medaglioni che contribuisce ad animarla. Si tratta di dodici tondi recanti a bassorilievo altrettante figure di personaggi illustri (clipeati) secondo l'usanza, mutuata dall'antichità classica, di celebrare gli eroi con la sospensione alle pareti di scudi lisci o decorati, riproposta in periodo rinascimentale dal Bramante e successivamente ripresa specialmente in epoca neoclassica. In questa sequenza di personaggi illustri compare anche un volto femminile. Infatti dal quinto tondo di sinistra e subito alla destra di Leonardo da Vinci, si affaccia l'insigne matematica settecentesca **Maria Gaetana Agnesi** (1718-1799). La poliedrica intellettuale e scienziata nonché donna pia e benefattrice, dedita all'assistenza degli infermi e fondatrice di ospedali, è raffigurata con modalità interpretative del personaggio e della sua missione. In abbigliamento modesto, tende la testa al termine di un lungo collo e lo sguardo verso l'alto. Il corto velo

<
L'entrata del Museo Poldi Pezzoli

>
Piero Pollaiolo, *Ritratto di giovane dama*, 1470/1472, Museo Poldi Pezzoli

che completa l'abbigliamento, cadendo morbidamente verso la nuca così da scoprire i capelli nella parte frontale, contribuisce a rafforzare la tensione ascensionale del modellato scultoreo e quindi la spiritualità complessiva del ritratto. La targa segnaletica storica del palazzo apposta dal Comune di Milano non ne fa menzione. Attualmente il palazzo ospita la nuova istituzione museale Gallerie d'Italia che comprende anche l'edificio adiacente, angolare con piazza della Scala, dove si trova l'ingresso.

Al civico 12 / **Museo Poldi Pezzoli**

Un "profilo" emblematico

L'aggraziato profilo femminile del *Ritratto di donna* del Pollaiolo (XV sec.), che il museo ha assunto come suo emblema, è divenuto una delle immagini iconiche della città. L'imponente palazzo di origini seicentesche, di cui però ora vediamo il volto rifatto in epoca neoclassica, dovette essere completamente ricostruito dopo i gravi danneggiamenti subiti dai bombardamenti del 1943. Fu la grande esperienza di **Fernanda Wittgens** (vedi pag. 248) a guidarne il riordinamento. All'interno si sviluppa un giardino adorno di statue e fontane.

Il museo nacque per accogliere la collezione privata dell'omonimo conte Gian Giacomo (1822-1879), grande amante ed esperto estimatore di oggetti e arredi artistici di varie epoche e provenienze ma in particolare di armi antiche, che collezionò in gran numero. Fu aperto al pubblico dopo la sua morte e sopravvisse grazie alla fondazione da lui predisposta affinché l'intera città potesse godere di tutte le meraviglie che aveva accumulato nella sua residenza con tanta passione. È un tipico esempio di casa-museo in cui il patrimonio artistico è distribuito nella sequenza di sale di diverse dimensioni e forme, riccamente decorate e arredate.

Fu la madre, la marchesa **Rosa Trivulzio** in **Poldi Pezzoli** (1798-1859), di cui il museo espone un busto marmoreo, a educarlo all'amore per l'arte e ad avviarlo al collezionismo. Donna colta, amante dell'arte antica ma aperta anche a quella contemporanea, in alcuni casi divenne lei stessa committente di opere agli artisti preferiti. Con il marito condivise il sostegno ai moti antiaustriaci, subendone poi le conseguenze al reinsediamento del governo asburgico in città. Contribuì inoltre ad ampliare le tematiche della raccolta al di là dell'iniziale predominante interesse del figlio per le armi antiche. Attualmente la collezione permanente del museo, che si estende in maniera eclettica dall'antichità romana all'Ottocento fino ad Arnaldo Pomodoro, comprende anche settori di arte applicata che espongono oggetti utilizzati prevalentemente dalle donne o prodotti dalla loro creatività e operosità come i tessuti, gli abiti, i tappeti, gli arazzi e una preziosissima raccolta di pizzi e ricami. Percorrendo le sale con l'occhio selettivamente rivolto alle immagini femminili incontriamo, oltre alle numerose preziose *Madonne* di diverse epoche e scuole, anche le opere di due pittrici tra le prime che riuscirono a fare del lavoro artistico la loro professione, conseguendo fama anche all'estero. Si tratta di **Sofonisba Anguissola** (1535-1625) esponente della pittura cremonese tra Cinquecento e Seicento, presente con un *Autoritratto,* e della veneziana **Rosalba Carriera** (1675-1757) di cui è esposto *Ritratto di gentiluomo*.

Il Grand Hotel et de Milan in un depliant storico

Al civico 29 / **Grand Hotel et de Milan**

In albergo come a casa

Fu realizzato tra il 1863 e il 1865, ovvero subito dopo l'unificazione nazionale, come grande albergo fornito di ogni confort e dotazione moderna. Il progetto dell'architetto Andrea Pizzala si sviluppava inizialmente su tre piani, cui nel 1879 fu necessario aggiungerne un quarto. È noto che Giuseppe Verdi, con l'intensificarsi dei suoi rapporti di lavoro con il Teatro alla Scala, stabiliva qui la sua dimora per lunghi periodi di tempo, ospitato sempre nel medesimo appartamento d'angolo al primo piano; che attualmente è una delle mete di visita della città tra le più richieste. Qui veniva talora raggiunto dall'amante e poi legittima consorte, **Giuseppina Strepponi**, nei suoi brevi soggiorni milanesi. Per la vicinanza al teatro, la struttura fu frequentata in particolare da musicisti, cantanti, registi. Da qui Verdi si trovava a essere dirimpettaio di **Clara Maffei**, di cui frequentava assiduamente il salotto ed era amico. Fu proprio la contessa a presentargli il giovane "scapigliato" Arrigo Boito, con cui iniziò una proficua collaborazione musicale (libretti di *Otello* e *Falstaff*). Alla morte dell'amica sarà proprio Verdi a comporne l'epitaffio, tuttora leggibile alla base della statua che ne decora la tomba al Cimitero Monumentale di Milano.

Eleonora Duse

(1858-1924)

Eleonora Duse

Grande attrice drammatica, una delle icone femminili della prima metà del secolo scorso, nacque da una coppia di attori girovaghi. "Artista di strada" nella prima parte della sua vita, giunse a calcare i palcoscenici più importanti del mondo. Fondò una propria compagnia teatrale i cui cavalli di battaglia furono inizialmente i testi di Dumas figlio (*La signora delle camelie*), Sartou e Goldoni (in particolare *La locandiera*). In seguito il repertorio della compagnia si ampliò fino a comprendere autori come Ibsen, di cui divenne appassionata interprete (amò soprattutto *Casa di bambola*). Nel 1881 sposò un compagno di teatro da cui ebbe l'unica figlia, Enrichetta. Già affermata come attrice di primo piano, con caratteristiche di recitazione e comportamentali molto personali nel teatro come nella vita, ebbe importanti sodalizi artistico sentimentali. A Milano nel 1887 incontrò Arrigo Boito, "scapigliato" anticonformista e autorevole poeta e musicista, che divenne suo mentore per quanto riguarda la conoscenza dell'opera completa di Shakespeare. Appositamente per lei tradusse *Antonio e Cleopatra* che poi, allestito in teatro, non ottenne da parte del pubblico il successo sperato, diventando una delle cause della successiva rottura della già difficile relazione. Dall'Hotel Et de Milan la Duse si recava a fargli visita nel vicino palazzo di via Principe Amedeo n° 1 angolo via Montebello, dove il letterato disponeva di uno spazio di lavoro e studio al piano terra e un piccolo alloggio all'ultimo. In questo periodo l'attrice effettuò molti viaggi e tournée nelle principali città europee, in America del Nord e del Sud, in Russia, ecc. Dal '95 invece si approfondì il rapporto di conoscenza con Gabriele D'Annunzio, con cui intrecciò una relazione sentimentale piuttosto turbolenta. Diventata la principale interprete delle opere drammatiche e tragiche scritte dal vate, contribuì a promuoverne e diffonderne la conoscenza. Di particolare successo furono tra l'altro il *Sogno di una notte di primavera*, scritto appositamente per lei; i drammi *La Gioconda* e *La gloria*, le tragedie *La città morta*, *Francesca da Rimini* e *La figlia di Iorio*. Coltivò relazioni di amicizia anche con personaggi femminili come **Sibilla Aleramo** e **Grazia Deledda**. Dall'opera *Cenere*, della scrittrice sarda, fu tratto nel 1916 il film omonimo, l'unico a cui la Duse prese parte. Anni prima l'attrice aveva fondato a Roma la Libreria per le attrici, con lo scopo di fornire loro strumenti di ampliamento e approfondimento della cultura personale ed essere punto di riferimento, di assistenza e accoglienza, per le artiste di passaggio. Il Comune di Milano ha voluto onorarla con un riconoscimento toponomastico intestandole la piazzetta, situata tra corso Venezia e viale Maino, accogliente e "preziosa". A risaltare sono le due figure allegoriche femminili comodamente adagiate su sedili, sopra il portale d'ingresso, che richiamano quelle simili esistenti ai due lati del n° 15.

Eleonora Duse in *Antonio e Cleopatra*, 1890 ca.

Tra gli altri numerosi personaggi che diedero lustro con la loro presenza a questo storico albergo, figura anche la grande attrice **Eleonora Duse** (1858-1924), che vi soggiornò ripetutamente alloggiando sempre nella medesima stanza. La sua finestra era tenuta sotto osservazione dai suoi fan più fedeli. Fu anche uno dei luoghi prediletti degli itinerari milanesi di **Maria Callas** (1923-1977), che tra l'altro ne fu ospite affezionata con il marito nel periodo precedente l'acquisto e l'allestimento della villa di via Buonarroti 38.

L'ingresso di Palazzo Olivazzi Trivulzio

Tappa 4
Via Bigli

Al civico 21 / Palazzo Olivazzi Trivulzio

Ago e uncinetto per moderare il dibattito

Il palazzo, che fa angolo con via Manzoni, rappresenta uno dei migliori esempi di dimora patrizia milanese della seconda metà del Settecento. La facciata, piuttosto sobria, ha come unici elementi caratterizzanti il balcone angolare ingentilito da elementi curvilinei e il profondo androne d'ingresso a nicchia profilata in pietra. Accanto, sul lato destro, è stata collocata una targa dall'aspetto molto anonimo, disadorno, che ricorda come qui ebbe sede, a partire dal 1849-50, il famoso salotto della contessa Maffei, celebrato come uno dei più influenti e attivi cenacoli risorgimentali. La nobildonna, passata alla storia come modello emblematico delle *salonnières* italiane, si era stabilita nell'edificio, nell'appartamento al primo piano d'angolo, dopo la separazione dal marito. «Esco dalla casa maritale con il cuore addolorato, con la coscienza sicura, perché se Dio m'aiuta, questo passo fatale non sarà che l'inizio di una vita tranquilla; e per mio marito, per il quale avrò sempre della stima e dell'affezione [sic] potrò diventare una tenera sorella» (*Lettera*, martedì 16 giugno 1846).

Il salotto di Chiara (Clara) Carrara Spinelli in Maffei

(1814-1886)

Clara Maffei nacque a Bergamo da una famiglia aristocratica colta e attiva nel campo dell'arte e della letteratura. Il padre, conte Giovanni Battista Carrara Spinelli, letterato e poeta, riceveva in casa sua i migliori ingegni del tempo e dava lezioni di lettere ai figli dell'aristocrazia milanese. Fu la figura di riferimento prevalente per l'infanzia e la giovinezza di Clarina dal momento che l'amatissima madre, **Ottavia Gàmbara**, aveva abbandonato il tetto coniugale per vivere la relazione con un altro uomo e comunque venne a mancare precocemente, quando la figlia era ancora giovinetta. Ottavia era discendente della celebre poetessa rinascimentale **Veronica Gàmbara**, che già nel Cinquecento aveva aperto le sale della sua villa a Mandriolo facendone un ritrovo artistico-culturale. Compiuti gli studi in collegio e poi in una delle tipiche scuole femminili che preparavano le giovani di buona famiglia a "ben figurare in società", appena diciassettenne Clara sposò il poeta trentino Andrea Maffei, di sedici anni più anziano. La coppia si stabilì subito a Milano in contrada Tre Monasteri n. 1 (ora Monte di Pietà). Lì nacque l'unica figlia, Ottavia, che però morì a

F. Hayez, *Ritratto della contessa Clara Maffei*, 1845 ca.

soli nove mesi gettando la giovane madre nel più profondo sconforto. Dall'evento luttuoso e dalle crescenti incomprensioni con il marito Clara andava maturando il desiderio di intraprendere una propria vita in modo indipendente e autonomo. A questo periodo risale l'apertura del primo salotto (1834) per ospitare, oltre agli amici, gli intellettuali e gli esponenti del mondo della cultura e delle arti già affermati, ma anche esordienti, nella società cittadina. Tra i soci fondatori figurano Massimo d'Azeglio e Tommaso Grossi; tra i primi più assidui frequentatori Giuseppe

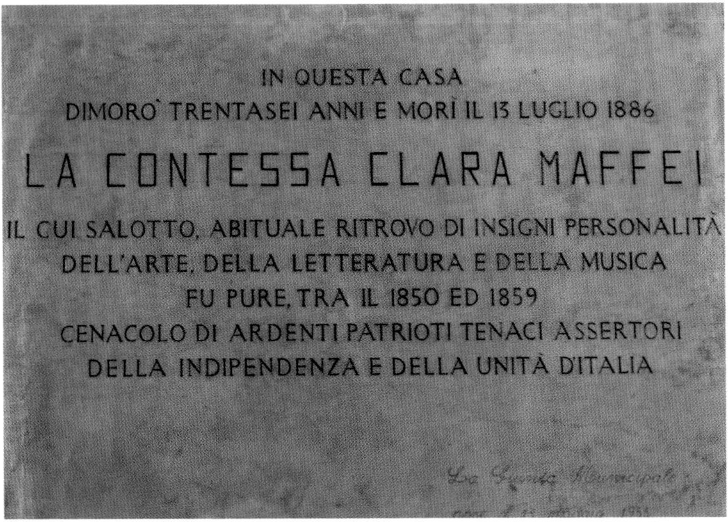

Verdi, Alessandro Manzoni, Gioacchino Rossini, Giuseppe Giusti, Hayez e, tra gli stranieri, Balzac, Liszt, Stendhal, la principessa D'Angoult, forse George Sand spesso in abito maschile. Tra le figure femminili presenti a casa Maffei, alcune delle quali accompagnavano con il canto le serate musicali, le più vicine a Clara furono: **Teresa Mosconi Papadopoli**, amica dagli anni del collegio a Verona; la poetessa **Giulietta Pezzi**, convinta mazziniana; donna **Vittoria Cima della Scala**, colta ed eccellente pianista che a sua volta aprì un salotto nella vicina via Borgospesso; **Saulina Barbavara in Viola**, discendente di una famiglia milanese di antica nobiltà da cui trasse una discreta cultura di base, patriota molto attiva contro il governo austriaco che perciò la tenne sotto stretta sorveglianza perquisendo più volte la sua abitazione anch'essa in via Bigli; la figlia, **Emilia (Emma) Viola in Ferretti**, che divenne scrittrice. A vivacizzare gli incontri contribuiva spesso anche la poetessa di origini napoletane **Giovannina Milli** dalle eccezionali doti di improvvisatrice, applaudita anche in teatro; in seguito ebbe incarichi governativi nel campo della pubblica istruzione. Diventata sua amica, intrattenne con Claretta un intenso epistolario in cui la chiamava affabilmente e familiarmente "mammina". Tra i personaggi femminili qualche volta si vide anche **Giuseppina Strepponi**, compagna e poi moglie di Verdi. Poiché il Manzoni non era un frequentatore così assiduo la Maffei aveva preso l'abitudine di recarsi personalmente in visita nel suo studio, in via G. Morone, la domenica mattina dopo la messa. Lei fu anche l'artefice dell' incontro tra l'ormai celebre scrittore e il giovane Giuseppe Verdi. Con il deteriorarsi della situazione politica tra oppressione austriaca da un lato e promesse sabaude dall'altro, il salotto andò acquisendo una connotazione più spiccatamente politica e patriottica, anche per l'arrivo di nuovi ospiti ferventi antiaustriaci tra cui in particolare Carlo Tenca (1816-1883). Con lui entrarono nel salotto personaggi molto impegnati e attivi socialmente e politicamente come i Dandolo, i Visconti Venosta, Cesare Correnti, Luciano Manara, Carlo Cattaneo, l'ingegner Francesco Brioschi (tra i fondatori del Politecnico). Letterato di origini familiari modeste, grazie alla sua intelligenza, alle sue doti intellettive e al suo impegno culturale divenne giornalista, poi direttore e fondatore di nuove testate, infine fu anche eletto deputato. In lui Clara trovò una sensibilità simile alla sua, una condivisione di intenti e sentimenti che durò tutta la vita. Nel frattempo, per la contessa andava maturando anche la separazione dal marito, che fu sancita definitivamente da atto notorio nel '46 di fronte al notaio Tommaso Grossi con testimone Giuseppe Verdi. «Io volli almeno acquistare la completa indipendenza delle mie azioni e del mio vivere e potermi dire io appartengo a me stessa e solo io voglio essere giudice del mio operare... è a duro prezzo che acquistai tale libertà» (*Lettera di Clara Maffei*, 1846).

Nella personalità di Clara erano maturate le abilità fondamentali di una conduttrice di salotto, la capacità di elaborare un punto di vista personale e si era sviluppato in lei un forte spirito d'indipendenza e autonomia. Se da un lato si trattava di sapersi mettere in secondo piano per lasciare più spazio agli ospiti, dall'altro andava acquisendo quella profonda consapevolezza di sé che le avrebbe dato la forza di perseguire il diritto a gestire in prima persona la sua esistenza.

Il salotto Maffei

Clara Maffei

Vittoria Cima della Scala

Giuseppina Strepponi

Giovanna Milli

Costanza Arconati

George Sand

Clara Maffei e alcune delle più fedeli frequentatrici del suo salotto. Non erano poche le figure femminili presenti agli incontri nel salotto Maffei ma, messe in ombra dai più noti personaggi maschili, raramente sono state citate. Alcune di esse allietavano le serate con canto e musica o con la lettura dei propri componimenti letterari o poetici; come Giulietta Pezzi (vedi pag. 175), scrittrice e poeta.

Andrea Maffei

Arrigo Boito

Massimo D'Azeglio

Fryderyk Chopin

Gioacchino Rossini

Franz Liszt

Tommaso Grossi

Giuseppe Verdi

Honoré de Balzac

I fondatori e frequentatori più assidui del salotto Maffei.

L'arredamento del salotto

Le riunioni di conversazione si svolgevano d'abitudine nelle due accoglienti, ma non grandi, sale affacciate sul terrazzino angolare prospiciente via Manzoni. Le pareti, rivestite di tappezzeria, erano illuminate da specchi di Venezia e arricchite, a coprire l'horror vacui di cui sembrava soffrire il gusto dell'epoca, da quadri con cornici di tutte le misure e le fogge. Tra questi spiccavano i celebri ritratti a olio di Hayez e le incisioni di Calamatta. Sui divani e le poltrone, foderati con tessuti pregiati, erano appoggiati pizzi più di abbellimento che di salvaguardia. Vasi e altri oggetti erano esposti su mensole e piccoli guéridon. Lampade di vetro di Murano, *corbeille* di fiori sempre freschi e l'immancabile cestino del cucito in primo piano, completavano l'atmosfera così calda e familiare da farci dubitare che lì potessero svolgersi incontri di politica attiva ad altissimo livello, tanto è diversa l'atmosfera delle nostre sale riunioni.
Dopo il fallimento dei moti del '48, gli ospiti del salotto e la stessa Clara, delusi dalle idee mazziniane repubblicane, volsero i loro favori verso Cavour, appoggiando la politica della monarchia sabauda. Questa scelta alienò a Clara qualche simpatia, come quella di Giulietta Pezzi, ma attrasse tutta una serie di nuovi ospiti; giovani scrittori come Aleardo Aleardi, Giovanni Verga e altri, qualche esponente della Scapigliatura, che però non erano molto bene accetti, salivano le scale e varcavano la fatidica soglia per essere presentati.
Con l'annessione al Piemonte (1859) molti dei principali animatori delle riunioni di via Bigli, tra cui lo stesso Carlo Tenca, incaricati di importanti ruoli governativi seguirono le sorti del nascente stato italiano, trasferendosi nelle città via via scelte come nuove capitali e dunque prima a Torino, poi a Firenze e infine definitivamente a Roma.
Il Tenca, membro del Consiglio superiore della pubblica istruzione, fu promotore di un riassetto generale delle scuole del capoluogo lombardo e fondatore della scuola superiore femminile, che diventerà il liceo linguistico Alessandro Manzoni. Le frequentazioni andarono diradandosi nonostante le continue sempre nuove immissioni di giovani e di personalità affermate.
Clara Maffei si spense per un attacco di meningite nel 1886. Sia Carlo Tenca che >>

Il salotto di via Bigli

>> l'ex marito Andrea Maffei l'avevano preceduta, da lei amorevolmente assistiti nelle rispettive malattie. Giuseppe Verdi fu tra i primi amici ad accorrere al suo capezzale, e ne scrisse l'epigrafe funeraria riportata sulla lastra alla base del monumento funebre al Cimitero Monumentale di Milano: «*A/Clara Maffei/che nata ad amare a compatire a perdonare/pure trovò nella sua devozione alla patria/l'energia dello sdegno l'ardire della lotta/e tutta accesa nel desiderio del bene/custodì fino all'ultimo immutati/ gli entusiasmi della fede dell'amicizia della pietà/le amiche gli amici la erede/con memore affetto questo ricordo/posero*». La sepoltura è dominata dall'alta e spoglia croce in pietra cui si appoggia, malinconicamente, un angelo dai bianchi eleganti panneggi che ricadono in morbide pieghe sulla base. La sua "discesa", sottolineata dalle lunghe ali ricurve, sembra voluta per tutelare, proteggere e in un certo senso accompagnare, questa donna dal corpo minuto ma di grande tenacia caratteriale e altrettanta perspicacia intellettuale. All'interno del Famedio del medesimo cimitero Clara è celebrata tra le personalità più illustri, come pochissime altre donne fino ad allora.

Prima di morire, la contessa predispose un lascito al comune di Clusone per la costruzione di un asilo che fu realizzato ed è tuttora in funzione e visitabile come la villa Carrara Spinelli (BG).

Il Comune di Milano le ha intestato una breve via nella zona di corso Venezia. ■

Salotti di cultura

L'iniziativa di aprire gli ambienti di ricevimento dei propri palazzi o abitazioni borghesi all'accoglienza allargata, oltre che agli amici e parenti, a personaggi illustri ed esponenti di vario livello nel campo dell'arte, della letteratura, delle scienze e poi ai politici e ai patrioti, maturò essenzialmente da parte delle donne. Si trattava per lo più di personaggi di una certa cultura ed educazione, appartenenti in un primo tempo all'aristocrazia e successivamente anche al ceto borghese. Le riunioni nelle sale o saloni di conversazione erano occasioni d'incontro e di socializzazione. Per le donne, ancora escluse dalla partecipazione diretta alla vita pubblica e dalla libera fruizione degli spazi pubblici extradomestici, i salotti rappresentavano l'espediente per acquisire nuove conoscenze (di persone, avvenimenti e idee), ma anche per trasmettere le proprie. Le stesse illustri presenze maschili costituivano infatti una sorta di "cavallo di Troia" per mettere in circolazione le idee delle donne, fornendo loro la possibilità di "esistere" all'esterno, e quindi influenzare la cultura contemporanea, pur senza "esserci" ancora fisicamente. Ricordiamo che le prime grandi occasioni di uscita delle donne negli spazi urbani come cittadine consapevoli dei propri diritti furono, a livello europeo, la Rivoluzione francese e, in Italia, i moti risorgimentali dell'Ottocento. È dunque utilizzando in maniera difforme, più creativa e produttiva, la propria dimensione esistenziale di donna (=regina della casa, casa=spazio interno) e facendo leva su una modalità del tutto femminile come quella della conversazione e dell'oralità (oltre che del saper ricevere, che era uno degli obiettivi dell'educazione delle fanciulle di buona famiglia) che negli e dagli interni si prepara una rivoluzione. L'organizzazione dell'attività dei salotti sottostava a norme rituali che comprendevano per esempio l'esatta definizione di giorni e ore per il ricevimento, l'invio di biglietti d'invito, ecc. L'animatrice proponeva la conversazione di cui sceglieva l'oggetto, ispirava gli artisti, selezionava gli ospiti. Le padrone di casa occupavano il centro dello spazio, i mariti spesso erano assenti >>

Jean-François De Troy, *Lettura di Molière in un salotto letterario del '700*

>> o comunque figure sbiadite sullo sfondo. Esempi sporadici di salotti di cultura sono rintracciabili sin dal passato più remoto in qualche corte reale o principesca, anche italiana, ma è a partire dal Seicento francese che si diffonde questa modalità. Il primo in assoluto fu quello di **Madame de Rambouillet**. A imitazione numerosi altri *salons* vennero aperti nel Marais, il cuore della Parigi seicentesca, dalle Preziose (*Les précieuses ridicules* e *Les femmes savantes*, le schernisce il teatro di Molière). I comportamenti anticonformisti, le idee rigorose, i temi culturali e artistici ma anche attinenti alla politica e all'impegno civile che furono l'oggetto del suo salotto, e le scelte di vita, fanno di Clara una precorritrice rispetto agli anni in cui visse. Gli incontri di conversazione sono lo scopo della sua vita: qui svolge il suo ruolo sociale ed esprime il meglio di sé. Per lei il salotto è un piacere e un dovere civile, che sente come proprio contributo alla società. I lunghi orari di apertura >>

>> e di ricevimento cui ha abituato i suoi ospiti le rendono più impegnativo il compito. Riceve tutti i giorni, nel pomeriggio dalle tre alle sei, alla sera dopo cena fino a mezzanotte.
L'importanza e la profondità del legame con il Tenca, durato a lungo negli anni, sono testimoniate tra l'altro dal nutrito epistolario (centinaia di lettere) romanticamente corredato da piccoli oggetti-ricordo personali come un fiore secco, una ciocca di capelli, dei guanti, che in parte è conservato al Museo del Risorgimento di via Borgonuovo.
Gli ospiti e le ospiti del salotto parteciparono attivamente alla preparazione dei moti insurrezionali antiaustriaci del '48, culminati nelle Cinque giornate di Milano. Le Cinque giornate furono una tappa importante per la storia di tutte le donne, in quanto rappresentarono una delle prime forti motivazioni a uscire negli spazi extradomestici. La contessa Maffei che, come molte altre nobildonne milanesi, aveva offerto personalmente supporto ai combattenti e assistenza ai feriti, con la restaurazione asburgica pensò fosse più sicuro allontanarsi da Milano per qualche tempo, riparando nella vicina Svizzera. Qui conobbe di persona Giuseppe Mazzini, le cui idee e azioni ispirate dal credo unitario e repubblicano erano state a lungo condivise dai frequentatori del suo cenacolo, che però in seguito, dopo la serie di insuccessi delle azioni messe in campo, ne presero le distanze.
Tornata definitivamente in città, dove aveva già sperimentato insieme al marito vari cambi d'alloggio - prima, nel '42, in Piazza Belgioioso, al n° 2, al secondo piano del palazzo omonimo e poi quattro anni più tardi in Corsia del Giardino (ora via Manzoni n° 46), al primo piano - Clara trovò la situazione ideale per lei nel palazzetto di via Bigli all'attuale n° 21 (ex n° 1231) d'angolo con via Manzoni, dove si trasferì, dopo la separazione legale e definitiva. In questa nuova sede il salotto Maffei, tra il 1850 e il 1859, conobbe il periodo di massimo fulgore. Carlo Tenca aveva allestito una propria abitazione in via Andegari, dunque non molto lontano da quella di Clarina. Abitazioni separate e un proprio spazio di autonomia saranno le medesime condizioni teorizzate, quasi un secolo più tardi, dalla coppia di punta dell'avanguardia culturale. ■

Giulietta Pezzi

(1812-1070)

Milanese, proveniva da una famiglia con tradizioni intellettuali e professionali nel campo letterario; infatti sia il padre che il fratello lavoravano come giornalisti. Fu amica di Clarina fin dall'infanzia e in seguito divenne un'assidua frequentatrice del suo salotto, dove conobbe i personaggi di grande spessore intellettuale e morale che lo frequentavano abitualmente, con alcuni dei quali stabilì relazioni d'amicizia. Tra questi un giovane musicista di cui s'innamorò e con cui ebbe l'unica figlia, Noemi. Non volle mai citarne il nome, ma lo fecero in sua vece studiosi di storia che dopo la sua morte rivelarono trattarsi dell'allievo prediletto e più promettente di Franz Listz. Fu amica anche di **Bianca Milesi**, la combattiva "giardiniera" risorgimentale affiliata con altre amiche a uno dei gruppi patriottici che si riunivano in clandestinità, una sorta di Carboneria al femminile. Nel '48 conobbe Giuseppe Mazzini e da quel momento tutta la sua vita e persino la sua scrittura furono orientate al sostegno della sua politica. Fondò anche una scuola a Torino a lui intestata. Negli ultimi tempi, la sua presenza a casa dell'amica diradò sempre più essendo divenuta molto critica nei confronti della linea politica adottata da Clara, da lei giudicata troppo moderata. È sepolta al Cimitero Monumentale di Milano. Il suo Album personale, questo piccolo segreto ricettacolo di memorie di vita vissuta che molte donne nell'Ottocento erano solite comporre, insieme con le sue carte e le sue lettere già conservate presso il Museo del Risorgimento di Milano sono andati distrutti durante la Seconda guerra mondiale. Anche molte patriote risorgimentali coltivarono questa usanza molto romantica, conservando mazzolini di fiori legati dal nastrino tricolore, piccole memorie e oggetti personali di amici e persone illustri con cui erano entrate in contatto. Della Pezzi ci è pervenuto soltanto un ritratto su medaglione.

Il Comune di Milano le ha intitolato un breve tratto stradale tra il parco Ravizza e via Ripamonti.

<
Palazzo Taverna

>
Cristina Trivulzio di Belgioioso fa il suo ingresso a Milano durante le Cinque Giornate, 1848, stampa a colori, Fototeca Storica Nazionale

>>
Carlo Stragliati, *Episodio delle Cinque Giornate di Milano in Piazza Sant'Alessandro*, fine XIX secolo, Museo del Risorgimento

Al civico 9 / **Palazzo Taverna**

Donne sulle barricate

Questo palazzo fu la sede del Comitato centrale dell'insurrezione, che respinse l'armistizio offerto dal generale Radetzky e «si costituì in governo provvisorio» come ricorda la lapide collocata sul muro esterno.

Via Bigli fu uno dei centri da cui si propagò la ribellione antiasburgica del marzo 1848, nota come le Cinque giornate di Milano. Fu anche una delle prime occasioni che diede la forza a donne di diverso ceto ed estrazione sociale di uscire dalle case per partecipare, tutte insieme, a un comune obiettivo d'azione. Ad approvvigionare i combattenti, portare notizie, curare i feriti, costruire barricate "casalinghe" (poiché proprio con le masserizie di casa erano fatte) furono nobildonne, borghesi e popolane in diverse parti della città che si adoperarono per dare il loro sostegno, in ogni modo possibile. Le dame dei salotti per lo più diedero appoggio economico, logistico e infermieristico, mentre altre s'impegnarono nell'organizzazione politica, tessendo la rete dei collegamenti e dei rifornimenti in campo. Il loro contributo fu fondamentale nel diffondere la coscienza dei diritti e la volontà e il coraggio di manife-

starli pubblicamente. A conferma, la cronaca dell'epoca ci riporta vari episodi di cui furono protagoniste donne di tutte le età. Grazie anche al contributo degli artisti che immortalarono tali episodi, **Maria Giuditta Galimberti** e **Luisa Battistotti Sassi** acquisirono una certa notorietà.

Tappa 5
Via Monte Napoleone

Al civico 14 / Palazzo Pasta

La magnifica dimora di una primadonna della lirica

La vicinanza con il tempio della lirica, oltre all'indiscussa posizione centrale nella città, furono alla radice dell'acquisto da parte della soprano **Giuditta Pasta** (vedi pag. 96) di un palazzetto in Contrada del Monte 1275, l'attuale via Monte Napoleone 14. Purtroppo dell'edificio, di cui si conserva testimonianza fotografica al Civico archivio fotografico del Castello Sforzesco, ora non esiste più nulla di originario. Fu raso al suolo dai bombardamenti del 1943. Di aspetto modesto e non in buone condizioni di con-

Maria Giuditta Galimberti in Facchini

(1813-?)

Protagonista di uno dei momenti di più animata contrapposizione alle milizie austriache fu Maria Giuditta Galimberti in Facchini, tessitrice milanese che partecipò con altre donne a un'azione in zona San Vittore. Mentre lanciava sassi dalla propria finestra, fu ferita da una fucilata. Questo episodio delle Cinque giornate ispirò l'artista Carlo Stragliati, che lo rese con brio ed empatia facendone un'incisione di grande successo ed estremo dettaglio.

Luisa Battistotti Sassi

(1824-1876)

Contribuì a innalzare le barricate in zona Vettabbia. Anche questo evento fu immortalato, inciso su lastra da Carlo Stragliati. L'amministrazione comunale le ha intitolato una via (una traversa di viale Corsica).

Le cronache dell'epoca ricordano anche altre giovani donne, poco più che fanciulle, che si unirono ai dimostranti camuffando la loro identità con abiti maschili e moschetto.

Domenico Induno, Tre donne intente a confezionare una bandiera, Museo del Risorgimento

Palazzo Pasta. Particolare della decorazione a monocromo del salone raffigurante una delle opere liriche interpretate dalla cantante, 1920 ca. Civico Archivio Fotografico del Castello Sforzesco

servazione, era tuttavia rappresentativo dello status economico di grande agio della cantante, risultato di una carriera di successo e ben gestita. Acquistato nel 1829, fu sottoposto a restauro esterno e interno. Colpisce in particolare il programma decorativo dei grandi saloni di rappresentanza, che segue i criteri e il gusto storicista dell'epoca ma presenta temi e soggetti originali, scene tratte dalle opere interpretate dalla proprietaria o suoi ritratti nei diversi costumi di scena. Accanto agli elementi decorativi tratti dal repertorio classico più usuale, compaiono sagome che inaspettatamente rappresentano gli strumenti scientifici di recentissima invenzione all'epoca, la pila di Volta e una macchina a induzione elettrostatica sono citate in testimonianze scritte dell'epoca. Sono scelte che costituiscono una testimonianza dell'aggiornamento culturale e scientifico della proprietaria nonché della sua apertura mentale. La soprano non abitò a lungo questa dimora così accuratamente e magnificamente decorata – la sua presenza vi è documentata in modo certo dal 1834 al 1849 – sia per le frequenti tournée, sia perché disponeva di altre residenze altrettanto amate.

Nella Longari

(1906-1995)

Personaggio dagli interessi poliedrici e dalle numerose competenze che sviluppò nel campo del collezionismo, dell'antiquariato e del design. La sua fu una vita avventurosa con una grande passione per l'arte sviluppata sin da piccola quando, in visita con i genitori in Francia ospiti da amici, rimase affascinata da ville e castelli, torri e torrioni, dal gusto per tutto ciò che è bello, raffinato ed elegante.

Iniziata a Volterra, la vita di Nella Longari proseguirà in una continua ricerca verso la particolarità, la novità, l'esclusiva. Prima il trasferimento con la famiglia in India, poi il matrimonio con Alfredo Longari e la conseguente permanenza alla corte dei marajà fino al 1930 assecondano in lei la passione per le antiche ceramiche Ming che diventeranno una straordinaria collezione venduta, purtroppo a malincuore, durante la Seconda guerra mondiale. Viaggiò dall'India all'Africa seguendo il lavoro del marito che commerciava in tessuti; poi subentrarono la guerra, la prigionia del consorte e finalmente il ritorno in Italia a Firenze, a mani vuote. Nel 1946 inizia con i due figli, Mario e Ruggero, l'attività di antiquaria che la porterà a diventare una delle grandi firme che dell'antiquariato italiano nel mondo. Promotrice di mostre e importanti eventi antiquari si è specializzata nella scultura e nella miniatura italiana del Medioevo. La sua grande voglia di fare e scoprire l'ha portata a disegnare oggetti e arredi moderni. Risale ai primi anni Settanta lo studio e la progettazione della linea in metacrilato, che ha precorso i tempi imponendo materiali fino ad allora destinati a usi meno nobili. Fino alla primavera 2019, nella vecchia via Bigli, in un edificio del XVII secolo i figli e i nipoti sono stati custodi di questa importante tradizione.

Caffè Pasticceria Cova

Al civico 8 / **Caffè pasticceria Cova**

L'apertura e diffusione di un nuovo tipo di locale di ristoro, più ampio e rifinito rispetto ai tradizionali caffè ("maschilisti" in quanto frequentati quasi esclusivamente da uomini anche se le donne non ne erano ufficialmente bandite) ampliò ulteriormente la libertà di movimento delle cittadine che ora potevano contare su più luoghi sicuri dove sostare e incontrarsi.

Tra i primi fu la Pasticceria Cova, fondata nel 1823. Aperta inizialmente a fianco del Teatro alla Scala, al piano terra dell'edificio ad angolo tra via Manzoni e via Verdi, divenne presto il luogo di ritrovo più ambito e frequentato della città. Vide la presenza di personaggi provenienti dalle zone geografiche e dai campi professionali più disparati, tra cui molte celebrità grazie alle quali entrò anch'essa nella storia. Particolare predilezione per il locale dimostrò **Maria Callas** (vedi pag. 108), che si sedeva spesso ai suoi tavolini durante le pause di lavoro alla Scala. Il locale si trasferì poi in altre sedi fino a quella attuale in via Monte Napoleone n° 8, allestita con il consueto stile raffinato, elegante e sobriamente legato alla tradizione.

Il dopoguerra e le vie della moda

Jole Veneziani e Liuba Rosa
(Federico Garolla, 1953)

Nella Milano del Secondo dopoguerra, tornata la pace, la città fu presa da una grande voglia di vivere. La moda recuperò il proprio spazio e la dura privazione degli anni precedenti scatenò il desiderio di novità. A Milano, nel palazzo d'angolo fra via Manzoni e via Montenapoleone, aveva sede Rina Modelli. Approdata a Milano dalla Romagna, **Enrichetta (Rina) Pedrini** si era resa conto delle potenzialità di questo mercato e negli anni Trenta (controcorrente rispetto all'Autarchia e ai tentativi di fondare una moda italiana da parte del regime fascista) aveva iniziato a importare modelli francesi. Negli anni Cinquanta si era conquistata l'esclusiva per l'Italia di alcune famosissime *maison*, ma la sua fama derivava soprattutto dalla capacità di cogliere le novità. A ogni spedizione parigina organizzava una sfilata cui partecipavano centinaia di sarte, che potevano scegliere, tra le ultime tendenze, quella più adatta alla loro clientela, ma anche scoprire gli astri nascenti delle passerelle francesi. La sartoria Rina Modelli inoltre serviva una vasta clientela privata che in parte chiedeva i modelli francesi, in parte si affidava al senso estetico e all'inventiva della signora Pedrini. Questo era, infatti, il modo più usuale di rapportarsi alle tendenze lanciate a Parigi: un più o meno generico riferimento a fogge, linee, particolari adattati alla singola cliente, al suo gusto, al suo stile di vita. Era un modo di lavorare che lasciava molta libertà all'estro delle sarte, che sulla capacità di creare abiti originali ispirandosi all'ultima moda d'oltralpe costruirono spesso il loro successo. Fu sullo sviluppo di tale capacità creativa che si fondò la nascita del *Made in Italy*. Nel 1951, Giovan Battista Giorgini organizzò a Firenze la prima sfilata di moda italiana rivolta al mercato americano. A quell'appuntamento le sartorie milanesi erano quattro: **Marucelli**, **Noberasco**, **Veneziani**, **Vanna**. Il successo dell'iniziativa fiorentina di Giorgini si riverberò sulle sartorie che vi aderirono, e che arrivarono >>

» ad assumere dimensioni da vero *atelier* di alta moda, ma anche le altre furono trascinate dall'onda. **Biki** incontrò **Maria Callas** nel 1951 e vestire la più famosa cantante lirica del momento diventò la sua passerella internazionale. **Gigliola Curiel** vendette, senza clamore, le sue creazioni ai grandi magazzini americani, anche se vestire le signore eleganti della buona borghesia milanese sia con modelli parigini sia con i suoi "portabilissimi vestitelli" (come li definì **Camilla Cederna**) rimase sostanzialmente il suo obiettivo. Il 1951 segnò comunque l'inizio di un periodo d'oro per la moda milanese che finalmente prese la forma di un sistema produttivo complesso fatto di artigiani, industriali, ma anche figurinisti, editori, giornalisti, fotografi, modelle e tanti altri ancora. Il percorso fra piazza san Babila, via Montenapoleone, via Manzoni (e non solo) fiorì di mille iniziative nuove o totalmente rinnovate, cui la certezza di partecipare a una sorta di rinascimento generale della moda dava le ali. In Montenapoleone c'era la più famosa modisteria della città, Gallia e Peter. Era stata fondata da **Mariuccia Gallia** (1906-1974) che, oltre a creare modelli regolarmente pubblicati sulle riviste, collaborava con **Jole Veneziani**, **Biki** e le altre sartorie sulla cresta dell'onda. Poco lontano, in via Morone, un'altra modisteria al femminile, **Giusy Bresciani**. In via Manzoni, **Lyda Coppola** aveva aperto insieme al fratello la boutique Coppola & Toppo in cui si vendevano i suoi straordinari *bijoux* che dalla fine degli anni Quaranta avevano affascinato **Elsa Schiaparelli** e altri *couturier* parigini e che ora sfilavano a Firenze sui modelli di Emilio Pucci, Roberto Capucci, **Germana Marucelli**, **Carosa**, **Sorelle Fontana**. In Montenapoleone, le vetrine della boutique Pirovano, frequentatissima dalle signore di provincia che vestivano alla moda, magari con un gusto un po' meno ricercato di quelle della *haute* meneghina. Di proprietà del conte Felice Pirovano, negozio e sartoria erano affidate a sua moglie, **Emma Maria Bonfanti** (1897-1949), e alle sorelle di lei. Emma Maria e Anita si occupavano dei modelli della sartoria, mentre Iride si dedicava alla pelletteria. Rosa Ambrogina aveva la supervisione della parte economico finanziaria. In queste e in mille altre attività che prosperavano in città lavoravano centinaia di donne e ragazze, quelle di cui le riviste patinate non parlano e che spesso non entravano neppure in contatto con la clientela, ma che avevano un "buon" lavoro che ricordano ancora oggi con orgoglio, a sessant'anni di distanza. ■

Adelaide Bono Cairoli

(1806-1871)

Adelaide Bono Cairoli

Una targa ricorda la casa natale di Adelaide Bono Cairoli. Donna di vasta cultura fu una importante figura del Risorgimento italiano. Di famiglia aristocratica, rimase orfana di padre a 5 anni. A 18 anni sposò Carlo Cairoli di 28 anni più grande di lei, vedovo con due figli avuti dal precedente matrimonio. Carlo Cairoli era uno stimato professore di chirurgia a Pavia, cattolico e patriota.

Dal loro matrimonio nacquero otto figli. Donna di vasta cultura, curò personalmente l'educazione dei figli. Finanziò attività patriottiche e giornali, la sua casa divenne un salotto politico letterario ed era in corrispondenza con i più attivi intellettuali e patrioti del tempo.

Il marito Carlo Cairoli morì nel 1849, in un incidente, mentre lo Stato Maggiore austriaco aveva requisito la loro villa di Gropello. Morì il 27 marzo 1871 dopo una lunga malattia. Qui la targa a lei dedicata posta sulla facciata della sua casa natale in via Bigli 1.

Palazzo Morando

Tappa 6
Via Sant'Andrea

Al civico 6 / Palazzo Morando

Discendenza femminile per un museo

In questo edificio, di origini seicentesche, che prospetta la via con la facciata aggraziata tipica del barocchetto lombardo, visse la nobildonna **Eugenia Attendolo Bolognini** in Litta Visconti Arese (1833-1914), che ne fece la sede di un importante salotto culturale. Fu uno dei numerosi cenacoli che in quegli anni animarono la vita milanese, reso particolarmente vivace e irriverente dalla frequentazione, tra gli altri, di esponenti della Scapigliatura e in particolare di Arrigo Boito. Tra le presenze femminili più assidue viene riportata quella di donna **Vittoria Cima** (1834-1930) (vedi pag. 189) che, al momento di aprire a sua volta un salotto nella vicina via Borgospesso, optò per il modello di maggior successo di **Clara Maffei** (vedi pag. 165). Eugenia fu attiva anche nella politica cittadina partecipando alle iniziative di altre dame milanesi contro il governo austroungarico i cui sostenitori, per sminuire l'importanza di quel manipolo di dame, le soprannominarono "oche".

Sposata con il duca Litta Visconti Arese, ebbe un legame amoroso con Umberto I di Savoia iniziato molto prima dei rispettivi matrimoni e durato a lungo. Una vera passione reciproca se proprio per incontrare lei – la "bella Bolognina" – che risiedeva a Vedano al Lambro, il re soggiornava spesso nella non lontana Villa Reale di Monza. Proprio lungo il grande e magnifico viale di accesso alla villa il re fu colpito e ucciso nel 1900 da Gaetano Bresci. Dall'unione era nato un figlio, Alfonso, che morì prematuramente. In sua memoria la madre fece erigere il padiglione Litta, il primo del nuovo piano di estensione dell'Ospedale Maggiore di Milano. Per questo noi possiamo considerarla, oltre che tra le benefattrici benemerite, anche tra le "costruttrici" della città.

Curiosamente la proprietà dell'edificio di via Sant'Andrea si trasmise per linea femminile fino a **Lidia,** l'ultima discendente, che nel 1945 donò l'intero stabile al Comune di Milano che ne fece una sede museale aperta al pubblico.
Attualmente, l'edificio ospita al primo piano la Pinacoteca: una collezione di dipinti, sculture, stampe che ha avuto origine nel 1934 dall'acquisizione da parte del Comune della collezione di Luigi Beretta. Tra i dipinti di vedute milanesi colpisce particolarmente la *Facciata di Santa Maria Maggiore,* di notevole rilevanza sia per il valore intrinseco dell'opera sia perché costituisce testimonianza della continuità dedicatoria al femminile dell'area su cui sorse poi il Duomo; *Piazza Duomo* di Angelo Inganni (con la facciata attuale), l'isolato del Rebecchino di **Amanzia Guerrillot**, numerosi ritratti di illustri personaggi sette-ottocenteschi e alcune pregevoli nature morte con fiori di **Margherita Caffi** (1647-1710).

Accanto alla Pinacoteca sono state ricostruite le sale di rappresentanza della casa nobiliare, un percorso attraverso il quale possiamo riconoscere alcuni elementi che nelle grandi residenze settecentesche erano specificamente destinati alle modalità femminili, nobiliari, di vivere la casa, come il *boudoir*, il salotto privato della

Marie Louise Elisabeth Vigée Le Brun, *Giulio Renato Litta*, 1790/1800 ca., Palazzo Morando, Museo di costume, moda, immagine

padrona di casa. Oggetto di una particolare ricerca di preziosità e originalità, in questo caso è stato realizzato con profusione di dorature. Dedichiamo poi un'osservazione particolare al grande dipinto a olio eseguito da una delle poche pittrici qui rappresentate, **Marie Louise Elisabeth Vigée Le Brun** (1755-1842), raffigurante *Giulio Renato Litta*, ammiraglio della flotta imperiale russa. Costui era anche il nonno materno della famosa, bellissima e molto chiacchierata, contessa **Giulia Samoyloff** (1803-1875). Per conoscere la strabiliante epopea della nobildonna giunta in Italia dalle lontane steppe russe o dai meno evanescenti salotti moscoviti, dove si parla del palazzo di via Borgonuovo che la ricca contessa acquistò per il suo soggiorno in città.

Nella cosiddetta "Ala nuova", sempre al primo piano, si trova la sezione Costume Moda Immagine. Qui vengono esposti a rotazione abiti, accessori, uniformi che in precedenza erano conservati nei depositi delle Raccolte d'Arti Applicate del Castello Sforzesco.

A Palazzo Morando vengono inoltre allestite mostre temporanee, organizzati incontri ed eventi culturali.

<
Vista del portale d'ingresso via della Spiga n. 25

>
Eliseo Sala, *Ritratto di Vittoria Cima della Scala*, 1852, Galleria d'Arte Moderna

>>
Abitazione di Vittoria Cima della Scala

Tappa 7
Via della Spiga

Al civico 25 / Antico e moderno a confronto

Segnaliamo questo edificio per un motivo circoscritto ma del tutto particolare che si coglie immediatamente entrando nel primo atrio. Inaspettatamente per un edifico storico così ben conservato, senz'altro oggetto di accurati restauri e in un contesto d'epoca armonico, il soffitto appare rivestito da elementi modulari in plastica, componibili tra loro e di colore rosso acceso. Gli elementi antichi e moderni, particolarmente contrastanti, sembrano valorizzarsi reciprocamente. È opera della multiforme produzione artistica della scultrice valtellinese **Lydia Silvestri** (vedi pag. 259).

Tappa 8
Via Borgospesso

L'aggettivo "spesso", ovvero "fitto" di costruzioni, è stato attribuito alla via nell'Ottocento in riferimento all'alta concentrazione edilizia determinatasi in breve tempo in un luogo che fino al secolo prece-

dente aveva carattere quasi extraurbano. Il nome identificava un'area più vasta – comprendente anche le attuali vie del Gesù, S. Spirito, Spiga, Monte Napoleone e Sant'Andrea, limitrofe alle mura medievali – e ospitava in prevalenza conventi con i relativi giardini.

Nel palazzo al numero 15 ebbe sede un altro importante salotto di cultura, di cui ci hanno dato notizia numerosi illustri frequentatori.

Al civico 15 / Angolo via Rossari

Il Salotto "Figlio" – Abitazione di Vittoria Cima della Scala

Milanese, formatasi a Parigi, Vittoria era una donna colta, di notevole ingegno e un'eccellente pianista. Nella grande residenza dove visse da sola a partire dal 1860 aprì un salotto che ebbe carattere prevalentemente musicale e letterario ma diventò anche un punto di riferimento mondano per la città. Aveva frequentato la casa della contessa **Eugenia Bolognini**, ma il nuovo cenacolo fu più affine a quello ben più famoso di **Clara Maffei** (vedi pag. 165) che lei frequentava assiduamente anche in qualità di amica personale della contessa, e di cui può essere considerato in qualche misura l'erede e il continuatore, in formato ridotto. Tra gli ospiti figurarono importanti intellettuali dell'epoca e furono accolti tra gli altri anche scrittori, poeti e artisti della

Scapigliatura, giovani in lotta contro il sistema non sempre ben accetti negli altri *salons*. Arrigo Boito fu una delle personalità dominanti, come Tranquillo Cremona e lo scultore Giuseppe Grandi, autore del monumento alle Cinque giornate di Milano. Alle riunioni a casa Cima partecipavano anche esponenti dell'emergente imprenditoria lombarda, che si andava affermando a livello internazionale grazie alla particolare operosità, genialità e determinazione di esponenti di spicco come Ernesto De Angeli, Giovan Battista Pirelli, Eugenio Torelli Viollier, fondatore del «Corriere della Sera».

Gli eventi della Prima guerra mondiale dispersero i frequentatori e portarono il salotto a cessare la sua attività.

La nobildonna fu ritratta dal pittore Eliseo Sala nel pieno della giovinezza in abito bianco, mentre dell'età matura è conservato un ritratto fotografico in abito nero con soggolo di pizzo bianco.

Nella stagione estiva il salotto Cima si trasferiva sul lago di Como, nella residenza situata all'interno del parco di villa d'Este. La palazzina da poco restaurata è ora aperta al pubblico per le visite.

Negli ultimi anni **Vittoria Cima** soggiornò frequentemente anche sul Lago Maggiore, nell'Isola dei pescatori, la meno estesa e meno aristocratica delle Isole Borromeo ma la più popolata e vivace.

<
Abitazione di Anna Zuccari (Neera)

>
Targa in bronzo affissa alla parete in via Borgospesso

I documenti di Vittoria Cima, comprendenti il ricco epistolario intrattenuto con alcuni dei più illustri intellettuali del tempo, le 450 lettere scambiate con il padre, gli scritti e le poesie sono conservati al Museo del Risorgimento.

Al civico 12 / **Abitazione di Neera**

Anna Zuccari è più nota come **Neera**, lo pseudonimo con cui firmò i suoi scritti. Una targa in bronzo di pregevole disegno liberty, applicata alla parete esterna dell'edificio, la ricorda. L'opera è stata progettata ed eseguita dalla scultrice **Lina Arpesani** (1888-1974), a sua volta personaggio femminile di rilievo.

Scrittrice, poetessa e saggista molto prolifica, Anna Zuccari nacque a Milano da una famiglia con antica tradizione nel campo dell'arte; alcuni suoi membri erano già noti nel Cinquecento come pittori e incisori. La figura familiare più importante fu il padre, architetto e socio onorario dell'Accademia di Brera con cui ebbe un rapporto di affetto e stima ma molto conflittuale, mentre la madre morì giovane.

Nel 1871 sposò l'avvocato Adolfo Radius, con cui ebbe due figli e condivise tra l'altro la passione per i viaggi. Dal 1875 iniziò a pubblicare i suoi scritti su quotidiani e periodici, in seguito raccolti in volumi. Temi ricorrenti sono le vicissitudini deludenti e dolorose di personaggi femminili che nella loro legittima aspirazione all'amore si scontrano continuamente con i limiti restrittivi dello spazio che la società concedeva loro. Neera si impegnò nel confronto civile e politico sulla condizione femminile. Nello stesso periodo sulla scena pubblica emergevano figure importanti per l'emancipazione femminile: **Ersilia Bronzini Majno** (1859-1933), **Anna Kuliscioff** (1855-1925) e **Anna Maria Mozzoni** (1837-1920). La scrittrice era più vicina al femminismo pratico della prima che a quello più politico e ideologico di Kuliscioff e Mozzoni, contribuendo con i suoi scritti, pubblicati sul bollettino dell'Unione femminile nazionale (UFN), a denunciare e stigmatizzare la tratta delle bianche.

Nei suoi scritti narrativi mostra una notevole perspicacia e sensibilità nel delineare profili femminili emblematici del disagio di fronte all'ordine sociale prestabilito di matrice patriarcale, dall'altro lato però sembra non mettere in discussione la tradizione. La contraddizione emerge soprattutto nei suoi scritti teorici.

Tra i suoi scritti ci piace ricordare *Le donne milanesi* e *La trilogia della donna giovane*. Fa parte del piccolo gruppo di cittadine illustri celebrate nel Famedio del Cimitero monumentale. Accanto alla sua sepoltura, segnalata da una targa, è collocata una notevole opera scultorea dell'Arpesani. Una figura femminile, di dimensioni pressoché reali, regge sul proprio capo la massa di un enorme libro aperto.

Abitazione di Giuditta Meregalli

Nel medesimo stabile di via Borgospesso in cui visse **Neera** abitò anche **Giuditta Meregalli** la compagna milanese – poi sposata in tarda età – del generale austriaco Radetzky proprio nel periodo dell'insurrezione delle Cinque giornate. Di origini modeste, ebbe con il famoso generale numerosi figli.

Donne in città

La Società del Giardino era nata nel 1783 per lo svago di un gruppo di soci e conoscenti che si dilettava soprattutto col gioco delle bocce e la vita all'aria aperta, in seguito col gioco d'azzardo. Presto però le attività si moltiplicarono e si estesero ai campi più significativi della cultura e dell'arte fino a coinvolgere anche artiste famose come **Giuseppina Grassini** (vedi pag. 92) e in seguito **Giuditta Pasta** (vedi pag. 96). L'ammissione delle donne, accompagnate ma anche sole, costituì una delle tappe propedeutiche a un'altra ancora più significativa possibilità di "uscita" nello spazio pubblico che si andava preparando per le cittadine milanesi, quella durante i moti rivoluzionari delle Cinque giornate di Milano del 1848. ■

Marie-Guilhelmine Benoist,
Giuseppina Grassini,
Musée des Beaux-Arts, Beaune

Tappa 9

Via Manzoni – Parte finale

Ritornando sull'antica Contrada del Giardino, oggi via Alessandro Manzoni, si presenta la sequenza dei palazzi nobiliari e signorili fra i più rilevanti della città. In particolare proprio prima degli Archi di Porta Nuova s'incontrano due edifici che, oltre a essere manifestazioni dei due stili più diffusi in città – il barocco e il neoclassico – sono di dimensioni eccezionalmente estese. Questi palazzi ospitarono le riunioni e la vita mondana di cui sono ricche le cronache dell'epoca. Possiamo ricostruirne l'atmosfera dal coro di voci (senza tralasciare quella di Henry Beyle, Stendhal), relative alla Società del Giardino insediata, durante il suo periodo di massimo splendore, nel Palazzo Spinola in via San Paolo 10, trasversale dell'attuale Corso Vittorio Emanuele.

Al civico 30 / Palazzo Gallarati Scotti

Il palazzo, di proporzioni importanti, è di origini settecentesche ma nel tempo fu sottoposto a vari interventi, in conseguenza del frequente cambio di proprietari, fino ad assumere l'attuale aspetto baroccheggiante. L'affaccio su via Manzoni si presenta come superficie unitaria e compatta in cui i soli aggetti sono i tre balconi del piano nobile, sovrapposti ad altrettanti portali d'ingresso, che immettono nelle magnifiche corti interne. La serrata sequenza delle finestre che sono allineate in tre fasce orizzontali di dimensioni decrescenti verso il tetto segnala anche all'esterno la tripartizione funzionale e sociale tipica dei palazzi dell'epoca. Alla diversa destinazione d'uso corrispondeva infatti la stratificazione sociale degli abitanti, la cui rilevanza socioeconomica decresceva salendo i piani. Al piano terra oltre ai cortili e agli eventuali giardini interni c'erano spazi di servizio come le rimesse per le carrozze, le scuderie, talora le cucine, le dispense, ecc.; al piano primo si svolgeva la vita di relazione, verso strada, e la vita privata della famiglia verso

Palazzo Gallarati Scotti

l'interno; l'ultimo, le cui finestre appaiono vistosamente più piccole, era destinato prevalentemente alla servitù (balie, cameriere, guardarobiere...). Queste residenze venivano affittate per singoli appartamenti o stanze separate: era l'ambiente della *Bohème* milanese. I timpani soprafinestre, con profilo alternativamente rettilineo e curvilineo, più qualche cornice e lesena marcapiano sono tra i pochi elementi decorativi della facciata. A caratterizzare lo stile architettonico i tre balconi che, mentre sottolineano e valorizzano il passaggio tra interno ed esterno, con il loro profilo curvilineo apportano una lieve aurea barocca nella pur rigida facciata. È invece negli ambienti interni che si mostra tutta la ricchezza di materiali, colori, dorature... tipici del barocco; soprattutto nei saloni del piano nobile, affrescati con grande impegno di mezzi e coinvolgimento di artisti famosi. L'appartamento padronale, in particolare, costituisce un importante esempio di decorazione barocca che esibisce affreschi di Tiepolo e Carloni e relative scuole, e tele del Magnasco.

Strutture di pubblica utilità

Con l'espandersi e lo strutturarsi della città in quest'epoca, si cominciarono a realizzare strutture di servizio per i fruitori dello spazio urbano. Destinatari sempre e comunque di genere maschile

Vespasiani

Dotazioni urbane di servizio al cittadino, sembrano poter vantare a buon diritto le antiche e nobili origini cui il nome fa riferimento, ovvero l'imperatore romano Tito Gaio (9-79 d.C.) che per primo, nel mondo antico, realizzò toilette pubbliche. Concepite come sedute adiacenti le une alle altre, potevano ospitare gruppi di utenti maschi. Totalmente aperti favorivano la socializzazione (cui del resto i cittadini greci e romani dovevano essere già abituati dalla frequentazione degli impianti termali). Pare che il luogo non condizionasse affatto i temi né i toni delle conversazioni, che potevano spaziare dalle più spensierate frivolezze a quelli ben più seriosi delle disquisizioni cultural-filosofiche fino a quelle di governo dello stato.
Ormai quasi estinti, rimossi dai luoghi dove erano stati collocati in origine e poi rimasti per anni abbandonati nella più indecorosa incuria, i vespasiani sono forse ignoti al pubblico più giovane. Queste piccole costruzioni dalla forma a garitta prevedono una struttura metallica o cementizia di supporto cui è fissato un pannello, di solito di lamiera in parte traforata, che racchiude almeno parzialmente un piccolo volume rettangolare o arrotondato all'estremità cui si accede da uno stretto varco senza porta. Il pannello lascia a vista la parte inferiore del corpo (gambe e piedi) e parzialmente quella superiore secondo l'altezza dell'utente. Lo scopo di nascondere, o almeno mascherare, alla vista dei passanti la parte centrale del corpo del fruitore in piedi è solo parzialmente raggiunto.

Diurni

Si cercherebbe invano una struttura, analoga al vespasiano, pensata per le specifiche esigenze delle signore. Solo con la comparsa di impianti più complessi e costosi, i cosiddetti "diurni", vennero predisposti, agli inizi del Novecento, servizi igienici anche per le viaggiatrici e le cittadine. Il tema diede origine ad architetture del >>

» tutto particolari, spesso eleganti soprattutto negli avvitamenti e coloriture del periodo liberty in cui si realizzarono più numerose. A Milano universalmente noto è il Cobianchi, collocato in posizione strategica in piazza Duomo. Ideato proprio dall'impresario omonimo, che ne aveva potuto osservare l'utilità e la diffusione all'estero e in particolare nella città di Londra, fu aperto al pubblico dal 1924 divenendo parte di una fortunata catena alberghiera; un esemplare era già stato realizzato precedentemente a Bologna nel 1911. L'analogo impianto funzionale, collocato a porta Venezia, è stato poi abbandonato per anni. Ora, grazie al FAI, sta risorgendo dal sottosuolo in parte restaurato in chiave conservativa, vista la particolarità ed eleganza stilistica che lo contraddistinguono. Di recente anche altre città italiane hanno dato inizio a operazioni simili di ristrutturazione, riqualificazione e restauro. Questo tipo di struttura ha conosciuto un lungo declino a partire dagli anni Sessanta e Settanta, mentre quella di piazza del Duomo rimase semiattiva fino alla fine dei Novanta. Destinata a diversi impieghi, è stata definitivamente riattivata con Expo 2015. Attualmente restano in attesa di una nuova apertura.

Fontanelle

Sono oltre 400 le fontanelle ancora esistenti e funzionanti a Milano, tutte diligentemente localizzate secondo »

>> una mappa particolareggiata. Il loro getto d'acqua non si interrompe mai. Ciò non significa però che il vitale liquido vada disperso, in quanto è inserito in un ciclo di recupero e riutilizzo ai fini agricoli. Benché l'aspetto sia semplice, senza pretese, quasi dimesso, questa strutturina in ghisa, verniciata del tipico verde scuro "milanese", è stata studiata intelligentemente per rispondere a più funzioni. Alla base una forma a bacinella arrotondata è stata pensata per l'abbeveraggio di cani e altri animali. Adiacente si eleva la colonnina cava contenente la condotta dell'acqua sulla quale spicca lo stemma del Comune di Milano. L'unica parte formalmente più elaborata è il rubinetto di lucido ottone che, forse ispirandosi ai motivi orrifici dei doccioni del Duomo, assume la sagoma minacciosa di un drago. La colonnina è chiusa superiormente da una sorta di capitello piramidale a base quadrata che culmina con una pigna, utile manopola di sostegno quando a bere è il passante e oggetto portafortuna.

Bagni Diana

Via Bixio, Sirtori, Mascagni

Ben diversa l'esperienza di quest'altra tipologia di struttura urbana collettiva ottocentesca, che riscosse tanto successo.
Complesso balneare pubblico, fu realizzato nel 1842 su progetto dell'architetto Andrea Pizzala nella zona di Porta Venezia tra via Nino Bixio, Giuseppe Sirtori e Paolo Mascagni. La novità dell'iniziativa e le dimensioni ragguardevoli del bacino natatorio (m 100 x m 50), unite alle dotazioni integrative - cabine, un ristorante e un grande giardino alberato -, contribuirono non poco al suo successo, confermato anche dai numerosi dipinti e istantanee fotografiche di cui fu frequentemente soggetto ispiratore. Realizzata come struttura d'avanguardia che apre una finestra su un futuro di modernità, comportava tuttavia delle limitazioni all'utilizzo da parte delle donne nuotatrici, che poterono accedervi soltanto dal 1886 e in giorni e orari predeterminati (pare soltanto di mattina) e comunque per un tempo >>

» inferiore a quello concesso agli uomini, privilegiati destinatari anche delle lezioni di nuoto.
Il rinfrescante, divertente e salutistico bacino gradualmente entrò in disuso anche per il diffondersi del rifornimento di acqua potabile in tutti gli alloggi. La relativa area finì inglobata nella costruzione di una nuova grande struttura alberghiera, il lussuoso Kursaal Diana, uno degli esempi più completi del liberty milanese e il funzionalmente più corredato. Comprendeva infatti anche un ristorante, una sala teatrale, una sala da ballo, lo sferisterio, ecc. Ma dopo non molto tempo, nel 1921, lo splendido complesso fu distrutto da un attentato, che causò alcuni morti. L'attuale Hotel Diana Majestic della catena Sheraton, in via Piave 42, lo sostituisce. Tuttora in funzione, la sua atmosfera esoticamente affascinante è resa più accogliente e rilassante dal medesimo, piacevole, quasi lussureggiante giardino di allora. ■

Andrea Pizzala, *Il Bagno di Diana - stabilimento per scuola di nuoto*, 1842, Palazzo Morando

Archi di Porta Nuova

La parte finale di via Manzoni (ma poteva essere considerata anche l'ingresso in città da chi proveniva dai territori a nord di Milano) è segnata da una struttura architettonica del tutto particolare, una *porta urbis*, vestigia dell'antica cerchia muraria medievale del XII sec. Ma la sua tipologia architettonica si può far risalire alla cinta muraria ben più antica, voluta dall'imperatore Massimiano, in cui le porte d'accesso alla città erano costituite da due archi affiancati da altrettante torri.

Oggetto di vari interventi che si sono succeduti nel tempo, oggi si presenta con la parte superiore delle torri ormai crollata mentre nella parte inferiore, nel corso del XX sec., sono stati aperti altri due varchi per agevolare lo scorrimento della circolazione automobilistica. Questa particolare struttura riesce a evidenziarsi nella polifonia dei linguaggi architettonici, che caratterizza questo angolo di città, grazie alla forza "segnaletica" del rivestimento della muratura portante con lastre di pietra serizzo, e di marmo venato chiaro, disposte a corsi alterni.

Mura, porte, pusterle

In città si possono incontrare anche altri esemplari di *portae urbis* diverse per dimensioni, forma, importanza e stile, secondo la muratura di

<
Archi di Porta Nuova

>
Tabernacolo mariano incastonato nella muratura di Porta Nuova

cui sono vestigia. La struttura urbana di Milano, il suo stesso suolo, portano frequenti tracce delle cinte murarie che l'hanno protetta fin dalla sua fondazione. In successione storica, furono tre le cinte murarie fondamentali: quella romana, quella medievale e quella spagnola. Il periodo romano va però distinto in repubblicano – che inizia con la recinzione del *castrum* di tipo rettangolare e viene costruita a partire dal 49 a.C., all'assunzione di Mediolanum a *municipium* – e imperiale. Infatti, quando la città divenne la capitale dell'Impero romano d'Occidente con Massimiano imperatore (291 d.C.), il perimetro urbano cominciò ad assumere uno sviluppo curvilineo e per i varchi si affermò una tipologia più complessa e architettonicamente più significativa, formata da due archi affiancati da due torri.

Ma le strutture erano ancora così deboli che l'imperatore Federico Barbarossa non ebbe nessun problema, durante l'assedio di Milano del 1162, a raderle al suolo. Perciò ci si affrettò a rimediare iniziando a costruire, a partire dal 1171, un sistema difensivo più solido ed efficiente. Ma fu solo con gli spagnoli, nel XVI secolo – ormai mutate le tecniche di battaglia per l'introduzione delle nuove armi e macchine da guerra basate sull'uso della polvere da sparo –, che si adottarono materiali più resistenti, tecniche costruttive più appropriate e rigorose e profili geome-

Madonne della misericordia

Madonne delle Grazie, Madonne della Misericordia, Madonne dell'aiuto, Madonna del suffragio, ecc., sono tutte varianti del medesimo affascinante modello iconografico che ebbe grande diffusione in tutta Europa. Dalle raffigurazioni più complesse ed elaborate presenti nelle grandi cattedrali, in particolare in Nord Europa, a quelle più curiose e accattivanti, persino irriverenti, che si trovano sopratutto nell' arte popolare delle località montane. In Italia, dove il modello di riferimento è stata la splendida e severa *Madonna* di Piero della Francesca, l'atmosfera è più ieratica e trascendente, più spirituale. Il grande manto accogliente e protettivo, dunque materno per antonomasia, richiama quello che la Madonna regge a protezione della Chiesa di Santa Maria Maggiore, l'antica basilica *hiemalis* (invernale) inglobata nel costruendo nuovo Duomo. L'immagine incisa su una lastra di pietra è diventata il simbolo della Fabbrica stessa del Duomo, che ne ha fatto il proprio sigillo. La facciata di quest'antico edificio >>

Cola da Orte, *Madonna della Misericordia*, 1500/1503 ca.

Giovanni Antonio da Pesaro, *Madonna della Misericordia*, 1462, Santuario S. Maria dell'Arzilla, Pesaro

>> di culto, risalente all'inizio del IV secolo, ha prestato la propria immagine all'erigenda nuova cattedrale fino agli inizi del Settecento. La nuova facciata infatti fu ultimata solo nel 1813; la lastra originale è conservata nel Museo del Duomo. Tornando alla struttura della Porta Nuova romana, si può rilevare l'interessante scelta d'inserire reperti d'epoca, rinvenuti in loco, nello spessore della muratura degli archi evitando così la dispersione dei resti e arricchendo l'immagine complessiva del varco di accesso alla città. ■

Simone Martini, *Madonna della Misericordia o del Mantello*, 1305/1310 ca., Pinacoteca Nazionale di Siena

trici funzionali al duplice scopo difensivo e offensivo. La nuova possente cerchia muraria, realizzata tra il 1548 e il 1562, delimitava l'area che veniva attraversata da sei varchi o porte principali, una per ogni Sestiere in cui era divisa la città. A partire da Nord e procedendo in senso orario si distinguono Porta Cumana, Orientale, Romana, Ticinese, Vercellina, Iovia. A queste si aggiunsero sette "pusterle" ovvero varchi più piccoli costituiti di solito da un unico passaggio. Ne risultò un moderno ed efficiente sistema difensivo che produsse una struttura molto più massiccia e imponente e che, alternando mura a torrette talora isolate da un fossato, divenne la più estesa d'Europa. In seguito si riedificarono le sei porte principali corrispondenti ai Sestieri.

Nel corso del XIX secolo molte porte vennero ristrutturate. Il loro aspetto e la loro funzione per lo più mutarono. Da un lato, i volumi assunsero dimensioni geometricamente esatte e le decorazioni, stilisticamente eleganti, forme ispirate dall'aura imperiale che Napoleone stava diffondendo in tutta Europa. Dall'altro lato, la loro funzione cambiava da militare a civile e queste strutture divennero caselli daziari, installati in due nuovi edifici simili posti ai lati dell'arco, per i dazi in entrata e in uscita. Milano ne vanta esempi che potremmo definire da manuale, rispettivamente, adiacenti all'Arco della Pace, a Porta Nuova e Porta Venezia. Decaduta anche questa finalità, è la loro stessa presenza a essere significativa nella geografia della città, e ulteriore occasione per celebrare eventi o personaggi (maschili s'intende).

La conseguenza della presenza reiterata di cinte murarie ha portato alla definizione di un impianto urbano centripeto e radiale convergente verso un unico centro o all'opposto divergente da esso. Al disegno – comune a tutte le città di antica fondazione, in particolare medievale, il cui tessuto urbano è composto da fasce concentriche attraversate da radiali – corrisponde la nota forma piramidale dei valori immobiliari nonché dell'offerta di servizi di livello superiore. È uno schema che solo negli ultimi decenni sta perdendo attrattiva.

Tornando agli archi di Porta Nuova, la nostra segnalazione è motivata dalla presenza, nella parte alta della facciata esterna, di un tabernacolo in marmo con bassorilievo raffigurante la Vergine in trono col bambino tra i santi Ambrogio, Gervaso (a sinistra) e Protaso (a destra), affiancati da figure simboliche, aggiunto da Azzone Visconti nella sistemazione del Trecento.

Ne fu autore uno dei più grandi scultori dell'epoca, Giovanni Balduccio da Pisa, fondatore di una scuola e di una bottega di origini toscane molto attive anche nella Fabbrica del Duomo. La Madonna in trono, presentando il Bambino Gesù stante, sembra rivolgere una sorta di saluto, forse di benedizione o di viatico femminile, al viaggiatore che entra in città. La ripresa di un tema similare su altre porte della cinta muraria (come in Porta Ticinese) genera flussi beneauguranti che, incrociandosi e sovrapponendosi, configurano una sorta di rete sacra virtuale che avvolge la città. Il

Palazzo Borromeo D'Adda

Museo delle Antichità del Castello Sforzesco conserva gli originali di tre gruppi scultorei: questo di via Manzoni angolo piazza Cavour, quello di Porta Ticinese e un altro gruppo di cui non si conosce con sicurezza la collocazione. Ma anche i volumi delle pusterle, come dimostra quella di S. Ambrogio, erano arricchiti dall'inserimento di edicole affini. È la medesima funzione del mantello nell'iconografia tipica delle *Schutzmantel Madonna* che annovera alcuni esempi di rilievo anche nelle chiese milanesi.

Al civico 41 / Palazzo Borromeo D'Adda

Al numero civico 41 si apre l'ingresso monumentale che conduce alla corte d'onore e al successivo giardino interno. Imponente corpo di fabbrica costruito nel XVIII secolo, l'edificio venne poi ristrutturato agli inizi del secolo successivo secondo gli stilemi tipici del neoclassico cittadino. Il portico d'ingresso – composto da possenti colonne di granito rosa con capitelli ionici, che reggono un balcone rigidamente lineare – evidenzia ed enfatizza il passaggio tra interno ed esterno. La bella corte porticata, seguita da un giardino, nel gioco della diaframmatura creata dalla preziosa lavorazione a pizzo del cancello diurno sembra anche più lussureggiante e attraente. Lo

stemma araldico, posizionato al centro del cornicione superiore, conclude elegantemente la facciata.

La lunga e imponente facciata è tripartita secondo i canoni dell'edilizia residenziale dell'epoca che, come già visto per il dirimpettaio palazzo Gallarati Scotti, prevedeva un uso differenziato a seconda del piano, che comportava una diversa frequentazione dei residenti.

All'interno si trovano due cortili che, diversamente dalla consuetudine, sono disposti parallelamente alla via su cui il palazzo prospetta. Quello centrale, la corte d'onore, ha proporzioni assai ragguardevoli, definite su tutti i lati dal porticato a colonne di granito rosa con volte a crociera. La sequenza di archi e colonne s'interrompe soltanto in corrispondenza dell'asse mediano principale che allinea il portone d'ingresso su strada con il giardino più interno. L'invaso del cortile appare curiosamente "sorvegliato" dall'alto da figure di altezza quasi umana, modellate a tutto tondo, che animano la balaustra di coronamento. Si tratta forse di un accenno a un passo di danza nello spazio libero del cielo dove le stagioni, di cui le statue sono allegoria, si alternano. Ritornando all'esterno, passiamo di nuovo sotto al monumentale portale d'ingresso centrale osservando le piccole teste che compaiono nelle chiavi di volta dei portali e ai lati degli stessi.

<
Il giardino interno di Palazzo Borromeo D'Adda

>
Particolare della facciata di Palazzo Bigli Samoyloff

Sulla raffinata trama del cancello si può scorgere, in contrasto con il verde dei giardini interni, lo stemma degli Umiliati. Anche questo palazzo fu attivo luogo d'incontro di artisti e intellettuali.

Tappa 10
Via Borgonuovo

Al civico 20 / Palazzo Bigli Samoyloff (poi Besozzi)

La residenza mondana della "Poppea" venuta da Mosca

Ci soffermiamo davanti a questo edificio di origini tardo quattrocentesche – allora di proprietà degli Umiliati, poi ricostruito nel Seicento quando l'acquistarono i Bigli e in seguito ancora nell'Ottocento – certamente non perché attratti dalle sue particolarità architettoniche. Né in quanto «qui visse e morì» un'eccellenza della letteratura italiana, Riccardo Bacchelli, come puntualmente ricorda una targa. Piuttosto perché qui soggiornò, per un periodo della sua vita, un personaggio femminile che, oggi come quasi due secoli fa, polarizza l'attenzione e contribuisce a rendere più variopinto il caleidoscopio dei profili femminili milanesi da noi fin qui individuati e descritti. Si

<
Palazzo Moriggia

>
Via Borgonuovo 27, Casa di ringhiera

tratta della contessa **Giulia Samoyloff**, nobildonna di origine russa che giunse a Milano nel 1825 e da allora s'impose all'attenzione, allo stupore, ai pettegolezzi e alle malignità dei milanesi.

In questo palazzo abitò, per un breve periodo di tempo, anche la principessa **Cristina Trivulzio di Belgioioso** in occasione del suo arrivo in città, alla testa di circa duecento volontari partenopei, per dar sostegno ai rivoltosi delle Cinque giornate.

Al civico 23 / Palazzo Moriggia – Museo del Risorgimento

Il Museo del Risorgimento ebbe origine nel 1884, quando una speciale commissione costituita dal Sindaco di Milano, Gaetano Negri, fu incaricata di raccogliere testimonianze dell'epopea risorgimentale. Dapprima ospitato nei locali della Rocchetta del Castello Sforzesco, il museo, che contava più di 5000 opere e cimeli, nel 1951, fu trasferito a Palazzo Moriggia.

Negli anni le Civiche Raccolte Storiche hanno acquisito numerose incisioni e stampe, che hanno avuto un notevole ruolo nella costruzione del mito del Risorgimento all'indomani degli eventi bellici, contribuendo anche alla formazione di un'idea di unità nazionale non solo geografica ma soprattutto culturale.

È stato riallestito nella primavera del 2009. Il percorso espositivo permanente è articolato in 14 sale e racconta le vicende italiane, dal sorgere delle prime tensioni indipendentiste sino all'unificazione e alla proclamazione di Roma capitale e documenta anche l'evoluzione della pittura romantica lombarda a partire dagli anni Quaranta del XIX secolo fino al compimento dell'Unità d'Italia.

Al civico 27 / **Casa di ringhiera**

Tipica casa popolare del Seicento, con il caratteristico cortile a ballatoio, si trova all'angolo con via Fiori Oscuri. Fu il fulcro di una zona che la cronaca dell'epoca definiva "peccaminosa". Era infatti uno dei luoghi di prostituzione diffusa come risulta da un censimento del 1576, che rivelò la presenza di numerose giovani donne che dichiararono di esercitare quella professione.

All'angolo con via Monte di pietà – nell'Ottocento – abitava la **vedova Fumagalli** che, dopo la morte del marito, ne proseguì l'attività fiorente di fabbricante di selle da uomo e da donna e di ogni sorta di finimenti per cavalli e carrozze.

Giulia Samoyloff

(1803-1875)

La contessa ritratta nel 1825

Di famiglia nobile – i conti Pahlen erano stati illustri servitori degli zar anche se forse ormai un po' decaduti – sembra che, dopo un breve e intenso periodo di passione con lo zar Nicola I, fosse stata allontanata e inviata a Milano dove aveva relazioni parentali con la famiglia Litta. Appena giunta in città acquistò l'importante palazzo dove risedette per circa un trentennio – fino al 1855 –, che presentava come elemento architettonico saliente una scala di tipo vanvitelliano di grande valore artistico, forse l'unico intervento di Luigi Vanvitelli a Milano, purtroppo distrutta dai bombardamenti aerei dell'ultima guerra mondiale. All'interno, una prima corte porticata su quattro lati precede un piccolo e ombroso giardino (dove è stata collocata la targa in ricordo di Riccardo Bacchelli).

Con i suoi comportamenti eccessivi ed eccentrici fornì molti spunti alla costruzione di un personaggio di stampo romantico di cui si magnificavano la bellezza e i molti amanti. Una leggenda voleva che ogni mattina il latte fresco in cui faceva il bagno venisse consegnato alla sua residenza e successivamente, dopo l'uso, riportato al caffè Cova per farne sorbetti assai apprezzati dai numerosi corteggiatori. In molteplici occasioni la cronaca mondana dell'epoca favoleggiò delle toilette con cui partecipava ai balli e dei lussuosi ricevimenti che organizzava nel suo palazzo. Particolarmente famoso restò il ballo in maschera del 1833. Ebbe due matrimoni contratti essenzialmente per motivi di convenienza sociale e presto interrotti, mentre nutrì due grandi passioni amorose. La prima per il poeta Pezzi, la seconda per il catanese Giovanni Pacini, modesto compositore di melodrammi. Aiutò con somme di denaro considerevoli gli indigenti che si rivolgevano a lei e fu anche protettrice e benefattrice delle arti e degli artisti. Nel 1855 decise di vendere il palazzo e si trasferì in Francia muovendosi tra la Costa Azzurra e Parigi, dove morì.

Capitello della chiesa di Santa Maria d'Aurona, Museo del Castello

Tappa 11
Via Monte di Pietà

Ai civici 5 e 8 / Conventi, chiostri e fondatrici

Nel Settecento questa via era indicata come Contrada dei Tre Monasteri poiché ospitava ben tre complessi di questo tipo: Santa Chiara, monastero francescano, sul lato sinistro venendo da via Brera; Santa Maria di Vedano, agostiniano, e Santa Maria d'Aurona, benedettino, sul lato opposto. Oggi resta ben poco della vocazionalità dell'area. Possiamo però cercare d'immedesimarci nell'atmosfera dell'epoca facendo riferimento a immagini di interni di conventi o di religiose e di paesaggi urbani semiagresti. Muri e filari separano estensioni di giardini lussureggianti, orti e frutteti – all'epoca soggetto molto indagato in numerosi dipinti godibili al Museo Poldi Pezzoli, al Museo di via Sant'Andrea e alle Gallerie d'Italia. Infatti i conventi con relativi chiostri, chiese e cappelle annesse, erano sorti su un'area dove fino ad allora, indisturbate, "cantavano le rane" (*Cantarana* era infatti il nome con cui precedentemente si chiamava la contrada). Nei secoli successivi un certo numero di questi complessi monastici fu chiuso, le aree espropriate e i beni confiscati dall'amministrazione napoleonica e in seguito anche da quella asburgica di Giuseppe II, figlio di Maria Teresa d'Austria. In epoca più vicina a noi si è deciso di ricomporre, nella vicina via Sant'Erasmo 6, con parte dei reperti materiali, un tratto del doppio loggiato che perimetrava il chiostro di un altro convento aggiuntosi nella zona, fondato dalle Umiliate di Sant'Erasmo.

I reperti di maggiore valore artistico sono visitabili nella sezione d'arte antica del Castello Sforzesco. Nelle storiche sale è stato ricostruito tra l'altro un modello in scala della più antica di queste strutture religiose, il Convento e la Chiesa di Santa Maria d'Aurona. Con riferimento alla planimetria del modello sono esposte parti architettoniche come capitelli, porzioni di architrave, basamenti in stile tardo ellenistico o composito che utilizza in prevalenza forme e linee ispirate alla leggerezza, flessibilità, morbidezza, tipiche del mondo naturale. Tra tutti i reperti affascinano i due capitelli in marmo bianco, non solo per la luminosità del materiale ma per la maestria e fantasia con cui la loro superficie fu quasi totalmente coperta. Storie vegetali, filamenti, lunghe erbe, foglie e rami si avvolgono intorno al marmo del capitello combinandosi con presenze zoo e antropomorfe. In altre parti segni e disegni astratti geometrico-matematici altamente simbolici, probabilmente magici (come l'otto sdraiato che rappresenta l'infinito), racchiusi in fasce sovrapposte sembrano placare l'horror vacui dell'artista. L'organico complesso architettonico fu fondato dalla principessa longobarda **Aurona** nel 720 o 740 d.C., che ne fu la prima badessa. Proseguendo in direzione della via Brera, osserviamo prima il lato sinistro.

Al civico 8

Sull'area del monastero di Santa Maria d'Aurona fu costruita, con progetto del Piermarini, la sede dei Luoghi pii che diede un nuovo nome alla contrada. Sulla medesima area venne realizzato poi un nuovo fabbricato, quello attualmente esistente, edificato nella seconda metà dell'Ottocento su progetto dell'architetto Giuseppe

Balzaretti secondo il gusto dei revival stilistici di fine XIX secolo. L'ispirazione neorinascimentale risulta decisamente eccessiva, dando origine a un edificio incombente (1869-72) e pesante che i cittadini milanesi non tardarono a soprannominare *Ca' de sass*, soprattutto per l'ipertrofico bugnato della base. L'edificio adiacente che fa angolo con via Verdi, realizzato invece in epoca fascista, è sede della Cassa di Risparmio delle province lombarde.

Al civico 5

In una parte dell'area del soppresso monastero di Santa Chiara, riadattata dal Piermarini, a partire dal 1754 s'insediò il Monte di Pietà. Fondato alla fine del Quattrocento da Ludovico il Moro con sede in via Santa Maria Segreta, attraversò alterne vicende tra cui il saccheggio da parte delle truppe di Napoleone Bonaparte prima d'essere spostato in via Monte di Pietà. Cessò l'attività alla fine del Ventesimo secolo, lasciando tuttavia il nome alla via.

Tracce materiali forse riconducibili al refettorio monastico e due affreschi – uno di Sant'Ambrogio, l'altro di Santa Chiara – si possono vedere sul retro dell'edificio.

Aurona

(VII-VIII sec.)

Era una principessa longobarda figlia di Ansprando, duca d'Asti, e di Teodorata; sorella di Sigiprando e del più noto Liutprando. Ebbe una vita molto travagliata, coinvolta suo malgrado nelle controversie dinastiche di suo padre e suo fratello Liutprando con il duca di Torino Ariberto II. Il duca, nella sua aspra rivalità con Liutprando, arrivò a farne sfigurare e mutilare orribilmente sia la madre che la sorella Aurona. Fu la perdita dell'unico figlio maschio, a seguito di un incidente di caccia, che la spinse prima a ritirarsi in convento tra le suore benedettine e poi a fondarne uno nuovo che porta il suo nome.

Palazzo Confalonieri: facciata e targa dedicata a Federico Confalonieri

Al civico 14 / Casa Confalonieri

L'altra faccia... di una targa urbana

Sul prospetto dell'aggraziato palazzetto che si affaccia su via Monte di Pietà con le forme del cosiddetto barocchetto teresiano – ingentilito dai balconi con parapetto in ferro battuto e profilo curvilineo – è stata apposta una targa commemorativa. La targa, come in casi analoghi, segnala al passante la connessione con un personaggio illustre in qualche campo, di solito di sesso maschile, portando all'esterno delle pareti domestiche alcuni dati salienti della sua esistenza e della sua vicenda pubblica. Ma riflettiamo sul fatto che lì visse la sua seppure breve esistenza anche **Teresa Casati in Confalonieri**, la moglie. Ribaltiamo dunque la targa e proviamo a leggerne l'altra faccia, ovvero il "rovescio". Incontriamo così una donna che a sua volta diede un grande contributo alla città, seppure in forme differenti. Esempio di moglie fedele, innamorata, pronta al sacrificio estremo pur di salvare il consorte, ma soprattutto patriota risorgimentale e cittadina consapevole che contribuì tra l'altro a laicizzare il sistema scolastico.

Teresa Casati Confalonieri

(1787-1830)

Teresa Casati Confalonieri

Rimasta orfana di madre all'età di soli cinque anni, fu inviata dal padre al Convento di Sant'Agostino. Senz'altro uno dei migliori per l'educazione delle fanciulle aristocratiche, obbligava comunque all'osservanza della dura disciplina monastica, forse eccessiva per la piccola malinconica Teresa, di non robusta costituzione. Quando uscì dal convento a diciannove anni, conobbe a un ballo colui che nel giro di un anno divenne suo marito. Il matrimonio fu celebrato nel 1807 e, caso molto raro all'epoca, fu un matrimonio d'amore. La nascita di un figlio, Francesco, aggiunse felicità a quel periodo che tuttavia si rivelò subito di breve durata. Il bimbo infatti morì poco dopo in circostanze tragiche forse durante un gioco con i genitori, forse anche perché già debole di costituzione fin dalla nascita. Seguirono anni di grande tristezza per la giovane madre, mentre Confalonieri riprendeva a occuparsi attivamente di politica. Teresa ne condivise gli interessi, particolarmente quelli in campo socio-assistenziale e scolastico. Ma dovette sopportarne anche le innumerevoli notorie infedeltà. Per la buona fama del suo casato fu nominata dama di corte della Viceregina Augusta Amalia di Baviera, moglie di Eugenio di Beauharnais. Teresa accettò l'onore ma non fu per lei un'esperienza positiva. Venne "licenziata" quasi subito, forse a causa del rifiuto opposto alle insidie del viceré. Dopo la sconfitta di Napoleone Bonaparte e la caduta del Regno d'Italia (1814), mentre per il Confalonieri era più prudente allontanarsi da Milano, Teresa aprì il suo salotto proprio come occasione di contatti, scambio di informazioni e confronto di nuove idee, dove leggeva le missive del marito spesso in viaggio, soprattutto in Europa, per scopi politici ma anche commerciali (fu tra i primi a occuparsi dell'impiego commerciale della macchine a vapore e delle applicazioni di altre innovazioni

tecnologiche). I due coniugi affrontarono insieme un lungo viaggio per l'Italia toccando Parma, Firenze e infine Napoli, che portò Teresa a conoscere realtà nuove, cui senz'altro fece riferimento nel formulare le ipotesi e le richieste per l'autonomia del sistema scolastico da enti e istituti religiosi. Il marito sostenne il progetto prima presso l'opinione pubblica, creando un movimento, e poi in tutta la fase burocratica amministrativa fino alla creazione delle Scuole di mutuo soccorso. Mentre quasi senza soluzione di continuità nel Lombardo Veneto all'occupazione francese era subentrata quella austriaca, il salotto divenne luogo di concentrazione del nuovo crescente malessere antiaustriaco e della conseguente reazione che sfociò nei moti insurrezionali del '21. Dal momento dell'arresto di Federico Confalonieri (1821) con l'accusa di cospirazione contro il governo asburgico e alto tradimento, la vita di Teresa cambiò completamente. Da allora si dedicò quasi esclusivamente alla missione di salvarlo, impegnandosi nell'impresa con tutte le sue forze. Ripetute volte si recò a Vienna per chiedere la revisione del processo e supplicare l'imperatore di concedere al marito la grazia. Dopo numerosi frustranti inutili tentativi, forse per l'interessamento personale dell'imperatrice, si ottenne la commutazione della pena di morte in quella di carcere a vita da scontare però allo Spielberg (carcere di massima sicurezza dei detenuti politici, che nello stesso periodo segregava anche Silvio Pellico). Teresa organizzò anche maldestri tentativi di fuga. Documenti d'archivio testimoniano però anche altri aspetti della sua personalità che non fu soltanto quella di moglie innamorata e pronta a sacrificare la propria vita per il marito. Fu anche cittadina consapevole dei soprusi della potenza occupante. S'impegnò politicamente con un gruppo di donne, le "giardiniere". Di questa società segreta che aveva come luogo d'incontro i giardini degli splendidi palazzi nobiliari di alcune delle aderenti, facevano parte amiche come **Maria Gambarana Frecavalli**, **Metilde Viscontini Dembowski** (vedi pag. 144) e altre esponenti dei livelli più alti della società come **Costanza Trotti Arconati**, imparentata con il Manzoni, e anche figlie della borghesia come le due sorelle **Milesi**, **Francesca** e **Bianca**. L'impegno fisico nei lunghi viaggi allora certamente assai disagevoli, unito a una salute forse già non robustissima, ma soprattutto lo stress emotivo continuo che l'aveva portata ad atti di grande abnegazione – come andare a vivere fuori dalle mura dello Spielberg – ne decretarono la prematura fine. Morì 43enne a Buccinigo (CO), in Brianza e fu sepolta a Muggiò, vicino a Monza. Confalonieri ottenne infine la grazia. Uscito dal carcere si recò negli Stati Uniti e al ritorno si risposò.

Itinerario 3

DA VIA VERDI A VIA MARSALA

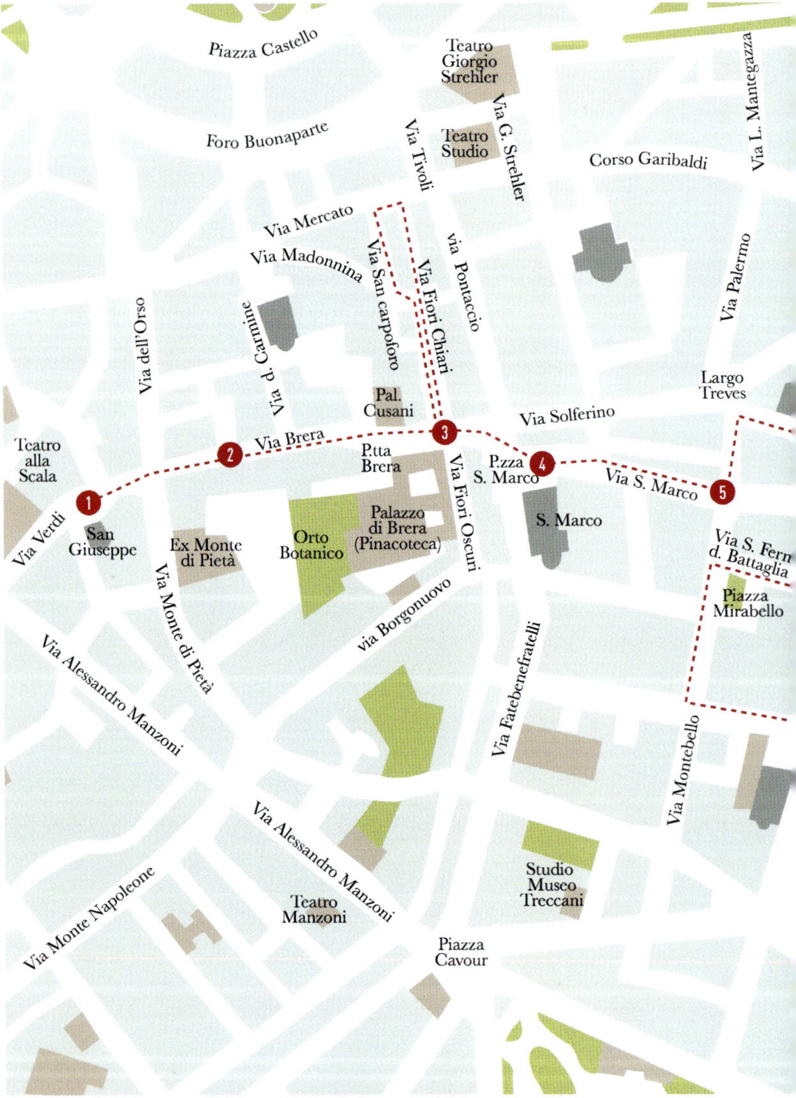
Piazza Castello
Teatro Giorgio Strehler
Foro Buonaparte
Teatro Studio
Via G. Strehler
Via Tivoli
Corso Garibaldi
Via L. Mantegazza
Via Mercato
Via Madonnina
Via San carpoforo
Via Fiori Chiari
via Pontaccio
Via Palermo
Via dell'Orso
Via d. Carmine
Pal. Cusani
Largo Treves
Via Solferino
Teatro alla Scala
Via Brera
P.tta Brera
P.zza S. Marco
Via S. Marco
Via Fiori Oscuri
Via Verdi
San Giuseppe
Ex Monte di Pietà
Orto Botanico
Palazzo di Brera (Pinacoteca)
S. Marco
Via S. Fern
d. Battaglia
Piazza Mirabello
Via Monte di Pietà
via Borgonuovo
Via Fatebenefratelli
Via Alessandro Manzoni
Via Montebello
Via Alessandro Manzoni
Studio Museo Treccani
Teatro Manzoni
Via Monte Napoleone
Piazza Cavour
1
2
3
4
5

Itinerario 3

DA VIA VERDI A VIA MARSALA

Tappa 1 / VIA VERDI / p. 223
Largo Victor De Sabata – Chiesa di San Giuseppe
Al civico 1 – Casa-studio di Carla Lonzi

Tappa 2 / VIA BRERA / p. 225
Al civico 6 – Palazzo Beccaria
Al civico 17 – Casa-studio di Lalla Romano
Al civico 19 – Margherita Sarfatti
Al civico 28 – Complesso di Brera
Al civico 32 – Bar Jamaica

Tappa 3 / DA VIA FIORI OSCURI A VIA MADONNINA / p. 263
Al civico 17 – via Fiori Chiari
Ai civici 3, 5, 8 – via San Carpoforo
Al civico 2 – via Formentini

Tappa 4 / PIAZZA SAN MARCO / p. 268
Al civico 8 – Casa-studio di Gae Aulenti
Al civico 2 – Chiesa di San Marco

Tappa 5 / VIA SAN MARCO / p. 275

Tappa 6 / VIA SOLFERINO / p. 281
Al civico 11 – Casa di Alessandrina Ravizza
Al civico 28 – Sede storica del «Corriere della Sera»

Tappa 7 / VIA SAN FERMO DELLA BATTAGLIA / p. 290

Tappa 8 / VIA DELLA MOSCOVA / p. 294
Al civico 30 – Manifattura Nazionale Tabacchi

Tappa 9 / CORSO DI PORTA NUOVA / p. 298
Al civico 32 – Unione Femminile Nazionale (UFN)

Tappa 10 / PIAZZALE PRINCIPESSA CLOTILDE / p. 301
Ospedale Fatebenefratelli (Fatebenesorelle)

Tappa 11 / VIALE MONTE GRAPPA / p. 312
Al civico 8 – Cucine economiche e forni sociali
Al civico 12 – Ex stazione Milano-Monza
Ai civici 3, 5, 7 – Ex stazione Milano-Como Camerlata

Tappa 12 / CORSO GARIBALDI / p. 317
Porta Garibaldi
Al civico 116 – Chiesa di Santa Maria Incoronata
Al civico 73 – Pio ricovero per lattanti e slattati
Al civico 16 – Cucine per ammalati poveri
Al civico 17 – Ex Teatro Fossati

Tappa 13 / VIA MARSALA / p. 335
Al civico 8 – La Casa delle donne di Milano

<
Facciata della Chiesa di San Giuseppe

>
Il bassorilievo che raffigura la Sacra Famiglia

Tappa 1
Via Verdi

Largo Victor De Sabata / Chiesa di San Giuseppe

Maria seduta, un invito alla lentezza

La bella facciata barocca che si eleva dove via Verdi si allarga configurando una piccola piazza, Largo V. de Sabata, maschera al suo interno una struttura completamente diversa da quella che ci appare appena imboccata la via. Compare infatti un organismo a pianta centrale, ottagonale, tipico degli Oratori, come quello che occupava il luogo in precedenza. Ritenuta il capolavoro del suo architetto, Francesco Maria Richini – uno dei tre maggiori progettisti attivi a Milano in quel periodo – fu iniziata nel 1607 e conclusa nel 1630. Il prospetto, invece, fu completato in tempi successivi con statue eseguite da vari artisti tra cui Luigi Scorzini, autore anche del bel bassorilievo di facciata. Una fascia continua di lesene e cornici, una sorta di trabeazione, corona il primo piano formando il timpano centrale vuoto. La facciata prosegue a innalzarsi soltanto nella parte centrale, che cela alla vista il sottostante tiburio. Questa porzione di facciata – particolarmente chiaroscurata dalla presenza di nicchie, semicolonne e semipilastri – si conclude in un timpano a sua volta contenente un timpano

<
Il palazzo che ospita la casa-studio di Carla Lonzi

>
Palazzo Beccaria

più piccolo e curvilineo. Ai due lati è presente il motivo decorativo, tipico del barocco, delle lesene che avvolgendosi su se stesse creano accumuli spiraliformi che contribuiscono ad armonizzare il passaggio dal pieno della muratura al vuoto dello spazio circostante. Notevole il bassorilievo raffigurante la *Sacra famiglia* che caratterizza tutta la facciata. Attira l'attenzione del passante la figura di giovane madre pacatamente assisa, non in trono, ma su una semplice panchetta in tenero atteggiamento con il figlioletto seduto nel suo grembo. Fulcro della scena, punto di massima convergenza degli sguardi, sono le due teste – della madre e del figlio – che dolcemente si avvicinano. Una scena d'intimità domestica e familiare. La figura di San Giuseppe, nella sua aulica ieracità, tende a essere estranea alla scenetta a cui fa quasi da sfondo. Il modellato scultoreo, con l'intenso chiaroscuro delle pieghe, conferisce alla coppia Maria e Gesù bambino la forza di staccarsi dallo sfondo per trasmettere anche ai passanti frettolosi un pacato messaggio di tranquillità e serenità (così antitetico ma così necessario in città). Come già abbiamo sottolineato a proposito della chiesa di San Fedele, anche questo è un esempio di facciata "comunicante al femminile". All'interno dell'edificio religioso il tema femminile è riproposto nell'altare di sinistra con lo *Sposalizio della Vergine* di Melchiorre Gherardini, 1630.

Al civico 1, all'angolo con via Brera /
Casa-studio di Carla Lonzi e sede di Rivolta Femminile
Qui nacque e visse il femminismo

In questo palazzo visse e lavorò **Carla Lonzi**. Qui ospitò nei primi anni Settanta – moderno cenacolo o salotto "prezioso" – le riunioni del gruppo Rivolta Femminile da lei stessa fondato. Critica e storica dell'arte, in relazione soprattutto con i movimenti artistici più innovativi di quegli anni, fu il fulcro di uno dei primi gruppi femministi italiani, il cui pensiero è testimoniato dagli scritti pubblicati dall'omonima casa editrice.

Tappa 2
Via Brera

Al civico 6 / Palazzo Beccaria
Volti femminili fra interno ed esterno

In questo edificio s'insediò già dalla fine del Seicento (1674) la famiglia Beccaria, che l'aveva acquistato per farne la residenza di famiglia. Ricchi banchieri, dopo alcuni anni fecero il loro ingresso nella ristretta cerchia dell'aristocrazia milanese con il titolo di marchesi,

Carla Lonzi
(1931-1982)

Carla Lonzi

Nasce a Firenze da una famiglia della media borghesia. Terminati gli studi classici, si iscrive alla Facoltà di lettere del capoluogo toscano, conseguendo nel 1956 la laurea in Storia dell'arte con il massimo dei voti. Durante un breve periodo romano incontra il futuro marito, attivista del PCI cui nel frattempo anche Carla si era iscritta. Tornati in Toscana, si sposano a Carrara nel 1958 e a Viareggio nasce il figlio Battista. Ma l'unione dura assai poco. Il decennio successivo, 1960-1970, è quello di massimo impegno e affermazione professionale come critica d'arte. La sua originale elaborazione del mondo dell'arte e della relazione tra artisti e critici è condensata nell'opera *Autoritratto*. Qui sono raccolte le interviste a 13 tra i maggiori artisti contemporanei. Per documentare l'autenticità del loro messaggio artistico, vengono presentati direttamente riportando le loro stesse parole, facendo così decadere il ruolo e il potere interpretativo del critico.

Da allora tutti i suoi interessi e le sue energie sono rivolte alla conoscenza, attuazione e diffusione del femminismo. Questa 'esperienza coinvolge tutta la sua vita, anche il nuovo rapporto affettivo che nel frattempo, dal 1964, aveva stabilito con lo scultore Pietro Consagra; un rapporto importante che, con alterne vicende, durerà per sempre. La loro convivenza

Il Manifesto di Rivolta Femminile e i "Libretti verdi" di Rivolta femminile

a Milano inizia nel 1970 proprio in questo palazzo situato al cuore del distretto artistico. Nella primavera del 1970, con **Carla Accardi** ed **Elvira Banotti**, elabora e scrive il *Manifesto di Rivolta Femminile*, che contiene i temi centrali del nuovo femminismo e che diventa il riferimento per tutti gli altri gruppi che si andavano formando spontaneamente lungo la penisola. Uno di questi temi, anzi una pietra miliare da cui discendono altri principi basilari, è il riconoscimento e la valorizzazione della differenza di genere contro l'emancipazionismo che, al contrario ricercava l'uguaglianza, la parità e la complementarietà con gli uomini. Del tutto nuovo fu il metodo per relazionarsi all'interno dei gruppi e fornire il proprio contributo autentico sul piano personale, culturale, intellettuale e culturale. Parliamo dell'autocoscienza ovvero dell'esigenza di partire dal racconto di sé nella convinzione che il privato è politico.

Particolarmente avanzate e in un certo senso dirompenti sono le analisi e le affermazioni che riguardano specificamente la sfera sessuale. Spingendosi ben oltre la tanto rivendicata autodeterminazione in fatto di maternità e procreazione, l'analisi viene approfondita al fine di individuare anche per le donne la possibilità di scindere il momento erotico da quello riproduttivo. Altro elemento che caratterizza le modalità operative di questo tipo di femminismo è la *separatezza*, che escludeva la presenza maschile e anche tutti i tipi di mass media. Alla radicalità di questa scelta in seguito si rinunciò per l'esigenza di chiarezza e autenticità che richiedeva la pubblicazione degli scritti delle partecipanti al gruppo. Nasce così la casa editrice Rivolta Femminile, che ha la sua prima sede nel medesimo palazzo (poi si trasferirà in piazzale Baracca). Nel 1973 Carla lascia il gruppo per occuparsi in particolare della pubblicazione dei suoi *Diari 1972-'77*. Nel 1980 cominciano a manifestarsi i sintomi del male che, in poco tempo, la porteranno alla morte. Una targa storica per ricordarla sarebbe necessaria: «Qui nacque e visse il femminismo».

perdendo proprio per questo la disponibilità di denaro contante e mantenendo i terreni e gli immobili. Infatti tra le norme che regolavano l'appartenenza all'aristocrazia, la cerchia più ristretta della nobiltà, oltre al *maggiorasco* (la trasmissione di tutto il patrimonio indiviso al primogenito o al maschio più vicino alla primogenitura) e al *fedecommesso* (il divieto di vendita di proprietà feudali), c'era anche quella che proibiva l'esercizio di arti e professioni.

Bassorilievo raffigurante Maria Gaetana Agnesi

Tipico esempio di dimora nobiliare milanese del Seicento con corte interna e piccolo cortile rustico (giardino), venne ristrutturato parzialmente nel 1699 e poi di nuovo nel 1715. Nell'Ottocento fu ridisegnata la facciata secondo stilemi severamente classicheggianti, in cui l'unico elemento decorativo è costituito dalla sequenza di medaglioni, o tondi, con l'immagine a bassorilievo di personaggi illustri collocati nelle lunette sovrastanti le finestre del primo piano. Le teste "clipeate" (ovvero riportate su un clipeo o scudo) costituiscono una presenza abbastanza diffusa nel panorama architettonico milanese, come si è già detto a proposito del palazzo Brentani in via Manzoni (vedi pag. 156). Probabilmente di origine bramantesca, questa tipologia ornamentale figurativa è stata adottata in edifici di pregio ma anche replicata in molti altri casi di edilizia popolare. Nei tondi di casa Beccaria si distingue il profilo femminile (il terzo da sinistra) dell'insigne matematica **Maria Gaetana Agnesi**, unica donna ammessa tra tanti uomini.

L'appartamento occupato dai Beccaria comprendeva una porzione del primo e secondo piano con doppio affaccio, su via Brera e verso la corte interna. Purtroppo durante la Seconda guerra mondiale i bombardamenti degli alleati, particolarmente insistenti sulla zona di Brera, lo devastarono, ma venne fedelmente ricostruito.

Qui nacque nel 1738 l'illustre giurista ed economista Cesare Beccaria, uno dei massimi esponenti dell'Illuminismo italiano, autore tra l'altro del celebre trattato *Dei delitti e delle pene* (1764), pietra miliare sul cammino evolutivo del pensiero e delle leggi che condurranno alla soppressione della pena di morte. Figlio primogenito di Giovanni Saverio e della seconda moglie **Maria Visconti di Saliceto,** sarà a sua volta padre di Giulia, la futura mamma di Alessandro Manzoni di cui risulta quindi nonno. Una targa di marmo affissa sul lato destro del portone d'ingresso ricorda che qui trascorse tutta la vita fino al 1794, anno della sua scomparsa.

Tuttavia dalla casa della famiglia il Beccaria fu costretto ad allontanarsi tra il 1761 e il 1762 quando decise di sposare, per amore, **Teresa de Blasio** (o Blasco) dai capelli corvini, appena sedicenne – era nata infatti nel 1745 –, contraddicendo le scelte e il volere del padre-patriarca. All'epoca un matrimonio d'amore era cosa altamente riprovevole e avversata soprattutto dal capofamiglia che, come

Le facciate si popolano

Altri esempi del medesimo stile di facciata sono, oltre al palazzo Brentani in via Manzoni n° 6, l'edificio anni Cinquanta attiguo alla casa degli Atellani (vedi pag. 422) in corso Magenta n° 65, dell'architetto Piero Portaluppi, e numerosi altri edifici di più modeste pretese come quello di via Solferino angolo Castelfidardo, nei cui tondi però non compaiono i nomi dei personaggi o perché ritenuti troppo noti, o perché utilizzati come semplice motivo decorativo seriale. In piazzale Baiamonti angolo via Ceresio n° 3 la tematica è straordinariamente ripetuta in tre ordini sovrapposti, ciascuno con 16 volti, per un totale di 48 tondi e relativi personaggi. Realizzati in semplice impasto cementizio e con tracce di colore tipo cotto, conferiscono alla facciata una vivacità inaspettata, un'animazione di tipo teatrale davvero interessante. Nell'affollamento di volti maschili è difficile distinguere quello di una donna. ■

in questo caso, poteva cacciarlo di casa o richiedere addirittura la carcerazione del figlio per lesa patria potestà. Dovette perciò sperimentare una condizione esistenziale di grande indigenza e umiliazione fino a che, all'avanzare della gravidanza della moglie e grazie all'assistenza di un amico, riuscì a commuovere i genitori e a farsi riammettere sotto il tetto paterno. La primogenita Giulia poté così nascere, nel 1762, tra gli agi. Nonostante le premesse romantiche e controcorrente, anche questo matrimonio però in breve tempo scivolò nell'alveo allora consuetudinario di un *ménage à trois*, ovvero marito con moglie più cicisbeo o cavalier servente, la cui presenza venne tacitamente accettata dal consorte.

Il *ménage à trois*, che secondo alcuni autori stranieri era una consuetudine più diffusa in Italia che altrove, fu inizialmente molto avversato dalla Chiesa cattolica ma alla fine accettato proprio perché, pur contemplando una forma di adulterio, si svolgeva alla luce del sole. Era quindi in qualche maniera controllabile e dunque utilizzabile come antidoto alle nefaste conseguenze dei matrimoni combinati.

Cicisbei

Il cicisbeo non era soltanto il personaggio frivolo e mondano dileggiato o quantomeno ridicolizzato da alcune opere teatrali e letterarie dell'epoca. Aveva un ruolo rilevante nella gestione domestica. Poteva tenere la contabilità, istruire i figli, ma soprattutto sovrintendeva a tutti i bisogni e i desideri della dama dal momento del risveglio alla toilette, dalla colazione alla vestizione, al parrucchiere, al gioielliere, ecc.; operazioni che fino alla fine del secolo erano ancora molto lunghe e complesse e richiedevano il concorso di più persone. Per la toilette e l'acconciatura del cancelliere imperiale Kaunitz, personaggio molto importante alla corte asburgica e altrettanto elegante, si dice che occorressero circa sei ore! Verso la fine del secolo XVIII il ruolo del cicisbeo tramontò definitivamente. ■

Anna Barnaba Barbò

(1752-1803)

A distanza di pochi mesi un'altra donna entrò da protagonista nell'affollata dimora nobiliare. Cesare Beccaria, benché innamoratissimo della prima moglie, dopo la sua morte non lasciò passare più di tre mesi per convolare a nuove nozze. Anzi pare che si disponesse a cercare una nuova moglie quando Teresa era ancora in vita benché in fase terminale.

Anna dei conti Barnaba Barbò mostrò subito di avere le caratteristiche richieste.

Giovane, appena ventiduenne quando incontrò Cesare, fornita di una ricca dote, s'innamorò appassionatamente del fidanzato che all'epoca aveva trentasei anni. Inoltre, poiché dimostrava di possedere anche abilità pratiche e competenza nella gestione delle questioni amministrative, sembrava promettere quella tranquillità e serenità familiari che certamente il Beccaria non aveva potuto condividere con l'inquieta Teresa. Di fatto Anna, una volta sposata e padrona riconosciuta, riuscì a sanare la situazione debitoria della famiglia e, anzi, seppe far fruttare le proprietà e il capitale come riconobbe lo stesso marito in un atto notorio contenente le sue disposizioni testamentarie. Il ruolo di amministratrice non solo domestica ma di tutte le proprietà familiari – estremamente importante nel caso delle famiglie nobiliari che vivevano delle rendite dei propri possedimenti –, quindi il possesso delle conoscenze e la messa in campo delle abilità necessarie a svolgerlo sono aspetti comunemente poco noti e poco considerati del ruolo delle donne. Invece emergono chiaramente da una ricerca più accurata del rapporto tra gli spazi e le presenze negli interni domestici, aggiungendo nuovo spessore e valore al ruolo anche di quelle dame che non ebbero una loro specificità professionale. Giulia Beccaria ne sarà un altro esempio emblematico. Per tutto il resto della sua vita Anna fu moglie affezionata e fedele. Sposatasi nel 1774, l'anno successivo diede alla luce un figlio maschio. Anna seppe anche mantenere coeso il numeroso e variamente composito gruppo familiare. Tuttavia non sembra che tale merito andasse anche a beneficio della figlia primogenita di Cesare, la piccola Giulia.

Giulia Beccaria
(1762-1841)

Primogenita di Cesare, nacque e morì nel palazzo di via Brera. Trascorse l'infanzia nella residenza paterna fino alla morte della madre nel 1774.

All'arrivo nell'abitazione della seconda moglie, **Anna dei conti Barnaba Barbò**, la dodicenne Giulia fu relegata nel convento delle suore di San Paolo, dove rimase praticamente abbandonata per sei anni. Solo il fedele amico di famiglia Pietro Verri si recò a farle visita alcune volte. La giovane ritornò nel palazzo di via Brera quando ormai aveva diciotto anni. Era bella e desiderosa di vivere. Anche se non molto colta aveva una mente aperta, vivace e ricettiva, e un carattere volitivo. Frequentando il salotto dei Verri, s'innamorò del più giovane dei fratelli, Giovanni, allora trentaseienne. Quindi iniziò con lui una relazione che però ebbe breve durata. All'interruzione concorsero da un lato il padre di Giulia, timoroso per il buon nome della famiglia, e dall'altro il fratello maggiore Pietro, che invece temeva di veder disperdere il patrimonio familiare nel caso di un'unione tra i due. Fu deciso, in tutta fretta, un matrimonio di convenienza. Giulia fu messa sul mercato come una merce a basso costo; il padre non voleva darle una dote dignitosa, degna del suo rango. D'altra parte anche la figlia era desiderosa di lasciare al più

Maria Cosway, *Ritratto di Giulia Manzoni Beccaria*, 1802, Biblioteca Nazionale Braidense

presto la casa paterna. La scelta cadde sul conte Pietro Manzoni, austero vedovo abbiente di età già matura che si accontentava di una dote modesta e non aveva neppure le caratteristiche per pretendere di più. Il matrimonio fu celebrato nel 1782 nella chiesa di San Fedele. La coppia prese alloggio in un appartamento in affitto di via San Damiano, che all'epoca si affacciava sul naviglio omonimo, dove però con Pietro si trasferirono anche nove dei suoi fratelli e sorelle. Nel 1785 venne alla luce Alessandro; una targa apposta sulla facciata ricorda che proprio lì nacque il grande scrittore. Per i contemporanei la paternità era però da riferire al conte Giovanni Verri, con cui la relazione era continuata anche se in forme diverse. Questa paternità risulta ormai definitivamente accertata dal recente ritrovamento di una lettera.

Come le premesse potevano già far supporre, l'unione non fu affatto felice. Nella "tetra" dimora di via San Damiano Giulia si sentiva prigioniera, spiata dalle tre cognate e controllata in ogni suo movimento. Aspirava alla separazione, accusando apertamente il padre di essere stato il principale artefice della sua infelicità avendola obbligata a vincere la naturale repulsione che le procurava l'dea di sposare un uomo tanto più vecchio. Ma solo nel 1792 ottenne di uscire da quella casa anche se costretta a vivere con un parente o altra persona gradita al marito. L'atto ufficiale di separazione legale, redatto nel 1801, sanciva che avrebbe potuto ottenere più libertà unicamente a condizione di lasciare il figlio al padre. Il commiato da Alessandro avvenne durante il suo accompagnamento al nuovo collegio, quello dei padri Somaschi di Merate. Nel frattempo la giovane Beccaria Manzoni aveva conosciuto il vero amore della sua vita, Carlo Imbonati. Il conte era cresciuto in una famiglia di antica nobiltà. La madre era la poetessa **Francesca Bicetti de Buttinoni** – una delle tre uniche dame di Milano, secondo Pietro Verri, a conoscere il greco – che si occupò personalmente dell'istruzione dei figli fino all'arrivo in casa del nuovo istitutore, l'abate Giuseppe Parini. Giovane di bell'aspetto, Carlo era molto ricco, di animo generoso e sinceramente innamorato. Con lui Giulia lasciò Milano e, dopo vari soggiorni in altri paesi, visse nella capitale francese il periodo più felice della sua vita, frequentando i salotti intellettuali di tradizione illuminista ed enciclopedista fino all'improvvisa morte del compagno nel 1805. Poco prima del tragico evento il giovane Alessandro, che terminati gli studi viveva un periodo di sbandamento e dispersione, aveva deciso di raggiungere la madre – da cui era stato invitato più volte – nella residenza dell'Imbonati in Place Vendôme n° 3.

L'incontro fu una rivelazione per entrambi. Madre e figlio trovarono una comunanza di idee e sentimenti tale che Giulia da quel momento divenne il perno della vita dello scrittore, stimolandolo nel lavoro, curandone le relazioni sociali e persino le amicizie anche dopo il suo matrimonio. Ebbe un ottimo rapporto con la prima nuora, Enrichetta Blondel, che lei stessa aveva consigliato al figlio di scegliere come moglie.

Tornati a Milano, tutti e tre insieme si trasferirono nel palazzetto di via G. Morone, angolo piazza Belgioioso, appena acquistato dallo scrittore. Lì la famiglia mise radici, crescendo notevolmente in breve tempo intorno alla prima moglie e alla madre. Il Manzoni l'abitò fino alla morte.

Tra le cause dell'infelicità coniugale, frequente era la grande differenza d'età; giovinette poco più che adolescenti erano costrette dall'autorità paterna, per ragioni di convenienza, a sposare uomini anche molto più anziani. L'apparenza libertina della "galanteria" celava un sistema di norme comportamentali non scritte ma rigide e non trasgredibili pena la perdita della reputazione e dell'onore, valori che per un appartenente alla nobiltà erano più importanti della realtà stessa.

Questo tipo di soluzione sembrava particolarmente gradito alla giovane Teresa che si prestava anche ad altri corteggiamenti oltre a quello ufficiale del proprio cavaliere al punto da suscitarne le lamentele e di mettere a rischio la propria onorabilità. Nei primi anni della vita matrimoniale Cesare Beccaria fu personaggio incerto, timoroso e con difficoltà di socializzazione, e quindi così geloso e assillato rispetto al comportamento della moglie da vanificare, per l'ansia del ritorno tra le pareti domestiche, i risultati di un onorifico ma difficoltoso viaggio che l'aveva condotto a Parigi, nel 1766, insieme ad Alessandro Verri. Nella capitale francese era stato invitato per presentare la traduzione del suo *Trattato*, molto apprezzato in ambiente enciclopedista. Il terzo parto di Teresa, un figlio maschio vissuto pochi giorni che vide la luce nel periodo immediatamente successivo al ritorno del marito, suscitò non poche illazioni e maligne allusioni sia in famiglia che in società. Ebbe ancora un quarto parto, una femmina nata nel '72, che visse soltanto poche ore. Donna naturalmente socievole, si mostrò particolarmente desiderosa di approfittare delle piacevolezze della vita mondana della società aristocratica di cui era entrata a far parte. A questa dedicò tutta la propria cura. Forse impreparata o indifesa sul piano culturale, si fece travolgere dai riti e ritmi della mondanità dedicandosi poco alle due figlie, la primogenita Giulia – che comunque conservò per tutta la vita un caro ricordo della madre – e Marietta, afflitta fin dalla nascita da gravi problemi fisici. È deducibile che tra gli interessi di Teresa non ci fosse neppure quello della conduzione e manutenzione della casa, che presumibilmente veniva lasciato direttamente nelle mani del personale di servizio. Oltre a quello impegnato nella cura e nel servizio dei padroni di casa vi erano gli addetti alle pulizie domestiche, alle cucine e attività connesse, e il personale che lavorava più all'esterno occupandosi di carrozze e di cavalli, mentre per l'accoglienza c'era la portineria.

La vicenda esistenziale di Teresa de Blasio costituisce un interessante esempio che ci permette di individuare alcune questioni nodali, sociali e culturali, che condizionarono la vita delle donne. Da una parte la sua biografia è fortemente connotata da comportamenti al di fuori delle regole, anche se progressisti e anticipatori per quanto riguarda ad esempio la scelta del matrimonio per amore (anziché combinato) condivisa con il marito, ma distruttivi nella vita privata e la gestione di affetti e sentimenti. Dall'altra nel confronto con l'establishment ne registra i limiti, la mancanza di libertà, lo scollamento dalla realtà quotidiana mettendone in luce gli elementi fondanti; in particolare la patria potestà, la concentrazione del patrimonio familiare e le doti matrimoniali, che furono anche i più resistenti nel tempo. Teresa ne fu in un certo senso una vittima. Alle gioie e alle soddisfazioni mondane seguì un periodo assai doloroso di atroci sofferenze che ne precedettero la morte prematura. Spirò nel 1774, probabilmente per sifilide, malattia allora molto diffusa e per lo più incurabile.

Al civico 17 / **Casa-studio di Lalla Romano**

Lasciata alle nostre spalle la dimora dei Beccaria, proseguendo ci troviamo in Piazzetta Brera, una delle più integre della città che conserva intatto il fascino ottocentesco. Un po' defilata, di dimensioni contenute e geometria armonica, ha il suo fulcro nel monumento al grande pittore romantico Francesco Hayez, che dell'Accademia fu anche direttore. Il grande ritrattista dei personaggi di maggior spicco

<
Casa-studio di Lalla Romano

>
Ingresso del Palazzo di Brera

suoi contemporanei, tra cui anche alcune figure femminili, divenne famoso per la tela *Il bacio*. Sul retro del monumento si trova uno degli accessi (non sempre aperto) all'Orto botanico e Osservatorio astronomico di Brera. Sul lato opposto la cortina muraria, superato Palazzo Cusani (uno dei migliori esempi di stile barocco milanese), interrompe l'allineamento configurando un piccolo slargo sistemato con due aiuole triangolari. La prima è "arredata" dal corposo *Cavallo impennato* di Aligi Sassu del 1960, che posa su un folto tappeto erboso contornato da vegetazione ben curata, e la seconda reca una targa dedicata alla pittrice e scrittrice **Lalla Romano** sullo sfondo di un grande albero di ciliegio. «Negli anni, ho visto ridursi a uno – da quattro che erano – i ciliegi amati gelosamente, sul praticello davanti a casa, fuori dalla cancellata, verso via Brera», sono le parole velate dalla nostalgia del ricordo riportate sulla targa che segnala l'abitazione della scrittrice. Dietro il palazzetto rococò di colore giallo intenso, s'intravedono palazzine molto più recenti, degli anni Cinquanta, dove la scrittrice, che nel frattempo aveva lasciato Torino, nel 1947, traslocò insieme al marito (1952) e dove rimase per tutta la vita.

Al civico 19 / Margherita Sarfatti

Una critica d'arte tra futurismo e fascismo

In un piccolo appartamento del palazzo che fronteggiava il complesso di Brera presero alloggio, nel 1902, **Margherita Sarfatti** e il marito, appena giunti in città dalla natia Venezia. La città lagunare risultava ormai troppo ristretta e provinciale per i molteplici interessi dei coniugi. Quel palazzo però ora non esiste più, distrutto dai bombardamenti del 1943.

Al civico 28 / Complesso di Brera

Tra fondazione e salvaguardia: un'impresa di donne

Sull'area di un convento trecentesco degli Umiliati, i padri Gesuiti fondarono nel 1572 il complesso di Brera come convento con scuole annesse. Dal 1651 al 1658 Francesco Maria Richini ebbe l'incarico di ampliarlo e ristrutturarlo. A lui si deve la bella corte interna, perimetrata dal doppio loggiato palladiano a colonne abbinate, e l'innovativo scalone centrale. L'imponente portale d'ingresso invece è opera tardo settecentesca di Giuseppe Piermarini, massimo esponente del neoclassicismo italiano e architetto di fiducia dell'amministrazione asburgica. All'arrivo dei francesi (Repubblica

Lalla Romano

(1906-2001)

Lalla Romano nel suo studio

Nacque a Demonte, in provincia di Cuneo, da una famiglia di antiche origini e di religione ebraica. Compiuti gli studi classici si iscrisse al corso di laurea in Lettere e filosofia dell'ateneo torinese, dove nel 1928 si laureò con il massimo dei voti. Lalla, che già dipingeva dall'età adolescenziale, decise di entrare nella scuola del pittore Felice Casorati, che continuò a frequentare anche quando iniziò l'attività d'insegnamento. Divenne amica dell'artista e della moglie Daphne Maughan e conobbe altre personalità. In quest'ambito maturò anche esperienze espositive, partecipando a collettive e allestendo personali.

Nel 1932 sposò un funzionario di banca, che farà una brillante carriera. Trasferitasi a Torino per seguire il marito, l'anno successivo la scrittrice diede alla luce il figlio Pietro. A Torino insegnò Storia dell'arte negli istituti professionali superiori. Durante la Seconda guerra mondiale, costretta dai bombardamenti, con il figlio tornò nella casa materna a Cuneo dove riuscì a dedicarsi alla poesia e a pubblicare la prima raccolta di versi, *Fiore*, del 1941. Qui entrò in contatto con la Resistenza e partecipò ai Gruppi di difesa della donna. Al termine del conflitto mondiale raggiunse il marito, che nel frattempo si era traferito a Milano. Nella capitale lombarda, oltre a insegnare, cominciò a occuparsi di narrativa e a scrivere racconti, romanzi, saggi passando dalla poesia alla prosa con molta naturalezza. Nel 1951 pubblicò la sua prima opera letteraria, *Le metamorfosi*. Da quel momento la sua produzione in questo campo si fece via via più copiosa e venne pubblicata quasi sempre da Einaudi. Sul medesimo versante intimistico pubblica *Maria* (1953), storia di rapporti umani incentrata sulla figura della domestica il cui ruolo fu importante anche nell'educazione del figlio, e *La penombra che abbiamo attraversato* (1956). L'opera che la fece conoscere al grande pubblico fu *Le parole tra noi leggere*, Premio Strega 1969, il cui nucleo è la figura ermetica del figlio Pietro attorno cui si aggira «... come intorno a una montagna per trovare la maniera di scalarla».

La componente autobiografica permea quasi tutta l'opera della Romano, in cui un ruolo importante è giocato dalla memoria intesa come metodo per la ricerca della verità e dell'autenticità.

Infaticabile, si cimentò anche nel campo del giornalismo e della critica letteraria e artistica, scrivendo per i più importanti quotidiani italiani. Fu attiva anche in politica assumendo, per un breve periodo, l'incarico di consigliera comunale nelle fila del Partito comunista.

Nel 1984 venne a mancare il marito, compagno di una lunga esistenza, ripercorsa «... con lacerante scavo interiore...» nelle pagine del volume *Nei mari estremi*.

Si legò con l'allora giovane fotografo Antonio Ria con cui maturò, a partire dalla seconda metà degli anni Ottanta, un sodalizio artistico, professionale e sentimentale che durò fino alla fine. Alla sua morte, nel 2001, Ria proseguì, attraverso la fondazione Gli amici di Lalla Romano, a farne conoscere e valorizzarne il lavoro – non solo letterario ma anche pittorico e grafico – con mostre, convegni, ecc. Alla sua entusiasta iniziativa si deve anche la sistemazione dell'appartamento di via Brera a casa-museo e l'allestimento del nuovo spazio presso la Biblioteca nazionale Braidense.

Margherita Grassini in Sarfatti

(1880-1961)

Margherita Grassini in Sarfatti

Nata a Venezia da una famiglia facoltosa di origini ebraiche, ricevette una formazione molto approfondita in campo letterario e artistico. Appena quattordicenne, su consiglio di amici, cominciò anche a leggere i teorici del socialismo, appassionandosi alle loro idee e condividendole. Su quest'ampia e articolata base culturale poggiarono un'intelligenza e doti intuitive naturalmente molto spiccate che fecero di lei un'intellettuale, giornalista, prima critica d'arte europea nonostante D'Annunzio, di cui pure fu a lungo amica, sostenesse che «la critica non è cosa da donne». Appena compiuti i diciotto anni sposò l'avvocato Cesare Sarfatti, socialista, con cui si trasferì nel capoluogo lombardo ed ebbe tre figli. Dalla casa di via Brera i coniugi Sarfatti presero a frequentare la vicina abitazione di **Anna Kuliscioff** (vedi pag. 78) e Filippo Turati, che si affacciava sulla Galleria Vittorio Emanuele II e la coppia Luigi ed **Ersilia Majno**, quest'ultima già presidente della Lega femminista milanese. In via Brera risedettero fino al 1909, anno in cui si trasferirono nel più ampio e lussuoso appartamento di Corso Venezia n° 93. Qui Margherita gestì un **salotto** di grande richiamo culturale e mondano, particolarmente attento e aperto alle avanguardie letterarie e artistiche che raggiunse il suo apice verso la fine degli anni Venti. Fu qui che accolse Boccioni e poi tutti gli altri esponenti del Movimento futurista le cui riunioni da allora si alternarono tra casa Sarfatti e casa Marinetti, anch'essa in corso Venezia. Ma vi si potevano incontrare anche artisti di altra tendenza tra cui gli scultori Wildt e Arturo Martini o pittori come Tallone, Sironi, Funi; l'architetto Sant'Elia e, tra le scrittrici, l'inseparabile amica Ada Negri. La passione per l'arte era diventata ormai una professione e settimanalmente gli articoli di Margherita uscivano, tra l'altro, sul bollettino «Unione Femminile», voce dell'omonima Associazione, e sull'«Avanti della domenica». Nella sede del quotidiano socialista – nel 1912 – ebbe luogo l'incontro con il neodirettore appena giunto a Milano, Benito Mussolini. Negli anni immediatamente successivi prese avvio la relazione che la condusse a seguire le sorti del duce sia politicamente – condividendone l'interventismo per cui sarà come lui espulsa dal Partito socialista – sia diventando a tutti gli effetti "la donna del duce". Dell'ideale guerresco scontò personalmente le conseguenze con la perdita del primogenito, Roberto, morto nel 1918 appena diciottenne sul campo di battaglia. Rimasta vedova seguì il duce anche nei cambi di residenza, spostandosi a Roma con la figlia. Nel frattempo continuava a seguire i suoi artisti le cui opere evolvevano verso tendenze diverse, chi verso le forme dell'astrazione cubista chi verso un realismo neoclassico. Quando alcuni di questi artisti amici, tra cui ex combattenti, si unirono dando vita al Novecento italiano, Margherita li sostenne come critica d'arte, collaborando all'organizzazione delle loro prime mostre. Ma la presentazione che ne fece in occasione della loro prima uscita in pubblico alla Galleria Pesaro, nel 1923, indicandoli come modello di "arte fascista", provocò nel gruppo originario non poche defezioni. Anche in campo architettonico fu ispiratrice di idee innovative, promuovendo la conoscenza della poetica di Le Corbusier presso giovani architetti come Figini, Pollini e Terragni, che poi si distinsero per il loro apporto di modernità e internazionalizzazione della cultura architettonica italiana. La sensibilità e l'impegno per il cambiamento della condizione delle donne furono sempre presenti in lei, sostenendo con articoli e denaro le iniziative della Kuliscioff come di altre donne impegnate su questo terreno. Fu tra le prime a mettere in luce l'importanza della presenza femminile. Con la trasformazione del volto del regime e delle persone attorno al duce, il rapporto con lui di Margherita, che mantenne sempre fede alle proprie idee e alla propria indipendenza di pensiero e giudizio, si diradò. Nel frattempo Mussolini aveva convalidato con il matrimonio la sua unione con **Rachele**, la moglie, e iniziato il rapporto con la nuova amante, **Claretta Petacci**. Sentendosi sempre più osteggiata dai gerarchi più fedeli al duce, spiata e in pericolo, lasciò l'Italia per la Svizzera e Parigi. Poi per sfuggire alle leggi razziali, nel 1938 si rifugiò a Montevideo, dove l'aveva preceduta il figlio. A guerra finita, nel 1947 ritornò a Roma, da cui si trasferì in seguito nella sua villa rifugio di Soldo, sul lago di Como, dove trascorse gli ultimi anni. Nella stagione 2018/19 le sono state dedicate due importanti mostre antologiche. Una a Milano, nella sede del Museo del Novecento, l'altra al MART. I due eventi hanno avuto il merito di avvicinare il grande pubblico alla conoscenza del personaggio finora poco noto e molto dibattuto, fornendo nel contempo nuova documentazione per poterlo considerare in una prospettiva più ampia, fuori dal pesante cono d'ombra ancora proiettato dalla sua vicenda sentimentale con il Duce.

Cisalpina) si deve invece la collocazione nel centro del cortile della statua di Napoleone I – raffigurato come Marte pacificatore che tiene in mano una Vittoria alata – fusa su modello di Antonio Canova.

Con la soppressione della Compagnia di Gesù nel 1772, il complesso acquisì destinazione laica e statale pur mantenendo parte delle sue istituzioni, che vennero potenziate e integrate in successivi interventi dall'Amministrazione asburgica.

Fondamentale fu l'interessamento personale, verso il complesso architettonico, dell'imperatrice **Maria Teresa d'Austria**; eppure, entrando in Brera, cercheremmo invano un segnale (una lapide, un'epigrafe, una statua) che la celebri o quanto meno la ricordi. L'unica dedicazione va cercata sul bel portale ligneo, barocco, che al primo piano dà accesso alla biblioteca. Fatta apporre dal figlio Giuseppe e dal nipote Francesco, recita testualmente: «*Maria Theresia Augusta / Mater Magna /ad incrementa omnium disciplinarum / patere dedicario iussit an[no] MDCCLXX / Iosephus filius / ...*».

L'imperatrice fondò, ristrutturò o diede nuova vita a diverse istituzioni ospitate nel complesso tra cui, nel 1770, la Biblioteca Nazionale Braidense.

<
Complesso di Brera, Corte d'onore di F.M. Richini

>
Biblioteca Braidense

Creata a partire dal lascito della biblioteca privata del conte Carlo Pertusati, venne successivamente ampliata da altre donazioni e acquisizioni. Le sale di lettura furono aperte al pubblico nel 1786. Bellissima ed estremamente suggestiva appare tuttora la sala cosiddetta "teresiana", che conserva tutti gli arredi e le decorazioni originali. Nel marzo 2014 è stata arricchita dall'apertura di una nuova piccola sala, ricavata sul lato destro in uno spazio celato a prima vista dalle alte scaffalature, dedicata a **Lalla Romano**. Piccolo ambiente raccolto, reso quasi "domestico" dall'introduzione di alcuni arredi privati provenienti dall'abitazione di via Brera, espone quadri, disegni, copie dei suoi libri e foto. È utilizzato anche per presentazioni di libri, letture, piccole mostre, ecc.

Nel 1774 furono istituiti l'Orto botanico e l'Osservatorio astronomico; nel 1776, l'Accademia di Belle Arti e la Pinacoteca.

Preziosissimo e ricchissimo scrigno delle opere dei maggiori esponenti dell'arte mondiale, presenta solo pochi dipinti di donne artiste del passato tra cui un autoritratto di **Sofonisba Anguissola** (1535-1625) *Passeggiata archeologica* della lituana **Antonietta Raphael in Mafai** (1900-1975), pittrice e scultrice, esponente della Scuola romana di cui fece parte anche il marito Mario Mafai.

Maria Teresa d'Austria

(1717-1780)

Martin van Meytens, *Ritratto dell'imperatrice Maria Teresa D'Austria*, 1759

Nacque a Vienna, figlia secondogenita di Carlo VI e di Elisabetta di Brunswich-Wolfenbutel ma di fatto primogenita poiché il fratello, di salute cagionevole dalla nascita, era morto in tenera età nel 1716.
Appena diciassettenne sposò Francesco III Stefano di Lorena, che diventò Granduca di Toscana, per un matrimonio combinato. Fortunatamente l'unione risultò abbastanza armonica e tale da creare nel suo ambiente quella tranquillità e serenità che, unita a una salute robusta, le diede l'energia per affrontare i gravosi impegni futuri. Nonostante la prassi, usuale all'epoca, delle amanti anche ufficiali da parte del consorte dal matrimonio, che durò per tutta la vita, nacquero ben sedici figli di cui dieci sopravvissero mentre alcuni ebbero morti premature o esistenze devastate da una delle piaghe dell'epoca, il vaiolo. La morte dell'imperatore suo padre (1740) sorprese la giovane granduchessa a Firenze. Grazie a un provvedimento legislativo (noto come "Prammatica sanzione") adottato dal genitore preventivamente, benché donna poté ereditare tutti i possedimenti asburgici. Grazie ai titoli così acquisiti di regina di Boemia e Ungheria, arciduchessa d'Austria, duchessa di Milano e Mantova, Parma e Piacenza ecc. poté ottenere la nomina del marito a imperatore del Sacro romano impero, di cui divenne imperatrice in quanto consorte. Di fatto però fu soprattutto lei a occuparsi degli affari di stato fino a che, alla morte del marito, associò al trono il figlio Giuseppe II.
I primi sette anni di regno furono funestati dalla Guerra di successione dovuta alla mancata accettazione, da parte degli altri casati nobiliari europei, dell'eredità per via femminile. Con la pace di Aquisgrana (1748) finalmente la sovrana poté dedicarsi ai problemi dei sudditi dell'impero e anche del ducato milanese, impegnandosi

in una lunga serie di riforme volte a trasformare il paese in uno stato moderno.
Le riforme riguardarono essenzialmente l'amministrazione pubblica, l'esercito e l'istruzione. Particolarmente importante fu la riforma del catasto con cui, grazie a uno sforzo immane, si arrivò a censire tutti gli immobili e a registrarli nel famoso Catasto teresiano per pervenire a un'equa tassazione mentre il sistema di versamento dei contributi fu centralizzato. L'esercito fu riformato istituendo le accademie militari; il campo dell'istruzione venne liberalizzato e sottratto all'influenza dei Gesuiti e delle baronie e, soprattutto, fu resa obbligatoria l'istruzione primaria, dai sei ai dodici anni. Vennero introdotte anche molte altre riforme, forse minori, ma molto sentite perché più vicine alle esigenze anche minute, quotidiane, dei cittadini come, per esempio, la cosiddetta "Riforma del tempo", ovvero la suddivisione della giornata in dodici ore a partire dalla mezzanotte anziché dal crepuscolo, condizione molto più difficilmente definibile, e basata su una precisa definizione del mezzogiorno grazie alla realizzazione, da parte degli astronomi di Brera, della famosa meridiana collocata in Duomo. Inoltre, si provvide all'illuminazione pubblica delle strade mediante lumi a olio e si consentì la doppia panificazione. Un altro intervento rivoluzionario fu l'introduzione del numero civico per le abitazioni, che vennero così localizzate dall'apposizione della targa con il nome della via più il numero civico.
Nel frattempo, il volto delle città cambiava per il grande incentivo dato alle opere pubbliche e al rinnovamento edilizio realizzato dai migliori esponenti delle arti liberali, cui Maria Teresa diede protezione. A Milano oltre agli interventi nel complesso di Brera, l'imperatrice fece realizzare anche due teatri, la Scala e la Canobbiana (poi Teatro Lirico).
Tutte queste realizzazioni furono possibili grazie al più lungo periodo di continuità e stabilità politica mai goduto dall'Impero, assicurato anche dalle alleanze matrimoniali strategiche imposte ai figli. Delle figlie due divennero regine, una delle quali fu **Maria Antonietta** moglie di Luigi XVI, morta sul patibolo durante la Rivoluzione francese.

<

Busto di Maria Gaetana Agnesi

>

Sofonisba Anguissola, *Autoritratto*, Pinacoteca di Brera

La Seconda guerra mondiale arrecò gravi ferite all'intero complesso di Brera. Tra i protagonisti della ricostruzione figura di rilievo, anzi di primissimo piano, fu quella della soprintendente **Fernanda Wittgens**. La Pinacoteca riaprì i battenti nel 1950 con il suo allestimento.

Anche la biblioteca fu gravemente danneggiata e "salvata" grazie alla dedizione di **Mary Buonanno Schellembrid**, che mise in luogo sicuro i volumi come la Wittgens aveva fatto con i quadri. Recentemente gli spazi di accoglienza si sono arricchiti di un elegante caffè dedicato a Fernanda Wittgens.

Nel cortile tra le statue, i busti, le lapidi e le targhe che in gran numero affollano il loggiato inferiore e superiore commemorando uomini illustri, s'individua – unica immagine femminile in tutto il complesso – il busto su mensola di **Maria Gaetana Agnesi**. Si trova sul lato destro della corte appoggiato alla parete di fondo del porticato, seminascosto dall'imponente statua posta in primo piano rappresentante Pietro Verri. Gli elementi dell'abito, la foggia della capigliatura, la posa del capo sono ben diversi da quelli dei due medaglioni di palazzo Brentani e Beccaria. Decisamente più importanti e improntati alla cerimonialità, sono simili a quelli della più nota incisione d'epoca

Fernanda Wittgens

(1903-1957)

Fernanda Wittgens

Nacque a Milano, dove compì gli studi classici laureandosi in Storia dell'arte con Paolo D'Ancona. Inizialmente si dedicò all'insegnamento nei licei della città, fino al momento in cui poté entrare a Brera come collaboratrice del direttore Ettore Modigliani. Nel 1933 venne nominata ispettrice e nel 1941 direttrice della Pinacoteca, diventando così la prima donna italiana a ricoprire un incarico tanto importante. Negli anni successivi, durante il secondo conflitto mondiale, svolse un preziosissimo e accuratissimo lavoro per mettere in salvo dai raid aerei le opere d'arte «...un lavoro che è diventato la nostra stessa vita, carne della nostra carne in una lotta drammatica contro le offese aeree e la brutalità degli invasori».

La sua personalità ricca di interessi e il suo impegno si manifestarono anche in ambito sociale e politico, in cui prese parte attiva schierandosi esplicitamente dalla parte dell'antifascismo. Stabilito un contatto con esponenti della Resistenza, collaborò all'espatrio clandestino di molti ebrei e perseguitati politici verso la vicina Svizzera. Tre donne furono le sue principali collaboratrici: **Adele Cappelli Vegni**, medica dichiaratamente antifascista che mise a disposizione la casa di famiglia a Torno sul Lago di Como, e le sorelle **Zina e Maria Rosa Tresoldi** – amiche e vicine di casa, entrambe maestre – che furono attive nella Resistenza e anche nel dopoguerra continuarono a essere impegnate politicamente. Purtroppo la denuncia di due spie infiltrate interruppe questa rete segreta di solidarietà. Le tre donne vennero arrestate, processate – si parlò di "processo delle dame" alludendo alle Dame di S. Vincenzo di cui faceva parte la Vegni – e condannate alla detenzione da due a sei anni da scontare nel carcere di San Vittore. Nel dopoguerra l'opera di Fernanda Wittgens fu riconosciuta come altamente meritoria per l'umanità; per questo il suo nome fu inserito nell'elenco del Giardino dei Giusti d'Israele e ricevette diversi riconoscimenti e attestati onorifici.

Nel 1945, all'indomani della Liberazione, l'attiva soprintendente si mise all'opera per riparare i danni bellici (Brera era stata gravemente colpita dai bombardamenti alleati del '43 e del '45). Nel periodo di reclusione, che scontò in misura ridotta rispetto alla condanna grazie alla mobilitazione dei famigliari e per il sopraggiunto cessate il fuoco, aveva avuto modo di riflettere sul valore sociale dell'arte come ultimo baluardo contro la bestialità e la ferocia. Uscendo dal carcere, seppe tradurre con coerenza la riflessione critica nell'attività pratica promovendo, organizzando e dirigendo i lavori di ricostruzione, ristrutturazione, restauro e riallestimento dell'Accademia e della Pinacoteca per affrettarne la riapertura al pubblico. Ma la sua non si limitò a essere un'"attività di cura" per quanto diligente e appassionata; fu anche progettualità e organizzazione manageriale. Sua fu infatti l'idea, innovativa e tuttora attuale, del "museo vivente" ovvero concepito come organismo che partecipa all'evoluzione della società e cresce con essa. Per realizzare questo obiettivo promosse attività didattiche all'interno dei musei, visite guidate per tutti, tariffe agevolate in ore di bassa frequenza. Il suo impegno per l'espansione nel settore museale milanese la portò a ideare anche una nuova istituzione in un nuovo organismo architettonico, il Padiglione d'arte contemporanea (PAC), della cui progettazione incaricò l'architetto Ignazio Gardella. Analogo prezioso lavoro di riordinamento svolse anche per il Museo Poldi Pezzoli, anch'esso gravemente danneggiato, che riaprì nel 1951. Nominata sovrintendente ai musei della Lombardia nel 1950, si dedicò a riorganizzare anche altre sedi museali – tra cui la Pinacoteca Ambrosiana e il Museo teatrale della Scala – e a restaurare il Cenacolo Vinciano. Del costante e approfondito impegno, dello spirito di sacrificio e delle capacità decisionali lei stessa riconosceva in sé la naturale inclinazione: «La mia vera natura... è quella di una donna a cui il destino ha dato compiti da uomo, ma che li ha sempre assolti senza tradire l'affettività femminile».

L'amministrazione comunale ha riconosciuto i suoi meriti nei confronti della comunità intitolandole una via in zona Santa Sofia, caso assai raro per un personaggio femminile (e infatti i titoli professionali sono lasciati al maschile). Inoltre, ha accolto la sua salma nel Civico mausoleo Palanti all'interno del Cimitero monumentale.

Maria Gaetana Agnesi

(1718-1799)

Nata nel 1718 in una famiglia ricca grazie al commercio della seta, fin da bambina il padre la esibiva come prodigio nel salotto di casa, dove cominciarono ad affluire personaggi eminenti della cultura scientifica con cui poteva conversare alla pari sui più vari argomenti scientifici – dalla matematica alla geometria, dalla fisica alla filosofia e molti altri ancora –, in latino come in altre lingue. "Oracolo sette lingue" veniva soprannominata dagli illustri e attoniti ospiti. «Ella... stabiliva la propria opinione, sciogliendo le molte obiezioni che le venivano fatte, con copiosa eloquenza e purità di lingua latina anche nelle cose più secche e malagevoli a spiegarsi latinamente (Frisi)».

Maria Gaetana Agnesi

Alcune delle tesi filosofiche discusse in questi incontri furono pubblicate già nel 1737 in un'opera scritta in latino, *Propositiones philosophicae*. Alla morte della madre, la quattordicenne Gaetana aveva anche iniziato a prendersi cura dell'educazione dei fratelli. Negli anni successivi si dedicò con passione e dedizione allo studio della matematica, che per lei costituiva un "divertimento". Il frutto di questi studi e ricerche converge in un'opera di divulgazione, fatta in termini semplici e con linguaggio chiaro e rigoroso, delle conoscenze fino ad allora acquisite nel campo dell'algebra, dell'analisi matematica e della geometria analitica da lei rilette e interpretate. La pubblicazione in due volumi, corredata da splendidi disegni, delle *Instituzioni analitiche ad uso della gioventù italiana* (1748) la rese famosa anche all'estero dove l'opera fu tradotta in più lingue. Ricevette l'apprezzamento, la riconoscenza e preziosissimi doni anche da parte dell'imperatrice Maria Teresa d'Austria, cui aveva dedicato l'opera "da donna a donna" con queste parole: «Fra quanti pensieri ò io avvolto nell'animo... un solo mi conforta, ed è questo, la considerazione del Vostro Sesso, che da Voi illustrato per bella sorte è pur il mio».

Persino il pontefice, Benedetto XIV, la omaggiò con regali di raffinata fattura ma soprattutto le fece assegnare l'incarico di lettrice onoraria di matematica all'Università di Bologna, superando eccezionalmente i pregiudizi sessisti della Chiesa e del mondo accademico che escludevano ancora le donne dagli studi superiori e dall'accesso alle università. Ma Maria Gaetana non accettò l'offerta.

Alla morte del padre, nel 1751, la studiosa poté dare avvio a quel cambiamento esistenziale cui aspirava da anni, da quando il padre – per non privarsi de «la delizia del viver suo» – le aveva impedito di farsi monaca, e dedicarsi finalmente in modo sempre più totalizzante a quello che da tempo era il suo maggior interesse: gli studi teologici e la cura e l'assistenza degli infermi, che accudì con estrema abnegazione in prima persona, del tutto dimentica della prima parte della sua vita da intellettuale e scienziata. Allestì un primo *Ricovero per le inferme* nella sua stessa abitazione in via Pantano ma presto lo spazio non fu più sufficiente. Fondò un ospizio per minorati psichici forse in Porta Vigentina, dove si trasferì lei stessa. Avendo sostenuto tutte queste attività benefiche esclusivamente con il proprio patrimonio, ben presto si trovò in stato d'indigenza grave al punto di doverle chiudere. Per un decennio visse in stato di totale povertà, rifiutando anche le ripetute offerte di aiuto da parte del fratello fino a che nel 1771 il vescovo non le offrì il ruolo di vigilante della sezione femminile e poi di dirigente dell'intera struttura del *Luogo Pio Trivulzio*, sorto grazie al lascito di beni e del palazzo da parte del principe A. Tolomeo Trivulzio d'Alvito, per gli anziani bisognosi di cure. Della struttura che si trovava nell'attuale Via della Signora, il cui nome sembra si riferisca proprio alla presenza dell'Agnesi, resta una traccia, una testimonianza muraria al n° 7 della via. In questo ricovero Maria Gaetana Agnesi visse fino alla morte e fu sepolta in una fossa comune. Il Pio Albergo Trivulzio fu poi spostato nell'attuale sede di via A. T. Trivulzio.

Le sorelle Agnesi

Oltre a **Maria Gaetana** (vedi pag. 250) e a **Maria Teresa** (vedi pag. 113) anche **Paola** o Paolina (1751-1824) si distinse per la sua generosità. Sarà, infatti, latrice di un lascito «...per un'opera pia autonoma di assistenza alle [malate] croniche [da svolgere] nel locale che forse a tale epoca esisterà in Milano...». Tale lascito era costituito dalla Cascina Valera, nel comune di Varedo, che comprendeva oltre a zone boschive, orti e giardini, anche alcune costruzioni e un oratorio. Nell'antistante spiazzo una lapide la ricorda con la sorella Maria Gaetana. Le rendite di tale possedimento saranno versate all'Ospedale Fatebenesorelle, amministrato e diretto dalla nobildonna **Laura Visconti di Modrone in Ciceri** per mantenere, assistere e vestire, un congruo numero di malate croniche. La famiglia possedeva una villa di vacanza a Montevecchia (LC).

Opportunità dell'istruzione femminile

Dopo secoli di disattenzione o aperta proibizione dell'istruzione rivolta alle donne, nel settecentesco secolo dei Lumi il tema inizia a essere percepito almeno come questione problematica e talora se ne discute in pubblici dibattiti sollecitati anche dalle richieste inizialmente sporadiche e via via più corali da parte di donne colte, scrittrici, poetesse, letterate che dagli interni (talora dai conventi) fanno uscire la propria voce a favore dell'istruzione femminile. Tra queste la milanese **Clelia del Grillo Borromeo**, che fondò appositamente l'Accademia dei Vigilanti; la giornalista veneziana **Elisabetta Caminer Turra**, la pastorella d'Arcadia **Aretafila Savini de' Rossi** e molte altre. ■

Il bar Jamaica, anni Sessanta

usata nelle pubblicazioni a lei dedicate ed evidentemente riferiti al suo lignaggio – la famiglia apparteneva all'aristocrazia – e al periodo di massima fama della scienziata. Tuttavia sappiamo che, appena le fu possibile, sostituì tali insegne con quelle più umili e dimesse della suora laica, senz'altro più consone all'impegno assistenziale per i poveri e gli infermi cui dedicò completamente la seconda parte della vita.

Al civico 32 / **Bar Jamaica**

"... ci vediamo al Jamaica..."

Agli inizi del Novecento, quando il Naviglio Martesana percorreva tutta via San Marco provenendo dal *Tombon* – dove le cosiddette "chiuse di Leonardo" (che in realtà con Leonardo hanno poco a che fare) regolavano il flusso delle acque all'incrocio con i Bastioni – in fondo alla strada c'era la fiaschetteria Ponte di Brera. Nel 1911 Carlo, capostipite della famiglia Mainini che lo gestisce tuttora, rilevò la prima licenza. Il bar è un raro caso di conduzione familiare protrattasi senza soluzione di continuità fino ad oggi. Diversa fu invece la sorte del Naviglio, chiuso negli anni Trenta.

Quasi di fronte c'era il bar Brera soprannominato il "bar Titta" dal nome della proprietaria, già frequentato da artisti e intellettuali.

La Titta però commise l'errore di ristrutturare e rinnovare gli spazi del suo esercizio. Era il 1948 e gli artisti trasmigrarono in massa dalla dirimpettaia **signora Lina** ovvero **Adele Rossini in Mainini**, originaria del Varesotto, che nel frattempo aveva sposato l'attempato Carlo ed era diventata la vera anima del locale. Lavoratrice indefessa, era vivace e intelligente; seppe suscitare negli avventori, spesso habitué, una sensazione d'accoglienza – il sentore d'essere quasi di casa – ma nello stesso tempo mantenere i rapporti nei limiti del rispetto. Il nome fu cambiato nel ben più esotico Jamaica, forse per iniziativa del figlio Elio – ma c'è tutta una letteratura sull'argomento –, che alla morte del padre ne condivise con Lina la gestione fino alla scomparsa della madre e della propria (2001). Attualmente proseguono l'attività la moglie di Elio, Vittoria, con la figlia Micaela e la nipote Carlina.

Alla fine della Seconda guerra mondiale il quartiere di Brera ha un'impronta popolare, abitato e frequentato da categorie socialmente molto diverse – dai piccoli artigiani ai bottegai, dagli operai ai professionisti – e reso più decadente dai danni dei bombardamenti, nell'intreccio delle viuzze offre ai giovani artisti soluzioni economiche di pensioni, alloggi e studi oltre che osterie, latterie e piccoli ristoranti dove mangiare a prezzi modici.

Qui per circa due decenni, dalla ricostruzione postbellica all'affermazione della società dei consumi, la *bohème* milanese si diede appunt mento. Tra i tavolini e le piastrelle bianche lucide tipo cucina d'epoca che rivestono le pareti del Bar Jamaica artisti, fotografi, musicisti, scrittori, giornalisti – molti dei quali divennero poi famosi – diedero vita a un mondo di idee e progetti, fondarono movimenti e correnti tra cui lo Spazialismo di Fontana, il Nucleare, il Gruppo '63 (di Pietro Manzoni), il Gruppo T, il Gruppo N, il Gruppo 0.

Fu soltanto a partire dalla fine degli anni Cinquanta che si cominciarono a registrare più numerose e assidue le presenze femminili: giornaliste, scrittrici, fotografe, poete ma soprattutto pittrici e scultrici. Al Gruppo '63 partecipava anche una giovanissima **Nanda Vigo** che fu tra le sue frequentatrici più assidue, diventate poi esponenti di primo piano nel panorama artistico contemporaneo come la pittrice **Dada Maino**. Si era ormai in pieno boom economico, e dalla contestazione delle sue contraddizioni nascevano nuove spinte rivoluzionarie in campo artistico e letterario, che in qualche misura riflettevano – quando non anticipavano – quelle sociali, culturali e politiche del '68. Ora sui tavolini del bar si andavano disegnando altri movimenti, di vasto raggio e molto compositi come quello dell'Arte povera e, sul versante opposto ma in qualche misura correlato, dell'Arte concettuale.

Tra le figure femminili più spesso sedute ai tavoli del Jamaica, ne ricordiamo in particolare alcune di cui tracciamo di seguito una breve biografia.

Fleur Jaeggy

(1940)

Di origine svizzera ma di madrelingua italiana, dal 1968 vive a Milano. Si è dedicata prevalentemente alla narrativa. *I beati anni del castigo*, premio Bagutta 1990, ne sancisce il successo; *Proleterka* è scelto come libro dell'anno dal «Times Literary Supplement». Si occupa anche di traduzioni e saggistica, nonché di testi per il teatro e la musica. È sposata con lo scrittore ed editore di Adelphi Roberto Calasso con cui nel 1980 pubblica *Le statue d'acqua*.

Fleur Jaeggy

Giorgina Lattes

(1913-1997)

Ceramista, frequentò solo occasionalmente il bar Jamaica, nei cui gruppi artistici si riconosceva ed era ben accetta, poiché viaggiò e visse molto all'estero tra Londra, Buenos Aires (dove si recò per sfuggire, da ebrea, alle leggi razziali) e Parigi. Sposò Bruno Herlitzka.

Giorgina Lattes

Milvia Maglione Del Pezzo

(1934-2010)

Milvia Maglione Del Pezzo

Dal molto grande (le sculture e pitture oggetto del suo lavoro abituale) al molto piccolo (una serie di gioielli, opere uniche, che fanno pensare a frammenti di un paradiso perduto). Alcuni esemplari del suo lavoro sono stati esposti, tra l'altro, nell'affascinante spazio dell'Home Textile Emporium di Lisa Corti, in via Conchetta a Milano, nel 2003. Ha partecipato a molte mostre collettive e ha allestito esposizioni personali, ospite più volte del Centre Georges Pompidou di Parigi.

Giulia Niccolai

(1934-2021)

Giulia Niccolai

Frequentò il Jamaica fin da giovanissima, dove incontrò gli artisti del Gruppo '63 di cui entrò a far parte. In seguito visse per lunghi periodi in India, fino a scegliere di diventare monaca buddista (1990). Già nel 1966 aveva pubblicato, presso le edizioni Feltrinelli, il suo primo romanzo, *Il grande angolo*. A questo seguirono libri in prosa, raccolte di poesia, racconti, cartelle di grafica e poesia, poesie visive, ecc. mentre lavorava anche come traduttrice di grandi scrittori inglesi.

Nanda Vigo
(1936-2020)

Nanda Vigo fotografata
da Maria Mulas (anni '80)

Dopo il liceo artistico frequentato a Milano, si laureò al Politecnico di Losanna proseguendo poi la sua formazione negli Stati Uniti. Frequentando le avanguardie artistiche e intellettuali che si davano tacitamente appuntamento al Jamaica, entrò in contatto con Piero Manzoni, di cui divenne la compagna condividendo con lui le esperienze artistiche più innovative di quegli anni. Manzoni fu una delle personalità artistiche più rilevanti e più dissacranti, il fulcro del movimento di rottura con un'arte ritenuta troppo borghese, asservita e benpensante. Scuotere le mentalità, le modalità e la concezione stessa del fare arte era evidentemente il fine provocatorio delle sue *Scatole di m... d'artista*, numerate e presentate al pubblico. Erano i primi anni Sessanta, uno dei periodi di più intenso, e propositivo, dibattito tra correnti artistiche per il rinnovo del linguaggio, dell'insegnamento e della concezione stessa di arte. Fin dagli esordi, gli interessi di Nanda e le sue capacità la spinsero a operare fuori dai confini disciplinari delle diverse espressioni artistiche, al limite tra le une e le altre.

Entrò in contatto con i gruppi artistici internazionali più avanzati come il tedesco Gruppo Zero, l'Aktuel Group di Berna, il Light di Baden Baden, ecc.; collaborò con Giò Ponti e con Lucio Fontana, che riconobbe come maestro. Iniziò a eseguire progetti per le più diverse destinazioni (ville, appartamenti, negozi, gallerie, persino cimiteri), mentre partecipava anche a rassegne del settore architettonico ma anche di sola arte visiva. Di questo periodo particolarmente noto e significativo è l'intervento di progettazione della casa museo (ora museo pubblico) del pittore Remo Brindisi (1971-1973) al Lido di Spina, presso Comacchio (FE), che apre la strada alle architetture del tutto-bianco scandito soltanto dalla trama delle piastrelle e del curvilineo. Dal lato più propriamente artistico, notevole fu il suo intervento ai Magazzini del sale di Venezia nell'ambito della XL Biennale internazionale d'arte (1982), in cui lunghi nastri di specchio fissati alle murature esterne, ad altezza d'occhio dei visitatori, riflettevano/riproducevano l'ambiente, la luce e la vita contestualmente al loro svolgimento.

Lo specchio e tutte le superfici trasparenti, riflettenti, lucide, levigate – quindi in grado di dissolversi e smaterializzarsi al contatto con la luce –, i tubi al neon di cui fa grande utilizzo sono i materiali per antonomasia del suo lavoro, in particolare nel design. Gli incarichi professionali, gli inviti, i premi, le rassegne monografiche si moltiplicano, difficile elencarli tutti. Sempre attiva, tra la fine del 2016 e l'inizio del 2017 ha festeggiato i suoi ottant'anni con una mostra particolare, nella sua galleria-archivio, curata dal critico Marco Meneguzzo. Il suo archivio è conservato in via Gorani 8 a Milano.

Lydia Silvestri

(1929-2018)

Lidia Silvestri

È poco frequente incontrare artiste scultrici, e la Silvestri ne è un caso ancor più eccezionale perché operò spesso in spazi esterni ed edifici pubblici. La circostanza già da sola testimonia la presenza di un carattere forte e di una volontà determinata, oltre che la padronanza di conoscenze e abilità tecniche specifiche. «Così come ho passato la mia infanzia nei boschi della Valtellina, ho passato la mia giovinezza nei locali poveri intorno a Brera e al bar Jamaica. Con mamma Lina, dolce e decisa dietro al bancone, c'erano tutti: Dova, Baj, Fontana... Io che ero la più piccola li ascoltavo talvolta stranita, in discussioni vivacissime, dove l'argomento Picasso rappresentava un punto fermo, in un gran carosello di nuove ricette artistiche e di Manifesti e di programmi e di intenzioni». Valtellinese di Chiuro, in provincia di Sondrio, studiò all'Accademia d'arte di Brera di Milano con Marino Marini. Viaggiò e soggiornò all'estero anche per lunghi periodi, appassionandosi alla conoscenza e allo studio delle forme espressive di culture extraeuropee (in particolare fu colpita dalle antiche donne Kmer) e svolgendo anche attività d'insegnamento. Dal 1985 fu docente di Scultura alla Accademia di Brera. Nel suo lavoro sperimentò l'uso di tecniche e materiali diversi, dalla più tradizionale pietra locale – «sono una montanara» dirà di se stessa in un'intervista –, alle più innovative resine epossidiche. Le sue opere furono spesso ispirate a temi mitologici, biblici e letterari. In particolare, numerosi sono i personaggi femminili di queste aree tematiche (le figlie di Lot, Maria Maddalena, Santa Teresa...) sui quali si è concentrata la sua ricerca espressiva. Lo testimoniano i titoli stessi scelti per alcune mostre personali: *Ex-voto* (Galleria Vismara, 1965), *Storie d'amore della Bibbia* (Galleria Levi, 1974), *Storia di Salomé* (Galleria Vismara, 1976), *Arianna e il minotauro* (1989). È in riferimento a queste tematiche che le forme delle sue sculture, già di forte impianto plastico ed eroticamente e sessualmente allusive, sembrano scomporsi per poi ricomporsi in un intreccio dinamico continuo, implosivo/esplosivo, di forme e significati. La torsione, l'intreccio il groviglio, il ritmo fortemente dinamicizzato, suscitando forte suggestione visiva ed emozionale raccontano le contraddizioni umane, l' «ambiguità duale dei sessi, dei concetti di valore che, al di fuori dei vincoli istituzionali, costituiscono il tessuto connettivo dell'esperienza umana».

Oltre all'allestimento di numerose mostre personali, ricordiamo la partecipazione a rassegne collettive in Italia e all'estero tra cui la VII Quadriennale di Roma (1955), la Biennale internazionale d'arte di Venezia nel 1956 (XVIII) e nel 1966 (XXVIII) e la Triennale di Milano (1985). L'artista eseguì parecchie opere per spazi pubblici, come il *Monumento ai caduti* a Livigno, e realizzò interventi in edifici amministrativi e privati tra cui molti alberghi internazionali (Hyatt, Hilton, Sheraton).

Una sua opera in resina epossidica, un *Soffitto* di colore rosso scuro che propone una versione modularmente geometrizzata delle sue linee curve (1978), è stata magistralmente inserita nell'ingresso di un edificio settecentesco in via della Spiga n° 25 (vedi pag. 188) a evidenziarne per contrasto la ricchezza architettonica.

È mancata nel gennaio 2018 ed è sepolta nella tomba di famiglia a Colico.

Edoarda (Dada) Maino

(1935-2004)

Dada Maino alla prima collettiva alla Galleria Totti, Milano 1956

Dopo gli studi classici e l'iscrizione alla Facoltà di Medicina, si dedicò interamente al lavoro artistico iniziando a esporre nel 1957. Agli esordi il suo linguaggio partiva da un'impostazione astratto-geometrica per spostarsi poi verso un'espressione sempre più "informale," sollecitata dalle ricerche spaziali di Lucio Fontana; tra le opere del periodo, i *Volumi*. Dai tavolini del Jamaica partecipava al dibattito artistico, entrando in diversi gruppi d'avanguardia e innanzitutto in quello che faceva riferimento alla rivista «Azimuth», fondata da Enrico Castellani e Pietro Manzoni e frequentata anche da **Nanda Vigo**. Con loro espose in seguito alle mostre del gruppo Nul. Con Fontana e Dorazio prese parte al Movimento internazionale d'Arte programmata Nuova Tendenza. A metà degli anni Sessanta con il Gruppo T, con Anceschi e Grazia Varisco, espose i *Componibili*, *La ricerca del colore*, i *Fluorescenti*.

Risale ai primi anni Settanta l'*Alfabeto della mente* la cui prima opera è una sequenza di croci o lettere H, lettere mute che Dada Maino disegnò d'impeto sulla sabbia spinta dall'emozione per il tragico eccidio di palestinesi del 1976 a Tall el Zaatar. Modalità analoga, basata sulla ripetizione ossessiva di un grafema sulla superficie del foglio fino a coprirlo interamente, caratterizza l'opera *I fatti della vita* disegnata sulle pareti di una stanza considerate come pagine di un diario. Alla fine risulteranno circa 560 tra tele, fogli e foglietti di tutte le dimensioni esposti alla Biennale d'arte di Venezia nel 1980 e poi al Padiglione d'arte contemporanea (PAC) di Milano. Le *Costellazioni* costituiscono un'ulteriore variante. Nel lavoro dell'artista, sottilmente concettuale, ciò che conta non è la ricerca del bello o di un significato contingente, ma piuttosto l'invenzione e l'azione (ripetuta, ossessiva, senza soluzione di continuità) che rimandano a categorie filosofiche ed esistenziali. In particolare è la categoria del tempo a essere interrogata in relazione alla conoscenza «...unica moralità dell'azione umana...». Il tempo «...non conosce pause, ritmi e scansioni differenti, ma soltanto la sua interezza, la sua eternità.»

Artista riconosciuta a livello internazionale, alcune sue opere sono esposte al Museo del Novecento.

Mariangela Melato

(1941-2013)

Proprio sulla porta del Jamaica l'ha ritratta Ugo Mulas, uno dei grandi della fotografia italiana, in una bellissima istantanea che la ritrae agli inizi della carriera. Era nata non lontano, in via Montebello, dove risiedeva la famiglia d'origine, spostandosi poi a Brera durante la frequentazione dell'Accademia per lo studio della pittura e il primo lavoro come vetrinista della Rinascente.

Mariangela Melato

Nel 1960 esordì in campo teatrale nella compagnia di Fantasio Piccoli, poi dal 1963 al 1965 lavorò con Dario Fo in *Settimo: ruba un po' meno* e *La colpa è sempre del diavolo*. L'intensa carriera, ricca di successi, l'ha vista impegnata con egual bravura in campi, esperienze e ruoli anche molto diversi tra loro grazie alle sue doti di eccezionale versatilità, unite a una preparazione approfondita e alla serietà dell'impegno professionale. Fin dalle interpretazioni cinematografiche iniziali, diede vita a un nuovo tipo di personaggio femminile ben lontano da quello della diva – un po' sottotono, autoironico, sottilmente intrigante e affascinante – come in *Mimì metallurgico ferito nell'onore* (di Lina Wertmuller, 1972), uno dei primi film della serie di grande successo di cui fu protagonista con Giancarlo Giannini cui seguì tra i numerosi altri, sempre per la medesima regia, *Travolti da un insolito destino nell'azzurro mare d'agosto* (1974). Tuttavia, con sorprendente eclettismo e abilità era in grado di tornare al teatro classico e persino alla tragedia greca. Fondamentale fu l'incontro con Luca Ronconi, che innovò il lavoro di entrambi. Indimenticabili in questo ambito le sue interpretazioni delle figure più carismatiche ed emblematiche del teatro greco come Medea e Fedra, messe in scena per lo più al Piccolo Teatro Grassi di Milano. La sua attività le ha valso il conferimento di numerosi premi e la dedicazione di una delle sedi del Piccolo. È mancata dopo lunga e grave malattia, affrontata e vissuta con grande coraggio.

Via Fiori Oscuri

Tappa 3

Da via Fiori Oscuri a via Madonnina

Postriboli per tutti i gusti

La scelta d'inserire nel nostro percorso anche gli edifici e le aree urbane che in passato hanno ospitato case di tolleranza – quelle censite e legalmente riconosciute prima dell'entrata in vigore della legge Merlin – è strettamente collegata con la motivazione e gli obiettivi impliciti nel nostro itinerario legato al genere femminile. La prostituzione fu un'attività di sussistenza largamente praticata e che occupò, anche se talvolta solo per un breve periodo di tempo della vita, un alto numero di donne, di diversa estrazione sociale, provenienza e cultura. Inoltre il gran numero di "casini" e la loro concentrazione per zone dedicate, di solito le più povere e marginali della città, connotava i relativi territori dal punto di vista della frequentazione da parte di persone non residenti, dell'offerta di locali o piccoli appartamenti in affitto, della presenza di venditori ambulanti con tutto il seguito di chiromanti, fattucchiere, ecc. In zona Brera, come in altre zone della città, le case di tolleranza di cui si fa menzione nelle diverse guide "meneghine" erano numerose. Se già nelle famiglie d'origine

frequentemente le ragazze erano vittime d'incesto o violenza, con gli effetti dell'inurbamento la situazione peggiorò al punto da creare un vero e proprio allarme sociale. A sensibilizzare l'opinione pubblica e studiare soluzioni idonee furono le prime dame filantrope che individualmente, o unite in comitati, fondarono istituzioni e case per l'accoglienza e il recupero delle giovani. **Ersilia Majno**, **Laura Solera Mantegazza** (vedi pag. 322) e **Alessandrina Ravizza** (vedi pag. 286) furono fra le benemerite.

Un po' di storia

Le prime notizie storicamente documentate su prostituzione e postriboli a Milano si hanno a partire dalla metà del XIV secolo con i decreti emanati dai Visconti prima, e dagli Sforza poi, per porre un freno al dilagare del fenomeno. Furono promulgate disposizioni di legge che riguardavano per esempio gli edifici, che non dovevano avere finestre aperte sulle pubbliche vie, e i comportamenti delle donne che alle eventuali finestre non dovevano affacciarsi e, per strada, indossare una mantellina di panno chiaro, talora gialla. La regolamentazione comportò un riconoscimento e anche una tassazione ma l'effetto non fu quello desiderato se, circa due secoli

<
Case di via San Carpoforo 3 e 5

>
Casa di via Formentini 2

dopo, il cardinale Carlo Borromeo dovette occuparsi di nuovo della questione fondando case apposite per il soccorso e il recupero delle malmaritate e altri tipi di case per le violentate, le orfane e le prostitute. Uno di questi ricoveri fu la Casa Pia delle Convertite di Santa Valeria, nei pressi di Sant'Ambrogio, dove scontò la condanna a essere "murata viva" la Monaca di Monza (vedi pag. 132). Tra XVII e XVIII secolo si diffuse la moda dei casini che, da residenze agresti dedicate alla caccia, divennero case di piacere. Verso fine Ottocento furono i ministri del neoregno italico a dover di nuovo legiferare in materia; per primo Cavour, cui si deve l'invenzione della "marchetta" poi, tra gli altri, il ministro Rudinì cui si deve in particolare la definizione delle norme relative al pagamento. In un primo tempo venne fissato in base alla categoria del postribolo, mentre in seguito si definì la questione in modo più preciso correlando il prezzo alla durata della prestazione. Si pervenne a un censimento delle case e quindi delle *signorine*, che dovevano pagare allo stato una tassa per lo svolgimento della professione e alle maîtresse vitto e alloggio. Inoltre, dovevano sottoporsi periodicamente a controlli medici come anche i clienti abituali e, annualmente, assumere il vaccino antisifilide.

Al civico 17 / **via Fiori Chiari**

"Fior Ciar", così chiamato dal nome dalla via, era uno dei "casini" più celebri, molto frequentato anche dagli stranieri di passaggio. Se ne apprezzava in particolare l'atmosfera elegante e sensuale, creata da una scelta appropriata di arredi e decorazioni. Fin dall'ingresso una grande scala curvilinea in marmo, tipica espressione *belle époque,* accoglieva gli ospiti; tendaggi fluenti, drappeggi diffusi, quadri e sculture a soggetto erotico completavano lo scenario. Alla chiusura, nello stesso edificio subentrò un ristorante che mantenne gli elementi caratterizzanti per molto tempo.

Ai civici 3, 5, 8 / **via San Carpoforo**

"San Carpin" erano soprannominate le "case chiuse" di questa via adiacente alla precedente; vicine, ma ognuna con un'impostazione e prezzi diversi per differenziare l'offerta. Erano le maîtresse a determinare l'impostazione della propria casa, scegliendo il tipo di abbigliamento delle ragazze, l'atteggiamento e complessivamente il tipo di approccio alla clientela. Il prezzo era ovviamente la più significativa discriminante di classe tra le case e tra i frequentatori.

Al civico 2 / **via Formentini**

A confermare la destinazione della zona vi erano anche altre due case di tolleranza, site nell' area antistante la chiesa ora sconsacrata di San Carpoforo verso cui convergono la via omonima, via Fiori Chiari e Via Madonnina.

Proprio al n° 2 c'era la curiosa abitudine di calare un cestino per il rifornimento di viveri alla fine di ogni rapporto sessuale e, inoltre, pare che alla fine del mese tutte le ragazze ricevessero un premio.

Un posto per ogni donna... ogni donna al suo posto

«Un posto per ogni donna e ogni donna al suo posto» era la regola spazio-topologica nel mondo antico, sancita da Solone (VII sec. a.C.) che divise le donne in categorie secondo il ruolo che dovevano svolgere rispetto alle esigenze dell'uomo. «Abbiamo le etere per il piacere dello spirito, le concubine per quello dei sensi, le mogli per darci figli», riassumeva per tutti Demostene nel IV sec. a.C.

La diversa categoria di appartenenza era contraddistinta anche da una precisa collocazione territoriale rispetto alla cortina muraria che racchiudeva la casa della famiglia: dentro, dietro, le mogli e le figlie; fuori, esposte, le prostitute (dal lat. *prostatuere* che significa "mettere davanti"). Le etere invece erano collocate in uno spazio intermedio, semipubblico, quello di ritrovo e riunione degli uomini come tanta pittura vascolare testimonia, o in case proprie. Le posizioni non erano permutabili. La legge soloniana sull'inviolabilità dei sigilli di cera, interposti tra uscio e serratura del gineceo, lo impediva. ■

Casa-studio di Gae Aulenti

Tappa 4
Piazza San Marco

Al civico 8 / Casa-studio di Gae Aulenti

Un piccolo spazio per grandi progetti

Oltrepassato il Jamaica in direzione San Marco, fiancheggiando il *dehors* vetrato che occupa quasi tutto il vicolo Piero Manzoni, ci troviamo di fronte a un praticello verdeggiante con sculture in pietra, in fondo al quale prospetta il modesto e curioso edificio dove realizzò la sua casa-studio la grande architetta.

Piccola ma *charmant*, dicono coloro che l'hanno frequentata, e con una terrazza piantumata come copertura. Qualche rivista ne ha pubblicata l'immagine con l'architetta colta in un momento di relax. Fino a pochi mesi fa sul citofono al piano terra si poteva ancora leggere il nome ormai famoso, ma la trasformazione è stata repentina ed estraniante per chi era abituato a incontrarla o a immaginarsela al lavoro proprio in quell'angolo di Brera. Attualmente l'Archivio **Gae Aulenti** si trova in via Fiori Oscuri 3. Aspettiamo la collocazione di una targa. Il Comune le ha già dedicato un importante tributo toponomastico: la piazza del nuovo polo residenziale/commerciale di Porta Nuova.

Gaetana (Gae) Aulenti

(1927-2012)

Gae Aulenti

Nacque in provincia di Udine e precisamente a Palazzolo della Stella, ma la famiglia aveva origini calabro-pugliesi. La madre era maestra elementare; il padre, agrimensore e tecnico, si laureò poi più tardi in scienze economiche e commerciali e, per sviluppare le nuove professionalità, decise di trasferirsi con la famiglia a Biella. Terminata la scuola dell'obbligo, l'obiettivo prioritario di Gae per il proseguimento degli studi sembrava essere quello di scegliere una sede il più lontano possibile dalla famiglia. Si iscrisse infatti al liceo artistico di Firenze ma poi, a causa della guerra, i suoi studi furono piuttosto irregolari. Si diplomò nel 1946 e subito cominciò a frequentare il Politecnico di Milano, laureandosi nel 1954. Fu tra le prime architette italiane a sviluppare una vera e propria attività professionale autonoma. L'anno dopo sposò un giovane collega e si trasferì a Milano. Nel 1955 nacque l'unica figlia, Giovanna, ma maturò anche la separazione dal marito. Iniziò più tardi un legame affettivo con Carlo Ripa di Meana. Si entrava negli anni del grande sviluppo economico da cui emergeva il primato italiano nel design, cui Gae diede un contributo decisivo. Agli inizi degli anni Sessanta tornò all'università come assistente di Samonà, a Venezia, e poi di Ernesto Nathan Rogers al Politecnico di Milano. Permettetemi qui un ricordo personale: in quegli anni, ero anch'io allieva del Politecnico di Milano e partecipai proprio al corso per la progettazione di un teatro, diretto da Ernesto Nathan Rogers. Ne conservo un ricordo molto intenso in quanto era stato organizzato con criteri didattico-formativi molto innovativi, che tendevano a coinvolgere gli alunni – futuri progettisti – anche sul piano emotivo (gli attori del Living theatre, che interpretavano gli ebrei oggetto delle persecuzioni naziste e vittime delle camere a gas, veni-

Lampada Parola

vano a "morire" vicino a noi, tra i tavoli da disegno. Come questo anche gli altri episodi esperienziali proposti poggiavano su una base documentaria storica e tecnica assai ricca e approfondita, proposta da un corpo docente ben organizzato e di alto livello tra cui proprio la giovane Gae Aulenti. Assistente volontaria della Cattedra di Composizione architettonica, si distingueva per la studiata eleganza del look originale e ricercato.

Rogers fu il maestro e padre riconosciuto della generazione dei giovani architetti (Rossi, Canella e Gregotti) che rivoluzionarono l'assetto della Facoltà di architettura e in molti casi, ma non sufficientemente, il volto della città in espansione, preda della speculazione edilizia più vorace. Il testo sacro fu la rivista «Casabella», di cui Rogers come direttore aveva modificato il nome in «Casabella-continuità» e a cui Gae collaborò fin dalla laurea. Fu partecipe anche del MSA (Movimento studi architettura) in cui in quegli anni si dibatteva sui temi della modernità e del rapporto tra le architetture della ricostruzione e il razionalismo architettonico europeo, esprimendo posizioni e progetti dai quali scaturì una corrente chiamata neo-liberty. Alla morte di Rogers, abbandonò sia la redazione di «Casabella» sia l'università e l'Adi (Associazione per il disegno industriale).

Nel nuovo studio allestito in via dell'Annunciata, si dedicò interamente alla professione con occasioni progettuali via via crescenti che le permisero di applicare i principi del suo maestro e in genere del Movimento per l'architettura moderna, che sintetizzava il compito degli architetti moderni esortandoli a progettare «...dal cucchiaio... alla città». In quest'ottica ben s'inserì il suo interessamento alla promozione della diffusione del mobile di qualità anche al di fuori dei circuiti elitari, appoggiandosi ai grandi magazzini.

La sua vera svolta professionale avvenne a partire dagli anni Settanta grazie ai primi incarichi da parte di due grandi aziende nazionali, l'Olivetti e la Fiat, per cui allestì mostre, disegnò stand e negozi.

In questa fase della sua professione sviluppò soprattutto tematiche architettoniche increnti a spazi espositivi, showroom, uffici in varie città in Italia e all'estero e divenne architetta di fiducia della famiglia Agnelli. A Gae non mancò l'impegno civile e sociale partecipando alla vita politica del paese. Il Partito socialista, da lei appoggiato agli esordi, la deluse poi profondamente. Dagli anni del boom economico fino alla "Milano da bere", il suo salotto fu un polo della vita mondana, ritrovo degli intellettuali più vivaci e innovativi.

Il successo e la notorietà arrivarono dopo il grande progetto per il recupero della vecchia Gare d'Orsay a Parigi, trasformata in grande sede museale destinata alle collezioni d'arte a partire dal XVIII secolo e in particolare agli impressionisti. Il lavoro, molto complesso e impegnativo cui si dedicò dal 1980 al 1987, le valse la fama di specialista del settore. Al Musée d'Orsay seguirono interventi simili in molte altre importanti città tra cui: negli anni Ottanta, Palazzo Grassi a Venezia e il Musée National d'Art Moderne, al quarto piano del Centre Pompidou, a Parigi; negli anni Novanta, il Museu Nacional d'Art de Catalunyia a Barcellona, l'Asian Art Museum a San Francisco, le ex Scuderie papali a Roma, il Palazzo Branciforte a Palermo e altri ancora. Agli inizi del 2000 fu portato a termine il piano per la riqualificazione funzionale ed estetica di piazza Cadorna e del palazzo delle FFNM a Milano; nell'ambito dell'iniziativa "Stazioni dell'arte" del comune di

Tavolo con ruote

Sedia Locus Solus

Napoli, progettò due stazioni della metropolitana, rispettivamente "Museo" (2001) e "Dante" (2002); seguirono il recupero e l'adeguamento del Palavela di Torino per le Olimpiadi invernali 2006 e molti altri.

Al caleidoscopio delle tipologie affrontate progettualmente, va aggiunta la passione per il teatro che la portò a occuparsi anche di scenografia, per lo più in collaborazione con l'amico Ronconi. Ma fu anche la scenografa di numerose opere musicali tra cui l'indimenticabile *Donnerstag aus Licht*, di Karlheinz Stockhausen allestita alla Scala di Milano nel 1981. In questa attività per il teatro riuscì a coinvolgere anche la figlia **Giovanna Buzzi** e la nipote **Nina Artioli**, che come architetta è entrata a far parte dello studio associato che si è costituito negli ultimi anni.

Per quanto riguarda più specificamente l'attività di designer, molti degli oggetti da lei disegnati sono diventati vere e proprie icone del Novecento. È impossibile in questa sede elencarli tutti. Ne ricordiamo solo alcuni o per il valore storico o perché divenuti particolarmente famosi, come il dondolo *Sgarsul* e la lampada *Pipistrello*, i *Tavoli con ruote di bicicletta* per Fontana Arte – per cui progetta anche varie lampade divenute famose –, i servizi di posate per Alessi, linee di apparecchi idrosanitari, sistemi di maniglie, ecc.

Nel corso della sua vita professionale ha ottenuto ambiti riconoscimenti, premi e onorificenze. L'ultima, la Medaglia d'oro alla carriera, le è stata consegnata alla Triennale di Milano nel 2012, poche settimane prima di morire.

Con il suo lavoro Gae Aulenti ha lasciato un segno in molte città del mondo, in molte case e in molti oggetti di arredamento e/o di uso quotidiano. È importante tenerlo presente e identificare questi segnali nel nostro landscape domestico con la sua firma, la firma di una delle prime architette professioniste.

>
Lunetta del portale centrale della Chiesa di San Marco

p. 274
La facciata della Chiesa di San Marco

Al civico 2 / **Chiesa di San Marco**

La storia di questa chiesa ha elementi in comune con quella di altre chiese presenti in zona. Di antica fondazione (1254), fu poi ampiamente rimaneggiata in epoca barocca (alla fine del XVII secolo furono edificati i pilastri a fascio, la cupola, ecc.) e completata ancora più tardi, nel XIX secolo, con la costruzione della facciata in stile neogotico disegnata dall'architetto Maciachini. A lui dobbiamo gli analoghi prospetti delle vicine Santa Maria del Carmine e San Simpliciano. Sulla tipica facciata del romanico lombardo acceso dall'intensa colorazione del mattone a vista, l'unico elemento antico è rappresentato dal bel portale ogivale in pietra bordato da fasci polistili. Sopra l'architrave lavorato a riquadri (con Cristo e i simboli degli Evangelisti), al centro della lunetta, una bella scena in mosaico della *Madonna tra santi* di Angelo Inganni (1840) anima la superficie diventandone il fulcro. L'azzurro intenso del manto accompagna o indirizza i nostri passi per un tratto del cammino. Superiormente tre nicchie in cotto finemente lavorate, e con aperture ogivali polilobate, racchiudono altrettante statuette. L'interno presenta tre navate terminanti nel transetto e varie cappelle laterali. Molto ricca di decori, ospita quadri e affreschi di artisti noti come Procaccini, Cerano e

Nuvolone. Gli elementi decorativi che contribuiscono a definire lo stile complessivo sono tratti dal repertorio gotico.

Tappa 5
Via San Marco

Lavoro di cura. Le lavandaie

In luogo dell'attuale sede stradale scorreva il Naviglio Martesana, a cielo aperto fino agli anni Trenta e fino agli anni Sessanta nella parte esterna alle mura spagnole (ora Bastioni). Proveniente dal fiume Adda, da cui derivava, entrava nella cerchia dei navigli cittadini all'incrocio con le mura spagnole e si dirigeva verso piazza San Marco dove si trovava il *Tombon*, ovvero un porticciolo per l'attracco delle imbarcazioni e il carico-scarico delle merci. Nel tragitto attraversava una successione di conche per la regolazione del livello delle acque, al cui perfezionamento forse lavorò anche Leonardo. Di questo come degli altri navigli esistono struggenti immagini fotografiche d'epoca che a molti cittadini hanno fatto vagheggiare il ritorno a una città che si rifletta nell'acqua e ne assuma le mutevoli colorazioni e le intriganti atmosfere. La questione è stata riproposta varie volte dalla cittadinanza e dalle amministrazioni locali. Anche per i pittori vedutisti di fine Ottocento-inizio Novecento è stato un soggetto prediletto. La presenza delle lavandaie diffusa e costante lungo gli argini dei navigli – e di qualsiasi altro bacino o corso d'acqua raggiungibile dall'abitato con il loro corredo di tinozze, secchi, *preje* (le pietre su cui si sfregavano i panni) ecc., visione cui i cittadini erano abituati – veniva colta dai pittori vedutisti come consunstanziale al paesaggio. Lavoro duro quello delle lavandaie, che si svolgeva lungo tutto l'arco dell'anno esponendo alle intemperie corpi già messi a dura prova dalla posizione inginocchiata, dai pesanti involucri da trasportare e con le mani nelle acque gelide. Interessante, anzi dove-

Lavandaie all'opera sul Naviglio

rosa, ci sembrerebbe una catalogazione dei siti, alcuni ancora dotati di *brelin* (pensilina o tettoia in legno) specialmente nei piccoli paesi dove sono stati utilizzati fino a non molto tempo fa, e delle *preje* dove ne resti traccia. Si tratta di un patrimonio di grande valore storico in via di rapida dispersione, per cui sarebbe importante richiedere la predisposizione di un vincolo di salvaguardia e conservazione in loco da affiancare a un'evidenziazione segnaletica, per esempio lungo i percorsi ciclopedonali, e da corredare con schede storiche. C'è poi tutta la casistica dei lavatoi pubblici – strutture civiche diffuse quasi quanto le famose "vedovelle", le fontanelle verdi –, senz'altro più protetti dalle intemperie e soprattutto con la valenza vincente di favorire l'incontro e la socializzazione. Ma non mancarono cartelli delle autorità locali di richiamo al lavoro nel silenzio.

Ora che le lavatrici eseguono il lavoro pesante per noi, le testimonianze del lavoro delle lavandaie potrebbero essere l'occasione per interessanti percorsi storico culturali.

L'antico *sestiere* di Porta Comasina (ora Porta Garibaldi)

La parte di città compresa nell'antico Sestiere di Porta Comasina, almeno quella più periferica, fu una delle maggiormente messe in crisi

Le lavandaie

Le lavandaie con la loro presenza, i loro canti, le loro voci sono soggetti comuni della pittura vedutista e anche della letteratura loro contemporanea. Come esempio riportiamo *Lavandare* di Giovanni Pascoli (da *Myricae*, 1891).

Lavandare
Nel campo mezzo grigio e mezzo nero
resta un aratro senza buoi
che pare dimenticato, tra il vapor leggero.
E cadenzato dalla gora viene
lo sciabordare delle lavandare
con tonfi spessi e lunghe cantilene.
Il vento soffia e nevica la frasca,
e tu non torni ancora al tuo paese!
Quando partisti, come son rimasta!
Come l'aratro in mezzo alla maggese.

dalla complessa problematica politica, economica e sociale e persino esistenziale, che l'avvio della rivoluzione industriale innescava. La presenza dei due corsi d'acqua, il fiume Adda a monte e la sua derivazione – il naviglio Martesana che, sfruttando la naturale pendenza del territorio, penetrava profondamente nella città avvicinandosi al centro –, favorì la localizzazione delle prime industrie, che dipendevano dalla forza motrice idraulica per azionare i propri macchinari. Inoltre, la zona era anche un buon bacino di reclutamento della mano d'opera.

Le prime furono le aziende del settore tessile (filande, tessiture di seta o di cotone o di canapa, tintorie...) che impiegavano prevalentemente manodopera femminile preferita per le caratteristiche che potremmo dire "anatomiche" (corpo e mani più piccole e agili, adatte a lavori delicati e di precisione) e comportamentali (maggiore abitudine ad accettare il lavoro subordinato) – e per il minor costo.

Accanto alle numerose industrie tessili cominciarono poi a insediarsi anche le aziende metalmeccaniche, elettriche, e via via di ogni sorta di specializzazione. Tra le prime l'Elvetica (poi Breda) e la Grondona, in seguito la Falk, mentre la Pirelli cominciava a lavorare il caucciù per gomma elastica e la Tecnomasio Italiano Brown Boveri (TIBB) a fornire prodotti elettrici.

Le filande

Giovanni Migliara, *La Filanda Mylius a Boffalora sopra Ticino*, 1828, Alessandria, Pinacoteca civica

Le filande sono le prime industrie a svilupparsi numerose con la rivoluzione industriale nelle zone del Norditalia ricco di acque. È infatti lungo i corsi d'acqua che si possono ancora incontrare i resti di tali strutture, ormai ridotti a reperti di archeologia industriale per noi affascinanti da vedere ma certo non per le giovani donne, e bambine, che vi lavoravano alla fine del XVIII e nel XIX secolo. Le filande furono i primi impianti industriali a offrire molti posti di lavoro per le donne. Si trattava di un lavoro molto faticoso e malsano, come del resto quasi tutti i lavori nelle fabbriche della prima rivoluzione industriale.
Nelle tessiture, invece, la presenza femminile crebbe fino a imporsi solo dopo la meccanizzazione dei telai, che inizialmente erano troppo pesanti da manovrare e quindi appannaggio della manodopera maschile. A segnare la differenza fu l'applicazione della macchine a vapore come fonte di energia per la movimentazione dei telai.
Il baco da seta o filugello, allevato dalle famiglie contadine nei loro cascinali con grande cura e dedizione tra primavera e inizio estate, una volta maturato come bozzolo, veniva portato in filanda dove era sottoposto a diverse fasi di lavorazione. Tra queste le più pesanti per le operaie risultavano la "dipanatura" (o "scopinatura" e "trattura") e l'"imbozzimatura". La prima serviva a trovare il capo della bava, lavorando con le mani sempre nell'acqua che doveva essere quasi bollente (70°/80°) per sciogliere la sostanza collosa che tiene unito il bozzolo; la seconda a trattare la bava dentro vasche piene di liquidi oleosi maleodoranti, su cui l'operaia doveva stare china tutto il giorno inalando i vapori malsani. ■

La prima storica concentrazione industriale si sviluppò dunque in un'area che, partendo da via De Castillia nel quartiere Isola, arrivava fino alla Martesana (Ponte delle Gabelle) e a Porta Nuova.

Ma già nei primissimi anni del Novecento con il venir meno della dipendenza dalla forza motrice idraulica, le medesime aziende iniziarono a decentrare le loro produzioni lungo l'asse Milano-Greco-Sesto San Giovanni, preferito per la vicinanza con la ferrovia.

L'offerta massiccia di posti di lavoro che l'industria nascente metteva a disposizione in particolare delle giovani donne, e anche delle bambine, non costituiva una vera occasione di miglioramento della loro condizione. La grande adesione non fu una scelta ma una necessità, una via obbligata a fronte della grave crisi economica che attanagliava soprattutto le fasce più deboli della società. Si trattava anche di accettare condizioni d'impiego assai lesive per la salute e la vita stessa delle neo operaie e di quanti altri familiari erano loro collegati. Bambini, anziani e famiglia erano difficilmente gestibili con gli orari lunghissimi, le mansioni logoranti, gli ambienti malsani, che caratterizzavano le condizioni del lavoro femminile. Nonostante tutto ciò per le donne il posto di lavoro in fabbrica – che comportava l'uscita dal chiuso mondo domestico familiare e la sottrazione alla tutela parentale – e la fine del "lavoro per amore", benché sostituito da un misero salario, minavano alla base la millenaria costruzione patriarcale della società. Consentirono, quindi, l'inizio del percorso emancipatorio che, a partire da quest'epoca, sarà ancora lungo e complesso e sfocierà nel femminismo post-sessantottesco.

La maturazione della consapevolezza della propria esistenza come lavoratrici e cittadine diede alle operaie la forza di denunciare pubblicamente le condizioni di lavoro e di rivendicare migliorie per la tutela della salute e il conseguimento della parità di diritti-doveri e salariale. Furono perciò le protagoniste dei primi scioperi sul finire dell'Ottocento e l'inizio del Novecento. Nel 1902, si attuò e restò par-

Operaie della fabbrica Richard Ginori a S. Cristoforo reparto decorazione, 1925

ticolarmente famoso, lo sciopero delle *piscinine* (le piccole apprendiste dei laboratori di sartoria, modisteria, stireria comunemente utilizzate anche per la consegna dei pacchi a domicilio).

L'impoverimento delle campagne si rifletteva nel degrado delle aree più periferiche della città che, in prossimità dei quartieri popolari densamente abitati spesso in un contesto edilizio fatiscente in assenza di manutenzione, nascondevano sacche di povertà estrema da cui provenivano ragazzi e giovani dediti alla delinquenza abituale e dove molto diffusa era la prostituzione.

Proprio in quelle medesime aree urbane in cui i problemi si manifestavano con più evidenza e gravità, si attivarono le forze delle nuove promotrici della beneficienza. Quale miglior modo per riuscire a trasformare la realtà dell'andare a vivere di persona nelle zone più a rischio o in quelle limitrofe? E in effetti fu una delle pratiche adottate in particolare da **Alessandrina Ravizza** (vedi pag. 286), ineguagliabile nel porsi al servizio dei più bisognosi.

Prima di lei la più anziana **Laura Solera Mantegazza** (vedi pag. 322) aveva realizzato in questa parte del territorio urbano il primo *Pio ricovero per lattanti e slattati*, ricavato inizialmente nella sua stessa abitazione situata nell'ex borgo di Porta Comasina n° 2138, con ingresso dalla laterale contrada Santa Cristina n° 2136 (ora corso Garibaldi n° 73), e poi duplicato in altre zone della città fino a realizzarne sette esemplari.

L'iniziativa successiva della Mantegazza, ovvero l'Associazione generale di mutuo soccorso delle operaie, fu la "palestra" multidisciplinare – dove le discipline riguardavano le scienze umane più nobili come l'altruismo, la generosità, l'apertura, l'accoglienza – e l'occasione di sperimentare la collaborazione reciproca per numerose giovani donne che, come Alessandrina, erano colte e sensibili ma anche estremamente concrete, ovvero capaci sul piano organizzativo e coraggiose nelle iniziative e nei rapporti con individui e situazioni molto diverse da quelle vissute dal loro ceto.

Con loro si creò nella pratica una sorta di genealogia femminile che portò un contributo decisivo alla soluzione nell'immediato delle problematiche più cogenti, ma soprattutto seppero impostare in modo proficuo ed eticamente corretto gli interventi a medio e lungo termine che si rivelarono strutturali.

Tappa 6
Via Solferino

Lasciamo via San Marco per una rapida digressione nella parallela via Solferino che raggiungiamo percorrendo a sinistra via Ancona, ovvero costeggiando il perimetro del moderno complesso per uffici e abitazioni che negli anni Settanta ha sostituito la testa dell'isolato compreso tra piazza San Marco e le vie limitrofe: Pontaccio, Solferino e Ancona. Il progetto dell'architetto Vico Magistretti, cimentandosi con l'arduo tema dell'intervento edilizio nei centri storici che non rinuncia all'utilizzo di un linguaggio architettonico moderno di forte contrapposizione con l'esistente, mostra tuttavia una certa attenzione e sensibilità nel degradare i volumi dal lato prospiciente il sagrato e la chiesa di San Marco. Al primo piano del nuovo edificio si forma così

una terrazza, quasi una piccola piazza dalla concavità attraente, da cui affacciarsi sul teatrino urbano sottostante (peccato che non risulti aperta al pubblico di passaggio).

Proseguiamo svoltando a destra in via Solferino, che percorriamo per un breve tratto in direzione di largo Treves soffermandoci di fronte al civico 11.

Al civico 11 / Casa di Alessandrina Ravizza

La cortina muraria lungo entrambi i lati di via Solferino appare piuttosto omogenea in quanto composta da edifici per lo più coevi (XIX sec.) e tipologicamente simili, avendo la medesima destinazione funzionale mista residenziale e commerciale, con prevalenza della prima. L'impianto complessivo fa ancora riferimento ai modelli nobiliari del secolo precedente ma osservando le facciate, spie delle soluzioni interne, vediamo che la nuova spinta commerciale si materializza al piano terra nelle grandi aperture predisposte per le vetrine, cui corrispondono all'interno ambienti con un'altezza interpiano maggiorata rispetto alla media. Inoltre compare una nuova sequenza di finestre di dimensioni ridotte, talora a profilo arcuato, interposta tra piano terra e primo piano che serve a

<
Via Solferino 11

>
La testina femminile che decora la chiave di volta del portone di ingresso

dare luce e aria a una nuova volumetria di altezza ridotta. Il nuovo elemento tipologico, detto "mezzanino", è una volumetria di servizio che può essere utilizzata come supporto alle attività commerciali sottostanti oppure attribuita al piano cosiddetto "nobile" che, come da tradizione, è collocato al primo livello. Del piano nobile furono conservati gli altri elementi tipologici distintivi, che sono in estrema sintesi: la balconata centrale simmetricamente disposta sopra il portale d'ingresso e i timpani allineati sopra le finestre. Il portale d'ingresso è un altro elemento di forte caratterizzazione di questa tipologia edilizia soprattutto per la sua imponenza dovuta all'altezza "doppia," in quanto corrispondente a quella del piano terra più quella dell'ammezzato. In chiave di volta compare una testina femminile allegorica in pietra, ripetuta in quasi tutti i portoni di questo primo tratto della via. Fin dalla strada s'intravede, diaframmata da un cancello in ferro battuto, la corte principale, che talora è parzialmente porticata. Dal portico partono le scale di accesso agli alloggi dei piani superiori.

Questo disegno composito di facciata è stato riproposto più volte lungo via Solferino diventandone l'elemento tipizzante, che però possiamo trovare anche in altre zone della città laddove lo sviluppo

<
La cucina per malati poveri di Alessandrina Ravizza

>
La sede del «Corriere della Sera» vista da via San Marco

urbano abbia avuto una storia analoga. Nel tratto terminale della via compaiono invece, sul lato destro, alcuni esempi di "case a ballatoio". Il civico n° 11 contrassegna l'ultimo edificio del primo tratto di via Solferino che fa angolo con via Palermo. Sulla facciata vorremmo trovare affissa una targa che reciti così:

«In questa casa abitò e operò, dal 1863 al 1889, Alessandrina Ravizza, dama caritatevole e filantropa, "la signora dei disperati", che con il suo impegno contribuì a rendere illustre Milano.»

La parete è già occupata da altre due targhe (dedicate rispettivamente al pittore Tranquillo Cremona, che fece parte degli "scapigliati", e al benemerito Alessandro Ripamonti).

Al civico 28 / **Sede storica del «Corriere della Sera»**

Ora il nostro itinerario piega a destra in via Montebello ma, prima di avviarci, non possiamo esimerci dal ricordare che circa a metà di via Solferino si affaccia la prestigiosa sede storica del «Corriere della Sera», progettata nel 1903-1904 dagli architetti Luca Beltrami e Luigi Repossi. L'aspetto attuale del complesso è la risultante dei successivi interventi di adeguamento funzionale e/o restauro, di cui uno dei più importanti è stato quello di Alberto Rosselli negli anni

Sessanta celebrato per l'eleganza essenziale del corpo delle rotative, esempio di algida espressione architettonica applicata a un tema di architettura industriale. In anni più recenti è intervenuto lo studio Gregotti & associati, che ha eseguito un'operazione essenzialmente di pulizia e riordino delle diverse strutture componenti il complesso la cui imponente dimensione si coglie appieno solo dal lato di via San Marco (occupa infatti l'intero isolato tra via Montebello e la parallela via Moscova).

La più recente ha il merito, a nostro avviso, di avere "riaperto" l'involucro edilizio con l'introduzione di ampie superfici vetrate che alleggeriscono il volume dal lato di via San Marco e via Moscova. Su questa facciata di testa è stato realizzato inoltre un nuovo ingresso con disposizione diagonale che crea un effetto di accoglienza e modifica, anche se limitatamente a questo lato, la rigida definizione del perimetro.

Alessandrina Massini in Ravizza

(1846-1915)

Alessandrina Massini Ravizza

Fu una delle protagoniste dell'assistenzialismo sociale, forse la più attiva ed empatica con i suoi assistiti, certamente la più nota e amata a livello popolare. È la prima che incontriamo sul nostro itinerario, ma dal punto di vista della successione cronologica ricordiamo che fu **Laura Solera Mantegazza** (vedi pag. 322), sua amica e maestra, la prima ad allontanarsi dal modello della benefattrice ottocentesca alto borghese tradizionalmente casa e famiglia, per lo più credente e osservante dei principi della Chiesa, per mostrarsi come donna autonoma secondo un proprio sistema di pensiero e valori, attiva, avveduta nel cogliere e osservare i problemi, abile nel progettare e organizzare soluzioni che spesso hanno un riscontro edilizio nella costruzione della città.

Nacque in una cittadina vicino a San Pietroburgo dove la famiglia, di origini italiane, si era trasferita per motivi di lavoro del capofamiglia, funzionario dell'esercito zarista. Ricevette una buona educazione di tipo alto borghese maturata in un ambiente cosmopolita e progressista. Giunta a Milano dalla natia Russia nel 1863, prese alloggio dapprima in via Meravigli n° 6 e poi in questo stabile di via Solferino insieme alla sorella che voleva studiare canto. Nel 1866 sposò l'ingegner Ravizza, ispettore alle tramvie, di cui assunse il cognome. Il matrimonio fu piuttosto deludente e non fu allietato da figli. I coniugi abitarono continuativamente nell'appartamento di via Solferino, dove Alessandrina diede vita a un salotto culturale molto attivo, frequentato da personaggi di spicco in diversi campi. Dal 1889, per la perdita del lavoro del marito, dovettero cercare un appartamento più piccolo e modesto che trovarono nella non lontana via Andegari, al n° 8. Qui Alessandrina riprese la consuetudine degli incontri di conversazione settimanali, cui si aggiunse l'attività di affittacamere motivata dal bisogno economico. La Ravizza fu uno dei personaggi più notevoli del gruppo di dame formatesi alla scuola di Laura Solera Mantegazza. L'incontro con la già esperta benefattrice fu una tappa fondamentale per la sua attività e per la sua vita intera. Tra le due donne iniziò un rapporto molto intenso che si rafforzò e approfondì nel tempo. La giovane Ravizza prese parte a quasi tutte le iniziative assistenziali pensate e realizzate da Mantegazza. L'Associazione generale di mutuo soccorso per le operaie di Milano da lei fondata nel 1862 fu l'ambiente in cui si formò una nuova generazione di giovani benefattrici tra le quali, oltre alla Ravizza, operarono attivamente **Ersilia Bronzini Majno**, **Linda Malnati** e **Anna Maria Mozzoni**.

In quest'ambito presero coscienza delle diverse possibilità riformistiche sperimentando, oltre alla collaborazione, anche la solidarietà tra donne. Le modalità dei rapporti reciproci e con le destinatarie delle iniziative benefiche, ma soprattutto le mete individuate e le modalità per realizzarle, diedero consistenza – esemplificandolo – a quel femminismo di tipo emancipatorio o "pratico" che si andava definendo come modus operandi spiccatamente lombardo. Più teorico e ideologico, nonché politicamente schierato, fu invece il percorso indicato per esempio da **Anna Kuliscioff** (vedi pag. 78).

Nel 1879 Alessandrina Ravizza realizzò la sua prima iniziativa benefica in edifici autonomi appositamente reperiti, la Cucina per malati poveri, che distribuiva gratuitamente pasti caldi a chi si presentava evitando agli indigenti complicate procedure burocratiche. Cercava così di porre rimedio, per quanto possibile, a una delle criticità dedotte da un'attenta e partecipata analisi dell'iter di malattia degli infermi poveri, ovvero all'assenza di continuità assistenziale dopo la dimissione dall'ospedale. Momento già di per sé delicato, lo era particolarmente nel caso dei poveri che, tornando ai propri alloggi, spesso ritrovavano le medesime condizioni di indigenza e insalubrità per cui si erano ammalati. Gli spazi per la realizzazione delle cucine furono reperiti in via Anfiteatro n° 16, dunque proprio nella contrada di Porta Comasina dove già Alessandrina risiedeva. Nel medesimo sestiere abitava anche Laura Mantegazza, che aveva già dato vita alla prima importantissima istituzione assistenziale, il Ricovero per bambini lattanti e slattati ospitato inizialmente proprio nella sua abitazione privata (ora corso Garibaldi n° 73) e in seguito duplicata in altre zone di Milano. Alcuni anni più tardi, Alessandrina affiancò alla struttura delle cucine un Ambulatorio medico (1887) chiamando a dirigerlo l'amica Anna Kuliscioff, anch'essa di origine russa, da poco laureata in medicina all'università di Napoli. Ma Anna dopo soli due mesi dovette rinunciare per gravi problemi di salute. A ogni intervento nel tessuto urbano degradato, corrispondeva un approfondimento ulteriore della conoscenza dello stato di abiezione in cui vivevano percentuali rilevanti di popolazione in quella fase di trasformazione dalla città borghese alla città industriale. Sovvertendo il profilo della dama caritatevole borghese e religiosa, ricercò il contatto diretto, trovando ogni volta la strada per avvicinarsi straordinariamente ai casi più difficili, ai soggetti più sfortunati (ladruncoli, piccoli delinquenti, ex galeotti...). Nel 1901 si avvicinò alla neofondata Unione femminile, partecipando al Comitato contro la tratta delle bianche per combattere il fenomeno della prostituzione in grande crescita fra gli strati più indifesi della popolazione femminile. Per curare le conseguenze della piaga sociale giunse a realizzare, presso l'Ospedale sifiliatrico di via Lanzone, una Scuola-laboratorio per giovani donne e bambini infetti (1904).

Inoltre contribuì alla fondazione dell'Università popolare, iniziativa nata per diffondere la cultura presso le classi meno abbienti. La valutazione dell'importanza dell'istruzione come strumento di "redenzione" sociale la condusse anche a studiare e proporre progetti legislativi innovativi.

Nel 1907 la Società Umanitaria la nominò direttrice della Casa di lavoro per disoccupati, in cui spese tutte le sue energie diventando ancora una volta punto di riferimento per afflitti di ogni condizione sociale e provenienza.

Morì agli inizi di quella Prima guerra mondiale che tanto aveva temuto per i suoi protetti.

Al corteo funebre che l'accompagnava al Cimitero Monumentale parteciparono esponenti di tutte le classi sociali, dalle massime cariche cittadine ai più poveri, forse però meno derelitti dopo il passaggio terreno della "Madonna dei poveri, Santa laica, Contessa del brodo" per chiamarla con alcuni dei soprannomi con cui veniva designata. La municipalità le ha attribuito un riconoscimento toponomastico intestandole un appezzamento del Parco Sud, nelle vicinanze di Porta Lodovica.

Maria Antonietta Torriani (Marchesa Colombi)

(1840-1920)

Maria Antonietta Torriani è stata una delle giornaliste e delle scrittrici italiane più moderne, ironiche e anticonformiste del panorama letterario italiano. Si firmava con il nome d'arte di Marchesa Colombi personaggio comico della commedia *La satira e Parini* di Paolo Ferrari. La sua epoca la considerò soprattutto come un'autrice rivolta al pubblico femminile per la sua costante attenzione al mondo delle donne, per i suoi toni sentimentali e per la minuziosa descrizione degli ambienti familiari e domestici. Ma già la Ginzburg e Calvino riconobbero in lei una asciuttezza di visione e una libertà espressiva raramente presenti in Italia, che ben si esprimono nel romanzo *La voce delle cose* (1899). Nata e cresciuta a Novara, nel 1868 si trasferisce a Milano dove inizia la carriera di scrittrice e giornalista. In questi anni si consolida la sua attenzione per l'emancipazione e l'analisi del lavoro femminile. Determinante l'incontro e l'amicizia con **Anna Maria Mozzoni**. Entrambe intrepide e indipendenti, tengono conferenze e discorsi d'arte, di letteratura e d'educazione. Insieme danno l'avvio al Liceo **Maria Gaetana Agnesi**, convinte che una nuova educazione femminile sia la strada maestra per consentire alle donne la "liberazione", e l'università, e allargare l'orizzonte di una formazione esclusivamente atta a sfornare madri, mogli e padrone di casa. Queste teorie si esprimeranno nel saggio, *Della letteratura nell'educazione femminile*, edito nel 1871, nel quale approfondisce la questione della lettura e della cultura come elementi di un percorso di formazione femminile. Nel 1877 pubblica con «Il giornale delle donne» un testo di grande successo che ebbe nel giro di una decina d'anni almeno venti ristampe, un piccolo innovativo galateo, *La gente per bene: leggi di convenienza sociale* (1877). Gelosa della propria indipendenza la Torriani si sposò a 35 anni con Eugenio

Maria Antonietta Torriani

Torelli Viollier, giornalista con il quale collaborava da diversi anni. Con lui fonda, nel 1876, il «Corriere della Sera» diventandone la prima firma femminile. Sulla testata milanese cura la rubrica "Lettera aperta alle signore". Segue un'altra rubrica di costume e società "Colore del tempo" sul settimanale femminile «Vita intima». Verso il 1900 si trasferisce a Torino (Cumiana), defilandosi così dalla scena letteraria e mondana. Sempre attiva nell'impegno sociale fonderà l'Ufficio di indicazione e di accoglienza per le persone bisognose e, durante la Prima guerra mondiale, aprirà un altro ufficio per fornire i soldati di calze, maglie e scalda-ranci. Muore a Milano il 24 marzo del 1920. È sepolta a Cumiana.

Tappa 7

Via San Fermo della Battaglia

Case operaie

Venendo da via Solferino, percorriamo dunque via Montebello fino a piazzetta Mirabello. Da qui imbocchiamo sulla sinistra via San Fermo. È un tratto di via abbastanza breve, se però ci soffermiamo a osservarla più attentamente, ci accorgiamo che un unico edificio occupa l'intero isolato e la sua facciata, assolutamente priva di aggetti, ripete la medesima teoria di finestre per tutta la sua lunghezza e altezza. Si tratta di un intervento della Società edificatrice di case operaie, bagni e lavatoi pubblici, realizzato nel 1862-1868. È uno dei numerosi enti che in quel periodo operarono a Milano fra le circa cento associazioni di mutuo soccorso. «Il nostro scopo non è tanto abbassare le pigioni ma migliorare la qualità delle abitazioni. Non vogliamo che le case per gli operai abbiano il carattere degli ospizi di carità...». Questo era lo scopo dichiarato. Per conseguire tale alto obiettivo si studiarono e realizzarono, come in questo caso, nuove tipologie diverse dalle cosiddette "case a ballatoio" o di ringhiera, le più note e diffuse in città. In entrambe le tipologie, le

<
Case operaie di via San Fermo, esterno

>
Case operaie di via San Fermo, il cortile

singole unità abitative sono organizzate intorno a cortili più o meno grandi, secondo la forma e la dimensione del lotto e la volontà di sfruttamento massimo delle sue potenzialità volumetriche. Talora più cortili si succedono dalla pubblica via fino agli orti interni. La differenza principale tra le due idee abitative riguarda la modalità di accesso agli alloggi individuali. Totalmente all'aperto nel primo caso in cui le scale, di solito posizionate agli angoli, portano all'inizio di ogni ballatoio che si deve percorrere, passando davanti alle finestre altrui, fino a raggiungere le proprie. Sul fondo o alla fine di ogni ballatoio si trovava l'unico servizio igienico, in comune a più appartamenti di quel medesimo livello.

Nel nuovo tipo di struttura, come quello esemplificato in via San Fermo, la distribuzione dei percorsi di accesso agli alloggi si effettua invece attraverso corpi-scala già inseriti nel fabbricato e quindi coperti, anche se non chiusi totalmente sui lati, da cui ci si può affacciare sul cortile. Ogni scala serve soltanto un appartamento per piano, per cui il loro numero cresce secondo la lunghezza totale dell'edificio. Nel blocco che prospetta su via San Fermo, si possono contare 18 corpi-scala. Questa soluzione progettuale certamente garantiva una maggiore privacy e indipendenza ai singoli appartamenti.

L'abitazione per le lavoratrici sole

Dagli studi compiuti sulle manifatture tabacchi sappiamo che impiegavano quasi esclusivamente personale femminile: giovani donne, ragazze, ma anche bambine che lasciavano la famiglia d'origine per migrare talora anche molto lontano.
Il problema dell'abitazione per il nuovo proletariato urbano di fronte alle terribili condizioni determinatesi nelle città in cui innanzitutto e con modalità più abnormi si manifesta lo sviluppo capitalistico industriale, ha la sua prima emblematica denuncia (forte e precisamente strutturata) nel famoso saggio *La questione delle abitazioni* di Engels. Se per tutti i lavoratori di recente inurbamento la questione dell'alloggio si poneva in termini drammatici a causa dell'urgenza in termini di tempo e denaro, per le donne sole la soluzione era ancora più difficile. Disponevano infatti di minor denaro essendo i loro salari molto inferiori, e inoltre avevano in un certo senso più esigenze.
Una soluzione era fornita dai proprietari stessi delle aziende, sopratutto di quelle ubicate lontano dai centri abitati, che costruirono di loro iniziativa apposite strutture per l'alloggio delle loro operaie accanto alla fabbrica, dirette e/o sorvegliate (talora con modalità eccessivamente rigide) da personale laico e talora religioso. La **casa convitto** se da un lato era una soluzione più rassicurante per le giovani e per le famiglie d'origine, dall'altro garantiva all'industriale filantropo la disponibilità costante di una manodopera su cui si allungava l'ombra del controllo totale. In alcune realtà più importanti il paternalismo industriale arrivò a realizzare per le proprie maestranze interi villaggi. Il più famoso, in quando paradigmatico nella sua completezza e già citato in questo volume, è il Villaggio operaio Crespi d'Adda (BG), ma potremmo citare tra gli altri anche il villaggio Leumann di Collegno (TO), quelli di Schio e Valdagno (VC), del lanificio Rossi e di Torviscosa (UD).
In città invece bisognava rassegnarsi al subaffitto, alla coabitazione o ad alloggi di ripiego ricavati in mezzanini, sottotetti o seminterrati. La ripresa della tematica in anni un po' più vicini

a noi e in modo più mirato da parte di due personaggi femminili, in apparenza agli antipodi come vissuto personale ma politicamente avvicinabili nella finalità della loro attenzione e nel tipo di soluzione prospettata, si deve all'inglese **Virginia Woolf** e all'austriaca **Margarete Schütte-Lihotzky**.
Con strumenti e mezzi differenti, le due intellettuali propongono come obiettivo l'ottenimento di un alloggio «anche piccolo, anzi piccolissimo e modesto, ma decoroso... purché dotato di serratura alla porta»; principale condizione ambientale per sviluppare la propria esistenza autonomamente, libere dai condizionamenti socioculturali patriarcali. Solo chiudendosi una porta alle spalle le giovani possono sentirsi libere di reinventarsi la propria vita a piacimento. Con lo strumento della scrittura e della metafora letteraria la grande scrittrice, con la matita e lo strumentario del disegno la pioniera dell'architettura moderna hanno indicato la strada.
Nel caso specifico dell'edilizia popolare di via San Fermo, la planimetria mostra la lunga successione di unità abitative suddivise in quattro locali, probabilmente in considerazione del fatto che la percentuale di coniugate nella totalità delle dipendenti della Manifattura Tabacchi era molto più elevata che in altri settori (in conseguenza, e a conferma, delle migliori e più sicure condizioni lavorative).
Al piano terra furono realizzati servizi comuni (bagni, lavatoi e un asilo). ■

Queste nuove case dovevano servire innanzitutto la zona industriale circostante, ovvero la Manifattura tabacchi insediata in zona dal1802, il Panificio militare e la Regia Zecca. Inoltre, appena al di là della circonvallazione si trovavano i capannoni dell'Elvetica (poi Breda), della Pirelli e della Grondona, oltre ai due punti terminali delle ferrovie: la stazione della linea Milano-Monza, quella della linea Milano-Como, la vecchia Stazione Centrale e la Dogana della nuova società delle Ferrovie Alta Italia.

Per alcune di queste pionieristiche strutture industriali abbiamo anche una documentazione pittorica e fotografica che, benché chiaramente edulcorata – tutte le componenti sembrano in perfetta armonia –, è molto puntuale nel descrivere il tipo di struttura industriale, la qualità degli spazi e delle condizioni di lavoro, il genere e l'età degli addetti. Da alcune delle grandi tele disponibili si deduce tra l'altro che, anche in situazioni di manodopera quasi totalmente femminile, le scarsissime presenze maschili che vi compaiono ricoprono naturalmente ruoli di comando, ispezione e controllo. A proposito di quest'ultimo, dalla ricerca fatta dal Politecnico di Torino sulla Manifattura della città, pare che da parte degli ispettori e controllori i soprusi e le molestie nei confronti delle operaie fossero frequenti, per non dire abituali. Una delle occasioni più propizie (per i molestatori) era l'ispezione alla fine della giornata lavorativa, imposta dal divieto assoluto di portare all'esterno il benché minimo quantitativo della preziosa "materia prima".

Tappa 8
Via della Moscova

Al civico 30 / Manifattura Nazionale Tabacchi

La soppressione di molti ordini religiosi, e conseguente confisca dei loro beni mobili e immobili, rese disponibili in città spazi e strutture proprio nel momento in cui la crescita esponenziale dell'industria-

Lo sciopero delle sigaraie, momento importante dei moti del 1898

lizzazione rendeva indispensabile per le manifatture l'acquisizione di nuove aree fabbricabili e/o di volumetrie occupabili. Motivazioni per cui, quando nel 1783 si liberò l'area all'angolo tra via della Moscova e corso di Porta Nuova su cui sorgeva il convento delle suore Carmelitane, fu subito occupata da una nuova destinazione industriale: l'imperial-regia Manifattura dei Tabacchi. Con i suoi 1300 dipendenti, con punte fino a 3000, era una delle più grandi del paese. Ricordiamo che i primi a dare avvio alla coltura della pianta del tabacco, in Europa come in Italia, furono i ceti nobiliari o addirittura le case reali, che apprezzavano il tabacco per piacere personale. Da quest'uso nacque l'idea del profitto economico che tale prodotto avrebbe potuto avere se trattato in quantità e modalità industriali. L'attività specifica della Manifattura consisteva innanzitutto nella preparazione del trinciato e quindi della confezione e smercio all'ingrosso di sigari e sigarette. Fu una grande attività produttiva, quasi completamente svolta da donne, che in fabbrica andavano formandosi anche come soggetti politici consapevoli e acquisivano una coscienza di classe che, in occasione dei moti del 1898, diede loro la determinazione a uscire dalla fabbrica e scendere in strada a piccoli gruppi serrati per protestare contro lo sfruttamento e le pessime condizioni esistenziali in accordo con tutta la classe operaia, cui si aggiungevano le richieste specifiche di genere.

Le foto d'epoca ci restituiscono l'immagine (potremmo visualizzarne i suoni, il gran clamore ma anche le voci e i canti) di una via Moscova quasi interamente coperta dalle lunghe gonne scure ondeggianti all'energico passo giovanile delle sigaraie, che avanzavano strette in gruppi a capo scoperto. La strada era aperta per la loro partecipazione anche agli scioperi successivi, in un periodo storico di grandi fermenti sociali come è quello d'inizio Novecento. Tra questi, particolare significato assunse nel 1902 lo sciopero delle *piscinine*, la categoria più sfruttata di tutta la manodopera.

Dopo circa un secolo di permanenza nell'area, l'attività della Manifattura Tabacchi fu spostata in una località più periferica ma più funzionale per la gestione degli spazi e soprattutto servita da una fermata della linea ferroviaria Milano-Monza, derivata dallo scalo di Greco.

Nel 1928-30 traslocò in viale Fulvio Testi n° 121-123, in zona Bicocca, presso la nuova sede appositamente studiata e progettata secondo i canoni architettonici del razionalismo europeo. La medesima cifra stilistica fu ripresa negli edifici costruiti in tempi successivi. La Manifattura Tabacchi fu capofila nel realizzare i primi interventi a favore del miglioramento delle condizioni di lavoro e di vita delle dipendenti, che costituivano la maggior parte della forza lavoro. In quest'ottica, fu realizzato al suo interno un asilo per i figli delle lavoratrici. In Fulvio Testi la fabbrica rimase fino al 1999, anno in cui l'attività industriale cessò. Da quel momento l'area e gli edifici in essa contenuti furono abbandonati e totalmente trascurati fino alla decisione, pochi anni fa, d'intervenire con una vasta operazione di bonifica, ristrutturazione e recupero funzionale per farne un nuovo moderno polo urbano con destinazione prevalente per la cinematografia e i servizi annessi. L'area ospita attualmente la Cineteca e il Museo Interattivo del Cinema (MIC). Il collegamento con il centro città è efficacemente assicurato dalla linea metropolitana lilla (MM5 Bicocca).

Lo sciopero delle *piscinine*

Lo sciopero delle *piscinine* in una illustrazione della «Domenica del Corriere», 1902

Il 23 giugno del 1902 le *piscinine*, ovvero le giovanissime lavoratrici (si trattava di bambine tra i 6 e i 13 anni), impiegate formalmente come apprendiste presso le tante sartorie presenti nella elegante Milano di inizio secolo, iniziarono uno sciopero rivendicando maggiori diritti. Guidate dalla più "anziana" tra loro, la quattordicenne **Giovanna Lombardi**, circa 400 bambine presero parte alla protesta che durò una settimana e che mise in difficoltà le aziende del settore. Alla fine, grazie anche all'aiuto di alcuni membri dell'Unione Femminile le loro richieste furono accolte. Alcune *piscinine* vennero tuttavia licenziate e in molte situazioni il loro sfruttamento continuò, ma divennero un esempio per molte altre categorie di lavoratori e lavoratrici che nei loro comizi le ricorderanno come quelle bambine che avevano sconfitto i "padroni dell'abbigliamento". Ecco come, qualche giorno dopo, il «Corriere della Sera» riportò la notizia: «Lo sciopero delle *piscinine* è un fatto compiuto. Le *piscinine*, per chi lo ignora, sono quelle ragazzine che imparano il mestiere della sarta, della modista, della lavorante in biancheria e della stiratrice. [...] Le *piscinine* domandano: un salario minimo di 50 centesimi, riduzione di orario, non essere adibite a lavori di famiglia e non portar lo scatolone; doppia paga alle domeniche e compenso proporzionato per ore di lavoro [...] La grande sala della Camera del lavoro, invecchiata tra le adunanze di tutti i generi, non ricorderà certo d'aver mai veduto tra le sue pareti nulla di simile a quanto si è svolto ieri. Una nidiata di bambine sedute in buon ordine, - saranno state un centinaio - contornavano il palco delle Commissioni. Un cinguettio di voci infantili, allegro ed irrequieto echeggiava tra le nere muraglie, sotto al lucernario polveroso, che finora avevano rimbombate delle grida minacciose di tumultuose assemblee operaie. ■

L'UNIONE FEMMINILE

S. Tomaso 6 **si è costituita** S. Tomaso 3

Per l'elevazione ed istruzione della donna

Per la difesa dell'infanzia e della maternità

Per dare studi ed opera alle varie Istituzioni di utilità sociale

Per riunire in una sola sede le Associazioni ed Istituzioni Femminili

col vantaggio per le Socie:

a) di avere una Sede decorosa:
b) una Biblioteca in comune:
c) una Sala di lettura con giornali e riviste:
d) Conferenze, Corsi di lezioni, Trattenimenti.

Vi sono tre categorie di Socie, con uguali diritti:

CATEGORIA **A** L. **10** annue
» **B** » **5** »
» **C** » **2** »
con impegno triennale.

L'UNIONE FEMMINILE accoglie pure come **Soci aderenti** le Associazioni, Istituzioni e le persone tutte che coll'opera, con un'elargizione qualsiasi, coopereranno alla fondazione e allo sviluppo della Casa dell'Unione.

<

Manifesto per la costituzione dell'Unione Femminile

>

Il giardino dell'Unione Femminile in Corso di Porta Nuova 32

Tappa 9

Corso di Porta Nuova

Al civico 32 / Unione Femminile Nazionale

L'edificio appare strettamente incastonato nella fitta cortina muraria che fiancheggia il lato destro del corso senza che nessun elemento di particolare rilievo estetico o innovativo richiami l'attenzione del passante. Si tratta di un fabbricato interamente rifatto nel 1910 quando l'Unione femminile nazionale, una delle prime associazioni femminili italiane e senz'altro la più longeva (tuttora molto attiva), l'ha acquistato per farne la propria casa. In effetti il progetto di una propria dimora, che fornisse un tetto anche ad altre associazioni similari, fu uno dei primi obiettivi. Si proseguì poi l'opera con la costruzione di un Salone delle conferenze, cui successivamente si sovrappose un altro piano per formare una nuova struttura completa di palchetti e palcoscenico da destinare alle attività teatrali.

Purtroppo durante la Seconda guerra mondiale i bombardamenti ne distrussero una parte e ne danneggiarono altre. Le conseguenti necessarie opere di ristrutturazione (comprendenti anche parti interamente ricostruite) furono terminate nel 1950. Il palazzo ha desti-

nazione prevalentemente residenziale. È suddiviso in piccoli e medi appartamentini dati in affitto, da cui ricava o almeno conserva un utile per sostenere e promuovere le diverse attività dell'Associazione. Al piano terra si trovano ambienti di maggiori dimensioni utilizzati per le iniziative societarie. Il gradevole e funzionale assetto attuale deriva da un ulteriore intervento di adeguamento funzionale e rinnovamento estetico, eseguito negli anni Novanta.

Se l'esterno appare poco significativo, per la riproposizione pedissequa di elementi classicheggianti che si pongono stilisticamente sulla scia degli epigoni dei neoclassicismi, appena superato l'alto portone d'ingresso e attraversato il porticato, ai nostri occhi si presenta un piccolo giardino, degno dell'Ottocento inglese (tipo Sissinghurst, anche se in formato ridotto e più modesto). Ci troviamo in presenza del centro geometrico e spaziale dell'organismo architettonico, nel cuore dell'associazione di cui già si possono ipotizzare le attività, lo stile e i toni dell'approccio.

L'Unione femminile è nata nel 1899 per iniziativa di un gruppo di donne già attive individualmente nel campo della beneficienza e assistenza alle classi e ai soggetti sociali più deboli e maggiormente esposti ai pericoli di sfruttamento, fino alla riduzione in schiavitù. I

<
La bella facciata neoclassica dell'ospedale su Corso di Porta Nuova

>
Bassorilievo che rappresenta la fondatrice, Laura Ciceri, che riceve le maestranze al lavoro per la costruzione dell'ospedale

soggetti più a rischio erano le ragazze e le giovani donne che avevano lasciato le famiglie d'origine per venire a lavorare in città.

Le firmatarie del primo manifesto programmatico furono **Jole Borsellini Bellini**, **Ada Negri Garlanda**, **Ersilia Majno Bronzini**, **Antonietta Pisa Rizzi**, **Silvia Pojaghi Taccani**, **Carolina Ponzio**, **Nina Rignano Sullman**, **Elly Carus**, **Irma Melany Scodnik**, **Nina Ottolenghi Levi**, **Adele Riva**.

Il confronto, la sovrapposizione e l'intreccio delle esperienze maturate indipendentemente e individualmente portò alla formulazione di una serie di obiettivi fondamentali e prioritari che riassumono la politica del gruppo. Questi obiettivi furono stampati sulla copertina del giornale dell'associazione stessa nel 1899.

Nel 1939, in pieno regime fascista, il prefetto di Milano ordinò lo scioglimento dell'Associazione e la liquidazione dei suoi beni. Tuttavia alcune consigliere riuscirono a conservare la proprietà del caseggiato che, dopo le distruzioni del secondo conflitto mondiale – in particolare quelle micidiali del 1943 –, dovette essere ricostruito nelle parti demolite dai bombardamenti e risanato. Dal 1950 si poterono riprendere le attività. Attualmente l'UFN ospita anche la Libera Università delle Donne (LUD).

Tappa 10

Piazzale principessa Clotilde

Ospedale Fatebenefratelli (Fatebenesorelle)

La sinergia di due donne

L'idea di fondare e costruire un ospedale dedicato all'accoglienza e cura delle sole donne povere inferme nacque dall'iniziativa sinergica di due donne eccezionali che, pur molto diverse tra loro – e agli antipodi della scala sociale – seppero sviluppare coesione di intenti e abilità complementari.

L'idea iniziale fu di **Giovanna Lomeni** (1766-1825). Monaca del convento di San Paolo, quando fu decisa la soppressione degli ordini religiosi – decretata dagli occupanti francesi nel 1810 – si trovò forzatamente nella condizione di laica. Di animo generoso, caritatevole e sensibile alle esigenze sociali dei più poveri, essendo venuta a contatto, nel corso della sua pur breve esistenza, con i problemi e le difficoltà di cura soprattutto delle donne in condizione di povertà, decise di fondare un ospedale per accoglierle e curarle. L'obiettivo che veniva sentito come assolutamente urgente era quello di creare per le donne quanto già da tempo i Fatebenefratelli avevano realizzato per gli uomini, fondando

<

Il pellicano, simbolo della famiglia Ciceri

>

Gruppo scultoreo posto al centro del coronamento della facciata, opera di Luigi Marchesi

un'istituzione in cui fossero accolte gratuitamente e assistite per puro spirito di cristiana carità. Lo zelo e la tenacia dell'umile suora secolarizzata, sostenuta dalla convinzione della giustezza del suo sentire oltre che dalla fede religiosa, crearono intorno alla sua idea un largo consenso soprattutto da parte del mondo femminile già sensibilizzato o dedito all'aiuto e all'assistenza dei più disagiati. Nel 1819 inviò perciò una supplica al Viceré per avere il permesso per la costruzione dell'Ospedale, indicando nel contempo anche due possibili localizzazioni alternative, e la costituzione di un gruppo di infermiere che avrebbe seguito la regola agostiniana (di cui veniva già definito anche l'abito). L'idea fu molto apprezzata e tenuta in grande considerazione, ma per circa quattro anni l'iniziativa non si poté concretizzare per la mancanza di finanziamenti adeguati. Lomeni era ormai totalmente sfiduciata e quasi rassegnata a dover rinunciare alla realizzazione del suo progetto, quando pensò di rivolgersi a una delle più importanti dame della società milanese, già dedita a opere assistenziali e di beneficienza e protettrice delle inferme dell'Ospedale Maggiore, la contessa **Laura Visconti di Modrone in Ciceri**.

Nata da una famiglia di antica nobiltà lombarda – i Visconti di Somma, conti di Lonate Pozzuolo e marchesi di Modrone – appena

diciassettenne sposò il conte Filippo Ciceri. Ebbero un'unica figlia, Maria, che, molto legata alla madre, ne condivise gli interessi e l'impegno in campo sociale, affiancandola nello svolgimento dell'attività benefica e assistenziale. La sua presenza, soprattutto dopo la morte del padre nel 1805, fu di grande conforto per la nobile dama. La giovane Maria, da poco sposata con il marchese Daniele Ala Ponzoni, morì prematuramente nel 1833. La madre volle fissarne l'immagine e celebrarla facendone eseguire un ritratto scultoreo.

Quando l'umile ex suora Giovanna Lomeni le presentò il suo progetto, la contessa si mostrò subito molto interessata. Presto si accorse che il gruppo promotore era quasi totalmente privo di risorse non solo finanziarie, ma anche organizzative, operative e strumentali. Il primo problema che si presentava per passare dalle intenzioni ai fatti era il reperimento di un'area idonea in cui realizzare il progetto.

La fortuna volle che proprio in quel periodo fosse messo in vendita il complesso dell'ex convento di Sant'Ambrogio ad Nemus in contrada degli Ortolani, sottoborgo di Porta Tenaglia, essendo stato soppresso l'ordine dei Padri riformati che l'abitava. La proprietà, caratterizzata da condizioni climatiche e ambientali ritenute idonee alle necessità di cura, comprendeva un caseggiato e per il resto ortaglia. L'intervento della nobildonna fu risolutivo anche se ebbe la sensibilità di entrare in campo gradualmente, continuando a coinvolgere la Lomeni in tutte le decisioni. Ben presto, però, per espletare il più velocemente possibile tutte le incombenze, dovette assumere in prima persona il duplice ruolo di amministratrice e direttrice. Con una successiva lauta donazione provvide anche all'arredo per l'accoglienza e l'assistenza e alla dotazione infermieristica per la cura, in modo tale che dal settembre 1823 il nuovo ospedale potesse iniziare ad accogliere le prime inferme povere, di nascita civile ovvero in possesso almeno della residenza. Date le piccole dimensioni iniziali (24 posti letto e dodici infermiere) fu considerato inizialmente un'istituzione privata. Solo nel 1825 ottenne lo statuto di ente pubblico. Nel medesimo periodo il nuovo ospedale ebbe finalmente un'inaugurazione ufficiale, resa ancora più importante dalla presenza dell'imperatrice d'Austria in viaggio nel Lombardo-Veneto con il marito. La sovrana si mostrò molto partecipe delle sofferenze delle inferme e generosa nei riguardi dell'istituzione, riconoscendo i grandi meriti della contessa sanciti dall'attribuzione della Croce stellata, un'importante e rara onorificenza femminile.

Il mese successivo fu fatta una seconda inaugurazione, questa volta alla presenza dell'Imperatore.

Nel frattempo l'umile ex religiosa Giovanna Lomeni moriva nel medesimo ospedale. Solo successivamente le fu dedicata una lapide apposta su una parete del vecchio edificio.

Il nuovo ospedale incontrò la benevolenza di molti benefattori che elargirono donazioni e lasciti (determinante fu quello del nobiluomo Giovanni Battista Besozzi), al punto che dopo pochi anni fu possibile la realizzazione di un ospedale del tutto nuovo in una costruzione appositamente realizzata.

Anche questa volta la sede fu un'ex proprietà ecclesiastica resa disponibile dai provvedimenti di soppressioni degli ordini in epoca giuseppina (1789), e poi napoleonica (1810), con conseguente vendita o confisca dei beni. In questo caso l'area in questione fu l'Ortaglia con romitaggio, situata tra lo stradone dell'Angelo (poi Dazi di Porta Nuova e oggi Corso di Porta Nuova) e la strada al Ponte di Santa Teresa, oggi via della Moscova. La proprietà comprendeva il Convento dei padri Carmelitani Scalzi, la Chiesa di San Carlo e al centro il *romitaggio*, ovvero una zona recintata per il ritiro spirituale. L'Ordine era stato soppresso e il Demanio aveva avocato a sé l'area per installarvi la Manifattura dei Tabacchi che rimase attiva solo fino al 1826, quando l'intera area fu messa all'asta. Dal vincitore di tale asta lo rilevò, grazie a un'offerta economicamente molto vantaggiosa, la contessa Ciceri. L'area fu ritenuta particolarmente idonea allo scopo di realizzarvi un grande nosocomio soprattutto grazie alla ricca dotazione di acque (infatti era lambita dal Naviglio Martesana e attraversata da una roggia), utili per il trasporto dei materiali da costruzione nella prima fase e successivamente di tutte le derrate necessarie. Era inoltre molto favorevole, anzi privilegiata, la posizione sul passeggio aristocratico quotidiano dei milanesi, che si svolgeva tra Porta Orientale (l'attuale Porta Venezia) e Porta Nuova con gran sfoggio di carrozze e ricchi equipaggi.

In questa occasione risultarono ancora più evidenti che in precedenza – data la complessità della tematica e la dimensione delle quantità in gioco – le conoscenze e l'abilità della contessa in campo amministrativo, finanziario e organizzativo. Appena tutte le autorizzazioni furono ottenute, la nobildonna diede l'incarico del progetto all'architetto di sua fiducia Giulio Aluisetti – anche ingegnere, disegnatore e incisore – che in breve glielo presentò corredato dal piano economico, dalla tempistica degli interventi e dal preventivo per le sue competenze.

Nella fase di messa a punto del progetto giunsero altre donazioni, tra le quali particolarmente considerevole fu quella di **Paola Agnesi** sorella di **Maria Gaetana**, la famosa matematica settecentesca. Si trattava di un lascito testamentario costituito da un'ampia proprietà agricola e boschiva, La Valera, sita tra i comuni di Varedo e Barlassina (entrambi in provincia di Monza e Brianza), che comprendeva anche

Ritratto scultoreo della Marchesa Maria Ciceri, 1942-43, cortile dell'Ospedale Fatebenefratelli

alcuni caseggiati. Sul piccolo sagrato di un oratorio che era incluso nella proprietà, la nobildonna Paola volle fosse esposta una lapide a ricordo di entrambe le sorelle.

Un'ulteriore donazione di entità ragguardevole fu devoluta da un'altra dama pia e caritatevole, **Savina Alfieri ved. Nasoni,** il cui lascito fu legato espressamente all'idonea sistemazione delle degenti croniche tra cui numerose erano le malate colpite da tubercolosi infettiva, patologia endemica all'epoca era molto diffusa. Il primo problema cui trovare una valida soluzione era quello dell'isolamento. Una targa apposta sulle pareti del reparto la ricorda. Il 18 aprile 1836 si arrivò alla posa della prima pietra. L'edificazione durò circa quattro anni, periodo in cui la contessa lavorò sempre a stretto contatto con l'architetto ma soprattutto con il capomastro, valutando e prendendo decisioni con lui su varianti per lo più di carattere prettamente tecnico (bontà dei materiali, tecniche applicative, ecc.).

L'edificio si affaccia sull'attuale corso di Porta Nuova con una volumetria imponente, dovuta soprattutto alla notevole estensione lineare del tutto paragonabile a quella del Palazzo Belgioioso nella piazza omonima, progettata dall'imperial-regio architetto Piermarini.

<
Ritratto scultoreo della Contessa Laura Visconti di Modrone in Ciceri, 1847, portico dell'Ospedale Fatebenefratelli

p. 308
Raffigurazione di Maria Bambina custodita nella Cappella dell'Ospedale Fatebenefratelli

La planimetria si sviluppa intorno alla grande corte perimetrata da portici. L'architetto, attento agli aspetti funzionali e igienico-sanitari della struttura (come accessi, percorsi, separazione dei reparti, isolamento degli infettivi, ecc.), dedica grande impegno agli elementi architettonici come i due grandi scaloni che caratterizzano l'atrio d'ingresso, i quali conferiscono all'edificio una certa aulicità.

Il disegno della facciata verso Corso di Porta Nuova, di chiara matrice neoclassica, presenta sei grandi colonne in granito con capitelli dorici, sormontate da una trabeazione e cornicione su cui era previsto un grande gruppo scultoreo. Sulla facciata oltre all'ingresso principale, si apre anche quello della cappella. La contessa si occupò personalmente dell'aspetto estetico e del decoro esterno, commissionando allo scultore Luigi Marchesi il gruppo marmoreo da posizionare al centro della facciata a livello del coronamento superiore.

L'artista scolpì l'affascinante ed emozionante gruppo della *Carità Cristiana*, drammaticamente presentata nell'atto di animare alcune pie donne a soccorrere altre inferme. Figure femminili a tutto tondo affiancano una sagoma centrale eretta che si staglia con forza nel cielo verso cui sembra guidare il gruppo che l'attornia. L'ampio mantello che scende dal capo della figura della

Carità sembra proseguire in quelli delle curanti, creando una sorta di unico grande "manto della Misericordia" di cui nella città di Milano si trovano alcuni famosi esempi. Le mani che curano o si stringono sono gli elementi di collegamento tra i corpi che appaiono come intrecciati in una sorta di catena della solidarietà.

Purtroppo è raro che il passante indaffarato alzi il capo fino alla sommità del palazzo, ed è un vero peccato, poiché il gruppo presenta caratteristiche veramente toccanti.

Ad altri artisti furono commissionati invece i bassorilievi da porre in facciata negli spazi di intercolumnio. Il primo, che celebra i *Lasciti in favore dello stabilimento,* fu fatto eseguire a Stefano Gerola; il secondo racconta la *Fondazione dell'ospedale* e il terzo la *Vestizione monacale.*

Nel cortile si trovano due statue a tutto tondo. La prima fu fatta realizzare dalla contessa Ciceri, affranta dal dolore per la perdita prematura dell'unica figlia. La statua di marmo, commemorativa ma dal piacevole carattere intimistico, è una delle prime e rare sculture femminili a tutto tondo individuabili nel milanese. Con la seconda, sempre posta nel margine esterno del porticato, sono invece i cittadini milanesi ad avere voluto ricordare e celebrare la grande dama benefattrice. Entrambe le figure femminili sono rappresentate sedute su poltroncine tipiche dello stile neoclassico e con i piedi appoggiati su un elegante e morbido cuscinetto, arricchito da passamanerie e nappe. La giovane, in abito di tessuto leggero e acconciatura dell'epoca, è a capo scoperto. La madre invece è raffigurata come un'antica matrona romana, con un abito dall'abbondante panneggio e il capo coperto dal manto com'era nella consuetudine delle donne anziane, ma che qui contribuisce a renderne la condizione di lutto e mestizia. È quasi totalmente messo in ombra (non solo per la luce ma per i criteri di rappresentazione) il lato destro della statua che invece esprime la condizione di forza, d'imprenditorialità della medesima dama; la mano destra tiene un rotolo che nello srotolarsi mostra la planimetria dell'ospedale. Non abbiamo la certezza che sia l'unico caso; certamente però ci colpisce particolarmente, dato il tema e l'obiettivo della nostra ricerca, la rappresentazione così immediata ed espressiva della relazione tra donne e costruzione della città.

Si osserva inoltre che, mentre il fronte dell'edificio su corso di Porta Nuova è stato restaurato recentemente, le due sculture versano in uno stato di conservazione deplorevole: ne mancano alcune parti e non sono per nulla protette né valorizzate, attorniate da auto parcheggiate disordinatamente ovunque; sarebbero da restaurare e valorizzare sia nel contesto dell'ospedale sia in quello urbano più vasto. Il complesso ospedaliero cominciò ad essere operativo dal 1860.

Laura Ciceri lasciò all'ospedale tutte le sue sostanze.

Successivamente fu deciso di aggiungere nuovi corpi di fabbrica da destinare agli uomini, in modo da potere lasciare la precedente struttura di via Fatebenefratelli, ormai obsoleta.

Con il nuovo assetto l'intestazione di tutta l'istituzione e dei suoi padiglioni fu declinata al maschile.

Attualmente lo storico Ospedale fa parte dell'Azienda Sociosanitaria Territoriale Fatebenefratelli-Sacco con riferimento topografico all'ingresso principale che si apre su piazza Principessa Clotilde n° 3, all'angolo tra corso di Porta Nuova e via Castelfidardo.

Le statue femminili a tutto tondo

Pochissimi sono gli esempi di statue a tutto tondo dedicate a personaggi femminili nella città di Milano. Ecco un elenco aggiornato al 2021.

Ritratto scultoreo della Marchesa Maria Ciceri, 1942-43, cortile dell'Ospedale Fatebenefratelli

Ritratto scultoreo della Contessa Laura Visconti di Modrone in Ciceri, 1847, portico dell'Ospedale Fatebenefratelli

Ritratto scultoreo di Bianca Maria Visconti alla guida del gruppo delle massime autorità che presenta il modello dell'Ospedale, 1939, facciata esterna dell'Ospedale Niguarda

Ritratto scultoreo di Cristina Trivulzio di Belgioioso, 2021, Piazza Belgioioso

Il palazzo che ospitava le Cucine economiche

Tappa 11
Viale Monte Grappa

Al civico 8 / Cucine economiche e forni sociali

Il cibo e la mensa per i lavoratori inurbati

Tra la fine dell'Ottocento e l'inizio del Novecento diversi operatori sociali cominciarono a occuparsi della sopravvivenza alimentare dei più poveri. Nel 1879 si costituì il Comitato per la costruzione di "cucine economiche" che prevedeva la realizzazione, in varie parti della città, di edifici appositi. Il lavoro fu commissionato all'architetto Broggi che studiò il piano ed elaborò il progetto di un edificio campione in breve tempo, ma i complessi adempimenti burocratici ne tardarono la realizzazione e l'apertura fino al 1883. Del Consiglio di amministrazione del Comitato faceva parte anche **Alessandrina Ravizza** (vedi pag. 286), filantropa emerita, forse la più attiva e pragmatica del gruppo di giovani donne "allieve" di **Laura Solera Mantegazza**, (vedi pag. 322). In via Anfiteatro n° 16, Alessandrina aveva già realizzato nel 1879, con i pochi mezzi a sua disposizione, una Cucina per malati poveri. Era una struttura semplice ed essenziale ma in grado di garantire gratuitamente almeno un pasto caldo al giorno ai poveri appena dimessi dagli ospedali. Alla mensa, in realtà, accedeva chiunque ne avesse di necessità.

L'edificio commissionato all'architetto Broggi dall'Opera pia cucine economiche sorse su un'area demaniale – che, in precedenza, era stata usata come deposito del sale – in quella parte di Milano in cui si erano localizzate più numerose le prime fabbriche, ovvero lungo il Naviglio della Martesana al suo ingresso in città. Le sue acque, derivate dall'Adda, servivano ad azionare le ruote idrauliche dei primi opifici, ma anche al trasporto di persone e merci – in particolare derrate alimentari, materiali da costruzione, legnami e materiali vari – effettuato mediante grandi chiatte, munite anche di vele e remi, che scendevano lentamente verso Milano spinte dalla corrente e da qualche vento di rinforzo. Il tempo di percorrenza da Brivio-Lecco a Milano era di circa 70 ore mentre il percorso inverso, controcorrente e in leggera "salita", richiedeva molto più tempo. Tuttora in bella evidenza dopo il recente restauro, l'edificio doveva essere molto suggestivo quando il naviglio Martesana scorreva ancora lungo il suo fianco occidentale, rendendo la localizzazione strategica poiché consentiva il carico/scarico delle merci direttamente dal canale al deposito interno posto al piano seminterrato, dove una porta si apriva direttamente sul corso d'acqua. Dalle planimetrie disponibili si deduce che il progettista ha effettuato uno studio accurato degli interni in tutti gli aspetti funzionali di ordine e sicurezza, in particolare quelli relativi ai percorsi di accesso e uscita dalla sala mensa. Nell'ora di distribuzione dei pasti la struttura era molto frequentata se, come osserva un'altra fonte documentaria, si preparavano fino a seicento pasti al giorno. Il piano principale, il primo – collocato sopra al deposito –, era destinato a grande sala mensa e comprendeva anche le cucine. Il piano superiore e ultimo, configurato come un mezzanino e quindi con altezza ridotta, era occupato da altri spazi mensa, dagli uffici amministrativi e dagli alloggi del capo cuoco e del custode.

È all'esterno che il progettista si è potuto concedere qualche libertà o fantasia espressiva attingendo a piene mani al ricco repertorio stilistico neostoricista, com'era usuale nell'architettura di fine Ottocento. Solidamente ancorato al suolo, nonostante i bombardamenti alleati del 1943 l'avessero messo a dura prova, l'edificio esibisce il volto "colorito" del neoromanico lombardo adottato dall'architetto Broggi e da altri colleghi come stile deputato proprio alle strutture artigianali, commerciali e industriali, forse nell'intento di ingentilirne i profili funzionali ancora poco accettati in città. I toni caldi dei mattoni, alternati e contrastati dal bianco della pietra locale, ben si sono prestati a interpretare il calore e i valori dell'accoglienza, rendendo nel contempo ben visibile e riconoscibile la nuova struttura nella rete urbana. Elementi stilistici ispirati al medesimo periodo neomedievale furono piuttosto diffusi in area lombarda (l'esempio più interessante in tal senso fu il Villaggio operaio Crespi sull'Adda realizzato negli anni Ottanta del XIX sec., sulla sponda sinistra del fiume, in località compresa tra Canonica e Capriate (BG) dall'industriale cotoniero da cui prese il nome).

Dagli anni Settanta dell'Ottocento l'uso della struttura decadde. Attualmente il fabbricato di viale Monte Grappa appare sottoutilizzato e trascurato, anche se ospita alcune associazioni. A nostro avviso potrebbe diventare il fulcro di una più ampia iniziativa di rigenerazione urbana.

Proprio di fronte all'edificio delle cucine si apre il tunnel che, sottopassando i Bastioni, collega direttamente la zona con l'*alzaia* del Naviglio di San Marco, lungo la quale si muovevano i traghettatori con l'aiuto di animali da soma per trascinare i loro convogli nei punti più critici e ardui. Da questo lato del tunnel si possono ancora vedere i resti di una delle chiuse cosiddette "di Leonardo", con doppi portelloni in legno che mostrano l'ingegnoso meccanismo a scomparti mobili per il travaso o blocco delle acque (attualmente esposti al Museo della Scienza e della Tecnica). A lato si trova una torretta per il custode o guardiano delle acque. Quest'ultima è stata ristrutturata mentre tutto il resto si trova in uno stato d'incuria e abbandono vera-

Facciata dell'hotel NH (ex stazione ferroviaria) su viale Monte Grappa.

mente deplorevole nonostante faccia parte di una delle più affascinanti ciclabili in partenza dal centro città.

Al civico 12 / **Ex stazione Milano-Monza**

La più rilevante come opera architettonica e dal punto di vista della funzione urbana svolta si trova quasi di fronte all'edificio delle Cucine economiche, dal lato opposto di via Melchiorre Gioia. Lo stile sobriamente neoclassico, che era quello più utilizzato per i servizi pubblici dopo l'unificazione, indirettamente la conferma in quanto sede di un'istituzione di servizio alla cittadinanza, progettata e costruita come stazione terminale della nuova linea ferroviaria Milano-Monza (la prima in Italia e una delle prime in Europa). La facciata, concepita secondo i canoni della simmetria, non presenta elementi particolari di spicco tranne le cinque mezze colonne con capitelli ionici addossate alla parete e sovrastate da cinque ordini.

La stazione ferroviaria fu costruita nel 1840 sulla nuova linea ferrata che rese obsoleta l'originaria con carrozze trainate da cavalli.

La concezione spazio-volumetrica complessiva e lo stile neoclassico cui si è ispirato tutto il progetto sembrerebbero eccessivamente alti, aulici, per la destinazione funzionale del fabbricato. La facciata,

<
Il palazzo della ex Stazione Milano-Como Camerlata

>
Da Porta Garibaldi, prospettiva sulla nuova Milano.

pp. 318-319
Le iscrizioni sulla facciata della chiesa di Santa Maria Incoronata

rigorosamente simmetrica, è suddivisa verticalmente in tre parti. Quella centrale, soprastante gli ingressi, è ritmata da false colonne con capitelli ionici tinteggiate leggermente a contrasto. Il grigio definisce le superfici a rilievo mentre le specchiature interne sono più chiare. Il lungo balcone centrale e i due laterali sono gli unici aggetti atti a creare in facciata un minimo effetto di profondità. Il grande timpano triangolare tipico di questo modello architettonico, molto diffuso a Milano nell'Ottocento (le versioni possono essere più o meno eleganti o ricercate come materiali e finiture), domina e conclude superiormente l'edificio riportando l'attenzione al centro.

Nel tempo il fabbricato ha vissuto vari cambiamenti d'uso. Il più recente ne ha determinato opere di adeguamento tecnico/funzionale, e di un generale riammodernamento, in vista del suo recupero a uso alberghiero da parte di una catena internazionale. L'intervento ha migliorato la percezione dell'intera area e dell'edificio senza cambiarne lo stile.

Ai civici 3, 5, 7 / **Ex stazione Milano-Como Camerlata**

Palazzo d'epoca che riecheggia il medesimo gusto classicheggiante degli edifici adiacenti, rispetto ai quali è però molto più recente. Attualmente ospita la Caserma Cinque giornate, non è perciò visitabile.

Tappa 12
Corso Garibaldi

Porta Garibaldi

Passaggio fra città storica e città contemporanea

L'arco dedicato alle vittoriose battaglie garibaldine di Varese e San Fermo (CO), elegante esempio del neoclassico lombardo, ha sostituito la storica Porta Comasina.

Al civico 116 / Chiesa di Santa Maria Incoronata

Il caso di due chiese gemelle affiancate a formare un organismo unico, piuttosto inusuale e curioso già dal punto di vista architettonico, diventa ancora più interessante se si estende l'indagine alla fondazione e dedicazione religiosa e spirituale dell'edificio di culto. Le notizie ci vengono fornite direttamente in loco da due targhe commemorativo-celebrative apposte sulla facciata.

Le due iscrizioni costituiscono una testimonianza concreta, delle varie fasi di costruzione del monumento. Ma a differenza dell'opinione comune, secondo la quale la costruzione del secondo edificio sarebbe una prova della fedeltà di Bianca Maria

Visconti Sforza (1425-1468; vedi pag. 347) verso il consorte, noi riteniamo invece che possa essere testimonianza dell'autonomia e indipendenza d'iniziativa, nonché autorevolezza di comando, di cui sembrerebbe godere la duchessa almeno secondo il testo latino qui riportato. E del resto trovano riscontro nelle numerose circostanze della vita pubblica e privata in cui fu chiamata a rispondere con decisione, fermezza e coraggio senza remore, come quando la situazione l'obbligò a occuparsi in prima persona degli affari di governo, nella marca di Ancona, in assenza del marito capitano di ventura. Importanti occasioni politiche furono l'organizzazione del rientro a Milano di Francesco I e le celebrazioni dopo la sua tragica morte. In quest'ultima circostanza si adoperò per preparare anche il rientro del figlio Galeazzo Maria e sostenere la sua ascesa al trono ducale. Costui la ripagò segregandola nel castello di Pavia e infine, pare, avvelenandola. Le caratteristiche comportamentali e culturali dimostrate nel suo ruolo pubblico erano sostenute e completate da doti naturali, quali la generosità e la buona predisposizione d'animo dimostrate in molte circostanze della vita privata; tra l'altro dalla sua disponibilità ad accogliere in famiglia i numerosi figli natu-

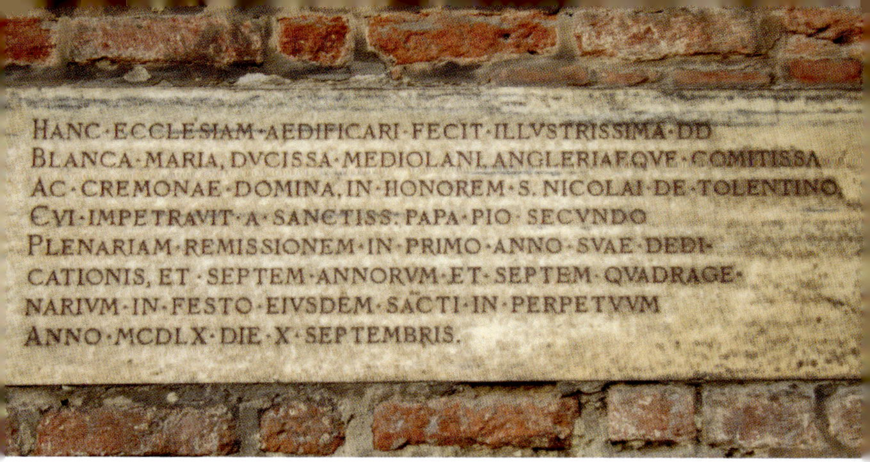

rali del consorte, educandoli come propri. Il suo ruolo politico accanto al marito è testimoniato anche da un'altra importante iscrizione incisa sulla lastra di marmo posta sopra l'arco d'ingresso dell'ex Ospedale Maggiore Cà Granda, ora Università degli studi. Tornando alla chiesa dell'Incoronata, si tratta della più importante realizzazione architettonica della coppia ducale la cui rcsponsabilità e il merito ricadono anche su Bianca Maria, che viene doppiamente confermata nel ruolo di fondatrice-costruttrice.

«L'illustrissimo Francesco Sforza, vicario imperiale,
insignito della corona di duca, in segno di devozione alla Madonna Incoronata
fece costruire questo tempio ispirato dal Beato Giorgio da Cremona,
fondatore del Monastero. Anno 1451».

«L'illustrissima Bianca Maria, duchessa di Milano e di Angleria
[Angera, VA], signora di Cremona, fece edificare questa chiesa in onore
di S. Nicola da Tolentino a cui il papa Pio II aveva chiesto la remissione
plenaria dei peccati nel primo anno della sua consacrazione...
10 settembre 1460».

Chiesa di Santa Maria Incoronata, facciata

Edificazione

I più recenti contributi dell'archeologia e del restauro monumentale delineano la storia dell'edificazione. Un primo piccolo edificio di culto, che si trovava circa in corrispondenza delle prime due cappelle della navata sinistra, venne restaurato in occasione dell'incoronazione a duca di Milano di Francesco I Sforza. A questo si affiancò un convento degli agostiniani e si eresse la nuova chiesa dedicata a San Nicola Tolentino cui il papa Pio II aveva chiesto la remissione plenaria dei peccati per il Giubileo indetto nel primo anno della propria consacrazione. I due edifici furono unificati successivamente, nel 1468, dando origine a una planimetria pressoché quadrata, sommatoria delle due navate identiche. Sulle pareti interne, in più punti, affiorano le tracce di scene pittoriche trattate ad affresco o dipinte su tela evidenziate nel corso del tempo dall'opera di restauro e pulitura. L'esterno presenta una facciata monocroma molto semplice, accattivante nella sua modestia, totalmente in mattoni rosso scuro come nelle altre chiese, con vicende storico-artistiche similari, presenti nell'area o addirittura prospettanti sul medesimo Corso Garibaldi. Tre di queste facciate rifatte nel tardo Ottocento (Santa Maria del Carmine, San Marco e la presente), sono opera dell'architetto Maciachini che interviene, secondo i criteri e il gusto storicisti dell'epoca, a comporre elementi stilistici e decorativi del repertorio romanico con quelli del gotico spesso in contrasto con l'impianto volumetrico e spaziale originario. Il presente edificio mostra i caratteri dello stile gotico tardivo con elementi decorativi, come gli archetti sotto cornicione a sesto acuto. La stessa geometria corona le aperture dei portali d'ingresso e dei finestroni, in stridente antitesi con il profilo a (doppia) capanna di derivazione romanica. Tutti gli elementi che caratterizzano l'architettura sono raddoppiati: i due portali ogivali, le monofore, i piccoli rosoni e le lastre con la raffigurazione dedicatoria.

Sul lato sinistro dell'edificio di culto si trovano due importanti strutture complementari: il grande chiostro porticato realizzato da Guiniforte Solari, che costituiva il centro dell'ex Convento degli agostiniani, e l'antica biblioteca umanistica a tre navate e piccole volte a crociera che determinarono un assiepamento di esili colonne. Restaurati di recente, il loro uso è attualmente condiviso con il quartiere ma anche destinato a eventi d'importanza cittadina. Il primo piano ci consente un colpo d'occhio sulla vita monastica con un serie di celle, restaurate di recente, con gradevoli soffitti.

Al civico 73 / **Pio ricovero per lattanti e slattati**

L'aspetto dell'edificio che si trova attualmente al n° 73 di Corso Garibaldi, costruito sulle macerie del precedente in larga misura distrutto nel 1943, non contribuisce a ricreare, ma nemmeno a suggerire, l'atmosfera che probabilmente si respirava negli anni Cinquanta dell'Ottocento quando i vagiti dei lattanti, le ninne nanne delle balie, l'andirivieni delle loro cuffie candide alternate agli imponenti e fantasiosi cappelli delle dame benefattrici (grandemente debitori a giardini fioriti, serre e soprattutto voliere...) creavano una pausa di serenità e gaiezza in un quartiere dove

Laura Solera in Mantegazza
(1813-1873)

Laura Solera Mantegazza

Nacque a Milano da una famiglia borghese di condizioni economiche agiate e partecipe degli ideali risorgimentali. Crebbe senza il padre che, proprio per quegli ideali e i conseguenti comportamenti antiaustriaci assunti in varie circostanze, dovette rifugiarsi in Svizzera quando Laura era ancora molto piccola. Fu perciò la madre a scegliere per la sua educazione, che curò con attenzione e lungimiranza iscrivendola a un collegio femminile francese, dove apprese diverse lingue. Ma anche la madre morì prematuramente e la quindicenne Laura venne accolta nella famiglia del suo tutore, il medico monzese Paolo Acerbi. È questo il motivo per cui negli anni seguenti la troviamo a Monza, appena diciassettenne promessa sposa di un cittadino monzese, Gian Battista Mantegazza, figlio del podestà. Dopo il matrimonio – combinato – celebrato nel 1830, la coppia si fermò a vivere nella cittadina brianzola in via Bartolomeo Zucchi all'attuale n° 21. Negli anni seguenti Laura Solera partorì e allevò tre figli, cui si dedicò interamente nei primi anni di matrimonio occupandosi di persona anche della loro istruzione. Proprio per l'importanza attribuita a questo aspetto dell'educazione, nel 1837 la giovane madre decise di tornare a vivere nel capoluogo lombardo dove la scelta formativa era sicuramente più varia e di livello qualitativamente più elevato.

Trovò alloggio in un primo tempo nella contrada di San Giovanni in Conca (oggi non più esistente), ma in seguito si trasferì in Borgo di Porta Comasina (l'attuale Corso Garibaldi al primo piano dell'edificio contrassegnato dal n° 2138 (l'attuale n° 73). Laura si muoveva sola con i figli, mentre il marito restava a Monza. Il matrimonio infatti non fu affatto felice come lucidamente testimonia il figlio Paolo nella biografia della madre: «Mia madre è una donna di sentimenti delicatissimi, di ingegno non volgare, bella e piuttosto ricca eppure fu maritata a un uomo di sentimenti triviali, d'ingegno volgare e spiantato... il poco che posseggo è dono di mia madre...». Laura s'impegnò nella politica attiva nel periodo che precedette l'insurrezione delle Cinque Giornate cui partecipò, come altre dame milanesi, in forma indiretta ma sostanziale dando assistenza ai feriti per cui effettuò anche una proficua raccolta fondi. In quel periodo conobbe Giuseppe Mazzini, di cui condivise le idee repubblicane. Ma con il ritorno degli austriaci per precauzione si allontanò da Milano rifugiandosi nella residenza estiva della famiglia, la villa Sabbioncella a Cannero sul lago Maggiore. Da qui colse di nuovo l'occasione per dare il proprio aiuto ai volontari garibaldini impegnati nella battaglia di Luino (agosto 1848), sulla sponda lombarda del lago. Si adoperò in tutti i modi per fornire sostegno ai combattenti e assistenza infermieristica ai feriti, i più gravi dei quali, indifferentemente se italiani o stranieri, prelevava con la propria barca portandoli poi nella sua villa per curarli. In questa circostanza conobbe Giuseppe Garibaldi. Nella villa di Cannero una targa ricorda la visita del generale. Con il gruppo delle patriote milanesi, Laura condivise e sostenne la spedizione dei Mille e quando l'eroe dei due mondi fu ferito sull'Aspromonte nel 1862 Laura Solera fu la prima a raggiungere il suo capezzale assistendolo per parecchie settimane. Negli anni seguenti si dedicò in maniera sempre più coinvolgente e con interventi sempre più mirati alla cura e all'assistenza dei più deboli. La sua attenzione e il suo progetto per l'aiuto agli individui nelle condizioni più disagiate si rivolse innanzitutto all'infanzia, alle primissime fasi di vita, ovvero ai lattanti che in quegli anni frequentemente venivano abbandonati o comunque poco assistiti. Le giovani donne e madri che ai primordi della rivoluzione industriale erano costrette a lasciare le famiglie d'origine per recarsi a lavorare in città come operaie, ma anche come domestiche o come dipendenti dei laboratori artigianali di sartoria o modisteria, dovevano sottostare a orari così estenuanti e per una paga da fame, da non avere materialmente il tempo, le risorse e la forza di occuparsi dei propri neonati. In alcuni casi poi i bambini e le bambine erano il frutto di violenze subite in ambito domestico, o della stessa famiglia d'origine o di quella in cui erano a servizio. Perciò il numero dei neonati "esposti" alla ruota di Santa Caterina era in preoccupante aumento. Il primo Pio ricovero per lattanti e slattati fu allestito nel 1850, al piano terra dell'abitazione della Mantegazza stessa. È una modalità che già conosciamo: **Maria Gaetana Agnesi** (vedi pag. 250) un secolo prima aveva ospitato nella sua dimora di via Pantano le donne inferme e indigenti dando origine a quello che si sviluppò come Pio Albergo Trivulzio.

La struttura era accessibile anche dalla via laterale in contrada Santa Cristina al n° 2136, oggi via Mantegazza n° 7. Venivano accolti i bambini di età compresa fra i quindici mesi e l'anno e mezzo; ma secondo altre fonti la fascia di età era più ampia e andava dai quindici giorni ai tre anni. L'idea traeva spunto da esempi francesi, d'ambito sansimoniano, che le aveva fatto conoscere il pedagogista Giuseppe Sacchi rimasto poi suo collaboratore. Come si evince dalla planimetria giunta fino a noi, la piccola struttura comprendeva una veranda sul giardino interno, la sala per l'allattamento, due camerate, cucina e bagni. Già da un rapido esame della planimetria emergono elementi che testimoniano un'analisi delle esigenze specifiche e una conoscenza degli studi e delle teorie più aggiornate. In particolare la veranda, come spazio di graduazione del passaggio tra interno ed esterno sia dal punto di vista climatico che dell'insolazione e fotoesposizione, appare in linea con le teorie salutistiche e naturistiche che si andavano affermando all'epoca. Autorevoli esempi progettuali si possono ritrovare nel lavoro dei padri dell'architettura moderna dei primi decenni del secolo scorso, ma anche delle madri (si veda a tale proposito il sistema di strutture per gli asili e le scuole progettate negli anni Trenta dall'architetta viennese **Margarete Schütte-Lihotzky** in Unione Sovietica e le Direttive per la progettazione delle scuole per l'infanzia, rivolte anche ad altri paesi).

Al primo ricovero ne seguirono altri del medesimo tipo, che furono localizzati nei quartieri della città dove il fenomeno dell'abbandono dei neonati si manifestava più frequentemente, di solito vicino ai luoghi di lavoro a prevalente manodopera femminile. Il secondo ricovero fu creato in Porta Ticinese nel 1851; il terzo nel 1868 in via della Signora, per i figli delle sigaraie; il quarto (organizzato dalle operaie stesse) nel 1874 in Ripa di Porta Ticinese e il quinto e ultimo in Corso di Porta Vigentina nel 1884. Dal 1868 questi tipi di strutture assistenziali erano stati riconosciuti come enti morali con la denominazione ufficiale di "Pii istituti di maternità e di ricovero per bambini lattanti e slattati."

In quest'attività assistenziale la benefattrice fu affiancata da altre donne ugualmente motivate; in particolare **Ismenia Sormani Castelli, Adelaide Bono Cairoli** (vedi pag. 184) e molte altre che Laura aveva saputo coinvolgere sul piano dell'amor patrio ma anche su quello dell'aiuto economico: rivolto in campo politico ai garibaldini e in campo sociale alle classi più disagiate. Nel 1862 fondò, con altre filantrope milanesi, l'Associazione generale di mutuo soccorso per le operaie milanesi in difesa delle più povere e disoccupate, ma che nel contempo inaugurava anche la via dei sussidi di maternità, malattia, vecchiaia e cronicità per tutte.

L'azione benefica della Mantegazza si estendeva dunque alle giovani madri e alle ragazze, senza trascurare le cittadine più attempate. Tra il 1866 e il 1870 Laura istituì corsi di alfabetizzazione e di professionalizzazione, in particolare nel campo della sartoria, che furono alla base della fondazione di una vera e propria scuola professionale. Alla realizzazione di questo progetto dedicò le sue energie con la preziosa collaborazione dell'amica **Ismenia Sormani**. Inizialmente utilizzarono un piccolo spazio recuperato a Porta Magenta. Soltanto dopo molti anni fu eretto un edificio apposito, intestato alla fondatrice, al n° 11 di via Solferino dove la sartoria è tuttora attiva come l'istituto, anche se trasferito ad altro indirizzo.

Negli anni successivi l'orientamento in campo assistenziale e benefico cominciò a cambiare: venne chiusa ufficialmente la ruota dell'Ospedale di Santa Caterina dando avvio alla costruzione di un brefotrofio. Cominciarono a operare nel campo assistenziale cittadino nuove figure di benefattrici come **Anna Maria Mozzoni, Ersilia Majno, Anna Kuliscioff, Sibilla Aleramo**, che ritenevano superati i metodi della Mantegazza e che raccoglievano le richieste di emancipazioniste e femministe che emergevano prepotentemente dalla società femminile. Avanzava dunque l'esigenza non più soltanto di un aiuto morale e materiale per uscire da una condizione socialmente penalizzante, ma soprattutto di una trasformazione del ruolo della donna nella società, di una promozione civile e politica. La Mozzoni fu fondatrice della Lega femminile.

L'eredità della Mantegazza fu raccolta in primo luogo da **Ersilia Bronzini Majno** e **Alessandrina Ravizza**, che fu la vera artefice dello sviluppo della scuola professionale femminile in Italia.

Il Comune ha attribuito a Laura Solera Mantegazza un riconoscimento toponomastico intestandole la via dove abitò.

«*In questa casa abitò per molti anni e istituì il primo ricovero dei bambini lattanti* LAURA SOLERA MANTEGAZZA *vera madre del povero.*» Così testimonierebbe la targa apposta sull'edificio, di cui però si è persa traccia.

Laura Solera è celebrata tra i concittadini più illustri ed è perciò sepolta nel Famedio del Cimitero Monumentale della città.

<
Via Mantegazza n. 7

p. 328
Il Teatro Fossati con le statue in terracotta che rappresentano Giuseppe e Anita Garibaldi

p. 337
Ingresso su via Marsala 8 della Casa delle Donne di Milano

risiedevano i meno abbienti della classe operaia, che si stava formando in quegli anni, e il malaffare nonché la prostituzione erano altri ospiti fissi. In quest'area, confinante con la *braida* (dal lat. medievale, "campo non coltivato") del Borgo degli Ortolani, aveva preso alloggio negli anni Cinquanta dell'Ottocento la nobildonna **Laura Solera Mantegazza**. Personaggio femminile attento e sensibile alle problematiche sociali che si manifestavano in modi talora molto drammatici proprio nel quartiere circostante, per tentare di risolverle seppe mettere in campo anche capacità di tipo inventivo e organizzativo. In lei le doti innate di generosità e altruismo si coniugarono con abilità concrete, spese sia nell'ambito più propriamente privato e familiare sia in quello pubblico, sociale e politico, a favore di tutti i suoi contemporanei ma con la precisa finalità di migliorare la condizione esistenziale dei bambini e delle donne.

Al civico 16 / **Cucine per ammalati poveri**

Tra le numerose iniziative con riscontro urbano realizzate da **Alessandrina Ravizza**, figurano le Cucine per ammalati poveri, strutture semplici e modeste ma di realizzo immediato per rispondere ai bisogni degli infermi, meno abbienti e soli, nel momento particolarmente critico delle dimissioni dalle strutture ospedaliere. Allestite nel 1879, precedono di pochi anni la ben più importante struttura edilizia, appositamente studiata e realizzata dall'architetto Broggi, per l'Opera pia cucine economiche e forni sociali del cui consiglio di amministrazione la benefattrice fece parte.

Al civico 17 / **Ex Teatro Fossati**

L'ex Teatro Fossati, che prende il nome dal proprietario che lo fece costruire come "teatro popolare", ovvero a cielo aperto – in caso di maltempo un telone copriva gli spettatori –, è stato inserito nel piano di ristrutturazione complessiva dell'area per la costruzione di un nuovo grande teatro cittadino che fu poi intestato al regista Strehler, mentre l'ex Fossati fu chiamato Teatro Studio e dedicato a **Mariangela Melato** dopo la prematura morte dell'attrice. I due nuovi teatri insieme allo storico Teatro Grassi formano un'unica articolata struttura che conserva il nome di Piccolo Teatro di Milano. Ed è proprio nell'ingresso al chiostro del palazzo Carmagnola che è stata posta una targa che, nel ricordare la fondazione del Teatro, cita anche un personaggio femminile che tanto contribuì alla sua crescita ovvero la segretaria generale **Nina Vinchi**, poi moglie di Carlo Grassi, senza la cui avveduta amministrazione l'iniziativa sarebbe presto naufragata. Il Teatro Studio è previsto per diversi tipi di attività sceniche più attinenti al versante della ricerca e della sperimentazione. Il progetto architettonico, che porta la firma dell'architetto Marco Zanuso, progettista di tutto il comparto, ha salvaguardato le facciate originarie che, sul lato prospiciente Corso Garibaldi dove era l'ingresso principale, presentano decorazioni (bordure, cordonature, semicolonne e paraste) in cotto del tutto simili a quelle della casa di Alessandro Manzoni in piazza Belgioioso. Infatti furono realizzate dal medesimo artigiano-artista Andrea Boni, il cui laboratorio si trovava in zona. Questo prospetto

TEATRO FOSSATI

è più particolare, potremmo dire stravagante, del tutto al di fuori dai canoni di qualsiasi stile codificato. Si tratta di una porzione edilizia di non grandi dimensioni, a due piani fuori terra oltre al piano terreno, fortemente chiaroscurata da due ordini di aperture arcuate di cui quelle centrali chiuse a nicchia per alloggiarvi statue, come in questo caso, o altri tipi di elementi scultorei decorativi, commemorativi, celebrativi, ecc. La grande bifora con chiave di volta sospesa, ovvero senza pilastro di sostegno, costituisce l'elemento più inusuale. L' attuale tinteggiatura, piuttosto scura, appare, a nostro avviso, poco idonea ad attrarre e rendere gradevole la percezione del manufatto. Nelle nicchie centrali sono state inserite due grandi sculture a tutto tondo, stanti e lievemente aggettanti, che rappresentano Giuseppe e **Anita Garibaldi** in dimensioni quasi reali. L'eroe dei due mondi è raffigurato nell'atto dinamico, un po' spavaldo e un po' trionfale, di sfoderare la spada con la mano destra, mentre con la sinistra getta all'indietro il lungo mantello. È uno dei cliché iconografici tipici dell'eroe dei due mondi, ripetuto in molte altre opere. L'iconografia della seconda statua è di meno certa lettura, più complessa e idealizzata. Raffigura un corpo femminile avvolto in un abito il cui stile coniuga la classicità della statuaria greco-romana con la fluidità medievaleggiante di tessuto molto leggero, semitrasparente, che ricadendo con morbide pieghe evidenzia le membra aggraziate. In capo porta una corona.

Le scelte espressive dell'artista sembrerebbero risentire del lavoro di trasformazione del personaggio reale Anita Garibaldi nel modello da additare alle italiane come esempio di virtù muliebre e come tale simbolo della grande madre-patria.

Anita Garibaldi

(1821-1849)

Assurta alla fama di eroina e martire dell'amore per il grande condottiero Giuseppe Garibaldi e per la patria di recente acquisizione, fu al centro della costruzione di una storia degna del più romantico Ottocento e delle sue tragiche eroine. Con esse condividerà l'altrettanto tragico finale. (Una sorta di maledizione insegue le protagoniste dello sgarro facendo pagare loro, prima o poi, un pegno, una pena, persino la vita, fino a richiudere lo strappo e ripristinare la circolarità della tradizione patriarcalmente fondata).

Ritratto di Anna Maria Ribeiro da Silva detta Anita Garibaldi

Ana Maria Ribeiro da Silva era nata a Laguna, una cittadina di modeste dimensioni nella regione del Rio Grande, nel sud est del Brasile. La famiglia era di modestissima condizione economica e culturale, al punto che la figlia non poté seguire regolarmente neppure gli studi primari. Il padre, pastore e mandriano, era disceso dai monti inospitali e scoscesi dell'interno del paese lungo le valli fino al mare, dove conobbe la futura moglie. Sposatosi, si trovò ben presto a capo di una famiglia troppo numerosa, che rese ancora più pesanti le originarie condizioni d'indigenza. La situazione peggiorò ulteriormente dopo la precoce morte del capofamiglia. Ana Maria come terzogenita sentì il dovere di aiutare la famiglia accettando di sposare nel 1835, appena quattordicenne, il calzolaio del paese. Il matrimonio con un uomo dal carattere molto difficile, e dai comportamenti spesso violenti, la costrinse ancor giovinetta a rafforzare le capacità di sopportazione e resistenza, ma anche di fermezza e coraggio.

Verso la fine del medesimo anno, in tutt'altra parte del Brasile sbarcava Giuseppe Garibaldi, spinto lontano dalla madre patria da un mandato di cattura e dalla condanna a morte per avere partecipato alla preparazione di un'insurrezione mazziniana a Genova (1834). Garibaldi resterà in Sud America per quattordici anni, impegnandosi a sostenere le lotte interne di quei popoli contro i governi imperialistici e dittatoriali dei paesi confinanti come nello Stato del Rio Grande, che si opponeva alle truppe imperiali brasiliane. In un primo tempo fu nominato "corsaro"; ben presto gli venne assegnato il ruolo di comandante della flotta militare. Nel corso di un'operazione militare da lui diretta, a causa di un nubifragio, la sua goletta dovete riparare nel porto di Laguna dove incontrò Anita e iniziò la loro grande storia romantica. Storia alimentata essenzialmente dalle *Memorie* scritte dallo stesso Garibaldi.

Il patriota appena giunto dall'Italia via Marsiglia aveva allora trentadue anni, quattordici più di Ana. Anita e Josè (Giuseppe) divennero quasi subito amanti e compagni d'armi. Fin dall'inizio Ana Maria lo seguì partecipando, armata, alle stesse azioni belliche. Si sposeranno solo nel 1842 dopo la nascita del primogenito, Menotti. La rivolta del Rio Grande contro lo strapotere dell'impero brasiliano era stata tra le prime cui Garibaldi aveva offerto il suo aiuto e quello dei suoi compagni. Dopo alterne vicende e molte vittorie (divenute leggendarie), alla fine, sconfitti, dovettero fuggire via mare, braccati dall'esercito imperiale. Per salvarsi lasciarono Laguna e ripararono a Montevideo, capitale del confinante stato uruguayano. Quella di Montevideo è la prima di una serie di ritirate, estremamente pericolose, davanti al nemico incalzante; prefigurazione, dell'ultima, la più tragica, che costerà la vita ad Anita. Aninha aveva lasciato la famiglia d'origine, la casa, il paese (a cui non fece più ritorno) per seguire il nuovo compagno a Montevideo. Qui già da tempo si era stabilita una colonia ligure-piemontese, che li accolse con grande calore. Le donne in particolare s'impegnarono a insegnare alla giovane creola – già madre di tre figli, uno dei quali morto prematuramente – la lingua italiana, ma non ebbero il tempo sufficiente per insegnarle anche la lettura e la scrittura. Nel 1846 Garibaldi, sempre attento al seppur timido movimento di risveglio irridentistico della madre patria, decise di rientrare in Italia con la famiglia.

Anita, con tre figli, sarà la prima a essere imbarcata (dicembre 1847) su una nave diretta a Genova su cui viaggiavano anche altri compagni d'armi, amici e seguaci.

Nella primavera 1848 sbarcano nel capoluogo ligure accolti da una folla esultante. Dopo pochi giorni di sosta, riprendono il mare verso Nizza dove vive la madre del generale in un quartiere assai modesto, dove risiederà anche la nuova famiglia. Garibaldi arriva in Italia nel mese di giugno dello stesso anno sbarcando nel porto di Livorno, da cui raggiunge Nizza. Lo sbarco del generale viene accolto con entusiastiche manifestazioni di gioia. Ma la sosta sarà breve. Per la moglie Anita inizia un periodo che la vedrà divisa tra il ruolo domestico, con l'impegno non indifferente dei figli di varie età compreso un neonato, e la sua adesione alle cause rivoluzionarie, all'avventura, al viaggio, agli spazi aperti e ai pericoli che tutto ciò comporta. La condivisione degli ideali paritari e libertari, tra generi e popoli, implica anche l'impegno in armi per conseguirli e la posta in gioco è ad altissimo rischio. Garibaldi in quel 1848 e nel successivo 1849 si mette a disposizione dovunque si crei una possibilità di partecipazione sua e dei suoi legionari, ovunque si manifesti un'apertura rispetto alle coalizioni già schierate che non sempre vedono di buon occhio l'affiancamento di un repubblicano progressista e tantomeno dei suoi seguaci. Sarà comunque la difesa della Repubblica romana a polarizzare tutte le energie del nizzardo eroe dei due mondi. La Repubblica romana restava l'ultimo baluardo dei valori di libertà e democrazia che avevano caratterizzato quella stagione di moti insurrezionali ma per contrastarla, il papa aveva invocato l'aiuto dei francesi che ora assediavano Roma. Anita decide di raggiungere il marito affrontando un viaggio quasi inimmaginabile – in nave, a cavallo, a piedi – attraverso tutto il centro Italia durante una crisi di febbre malarica e inoltre incinta, in una fase già avanzata della gestazione. È l'ultimo atto della sua breve vita: la Repubblica capitola, Garibaldi organizza le sue truppe volontarie per l'esodo. L'itinerario della fuga mirava a raggiungere Ravenna e da lì, attraverso le paludi di Comacchio, il litorale di Chioggia e Venezia. Ma di fronte all'incalzare delle truppe francesi e austriache, la ritirata si trasforma in fuga con marce forzate, talora lunghissime e massacranti, senza mai una sosta nella calura estiva e con l'umido dei canneti, tormentati dalla sete. Per Anita si tratta di un vero e proprio calvario. Alla sosta nella fattoria di Mandriole vicino a Ravenna Garibaldi, che ormai regge la moglie a braccia, si accorgerà di portare soltanto un cadavere. Non ci sarà neppure il tempo per la sepoltura; bisogna allontanarsi il più velocemente possibile. Il corpo della giovane donna sarà sepolto rapidamente e senza esequie. Solo dieci anni più tardi (1859) verrà riesumato e Garibaldi riuscirà a darle degna sepoltura, nel cimitero di Nizza, accanto alla madre e alla figlia Rosalie come da tempo desiderava.

Nel 1932, in occasione del cinquantenario della morte di Garibaldi, in pieno regime fascista, Mussolini decise di spostare il corpo per affiancarlo a quello del marito, sul colle del Gianicolo. Il regime rivolse un interesse particolare alla figura di Anita, cercando di adattarla al proprio modello di virtù muliebri da presentare alle italiane.

Sì impegnò a celebrarne le virtù familiari, domestiche e coniugali come l'amore e la dedizione per il marito, cancellando le aspirazioni patriottiche e libertarie, e riducendone nella ritrattistica l'aspetto guerresco e mascolino. Perciò, tolto il fucile e l'abito maschile, le si appoggiò in grembo il figlio neonato.

La sepoltura sul Gianicolo è un punto d'arrivo, che anche noi femministe moderne possiamo ritenere significativo per la sepoltura di una donna, straniera e oltretutto di umili origini. Sul colle romano, accanto alla statua equestre del marito, dopo anni di dubbi e ripensamenti, venne realizzata anche quella di Anita. Tra i già rari esempi di sculture a tutto tondo di personaggi femminili e gli ancora più rari casi di sculture equestri, fu scelta la tipologia di rappresentazione tipica degli eroi di guerra, dei condottieri, delle maestà reali anche in omaggio alle sue eccezionali doti di amazzone: la si ritrae mentre cavalca un destriero, che arditamente e orgogliosamente fende l'aria stagliandosi nel cielo. Il legame di Anita con l'ambiente naturale è richiamato molte altre volte da targhe, lapidi, iscrizioni, cippi e ancora sculture, busti, teste, ecc. che segnano le tappe del percorso della ritirata garibaldina da Roma a Ravenna.

Questo legame con il territorio è ribadito dalla toponomastica. Del medesimo segno che porta all'erezione di un monumento per un personaggio femminile appare la scelta, sempre di Mussolini, di attribuire il nome di Anita a uno dei nuovi villaggi agricoli fon-

Monumento ad Anita Garibaldi,
Roma, Gianicolo

dati nei territori di recente bonifica, scelta che rimanda alla volontà di evidenziare dei valori simbolici e di corrispondenza reciproca tra terra e madre, sintetizzati nella dicitura comune di madreterra.

Strano destino quello di Anita Ribeiro Garibaldi, doloroso e tragico ma anche eccezionale, che ha portato una ragazza semianalfabeta di origini sudamericane a impersonare la madrepatria di un grande paese, come l'Italia, nel corso della sua liberazione e democratizzazione.

Personaggio poliedrico, rileggere la sua biografia è l'occasione per riflettere su alcune delle tematiche fondamentali inerenti la costruzione di una storiografia femminile.

La storiografia femminile

Anita è l'esempio di come dei personaggi femminili abbiano potuto comparire nella Storia, a piacimento degli uomini e in particolare dei propri compagni di vita, e altrettanto facilmente esserne escluse. Questa riflessione ci viene suggerita dalla figura di **Rosalie Montmasson** (1823-1904), un'altra donna importante e significativa nella storia risorgimentale e garibaldina, di cui però poco ci era dato di conoscere fino a qualche anno fa. Solo ora, grazie agli studi e approfondimenti condotti da alcune storiche e soprattutto alla puntuale biografia pubblicata nel 2018 da **Maria Attanasio**, qualche spiraglio di luce ha cominciato a illuminare la sua esclusione dalla Storia. Compagna e poi moglie del patriota Francesco Crispi, allora mazziniano e repubblicano, dopo averne condiviso per circa vent'anni ideologie e battaglie politiche, nonché le miserie quotidiane di una vita quasi sempre in esilio, fu da lui abbandonata, per un'altra donna, più giovane e molto più ricca, quando gli si profilò l'avvio di una carriera politica molto importante.

Rosalie Montmasson

Dal racconto della storia di lui, che in pratica s'identificava con quella del Paese, fu esclusa la generosa Rosalie per quanto stimata e amata da tutti i compagni anche per la sua abnegazione come infermiera sul campo di battaglia, al punto che Garibaldi la insignì di vari riconoscimenti pubblici e l'accettò come unica donna a bordo della nave che doveva trasportare a Marsala i Mille. Durante il processo per poligamia, che poteva minare la sua credibilità politica, l'ex marito non si fermò neppure di fronte alla menzogna e alla vergogna di far sparire il certificato che attestava le prime nozze, svoltesi in un frangente di estrema precarietà. ■

Tappa 13
Via Marsala

Al civico 8 / La Casa delle Donne di Milano

Uno spazio e un tetto per le cittadine del XXI secolo

In uno spazio di proprietà del Comune di Milano (una ex scuola) viene aperta nel marzo del 2014, sull'esempio di esperienze in altre città italiane ed estere, la Casa delle Donne di Milano, uno spazio che accoglie le aspirazioni e le esigenze di donne di ogni età, di ogni orientamento sessuale, che con storie e culture diverse, abitano la città.

All'intero della Casa operano numerosi gruppi che collaborano nel realizzare iniziative, eventi, occasioni di incontro e riflessione: letture, benessere, fotografia, cucito, canto, corsi di italiano, teatro, cucina, comunicazione, uno sportello informativo e di ascolto... La Casa delle donne è diventata un punto di riferimento per tutte le donne della città.

Ecco come le partecipanti raccontano il senso del loro Progetto (dal sito www.casadonnemilano.it):

Il Progetto

La Casa delle Donne di Milano è stata a lungo desiderata, poi immaginata e ora si sta progettando e realizzando grazie a una straordinaria opera collettiva di donne che, in molti casi, non si erano incontrate prima.

La visione comune che unisce le tante diversità che si sono incontrate durante la realizzazione di questo progetto si può riassumere in nove punti:

- una casa accogliente, dove le donne di tutte le culture si possano incontrare con agio, in un clima di reciproco sostegno e valorizzazione;
- una casa dove le donne di ogni età mettano in pratica la condivisione di esperienze e saperi per uno scambio intergenerazionale che guardi al futuro di tutte;

Wi-Fi
area

- una casa per le donne di ogni orientamento sessuale dove lesbiche, bisessuali, transgender e queer siano libere di esprimere la propria identità, in un clima che contrasti omofobia, lesbofobia, transfobia;
- una casa che sia rete tra le reti, per creare e rafforzare sinergie e connessioni tra associazioni e gruppi di donne a livello locale, nazionale e internazionale e per essere un punto di riferimento fisico e virtuale;
- una casa per informarsi sui propri diritti in modo mirato e gratuito che faciliti l'accesso ai servizi e alle opportunità che il territorio di Milano offre alle donne;
- una casa per formarsi e imparare tra donne, valorizzando le esperienze, i talenti e i saperi di ognuna, capace di fare da cassa di risonanza per i risultati di eccellenza delle donne;
- una casa per praticare la cittadinanza attiva delle donne, in cui promuovere iniziative capaci di valorizzare il prezioso apporto delle donne alla vita della città;
- una casa per la sostenibilità, capace di motivare al cambiamento delle abitudini di vita e di consumo e che contribuisca alla "decrescita" con iniziative virtuose;
- una casa per il ben-essere del corpo e della mente, in cui incontrarsi in spazi creati per la piacevolezza e la convivialità, dove conoscersi, lavorare insieme, divertirsi e rilassarsi.

Itinerario 4

DAL CASTELLO SFORZESCO A PIAZZA MERCANTI

T·NOVO

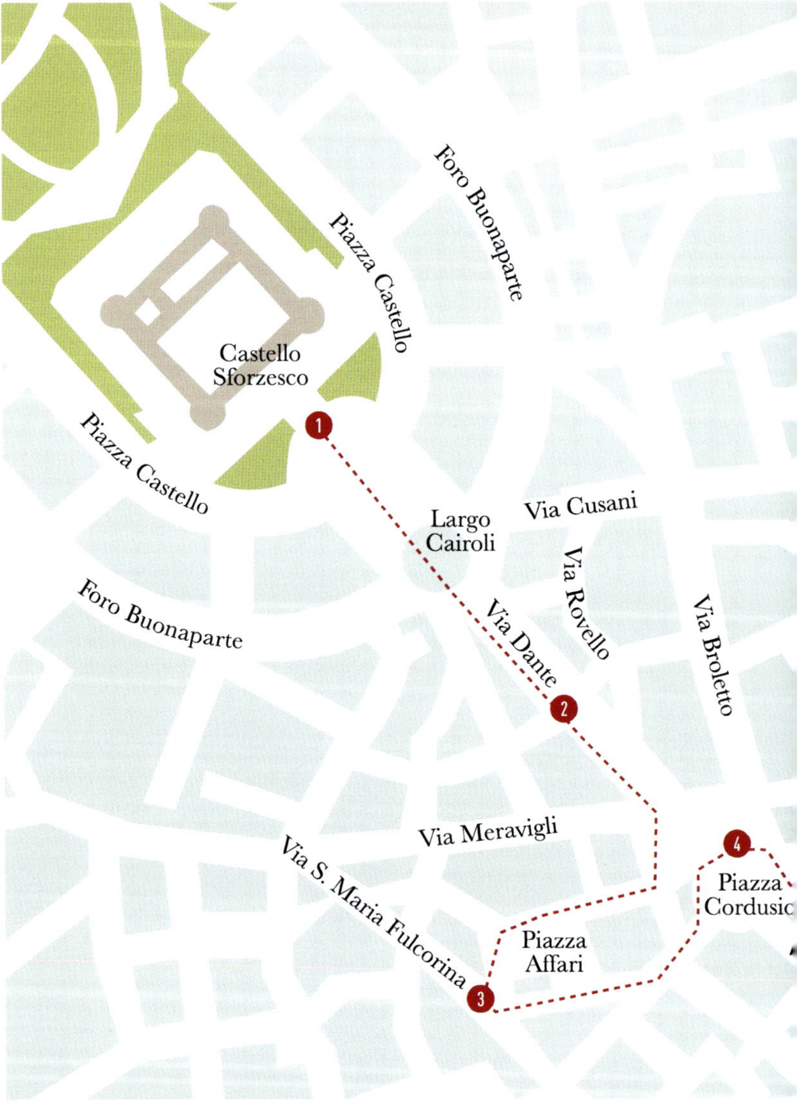
Foro Buonaparte
Piazza Castello
Castello Sforzesco
1
Piazza Castello
Largo Cairoli
Via Cusani
Via Rovello
Foro Buonaparte
Via Dante
Via Broletto
2
Via Meravigli
4
Via S. Maria Fulcorina
Piazza Cordusio
Piazza Affari
3

Itinerario 4

DAL CASTELLO SFORZESCO A PIAZZA MERCANTI

Il Castello Sforzesco. Visione d'insieme

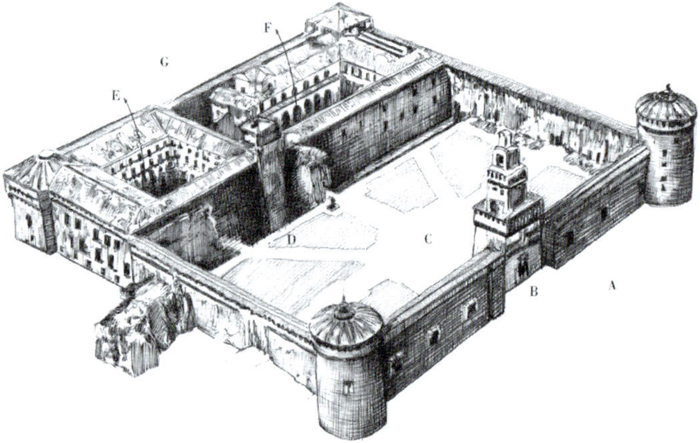

LEGENDA
A - Piazza Castello
B - Torre del Filarete
C - Piazza d'Armi
D - Torre di Bona
E - Cortile della Rocchetta
F - Corte Ducale
G - Parco Sempione

Il Castello Sforzesco visto dalla piazza con la fontana del XX secolo

Tappa 1
Il Castello Sforzesco

Piazza Castello

La piazza è dominata dalla rossa mole del tipico laterizio lombardo del Castello Sforzesco e ravvivata da una fontana simpaticamente soprannominata dai milanesi "La turta de spus" per la sua forma rotonda e piatta e lo zampillo che ricordano una torta nuziale.

Tra i maggiori monumenti architettonici della città, il Castello è anche il luogo dove vissero, operarono e morirono molte donne. Dalle famose abili reggenti, dame mecenati, capaci di governare e di combattere – come **Bianca Maria Visconti**, **Bona di Savoia** e **Caterina Sforza** – alle anonime fedeli fantesche e inservienti, silenziose testimoni di tante vicende. Storie di donne spesso tiranneggiate, di fanciulle scambiate in matrimoni di convenienza, allontanate e persino uccise, se ritenute scomode.

Costruito alla metà del Trecento sotto la Signoria dei Visconti come fortificazione nei pressi della Porta Giovia, è solo a partire dal 1450, per volere dei coniugi Bianca Maria Visconti e Francesco Sforza, che venne trasformato nella residenza di cui oggi ancora

Albero genealogico degli Sforza

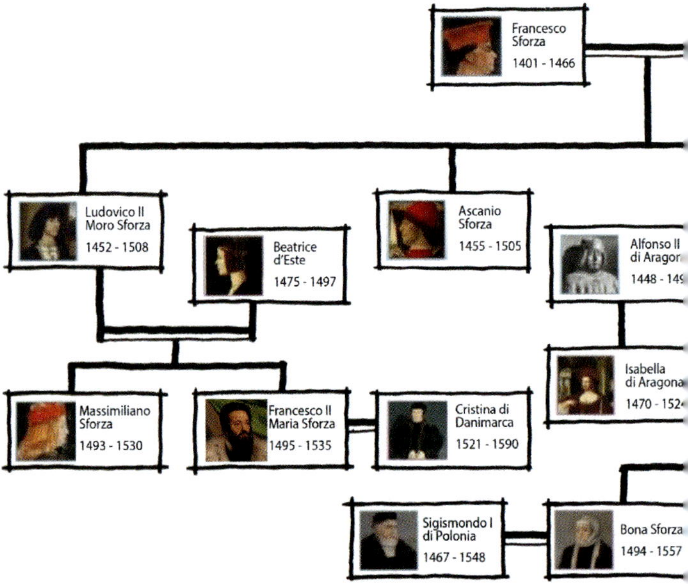

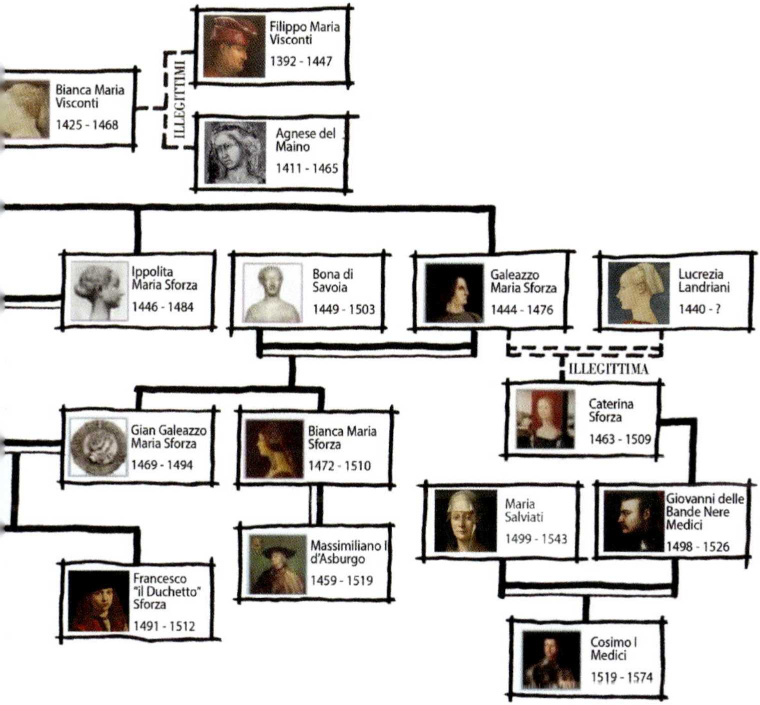
Filippo Maria Visconti
1392 - 1447
Bianca Maria Visconti
1425 - 1468
ILLEGITTIMI
Agnese del Maino
1411 - 1465
Ippolita Maria Sforza
1446 - 1484
Bona di Savoia
1449 - 1503
Galeazzo Maria Sforza
1444 - 1476
Lucrezia Landriani
1440 - ?
ILLEGITTIMA
Caterina Sforza
1463 - 1509
Gian Galeazzo Maria Sforza
1469 - 1494
Bianca Maria Sforza
1472 - 1510
Maria Salviati
1499 - 1543
Giovanni delle Bande Nere Medici
1498 - 1526
Massimiliano I d'Asburgo
1459 - 1519
Francesco "il Duchetto" Sforza
1491 - 1512
Cosimo I Medici
1519 - 1574

ammiriamo le forme pur ampiamente restaurate alla fine del XIX secolo. La precedente fortezza viscontea andò completamente distrutta nel 1447 all'insediarsi del debole governo triennale della Repubblica Ambrosiana dopo la morte di Filippo Maria, il padre di Bianca Maria, ultimo dei Visconti. Fu proprio Filippo Maria a pensare a un matrimonio di interesse tra la figlia, erede diretta della casata, e il più valoroso soldato di ventura del momento, Francesco Sforza.

Così Bianca Maria, a soli sette anni venne promessa sposa al trentenne condottiero, già vedovo e con figli, al quale si garantiva un prestigioso blasone in cambio della sicurezza della città.

Con la coppia Visconti-Sforza, a partire dal 1450, Milano ebbe nuovamente un ducato a difenderne il territorio e un castello a rappresentarne il potere. Nonostante la differenza di età e di status sociale l'unione si rivelò salda e proficua anche per la città. La coppia, dopo aver dimostrato di saper difendere Milano dai numerosi nemici, ne ottenne il governo e dette alla città oltre al castello altri importanti edifici come la chiesa di Santa Maria Incoronata e il primo ospedale pubblico detto Ca' Granda, oggi sede dell'Università Statale.

Da diverse fonti e cronache è chiara la forte partecipazione di Bianca Maria al governo della città: fu abile amministratrice, prudente diplomatica, ottima organizzatrice di banchetti e matrimoni, nonché saggia educatrice di figli e nipoti. Bianca Maria è ricordata anche come capitana di ventura poiché arrivò a indossare l'armatura e a scendere in campo. Data la lentezza dei lavori, la coppia ducale che aveva avviato il progetto non visse mai al Castello ma all'Arengo, oggi Palazzo Reale. Furono i loro figli a trasferirvisi e a continuare l'opera di abbellimento e arricchimento degli ambienti nonchè di perfezionamento delle strutture difensive soprattutto sotto il governo di Ludovico il Moro.

Con la conquista francese del Ducato (1499), la sconfitta di Ludovico e le dominazioni straniere che seguirono, il Castello fu

Bianca Maria Visconti

(1425-1468)

Bonifacio Bembo, *Ritratto di Bianca Maria Visconti*, dettaglio, metà XV sec., Pinacoteca di Brera

Figlia illegittima di Filippo Maria Visconti, Bianca Maria nacque ad Abbiategrasso, lontano dalla corte. La madre era **Agnese del Maino**, forse dama di compagnia di Beatrice Tenda, moglie del Visconti. Per evitare di passare il titolo al fratellastro o al nipote che non stimava, Filippo Maria ottenne dall'imperatore Sigismondo di Lussemburgo, di cui era vassallo, la possibilità di legittimare i figli naturali. Nacque Bianca Maria, che in quanto femmina era però estromessa dalla successione. L'unica alternativa era il matrimonio a cui sarebbe seguita l'adozione dello sposo, scelto oculatamente da Filippo Maria: il più abile condottiero del momento, Francesco Sforza.

Il fidanzamento fu ratificato il 23 febbraio 1432, quando Bianca Maria aveva sette anni e Francesco Sforza trentuno.

Le nozze ebbero luogo a Cremona, la città che Bianca portava in dote, il 25 ottobre del 1441 nell' abbazia di San Sigismondo. I festeggiamenti durarono diversi giorni e compresero un sontuoso banchetto, diversi tornei, giostre, un palio, carri allegorici e una riproduzione del Torrazzo di Cremona fatta con il tipico dolce cremonese (si dice che è forse da questo episodio che ha origine il nome di "torrone").

I primi anni di matrimonio, tiranneggiati dal padre di Bianca Maria che limitava i loro poteri, non furono facili, e spesso la giovane visse periodi lontano dal ducato. Sappiamo che in momenti di difficoltà economica arrivò a impegnare i suoi gioielli personali. Nel 1442 la troviamo a Jesi, reggente della Marca in assenza del consorte, grazie alle sue qualità citate nel documento d'incarico: «poniamo a capo di tutta la nostra provincia l'inclita e illustre nostra consorte Bianca Maria [...] le affidiamo tutto il governo della medesima (provincia) affinché la prudenza, l'equità, la clemenza e la grandezza d'animo, virtù [...] delle quali la nostra consorte è per natura e per educazione grandemente fornita [...]». Si evince così come in pochi mesi di matrimonio fossero emerse le doti di Bianca Maria, tanto che lo Sforza cominciò a condividere con lei le decisioni politiche e amministrative. Le cronache del tempo riportano molte occasioni in cui la duchessa intervenne nell'amministrazione e anche nell'attività diplomatica. Altre cronache raccontano delle relazioni extraconiugali dello Sforza e dei suoi numerosi figli illegittimi. Bianca Maria però, a dispetto dei costumi dell'epoca che vedevano le mogli del suo rango concedere ai mariti tali abitudini, difese l'esclusività del suo rapporto. Ce lo racconta dettagliatamente Enea Silvio Piccolomini nei suoi *Commentarii*, ricordando con quanta determinazione Bianca Maria allontanò una sua rivale dalla corte, in seguito addirittura rapita e uccisa, e come impedì a Francesco di avere rapporti con il figlio Polidoro avuto da quel legame. L'autore aggiunge che Francesco «pur assai dolente per l'accaduto, riconobbe il giusto dolore della moglie e si piegò». In città e nelle corti la notizia doveva far scalpore: il valoroso Francesco Sforza, incubo degli eserciti, messo in riga dalla moglie diciassettenne! Quando nel 1447 l'Aurea Repubblica Ambrosiana doveva difendersi dagli attacchi di Venezia, in assenza del marito, fu Bianca Maria a indossare l'armatura, precipitandosi seguita dal popolo e dalle truppe a Pavia per partecipare allo scontro contro i veneziani. Lì si trasferì per un periodo durante il quale allacciò una folta rete di relazioni con i feudatari locali procurando nuovi appoggi al marito e trattò per avere prestiti e fondi. Il 24 febbraio del 1450 a Milano scoppiarono tumulti che portarono un'adunanza di nobili e cittadini alla decisione di affidare allo Sforza il governo della città. Il loro primo periodo di governo fu dedicato al consolidamento del potere e alla difesa contro Venezia. Mentre Francesco era impegnato in operazioni militari, Bianca oltre a prendersi cura delle esigenze della vita quotidiana, seguiva l'attività amministrativa e diplomatica, come testimonia un ampio carteggio (custodito in parte presso l'Archivio di Stato di Milano) fra lei e il marito, ricco di notizie sull'educazione dei figli, sull'amministrazione dello stato, sulle costanti difficoltà finanziarie e su vari aspetti concreti e materiali.

Dai carteggi fra i due emerge costantemente da un lato il rispetto dello Sforza per "Madonna Biancha" e dall'altro il carattere determinato di Bianca che, pur seguendo le indicazioni del consorte, non teme di esprimere le proprie opinioni. Nel 1492 fu Bianca a occuparsi di ricevere e ospitare a Pavia Renato d'Angiò, diretto a Cremona per unirsi allo Sforza con il suo esercito.

Nei pacifici anni seguiti alla pace di Lodi tra Venezia e Milano (1454), la duchessa si dedicò anche al restauro e all'abbellimento delle residenze, all'organizzazione di ricevimenti e banchetti e alla costruzione di opere di pubblica utilità nonché ad aiutare le fasce di popolazione più povere, in particolare le donne. Vi sono numerose testimonianze di donne maltrattate che si rivolsero a lei per ricevere aiuto. Quando nel 1462 Francesco Sforza attraversò un periodo di grave malattia, fu grazie all'intensa attività di Bianca Maria che si mantenne lo stato. Intanto per Bianca Maria aumentavano le preoccupazioni per il figlio Galeazzo, causate sia da ragionicaratteriali che di etichetta. La rottura del suo fidanzamento con Dorotea Gonzaga, in un momento in cui l'appoggio di questa famiglia era vitale per il ducato, fu uno dei contrasti che minarono l'armonia della coppia ducale: l'orgogliosa Bianca Maria non avrebbe voluto venire meno alla parola data mentre per Francesco prevaleva la ragion di stato. Consapevole della fine imminente, Francesco coinvolse sempre di più Bianca Maria nel governo del ducato tanto che i castellani prestarono anche a lei giuramento di fedeltà, ufficializzandone la co-reggenza. Dopo la sua morte (8 marzo 1466), la vedova prese rapidamente in mano le redini del ducato, fece richiamare il figlio primogenito e organizzò i preparativi per la successione. Inizialmente Galeazzo si mostrò riconoscente nei confronti della madre, che mise tutto il suo impegno nel guidarlo verso il proseguimento delle linee politiche paterne. Ma in seguito inziarono gli scontri e purtroppo gran parte della corte prese le parti di Galeazzo, che arrivò a ordinarle di lasciare la città. Nonostante il parere contrario di tutti coloro che le erano vicini, Bianca Maria decise di assistere al matrimonio del suo primogenito per poi rientrare a Cremona. Il 18 agosto giunse a Melegnano, ma qui dopo pochi giorni venne colpita da un forte malessere con febbre alta che la obbligò a trascorrervi quasi due mesi. Di questo periodo resta una sua intensa corrispondenza. Le sue condizioni presto peggiorarono. Il 19 ottobre Galeazzo raggiunse la madre e si affrettò a firmare una *protesta* nella quale dichiarava di non assumere su di sé debiti e impegni da lei contratti durante il suo ducato. Bianca Maria Visconti Sforza morì, all'età di 43 anni, nel castello di Melegnano secondo gli storici il 23 ottobre, secondo la sua più vicina confidente il 28 ottobre 1468, dopo aver raccomandato al primogenito i suoi figli più giovani, Elisabetta e Ottaviano. Fu sepolta nel Duomo di Milano a fianco del marito dopo una solenne cerimonia salutata dalla commossa partecipazione popolare.

Galeazzo Maria fu poi apertamente accusato, tra gli altri anche dal Colleoni, di aver avvelenato la madre. Uno storico dell'epoca, Bernardino Corio affermò che [Bianca Maria] «più de veneno che di naturale egretudine fusse morta». Durante il soggiorno a Melegnano vi fu in effetti un intenso via vai di emissari del figlio, e tra questi figurano anche personaggi ambigui che in seguito furono implicati in altri casi di avvelenamento. L'ipotesi del matricidio da parte di Galeazzo, pur non essendo provata, potrebbe essere plausibile.

<
Michelangelo Buonarroti, *Pietà*, 1552-1564

>
Castello Sforzesco, la Torre di Bona

>>
Torre di Bona, araldica e dedicazione

ridotto al rango di caserma e il parco adibito a piazza d'armi. Con il governo spagnolo furono edificate le fortificazioni allacciate ai coevi bastioni, smantellate poi in epoca napoleonica. Considerato infatti simbolo della tirannide e delle grandi famiglie milanesi, sotto Napoleone si pensò addirittura di demolirlo, per un progetto, poi mai realizzato, che lo prevedeva al centro dell'area ribattezzata Foro Bonaparte. Caserma anche sotto gli austriaci e il nuovo Regno d'Italia, fu consegnato al comune nel 1893. Prima di divenire cittadella museale rischiò nuovamente di essere demolito dal piano regolatore Beruto che prevedeva l'erezione di un quartiere residenziale.

La piazza d'Armi

La *Pietà* di Michelangelo e la Torre di Bona di Savoia

Oltrepassiamo la torre di rappresentanza, detta del Filarete (pseudonimo dell'architetto Antonio Averulino), voluta dalla coppia ducale. La torre, usata come polveriera durante la dominazione francese, fu distrutta da un'esplosione all'inizio del XVI secolo e ricostruita all'inizio del XX secolo durante l'opera di restauro e riqualificazione del Castello. Siamo nella vasta Piazza d'Armi,

Bona di Savoia

(1449-1503)

Bernardino Luini, *Ritratto di Bona di Savoia*, XVI sec.

Nacque ad Avigliana in provincia di Torino, quattordicesima figlia di Ludovico di Savoia e **Anna di Lusignano**. Rimasta nel 1462 orfana della madre, crebbe alla corte di Luigi XI di Francia. In quel periodo il Ducato di Savoia era sotto l'influenza francese. Francesco Sforza, conscio della pericolosità dello stato transalpino, aveva stabilito dei buoni rapporti diplomatici con la corte francese e propose al re Luigi il matrimonio del primogenito Galeazzo Maria con Bona. Le trattative furono molto lunghe, anche per l'ostilità dei Savoia verso gli Sforza ritenuti degli usurpatori del trono meneghino. Alla fine il matrimonio per procura fu celebrato ad Amboise il 12 maggio 1468, mentre quello religioso a Milano il 7 luglio. Probabilmente Galeazzo Maria si volle informare sull'aspetto della futura sposa inviando, all'inizio del 1468, il pittore Zanetto Bugatti in Francia per ritrarla. I rapporti inviati a Galeazzo su di lei in questo periodo la descrivono alta, ben proporzionata, di bella carnagione, con vita sottile, bei lineamenti e un carattere gentile. Lo stesso Galeazzo, che la incontrò a Novi, dichiarò di essere «tanto contenti et consolati, che non lo posiamo ad sufficientiam dire né scrivere».

Negli otto anni in cui rivestì il ruolo di duchessa consorte, Bona non si intromise mai nella politica dedicandosi quasi esclusivamente ai figli. Mentre era in vita il marito, Bona si sforzò di mantenere buoni i rapporti tra Savoia e Sforza. Rimasta vedova nel 1476, dimostrò una grande forza di carattere nel proteggere il futuro dei suoi figli, soprattutto del primogenito Gian Galeazzo Maria. In quegli anni la ritroviamo ritratta con il figlio nella pala d'altare di Santa Maria presso San Satiro, in via Torino, un prezioso gioiello del Rinascimento grazie al mirabile intervento di Donato Bramante. La chiesa fu costruita per suo volere, per consolidare il culto mariano e abbellire la città.

S. Maria presso S. Satiro, Interno dell'abside

Bona fu proclamata reggente il 9 gennaio del 1477 in nome del figlio di otto anni. La sua posizione, rafforzata dall'abile diplomatico Cicco Simonetta, fu però contestata dai cognati, desiderosi di controllare la volontà del giovane duca. Questi, tra i quali vi era l'ambizioso Ludovico il Moro, cercarono nel 1477 di estromettere Bona e Simonetta dalla tutela di Gian Galeazzo Maria, ma l'abile segretario riuscì a precederli e a esiliarli. Ma la rivalsa di Ludovico non tardò ad arrivare: mentre grazie a vari sotterfugi il Simonetta veniva piano piano escluso dal suo ruolo di segretario, invase il Ducato. Così l'8 settembre Bona si riconciliò con il Moro, mantenendo solo la reggenza formale del ducato. «Eccellenza illustrissima a me sarà tagliato il capo e voi in processo di tempo perderete lo stato»: la famosa profezia di Simonetta non tardò ad avverarsi; benché rimanesse ufficialmente ancora la reggente, Ludovico aveva in mano la situazione politica dello Stato. Infatti, egli, col pretesto di proteggere la vita del nipote, lo obbligò a firmare un documento con cui si proclamava suo tutore a discapito della madre, che fu costretta quindi a trasferirsi nel castello di Abbiategrasso, con un seguito costituito principalmente da spie del Moro. Il trattamento riservato alla duchessa madre indignò profondamente i parenti savoiardi e Luigi XI di Francia che fecero pressione perché le fosse concessa più libertà. Intanto Bona patrocinò, senza però prendervi parte direttamente, alcuni complotti contro il Moro. L'ultimo attentato relegò Bona in una prigionia ancor più dura, dalla quale riuscì a liberarsi soltanto verso la fine degli anni '80. Fu al fianco del figlio Gian Galeazzo quando questi morì nel Castello di Pavia il 21 settembre 1494. Con l'arrivo di Carlo VIII in Italia, e con l'odiato cognato diventato duca, Bona fuggì in Francia alla corte di Amboise: non si sentiva più al sicuro a Milano. Non trovandosi però a suo agio alla corte francese, chiese e ottenne dal nipote Filiberto II di Savoia asilo nella patria d'origine. Le fu concesso un feudo a Fossano (CN), ove Bona morì il 17 novembre 1503. Fu sepolta nella chiesa di San Giuliano.

Ebbe quattro figli, Gian Galeazzo Maria, Ermes Maria, Bianca Maria che sposò l'imperatore Massimiliano di Asburgo e Anna Maria che sposò Alfonso I d'Este duca di Ferrara.

Gli Sforza continuarono la tradizione di aggiungere il nome di Maria anche ai figli maschi; tale usanza fu iniziata da Gian Galeazzo Visconti che aveva offerto la propria discendenza alla Vergine sperando con tale voto di esorcizzare l'assenza di un erede.

dove un tempo si tenevano anche feste, tornei e giostre. Oggi è una sorta di museo a cielo aperto: sul lato destro verso la Porta del Carmine trovano infatti spazio memorie della Milano del passato, tra cui sarcofagi tardoromani, frammenti di statue, resti architettonici come colonne e due fronti di edifici rinascimentali murati sulla cortina. Sul lato opposto si trova l'antico Ospedale Spagnolo del XVI secolo, addossato alla cortina muraria di sinistra, restaurato nel 2015, dove ora è esposta la Pietà Rondanini di Michelangelo, acquistata dal Comune di Milano nel 1952. Ultima opera del maestro, concepita probabilmente per il suo sepolcro, altamente poetica e di grande suggestione. Sul marmo sono visibili gli ultimi ripensamenti dell'artista, in particolare l'idea di ricavare il corpo esile di Cristo da quello della madre, che vi si appoggia e al tempo stesso lo sostiene. Il volto della Vergine, raccolto nel muto dolore, è drammaticamente accostato a quello di Cristo, a donare protezione e amore nell'ultimo doloroso abbraccio.

A destra dell'Ospedale si trova il Cortile della Rocchetta dove svetta la torre cosiddetta di **Bona di Savoia**, perchè voluta dalla moglie di Galeazzo Maria Sforza, primogenito di Bianca Maria e Francesco I. Si tratta di una torre con funzione di difesa e di controllo, alta trentasei metri, a pianta rettangolare e in nudo mattone. Fortemente danneggiata, venne poi restaurata da Luca Beltrami che la rialzò, aggiunse la merlatura portata a sbalzo su mensole di serizzo e la dedicazione in marmo. Questa ricorda la commissione da parte di Bona alla morte del marito, assassinato il 16 dicembre 1476 da tre congiurati. Infatti, sentendosi in pericolo, la duchessa, per proteggere meglio se stessa e il piccolo Gian Galeazzo erede al ducato, si trasferì in questa parte più sicura del castello, la Rocchetta, che venne fortificata e munita di torre che costituisce un raro esempio di architettura militare commissionata da una donna.

Bona di Savoia e Galeazzo Maria Sforza, un matrimonio esemplare

Nel luglio del 1468 la corte sforzesca ferveva nei preparativi per ricevere degnamente la sposa Bona di Savoia. Se ne occupò in gran parte la stessa duchessa Bianca Maria provvedendo ai tappeti per gli addobbi sia per il palco eretto in piazza Duomo dove si sarebbe ripetuta la cerimonia di Amboise e anche per il Castello. Si voleva mostrare il fasto e la potenza della Casa Sforzesca soprattutto ai principi amici venuti a Milano per l'occasione: il marchese Federico Gonzaga e i rappresentanti ufficiali della corte di Francia e degli Stati italiani. Sappiamo da un inventario che i doni fatti in gioielli in argenteria da Galeazzo alla consorte erano di notevole ricchezza. Si racconta che la sposa, durante la festa delle nozze sfoggiò un'acconciatura composta da cinquecentoquarantaquattro perle. Da un documento sappiamo che alla festa furono invitate le mogli e le figlie di duecento personaggi scelti tra la più alta nobiltà milanese e fra i più fedeli funzionari della corte. Nonostante il documento che si trova all'Archivio di Stato di Milano non riporti il nome delle dame ma quello dei mariti, è possibile identificarne qualcuna.

Beatrice d'Este	Figlia di Niccolò III e moglie di Tristano Sforza, dama elegante e gentile chiamata la regina delle feste per la sua bravura nel danzare.
Antonia Dal Verme	Moglie di Sforza Secondo, fratello del duca.
Margherita Colleoni	Figlia del cortigiano Nicolino Colleoni, nel 1467 sposò dodicenne Gian Giacomo Trivulzio, portando in dote settemila ducati. Morì nel 1483. Il Trivulzio trent'anni dopo avrebbe preso possesso di Milano in nome dei francesi di Luigi XII.

Elisabetta Visconti	Figlia del segretario ducale Gaspare, sorella di Gasparino e di Azzone, aulico e funzionario ducale, governatore di Bari, e del prelato Giovanni Antonio, abate di Sant'Abbondio di Como. Sposò Cicco Simonetta. Di notevole interesse le lettere scritte da Elisabetta indirizzate al consorte, giunte fino a noi.
Margherita Busti	Moglie di Fazio Gallerani e madre di Cecilia amata poi da Ludovico il Moro.
Francesca della Scala di Verona	Moglie di Angelo Simonetta una cui figlia, Bianca, andò in sposa a Carlo Sforza figlio naturale di Galeazzo Maria.
Drusiana Sforza (1437-1474)	Figlia naturale di Francesco Sforza, legittimata nel 1448, a dieci anni fu promessa al doge di Genova Giano Fregoso che però morì prima delle nozze. Nel 1449 fu dunque promessa a Jacopo Piccinino, capitano di ventura, con l'obiettivo da parte di Francesco di averlo nel proprio esercito. In seguito all'incrinarsi del rapporto tra i due, il matrimonio sembrava ormai poco probabile, fino a quando nel 1463, divenuto il Piccinino padrone di Sulmona, si vide rinnovare la proposta. Il condottiero, che desiderava riappacificarsi con Milano, accettò. Venne arrestato e ucciso a Napoli e Drusiana, con il neonato Niccolò Galeazzo, fece ritorno a Milano. Qui, alla morte di Bianca Maria che l'aveva sempre trattata come una figlia, decise di ritirarsi nel convento di S. Agostino. Il fratello Galeazzo Maria per mire politiche avrebbe voluto darla in sposa a Spinetta Malaspina marchese di Verrucola. Ma Drusiana non cedette e fuggì dal convento prima a Trezzo e poi a Bergamo, mentre le veniva confiscato il possedimento di Moirago. Priva di mezzi, pregò il fratello di restituirle i beni invano. Si trasferì a Padova, dove morì improvvisamente.

<
Il Cortile della Rocchetta

>
Il portico dell'Elefante

Il Cortile della Rocchetta

Beatrice e Ludovico il Moro nuovi inquilini

Il Cortile della Rocchetta, concepito come area più sicura del castello, aveva in origine un solo accesso protetto da un ponte levatoio.

Il severo aspetto esterno con alte mura prive di finestre, è ingentilito all'interno da tre ali di portico, con capitelli ornati da stemmi viscontei, sforzeschi e spagnoli (questi ultimi sul lato verso la Corte Ducale). Gli ambienti del pianterreno ospitavano la Sala del Consiglio Ducale decorata con soffitto a lunette e capitelli pensili e quella del Tesoro con l'affresco, oggi mutilo, di scuola bramantesca raffigurante *Argo dai cento occhi* a guardia del camerino del tesoro. A sinistra dell'ingresso si aprivano gli appartamenti di Ludovico mentre al piano superiore vi è la cosiddetta Sala della Balla.

È in questi appartamenti che Ludovico portò il piccolo Gian Galeazzo e lo obbligò a firmare un documento in cui dichiarava suo tutore lo zio a discapito della madre. In seguito, è qui che ospitò **Cecilia Gallerani**, sua amante prediletta fino all'arrivo di **Beatrice d'Este**, (1491) che si trasferì proprio in queste stanze, obbligando Cecilia a lasciare il castello. Ludovico e Beatrice a quel tempo avevano stabilito qui loro alloggi visto che a risiedere alla Corte ducale era il

legittimo duca Gian Galeazzo Maria Sforza con la consorte **Isabella d'Aragona** fino a quando non vennero costretti al trasferimento a Pavia. Inizialmente, prima che la rivalità ne inasprisse il rapporto, pare che Beatrice e Isabella passassero molto tempo insieme come ricordano il poeta di corte Bellincioni e altre testimonianze.

La Corte Ducale

Decorazione d'interni alla sforzesca

La corte è caratterizzata da un ampio portico detto "dell'Elefante" per il lacerto di affresco esterno ancora riconoscibile sulla sinistra (architetto Benedetto Ferrini, 1473). Gli appartamenti ducali, dimora dal 1468 di Galeazzo Maria Sforza comprendevano il piano inferiore, dove si trovavano anche le grandi sale di rappresentanza, e il piano superiore, raggiungibile attraverso una scala a gradini bassi, che permetteva ai duchi di salire a cavallo. In questi ambienti, oggi destinati a Museo, si svolgeva la vita di corte, con gli illustri ospiti, i ricchi eventi e i rituali del governo. Gli interventi architettonici voluti da Galeazzo Maria avevano l'intento di mitigare la severità della costruzione militare impartita dal padre. Gli ambienti furono decorati con grandiose e bizzarre pitture in parte perdute. La disposizione delle sale risulta rudimentale con i grandi ambienti comunicanti fra loro con piccole porte e senza nessun disimpegno di servizio; per passare dalle sale a piano terra a quelle superiori bisognava usare una scala esterna oppure una scaletta ripidissima. Le finestre erano chiuse con le *stamegne*, ovvero tele imbevute di resina; i gabinetti, detti "destri" erano scavati nello spessore delle robuste mura e ricevevano aria e luce da feritoie. Le cucine e dispense erano disposte nelle sale di abitazione. A questa mancanza di comodità faceva da contraltare la sfarzosità di alcune sale, come quella che Galeazzo volle rivestita di velluto rosso. Grandi cure furono dedicate alla creazione di una cappella musicale, ancora oggi visibile. La sala "delle Colombine" omaggiava Bona con il ricorrere nella decorazione del motto dei Savoia "*à bon droit*" portato in trionfo da colombe. Già a partire dal governo di Francesco e Bianca Maria la corte milanese rivestiva un importante ruolo tra le corti rinascimentali, grazie a presenze come il già citato architetto Filarete o il letterato Filelfo. Sappiamo che sia Francesco Sforza che Bianca Maria arricchirono la loro biblioteca di codici umanisti. Ai loro figli fu impartita la migliore istruzione. L'illustre grecista Costantino Lascaris ebbe l'incarico di insegnare il greco alla figlia **Ippolita Maria Sforza**, appassionata di lingue antiche e di danza. In particolare questa forma di diletto e intrattenimento era tenuta molto in considerazione a corte. Probabilmente Ippolita, prima della sua partenza per Napoli, si esibì anche alla corte sforzesca come ballerina. Dopo il matrimonio, nel 1469 Galeazzo e Bona si insediarono al Castello con il piccolo Giangaleazzo e i figli naturali del duca, avuti prima delle nozze da **Lucrezia Landriani**. Carlo (futuro padre di Ippolita sposa di Alessandro Bentivoglio signore di Bologna), la famosa **Caterina Sforza** e **Clara**, data in sposa al conte Pietro Dal Verme. I figli naturali vennero adottati ed educati come i figli legittimi. In particolare Caterina fu allevata da **Bianca Maria Visconti** e, dopo la sua morte, da **Bona di Savoia** che l'accolse con amore materno. Caterina tenne sempre presenti entrambe le figure come illustri esempi di comportamento e di virtù. Conosciamo molto dell'avventurosa vita

Ippolita Maria Sforza

(1445-1484)

Francesco Laurana, presunto ritratto di Ippolita Maria Sforza, calco del Museo Puškin da un originale perduto, già al Bode-Museum, Berlino

Nacque a Pesaro, prima figlia di Francesco I e di **Bianca Maria Visconti**. Fu donna di cultura, indicata come esempio di fedeltà e di «inaudita pudicizia». L'erudito umanista Costantino Lascaris suo maestro, le dedicò la sua Epitome, stampata poi nel 1476 come primo libro in caratteri greci. La giovane alternava i severi studi con altri più dilettevoli, come la danza; alla corte di Napoli, dove si trasferì dopo le nozze con il duca di Calabria erede al trono, si fece infatti ammirare per «aver facto duy balli nova sopra dui canzoni francesi de sua fantasia» deliziando il Re. Il suo sposo Alfonso II d'Aragona divenne re di Napoli nel 1494 dopo la sua morte. Loro figlia fu quella **Isabella d'Aragona** che andò in sposa a Gian Galeazzo Maria Sforza, figlio di Galeazzo e di **Bona di Savoia**.

Caterina Sforza

(1463 ca. – 1509)

Lorenzo di Credi, *La dama dei gelsomini*, (presunto ritratto di Caterina Sforza), 1485-1490 ca. Pinacoteca Civica di Forlì

Caterina era figlia naturale di Galeazzo Maria Sforza e **Lucrezia Landriani**. Legittimata dal padre crebbe come una dama di casa Sforza, secondo una rigida etichetta. In particolare la sua educazione fu affidata alla nonna **Bianca Maria Visconti** e, in seguito, alla madre adottiva **Bona di Savoia**. Fin da molto giovane Caterina mostrò il suo forte carattere, la sua intelligenza e la sua gentilezza. Il padre capì ben presto che poteva essere un'ottima carta da giocare nel campo delle contrattazioni matrimoniali. A dieci anni fu così promessa in sposa a Girolamo Riario nipote (o forse figlio) di Papa Sisto IV e signore di Imola. Inizialmente la scelta dei Riario era caduta su **Costanza Fogliari**, figlia del fratellastro di Francesco Sforza e di Gabriella Gonzaga. La trattativa però non si concluse a causa della madre di Costanza che pose come vincolo al consumo del matrimonio il compimento del quattordicesimo anno della figlia. Il rozzo libertino Riario non accettò, Galeazzo Maria ne approfittò immolando Caterina. Nel 1473 fu concluso il contratto nuziale, alla Santa Sede il duca restituì Imola che però sarebbe stata governata da Girolamo e dalla sua progenie. In questo modo Milano avrebbe continuato a esercitare influenza in Romagna con un potente alleato e avrebbe meglio contenuto l'espansione veneziana. Dopo la notte passata con Riario per suggellare il legame, raccontata e romanzata in diversi testi anche di recente pubblicazione, i due vissero separatamente: Girolamo continuò a perseguire i suoi piaceri a Roma, Caterina i suoi studi e la sua formazione a Milano divenendo una colta conoscitrice di testi classici e religiosi, una prode cavallerizza, una raffinata musicista e danzatrice. Dopo l'assassinio di Galeazzo Maria, a garanzia del matrimonio combinato era necessario un erede per suggellare il patto.

Così Caterina fu chiamata a Roma nel 1477. e frequentò la corte papale fino all'arrivo del primo figlio, Ottaviano, poi la coppia si recò nei territori appena conquistati dal papa: Faenza, Pesaro e Forlì. Qui venne riconosciuta come signora e preferita al marito malvisto dal popolo. Ci furono infatti diverse congiure da parte di fazioni cittadine per eliminarlo. Alla morte del Papa Roma cadde nell'anarchia e la coppia vi si precipitò per difendere Castel Sant'Angelo di cui Girolamo era governatore, in quanto capitano dell'esercito. Ma Girolamo si mostrò inadeguato e fu Caterina, incinta del secondo figlio, a prendere in mano la situazione. Entrò in Sant'Angelo occupando la fortezza e intimò al Sacro Collegio che essa sarebbe stata consegnata solo al nuovo papa. Ma per debolezza e ingordigia il marito rinnegò l'operato della moglie che si vide costretta a tornare in Romagna. Una nuova congiura portò all'uccisione di Girolamo e all'avanzata di una nuova famiglia di nobili, gli Orsi. L'ultima roccaforte ancora in mano ai Riario era Rivaldino, difesa dal fedele Feo. Caterina, prigioniera degli Orsi, si fece portare a Rivaldino e tese la trappola ai suoi nemici. Fingendo di far arrendere Feo, una volta entrata nella rocca ne prese possesso, lasciando i suoi figli in ostaggio all'esterno. In questa occasione

Caterina pronunciò la famosa frase, citata poi da tutti i suoi numerosi biografi e anche da Machiavelli, frase che contribuì a renderla un mito, un'abile stratega e una madre snaturata al contempo, rivolta a chi minacciò di uccidere i suoi piccoli: «ho qui lo stampo per farne altri». Ma molto probabilmente Caterina sapeva che i figli non sarebbero mai stati sacrificati e Rivaldino resistette fino all'arrivo delle truppe milanesi che occuparono la città. A venticinque anni Caterina era la reggente, e il popolo giurò fedeltà a suo figlio Ottaviano. Al contrario di Girolamo Caterina iniziò una politica fiscale che prevedeva la diminuzione delle tasse e l'austerità da della corte, diventando una governante molto amata.

Tra le tante storie amorose attribuitole (in una lettera il duca di Milano disapprova «el desordinato vivere della contessa») documentata è quella con il giovane scudiero Giacomo Feo, fratello di Tommaso, da cui ebbe un figlio e che sposò segretamente. Ma Giacomo piano piano tentò di sottrarle il potere partecipando a una congiura che fu duramente repressa da Caterina. Finalmente arrivò un nuovo amore, una relazione alla pari con un nobile, giovane, colto, elegante, Giovanni de' Medici. Da questa unione nacque il famoso Giovanni dalle Bande Nere. Purtroppo anche l'ultimo marito di Caternia morì prematuramente e lei rimase sola in un clima di guerra che incombeva su Milano con l'arrivo dei francesi e in Romagna sotto il comando di Cesare Borgia che conquistò in poco tempo Imola e Forlì. L'ultima a cadere fu la rocca di Rivaldino difesa strenuamente da Caterina per quattro settimane. Fatta poi prigioniera fu portata in Castel Sant'Angelo dove firmò la rinuncia alle terre. Una volta liberata si trasferì a Firenze dove visse prendendosi cura dei figli e forse, come trasmesso dalla storia non ufficiale, dedicandosi alla sua passione per l'alchimia.

È giunto fino a noi il manoscritto *Experimenti de la Ecc.ma Signora Caterina da Furlij*: più di quattrocento ricette che spaziano da antidoti a veleni, da preparazioni per la cura dei capelli e rimedi contro i malanni, dagli anestetici agli afrodisiaci.

La vita al Castello, attività e passatempi

Al tempo di **Beatrice d'Este**, la vita al castello sembrerebbe essere stata gaia e attraente. Molto spazio veniva dato a giochi vari e scherzi, alla musica e alle passeggiate. Molto apprezzati erano gli scacchi, fabbricati a Milano e a Varese, aristocratico gioco in cui sembrava eccellere **Isabella d'Este**, sorella maggiore di Beatrice più volte ospitata al Castello. Un altro divertimento graditissimo era quello della palla, come testimonia una lettera di Beatrice del 18 marzo 1491 in cui si legge che tutti i giorni dopo il desinare anche il duca Gian Galeazzo prendeva piacere nel gioco della pallamano. Proprio Isabella d'Este in alcune lettere racconta al marito di quanto si fosse trasformata in meglio la città (Milano è «facto tanto bello che se tu lo vedessi non lo cognoresti più»), mentre in un'altra lettera parla di «feste et piaceri ogni dì». Sicuramente tra le feste più importanti organizzate al Castello fu memorabile la cosiddetta "Festa del paradiso" per festeggiare il matrimonio tra Isabella d'Aragona e il nipote di Ludovico il Moro, Gian Galeazzo Maria Sforza. Grazie ad alcuni documenti ci sono giunti i dettagli dei festeggiamenti e degli abiti sfoggiati: abiti in broccato per entrambi i duchi e ghirlanda di perle in capo per Isabella, e «certe gioie molto belle» anche per «molte altre donne vestite richisimanente». La festa si concluse il 13 gennaio 1490 con la rappresentazione di un'opera in musica con scenografie e effetti speciali di Leonardo da Vinci. La "machina di grand'ingegno" rappresentava i pianeti impersonati da uomini che giravano lodando la duchessa. ■

Michelino da Besozzo,
Gioco della palla, particolare del ciclo di affreschi dei Giochi Borromeo, XV sec., Palazzo Borromeo

di Caterina, fin dall'epoca raccontata da differenti biografi per ciò che dovette affrontare e per il carattere spavaldo e battagliero che forgiò: violata a dieci anni dal promesso sposo Girolamo Riario scelto dal padre per fini politici, come contessa di Forlì difese e conquistò possedimenti al posto dei deboli uomini (si sposò tre volte), che aveva al suo fianco. Personaggi del calibro di Machiavelli e Guicciardini esaltarono il suo grande animo ed è ricordata anche per le sue doti di alchimista.

Il Parco Sempione

A caccia con Beatrice e Isabella

Uscendo dalla "Porta del barcho", ci ritroviamo nel parco detto Sempione per via dell'arteria che lo delimita dove sorge l'Arco della Pace o, appunto, Arco del Sempione. Concepito come giardino all'inglese alla fine dell'800 (architetto Emilio Alemagna) oggi ospita l'Arena, la Torre Branca, l'Acquario civico, una biblioteca, il Palazzo della Triennale. Già giardino del Castello in epoca viscontea, fu poi recintato e trasformato dagli Sforza in una riserva di caccia con caprioli, cervi, lepri, fagiani e pernici fatti portare a Milano dalle zone limitrofe. Al vero parco di caccia, o "barcho", erano affiancati vasti campi coltivati a cereali e una parte a giardino dotata di una peschiera Non mancava la zona destinata a frutteto. Da varie fonti sappiamo che la caccia era un passatempo praticato con grande passione anche dalle dame e in primo luogo dalle duchesse **Bianca Maria**, **Bona di Savoia**, **Isabella d'Aragona** e **Beatrice d'Este**. Ludovico il Moro, in una lettera alla cognata **Isabella d'Este** scriveva che quest'ultima ormai cacciava «tanto bene che la me avanza».

La Ponticella

Lasciandoci alle spalle il castello ci dirigiamo verso destra; qui incontriamo alcune rovine che testimoniano il complesso sistema di fortificazioni di cui fu dotato il Castello negli anni. Arriviamo alla cosiddetta *Ponticella*, una elegante costruzione sopra il fossato, composta da un portico e da tre salette, voluta da Ludovico il Moro, secondo la tradizione proget-

<
Beatrice d'Este, dettaglio da Maestro della Pala Sforzesca, Madonna in trono con il Bambino, Dottori della Chiesa e la famiglia di Ludovico il Moro (*Pala Sforzesca*), 1494 ca., Pinacoteca di Brera

>
Castello Sforzesco, La Ponticella

tata da Bramante. Sappiamo da fonti contemporanee che uno di questi ambienti parato a lutto era dove Ludovico piangeva Beatrice, morta nel 1497 all'età di ventidue anni. Le sale sono ricordate ancora oggi come "Salette Nere" o "negre", così definite dal Moro in alcune lettere. Per la decorazione pittorica, di cui non è rimasta alcuna traccia, sarebbe stato coinvolto Leonardo. I graffiti ancora visibili nel porticato furono invece eseguiti da Luca Beltrami che riprese quelli dell'Abbazia di Chiaravalle e della cascina Pozzobonella. Nel corso del XX secolo all'interno è stato trasferito per motivi conservativi un ciclo di affreschi provenienti dalla casa degli Atellani, attribuiti alla bottega di Bernardino Luini, raffiguranti i ritratti della casata degli Sforza (in loco sono stati sostituiti da copie).

Il Moro aveva potenziato anche la Ghirlanda, la cinta difensiva che non servì all'arrivo dei francesi, i quali si impadronirono del ducato senza colpo ferire grazie al tradimento di Bernardino da Corte a cui era stato affidato il Castello in assenza del duca. Anche il suo cercare aiuto presso l'imperatore Massimiliano I d'Austria – al quale si era legato grazie allo strategico matrimonio con la nipote **Bianca Maria Sforza** – fu del tutto inutile. Dopo la caduta degli Sforza e le diverse dominazioni straniere che usarono il Castello soprattutto come piazzaforte, dall'inizio del XX secolo iniziò la storia del Castello come polo museale.

Isabella d'Aragona

(1470-1524)

Francesco Laurana, *Ritratto di Isabella d'Aragona*, 1487-1488 ca. Kunsthistorisches Museum, Vienna

Nacque a Napoli, secondogenita di Alfonso II d'Aragona duca di Calabria e Re di Napoli e da **Ippolita Maria Sforza**. Educata nel raffinato ambiente culturale napoletano, apprese insegnamenti nell'arte del governo e sviluppò forte orgoglio per l'appartenenza alla casata aragonese. A soli due anni venne promessa in sposa al cugino Gian Galeazzo Maria Sforza con lo scopo di unire le due casate. Nel 1479 incontrò le persone che avrebbero segnato il suo destino, Ludovico il Moro, zio del suo promesso sposo, che avrebbe reso loro la vita difficile per l'interesse ad acquisire il ducato, e la cugina **Beatrice d'Este.** Isabella e Beatrice si sarebbero ritrovate poi insieme alla corte milanese, come spose rispettivamente del duca e dello zio tutore. Le nozze, che avvennero nel 1488 a Napoli per procura, furono fortemente sostenute da quest'ultimo probabilmente anche per avere a corte la figlia del futuro re di Napoli come una sorta di prezioso ostaggio.

Isabella giunse a Milano lo stesso anno delle nozze, che venero celebrate in Duomo, ma dopo i festeggiamenti, la coppia venne invitata da Ludovico il Moro a trasferirsi a Pavia. Sorsero i primi contrasti tra il reggente e Isabella che aveva capito le trame del Moro: allontanare lei e il debole marito succube dello zio, dal centro del potere. Tra l'altro la loro corte era interamente composta da servi e spie del Moro; dovevano giustificare tutte le spese e lei fu pubblicamente rimproverata perchè consumava una quantità troppo elevata di zucchero secondo l'uso napoletano. Sappiamo che si battè con tenacia per aumentare la loro rendita.

Intanto in tutte le corti d'Europa si vociferava sull'insufficiente virilità del duca e dell'avvilimento della giovane sposa. Su questo Ludovico il Moro sbeffeggiava in pubblico il nipote. Isabella non si diede per vinta, scrisse al padre lamentandosi delle condizioni indecorose in cui erano costretti. Probabilmente proprio per risollevare la situazione nel 1490 Ludovico il Moro dispose splendidi festeggiamenti in onore del matrimonio, affidando a Leonardo da Vinci l'organizzazione della famosa Festa del paradiso.

Con la nascita del primogenito, Francesco Maria, che finalmente Isabella mise alla luce, cominciò a manifestarsi la rivalità con Beatrice d'Este arrivata a corte nel 1491. Un successore legittimo del nipote non doveva certo rendere tranquillo il Moro che continuò a tramare contro la coppia, arrivando anche ad accusare Isabella di aver avvelenato un cortegiano. Tutto questo portò a creare forte ostilità tra Milano e Napoli. Isabella continuò a scrivere lettere al padre (probabilmente alcune furono anche intercettate e distrutte dal Moro), denunciando lo stato di umiliazione in cui erano relegati, soprattutto dopo la nascita dei figli di Ludovico e Beatrice.

Il re di Napoli intimò a Ludovico di restituire il potere all'usurpato nipote; Ludovico prese tempo, si dichiarò devoto all'erede legittimo ma intanto organizzò le nozze tra la nipote **Bianca Maria** con il futuro Imperatore Massimiliano in cambio dell'investitura al Ducato.

Nel 1494 Alfonso dichiarò guerra al Moro e l'ostilità si estese agli stati stranieri.

Il Moro coinvolse infatti anche la Francia di Carlo VIII. Isabella incontrò a Pavia il sovrano cercando di convincerlo a evitare la guerra, mentre intanto il marito venticinquenne moriva probabilmente avvelenato da arsenico per opera del Moro tramite il suo medico di fiducia, Ambrogio da Rosate.

Il mattino dopo Ludovico si fece riconoscere legittimo signore del Ducato.

Isabella si trovò così ad affrontare contemporaneamente, da sola e in terra ostile, la tragica scomparsa del marito, la vittoriosa avanzata dell'esercito di Carlo VIII contro il Regno paterno e l'usurpazione del trono ducale lombardo al figlio Francesco. Incinta e prostrata da tutte queste vicende, dopo un periodo di depressione decise di tornare a Milano con lo scopo di appoggiare le diffidenze che tra gli stessi alleati del Moro iniziavano a covare nei confronti del nuovo duca. Tentò infatti di procurare al Moro l'inimicizia di Massimiliano I, che però ne denunciò l'operato a Ludovico, il quale la fece rinchiudere in stretta segregazione. Il 26 maggio 1495, il Moro - e legittima discendenza - venne solennemente investito del titolo imperiale di duca di Milano. Nel 1497, alla morte di Beatrice, quasi a voler vendicare il proprio dolore creando altro dolore, Ludovico decise di separare Isabella dal primogenito, trasferendola nella corte vecchia nei pressi del Duomo, con il palese intento di poter meglio manipolare il pronipote, come già aveva fatto con il padre. Nella sua nuova residenza, Isabella iniziò a godere di maggior libertà di movimento e poté continuare a occuparsi dell'educazione delle figlie. Inoltre ordinò dipinti, acquistò statue antiche e si circondò di artisti come Boltraffio. Con l'ascesa al trono di Francia di Luigi XII, acerrimo nemico dello Sforza, il Moro tentò di persuadere Isabella a riparare, insieme con il figlio, nel Regno di Napoli, giungendo a cederle il Ducato di Bari. Isabella rifiutò di abbandonare Milano, erroneamente convinta di poter ottenere dal sovrano d'Oltralpe quanto lo zio, ora in fuga verso Innsbruck, le aveva un tempo usurpato. In questo periodo si adoperò anche per far luce sull'avvelenamento del marito, di cui era stata sempre convinta, ma perse nuovamente la possibilità di convivere con il primogenito. Il 9 ottobre 1499, le fu concesso di riabbracciare, per quella che si sarebbe rivelata l'ultima volta, il piccolo Francesco. Da lì in poi Isabella si sarebbe sempre firmata nelle sue lettere «Isabella de Aragona Sforcia ducissa Mediolani unicha ne la desgracia». Non avrebbe infatti più rivisto il figlio affidato al re francese, esiliato e morto nel 1512 cadendo da cavallo. Per evitare di assistere all'effimero rientro del Moro in Milano nel 1500 tornò a Napoli. Qui venne accolta con tutti gli onori. Dopo la caduta definitiva di Ludovico Sforza, Isabella venne ufficialmente investita del feudo di Bari (1501-1524) dove resse il governo dello Stato mentre lo zio, re Federico, era costretto a scendere militarmente in campo per difendere il suo dominio contro i francesi. Purtruppo Federico venne sconfitto dai francesi, ma Isabella, resistendo valorosamente, si rifiutò di consegnar loro Ischia. In virtù del coraggio e della lealtà dimostrata nel frangente, quando il Regno di Napoli cadde sotto il dominio di Ferdinando il Cattolico, ottenne la conferma dell'investitura al Ducato di Bari. Qui Isabella dimostrò che era «nata per governare» come sottolinea nella biografia a lei dedicata Jerta Cappelletti Butti. Prima donna al potere in quelle terre, avviò molte opere. Purtroppo il suo più grande progetto non potè essere completato. Si trattava di fare di Bari un'isola inattaccabile per mezzo di un grande canale artificiale. Alla sua morte i lavori vennero abbandonati e alcune parti spazzate via durante un'alluvione nel 1567. Dal punto di vista culturale fondò l'Accademia degli Incogniti, un circolo di poeti che si sfidavano in versi e con i quali forse gareggiava lei stessa; ma soprattutto incoraggiò la pubblica istruzione, istituendo una commissione per l'educazione, disponendo facilitazioni per i precettori pubblici (aumento dello stipendio, riduzione delle tasse, alloggio e garzone gratuiti) e vincolando le offerte ai conventi alla disponibilità permanente a istruire il popolo (due frati per ente). A livello politico e diplomatico, Isabella fu abile nell'instaurare favorevoli rapporti commerciali a vantaggio dell'economia del Ducato di Bari, riuscì a far superare le rivalità interne che contrapponevano la nobiltà al popolo e estese i privilegi doganali riconosciuti ai mercanti milanesi ad altre città favorendo così l'insediamento di una trentina di società commerciali forestiere. Attraverso una serie di leggi frenò gli abusi amministrativi e la corruzione di giudici e magistrati. La sua grande personalità e il suo fascino intellettuale ispirarono diverse opere letterarie di stampo cortese-cavalleresco. Il suo capolavoro diplomatico fu il matrimonio della figlia Bona con Sigismondo I re di Polonia. Il distacco dall'unica figlia superstite venne però vissuto da Isabella in modo drammatico: nel XVII secolo, su un gradino del molo del porto di Manfredonia, era ancora leggibile un'incisione che, nel riprodurre la forma del piede della giovane sposa, ricordava il punto esatto dove era avvenuto il commiato tra le due donne. Gli ultimi anni della sua vita la videro aspramente impegnata in una lite giudiziaria con la potente famiglia dei Castriota per l'eredità della regina Giovanna. Già gravemente ammalata di idropisia, nel 1523 soggiornò brevemente nel Ducato di Bari per assicurare la successione alla figlia; poi si trasferì definitivamente nella corte di Castel Capuano per morire dove era nata. Morì a 54 anni, e venne sepolta nella sagrestia del convento di S. Domenico, dopo grandiose esequie.

Bianca Maria Sforza

(1472-1510)

Bianca Maria era la terza figlia di Galeazzo Maria Sforza e di **Bona di Savoia**. Per motivi politici fu promessa prima a diversi principi e infine data in sposa dallo zio Ludovico all'Imperatore Massimiliano I, vedovo e con diversi anni più di lei. La dote era spropositata: trecentomila ducati, ai quali se ne dovettero aggiungere altri centomila come tassa d'investitura. Il Moro otteneva dall'Imperatore l'investitura sul ducato mentre Massimiliano sperava di assicu-

Giovanni Ambrogio de Predis, *Bianca Maria Sforza*, 1493 ca., Washington, National Gallery of Art rarsi i territori dell'Italia settentrionale e il finanziamento per le sue spedizioni militari. Dopo una memorabile festa di nozze, la sposa partì alla volta del Tirolo: accompagnata da un corteo, fece tappa a Como, Bellagio, Gravedona, Morbegno, Sondrio e Bormio e valicò lo Stelvio. Bianca Maria non fu amata nè apprezzata da Massimiliano d'Asburgo. L'imperatore dichiarò che la Sforza, nonostante fosse bella come l'amatissima e mai dimenticata prima moglie **Maria di Borgogna**, non era altrettanto "savia". Per ricordare il loro matrimonio, Massimiliano fece ornare la Neuer Hof di Innsbruck con il "*Goldenes Dachl*" (Tettuccio d'oro), una loggia il cui brillantissimo tetto è formato da oltre duemilacinquecento piccole tegole di rame dorate. L'Imperatore vi appare ritratto con entrambe le mogli. La giovane imperatrice non partecipò mai alla vita politica e preferì vivere nei vari castelli imperiali, soprattutto in Tirolo, circondata da una piccola corte di fedeli nobili milanesi e protetta (o piuttosto sorvegliata), dagli emissari del Moro, verso i quali con il passare del tempo mostrò un'acuta insofferenza. Negli ultimi anni di vita soffrì di un male debilitante in cui alcuni storici hanno voluto vedere i sintomi dell'anoressia nervosa. Morì il 31 dicembre 1510 e fu sepolta nell'abbazia cistercense di Stams, in Tirolo, nell'alta valle dell'Inn.

Il "*Goldenes Dachl*" (Tettuccio d'oro), con i ritratti di Bianca Maria Sforza e Maria di Borgogna, mogli di Massiliano I, Innsbruck

Bianca Maria Scarpadone contessa de Challant

(inizi XVI sec. – 1526)

Nacque a Casale Monferrato, figlia di un ricco uomo d'affari e di una nobildonna di Alessandria. Giovanissima e molto bella venne fatta sposare a Milano a Ermes Visconti, molto più anziano di lei. In seguito egli venne condannato a morte per cospirazione e la giovane donna ne ereditò le ingenti sostanze. Si trovò libera, ricca, giovane e bellissima; dopo diverse relazioni si risposò con l'aristocratico valdostano Renato di Challant e con lui visse per breve tempo nel Castello di Issogne. Abbandonò presto il marito, secondo alcune fonti perchè questi parteggiava per il Re di Francia nel conflitto contro Milano, mentre lei era contraria a questa guerra contro la sua città adottiva; si trasferì a Pavia, dove ebbe numerosi amanti e iniziò un rapporto molto burrascoso con un nobile, un certo Ardizzino, che alla fine lasciò. Costui si vendicò facendola oggetto di voci infamanti. Bianca Maria fu accusata di aver indotto l'ultimo dei suoi amanti a uccidere Ardizzino. Le sue due cameriere, torturate, una delle quali a morte, confessarono le colpe della padrona. Il 20 ottobre del 1526 Bianca Maria fu decapitata nei pressi del Castello Sforzesco.

La sua storia, che ispirò molti artisti, ce la racconta Matteo Bandello, suo contemporaneo, in una delle sue novelle; tre secoli più tardi Giuseppe Giacosa ne trasse un'opera teatrale *(La signora di Challant)*, interpretata da **Eleonora Duse**. Secondo una lunga tradizione, attualmente in parte non più accreditata, il pittore Bernardino Luini, che avrebbe assistito all'esecuzione, la ritrasse per raffigurare il martirio di Santa Caterina di Alessandria nella cappella Besozzi della chiesa di San Maurizio. Così, nella novella di Bandello si legge: «chi bramasse di vedere il suo volto ritratto dal vivo, vada nella chiesa del Monastero Maggiore, e là dentro la vedrà dipinta».

Bernardino Luini, 1526, *Martirio di Santa Caterina d'Alessandria*, San Maurizio al Monastero Maggiore, Milano

Le dame del castello in un colpo d'occhio

Bianca Maria Visconti
La dolce condottiera
1425-1468

Ultima discendente diretta della casata Visconti, data in sposa al capitano di ventura Francesco Sforza.

Ippolita Maria Sforza
Un simbolo di cultura e raffinatezza
1445-1484

Figlia di Bianca Maria Visconti e Francesco Sforza

Bona di Savoia
La duchessa spodestata
1449-1503

Nuora di Bianca Maria, perchè sposa del primogenito Galeazzo Maria Sforza. Madre del piccolo Gian Galeazzo a cui Ludovico il Moro usurpò il potere.

Caterina Sforza
La guerriera indomita
1463-1509

Figlia naturale di Galeazzo Maria e Cecilia Landriani. Educata a corte con gli altri figli, mostrò grande ingegno e vitalità. Attraverso traversie e ostacoli forgiò un carattere combattivo e spavaldo con cui affrontò una vita incredibilmente avventurosa.

Isabella d'Aragona
Una principessa di troppo
1470-1524

Figlia del re di Napoli e di Ippolita Maria Sforza, sposa di Gian Galeazzo Maria Sforza, legittimo erede di Galeazzo Maria Sforza

Beatrice d'Este
L'apogeo della corte sforzesca
1475-1497

Proveniente dalla prestigiosa casata degli estensi di Ferrara, amata sposa di Ludovico il Moro, morta precocemente al terzo parto.

Bianca Maria Sforza
La principessa triste
1472-1510

Figlia di Galeazzo e Bona, data in sposa da Ludovico all'imperatore Massimiliano d'Asburgo per suggellarne la protezione.

>
Testa di Tedodora, VI sec. d.C.

>>
Donna che compie un gesto osceno, XII sec.

I musei del Castello

Museo d'Arte Antica

Il Castello ospita infatti differenti musei. Seguendo le tracce femminili si può iniziare dal pianterreno con il *Museo d'Arte Antica* dove si trovano opere scultoree e architettoniche un tempo presenti in città come ad esempio i resti del monastero di Santa Maria Aurona, di epoca longobarda o della chiesa di Santa Tecla. Del monastero, ubicato in Via Monte di Pietà, rimangono due pilastrini con ornamenti vegetali e capitelli ornati da raffinati motivi decorativi tra cui uno con colombe che si abbeverano e una sirena bicaudata.

Poco distante, esposta nella vetrina al centro della sala, si trova la bellissima testa marmorea femminile eseguita forse a Costantinopoli o da maestranze bizantine presenti in città. Ritrovata nel 1846 in via San Primo, fu identificata come l'**Imperatrice Teodora**, moglie di Giustiniano imperatore d'Oriente, in base alla somiglianza con la sua immagine presente nei mosaici della basilica di San Vitale a Ravenna. Ricorre la stessa acconciatura, con i capelli raccolti entro una cuffia impreziosita da una corona di perle. Il perfetto equilibrio tra astrazione e naturalismo è in linea con il gusto del V-VI secolo. A destra dell'arca equestre di Bernabò Visconti, troviamo il più semplice sarcofago di

<<
Pier Pietro Solari, *Madonna del coazzone*, XV sec.

<
Bona di Savoia presentata da un santa martire, frammento di pala, 1471

>
Lastra tombale di Bianca di Savoia

sua moglie **Regina della Scala** (vedi pag. 138), anch'esso proveniente dalla Cripta di San Giovanni in Conca, datato 1384 suo anno di morte e ritenuto di bottega di Bonino da Campione.

Tra le tante effigi di Madonne, ci piace rimarcare la cosiddetta *Madonna del coazzone* per la lunga treccia che le scende sul dorso, presente nella Cappella Ducale in atteggiamento di preghiera. L'elegante scultura quattrocentesca, proveniente dal Duomo, è attribuita a Pier Antonio Solari.

Arrivati alla sala VI troviamo alcuni momenti della storia della città raccontati nei rilievi dell'antica porta Romana (XII secolo). Nell'episodio in cui *Sant'Ambrogio scaccia gli ariani* possiamo riconoscere le donne che disperate, con fagotto e figli, lasciano la città.

Una funzione propiziatoria o apotropaica aveva probabilmente il rilievo con una *Donna che compie un gesto osceno*, ritenuta per tradizione **Beatrice di Borgogna** (1145-1184), moglie di Federico Barbarossa o una prostituta che radendosi il pube avrebbe distratto le truppe nemiche negli anni degli assedi e delle distruzioni da parte appunto dell'Imperatore Germanico. Il rilievo, un *unicum* per iconografia e stile nella scultura romanica milanese, proviene dalla parte frontale della Porta Tosa, poi porta Vittoria, oggi Piazza Cinque Giornate. Per l'impudicizia del

gesto della donna fu rimosso alla fine del XVI secolo per volere di Carlo Borromeo che lo cedette al questore Orazio Archinto; i suoi eredi lo donarono al castello nel 1865. Secondo alcuni il nome della porta Tosa, *ragazza* in dialetto, deriverebbe proprio dalla presenza del rilievo.

Il busto di profilo marmoreo che ritrae **Bianca Maria Visconti**, la raffigura con il capo coperto da un leggero velo; l'acconciatura è arricchita da un piccolo bouquet di fiori alla tempia; l'abito, con profonda scollatura dietro la nuca è ricco e ornato con motivi geometrici.

Bianca di Savoia (1331-1387) è stata identificata da una parte della critica nella lastra tombale che raffigura una gisante vestita con l'abito delle Clarisse. Un documento attesta la tomba di Bianca, moglie di Galeazzo II Visconti, a Pavia, nel coro della Chiesa di Santa Chiara la Reale. Il convento fu da lei fondato nel 1380 e riccamente dotato. Lei stessa dispose di volervi essere sepolta vestendo l'abito dell'ordine. La lastra è stata datata intorno al 1387 e ricondotta a Giacomo da Campione.

Pinacoteca e Museo del mobile

Salendo la cosiddetta "scala cavallina" per il fatto che i signori la percorrevano a cavallo, si raggiunge il piano superiore che ospita il *Museo*

<
La Camera di Griselda

>
Palazzo Carmagnola

del mobile e la *Pinacoteca*. Qui incontriamo **Bona di Savoia** presentata da un santa martire in un frammento di una pala proveniente dalla cattedrale dipinta da un pittore lombardo nel 1471. Proseguendo troviamo la ricostruzione della cosiddetta "Camera di Griselda", ciclo di affreschi provenienti dal Castello di Roccabianca, tra Parma e Cremona. Il castello, così come la decorazione, fu voluto dal conte di San Secondo Pier Maria Rossi, condottiero degli Sforza nel corso della metà del XV secolo, e da lui donato, come precisa un documento del 1467, all'amata **Bianca Pellegrini da Como (1417-1480)**, che per lui abbandonò il marito Melchiorre d'Arluno. Probabilmente dama di compagnia di **Bianca Maria Visconti**, fu alla corte sforzesca che incontrò il Rossi. Sia il nome del castello che il bianco dell'intonaco sarebbero stati un omaggio del conte alla "diva Bianchina" come viene nominata nelle carte d'archivio. Il ciclo di affreschi è costituito dalla volta decorata con simboli astrologici mentre alle pareti si raffigura la storia di **Griselda**, tratta dal *Decamerone* di Boccaccio. La novella racconta le molte prove alle quali il marchese di Salluzzo sottopose la moglie per attestarne la devozione e la virtù. Fu un tema molto utilizzato anche per la decorazione di cassoni nuziali.

<
Il chiostro intitolato a Nina Vinchi

>
La dedicazione a Nina Vinchi

p. 384
Leonardo da Vinci, 1488-1490, *La dama con l'ermellino*, olio su tavola, Museo Nazionale di Cracovia

Tappa 2
Via Dante

In epoca postunitaria, Milano fu interessata da molti interventi di riqualificazione inseriti nel piano regolatore Beruto. Come ideale via di collegamento tra il Castello e Piazza Duomo venne aperta l'elegante via Dante, arteria commerciale su cui si affacciano ancora imponenti edifici in stile eclettico, tipico della fine dell'Ottocento che presero il posto dei quartieri medievali.

Via Rovello 2 / Palazzo Carmagnola e il chiostro Nina Vinchi

Il palazzo è l'unico edificio antico della via in parte sopravvissuto alle demolizioni di fine Ottocento. Venne realizzato nei primi anni del Quattrocento dai Visconti che lo impiegarono come residenza di second'ordine, avendone a disposizione di più grandi e sfarzose. Nel 1415 venne donato da Filippo Maria Visconti, Duca di Milano, al famoso condottiero Carmagnola. Alla sua morte, avvenuta per decapitazione a Venezia nel 1432, il palazzo venne ereditato dalle figlie; una di loro, **Luchina Bussone**, lo lasciò in eredità a Piero Dal Verme e alla sua morte Ludovico il Moro ne rivendicò la proprietà e lo ottenne per confisca. In quegli anni il palazzo venne interessato da importanti lavori di

risistemazione e completato da pregevoli colonnati. Nel 1497 fu donato da Ludovico il Moro all'amata **Cecilia Gallerani**, costretta a lasciare il Castello, dopo avergli dato un figlio, Cesare. Secondo alcune testimonianze Cecilia teneva qui un salotto. Matteo Bandello, novelliere e frequentatore di quegli spazi, la ricorda così: «Tutto il dì i più elevati e belli ingegni di Milano, e di stranieri che in mezzo a Milano si ritrovano, sono in sua compagnia: quivi gli uomini militari de l'arte del soldo ragionano, i musici cantano, gli architetti e i pittori disegnano…». Dopo la caduta del Moro, l'edificio subì nei secoli alterne vicende, cambiando destinazione d'uso a seconda dell'amministrazione del periodo storico. Fu granaio pubblico, archivio e persino tribunale. Alla fine del XIX secolo, in parallelo con i lavori su via Dante, venne in parte riedificato e fu rifatta la facciata. Fortunatamente si prestò la dovuta attenzione nel preservare l'aspetto del cortile. Negli anni Trenta fu la volta di un nuovo restauro per ospitare gli spazi ricreativi per i dipendenti del Comune, mentre i sotterranei venivano usati come sede dei servizi di spionaggio del regime fascista. Tra il '43 e il '45 divenne anche la sede delle torture perpetrate dalla Legione Muti, corpo militare della repubblica sociale italiana.

Dal 1947 per l'edificio ebbe inizio una nuova e prestigiosa vita che continua tuttora: venne adattato dagli architetti Ernesto Nathan

Nina Vinchi

(1911-2009)

Nina Vinchi

Nasce a Milano, in via Leoncavallo, il 27 marzo del 1911, quinta femmina di Pietro Vinchi, artigiano appena arrivato a Milano dall'entroterra bergamasco e Erminia, di cui si hanno poche notizie. Nina ha sempre tenuto a far conoscere le sue origini proletarie, benché suo nonno avesse sposato una nobildonna lombarda, Clotilde Cornoldi. Pietro Vinchi e la moglie lavorano sodo per far studiare le figlie. Nina legge molto, ascolta musica, si interessa di arte e frequenta circoli culturali, incontra attori e artisti. A vent'anni si trasferisce in via Plezzo, nella casa che il padre ha costruito per le sue figlie. Acune si sposano mentre Nina inizia a lavorare. Frequenta spesso i teatri cittadini, soprattutto in compagnia di Nena, sua nipote, figlia di Erminia, che praticamente viene costretta ad andare a sentire Ruggeri, Memo Benassi, Renzo Ricci, Eva Magni. Sono questi attori, insieme a Remigio Paone, che segnalano Nina Vinchi a Giorgio Strehler e Paolo Grassi, i quali cercavano una valida collaboratrice che li aiutasse a creare il Piccolo Teatro della Città di Milano. Paolo Grassi diversi anni più tardi, dirà pubblicamente: «quella straordinaria creatura che è stata ed è Nina Vinchi, senza la quale Giorgio Strehler e io non avremmo saputo né potuto ideare, fondare, dirigere il Piccolo Teatro».

Nel 1947, dopo la fortunosa scoperta di quell'orrido scantinato di via Rovello, con i muri ancora macchiati dal sangue delle vittime antifasciste, nasce il Piccolo Teatro. Nina sposa Arturo Lazzari, redattore capo del «Calendario del Popolo» e poi critico teatrale dell'«Unità»; un uomo tranquillo, molto colto, che è di grande aiuto ai tre pionieri appena imbarcati sulla fragile imbarcazione che sta per partire fra le macerie di una Milano piuttosto malridotta. Nina regge sulle spalle il peso dell'organizzazione produttiva e amministrativa del Piccolo Teatro cercando di fare interagire le ragioni dell'arte con quelle di una perfetta gestione finanziaria. Per Grassi e Strehler c'erano le luci della ribalta e gli applausi a compensare le fatiche; per Nina la smorta luce della lampada sulla sua scrivania in via Rovello, dove sedeva sovente anche la notte. Ricorda Nina: «Di giorno lavoravo con Grassi e la sera scendevo giù in sala e stavo vicina a Strehler; dalla segreteria alla produzione facevo tutto da sola. Se ho avuto un merito vero, è quello di essere stata un cuscinetto fra quei due così diversi, con caratteri piuttosto forti, pronti a fare scintille per un nonnulla. A quei tempi la mia sola alleata era la stima che avevano l'uno dell'altro unita alla comune passione per il teatro».

Lazzari muore nel 1975 e due anni dopo Nina si unisce in matrimonio con Paolo Grassi, nel frattempo nominato sovrintendente alla Scala. Paolo Grassi passerà poi alla direzione della RAI e Strehler avrà un ripensamento che lo porterà a lavorare per qualche anno all'estero prima di fare ritorno al suo teatro. Nel frattempo alla gloriosa sala di via Rovello si aggiunge lo spazio del Teatro Studio e infine quello del Teatro Strehler. Giorgio non fa neppure in tempo a inaugurarlo, perché la morte lo coglie la vigilia di Natale del 1997; Paolo Grassi lo aveva preceduto nel 1981. Inossidabile, amata, temuta, venerata, Nina Vinchi non ha mai smesso un solo istante di guidare il suo teatro verso quell'eccellenza che la gente di teatro del mondo intero gli riconosce. Innumerevoli sono i premi che le sono stati attribuiti: la Medaglia d'argento della Città di Milano, il premio Renato Simoni, la nomina a Grand'ufficiale al Merito della Repubblica, la targa Mario Bonfantini, la Medaglia d'Oro del Premio della Riconoscenza della Provincia di Milano, la nomina francese di Officier des Arts et des Lettres, e il Premio Maratea per una vita nel teatro. Vita che Nina Vinchi ha concluso il 15 giugno del 2009.

Cecilia Gallerani

(1473-1536)

È la celebre "Dama con l'Ermellino" del ritratto dipinto da Leonardo da Vinci. Figlia di Fazio Gallerani e **Margherita de' Busti**, nacque in un palazzo nella parrocchia di San Simpliciano, penultima di sette fratelli e una sorella. Di origini senesi, la famiglia Gallerani si trasferì a Milano agli inizi del Quattrocento quando il nonno di Cecilia, Sigerio Gallerani, giurista. Iniziò qui la carriera di funzionario pubblico che anche i figli perseguirono. I ruoli ricoperti dai Gallerani presso la corte ducale permisero alla famiglia di mantenere un tenore di vita elevato e crearsi un cospicuo patrimonio terriero in Brianza, essendo però forestieri non vennero annoverati fra le liste dei nobili milanesi dell'epoca. Quando il padre morì, per la famiglia ebbe inizio un periodo economicamente difficoltoso, quindi l'istruzione di Cecilia venne probabilmente curata dalla madre che, figlia di studiosi, incoraggiò quel talento che verrà poi lodato dai letterati dell'epoca. Nel 1483 la famiglia Gallerani per evitare a Cecilia la vita monastica, stipulò un accordo matrimoniale fra Cecilia, di dieci anni, e Stefano Visconti. L'accordo verrà poi annullato nel 1487 a causa dell'impossibilità delle famiglie di far fronte alle doti pattuite. Nel 1489 la firma di Cecilia appare in una petizione depositata a corte nella quale lei e i fratelli chiedono, vista la situazione economica poco stabile dei fratelli, di tornare proprietari delle terre del padre confiscate anni addietro e di cui sono eredi. Questo documento è fondamentale per ricostruire l'evento principale della sua vita: l'incontro con Ludovico il Moro; infatti oltre la firma di Cecilia e dei fratelli vi sono registrate le loro dimore e Cecilia non risulta domiciliata come i fratelli presso la casa di famiglia, bensì sotto la Parrocchia del Monastero Nuovo. Cecilia ha sedici anni, è nubile e il fatto che viva indipendentemente senza vedersi costretta a rifugiarsi in un convento per proseguire gli studi denota già il suo ruolo di favorita del Duca. Ad avvalorare questa tesi vi è la datazione del dipinto di Leonardo, il quale ricevette la commissione da parte del Moro nello stesso anno. È del 1490 l'ufficiale comparsa alla corte di Cecilia divulgata dall'ambasciatore estense Giacomo Trotti poco dopo il matrimonio di Gian Galeazzo Maria Sforza con **Isabella d'Aragona**; in una lettera al duca Estense il Trotti dichiara:

> «si dice che il male del signor Ludovico è causato dal troppo coito di una sua puta

> che prese presso di sé, molto bella, parecchi di fa, la quale gli va dietro dappertutto, e le vuole tutto il suo ben e gliene fa ogni dimostrazione»
> (Giacomo Trotti, stralcio di lettera riportato da Daniela Pizzagalli in La *Dama con l'ermellino*)

Si noti che il termine "puta" utilizzato denota l'età della Gallerani che ai tempi ha 16 anni.
La bellezza di Cecilia è ricordata nelle parole del poeta di corte Bellincioni:

> Di che t'adiri?
> A chi invidia hai, Natura?
> Al Vinci che ha ritratto una tua stella;
> Cecilia sì bellissima oggi è quella
> Che a' suoi begli occhi, il sol par ombra scura.

Bellincioni cita poi l'opera di Leonardo che l'avrebbe resa immortale. Nel quadro appare abbigliata "alla moda spagnola" (probabilmente introdotta a Milano da Isabella d'Aragona): indossa la veste chiamata "camora" in velluto cremisino, il rosso cupo di moda allora e una "sbernia" di raso turchino, un mantello indossato asimmetricamente sopra la spalla. I tessuti sono quelli ricamati e raffinatissimi prodotti a Milano. Proprio questi furono motivo di profonda gelosia da parte di Beatrice, quando il Moro fece dono di due splendidi abiti molto simili sia a lei che a Cecilia. Tornando al dipinto anche l'acconciatura è "alla spagnola" rivisitata secondo il gusto lombardo, con i capelli divisi al centro che si riuniscono nel "coazzone" e una ciocca passata sotto il mento, estrosità abbastanza diffusa. Sul capo, una cuffietta di finissimo velo a cui poteva essere appeso un pendente. Cecilia appare raffinata senza ostentazione, porta un solo gioiello, una lunga collana a grani scuri. Questa sua modestia, che si addiceva alla sua giovane età e alla sua posizione di ospite a corte, è probabilmente sottolineata nel ritratto dall'ermellino, che Leonardo scelse come simbolo non tanto di castità quanto di "moderanza", moderazione. Così annotava Leonardo:

> «L'ermellino per la sua moderanza non mangia se non una sola volta al dì, e prima si lascia pigliare dai cacciatori che voler fuggire nell'infangata tana, per non maculare la sua gentilezza».

L'ermellino doveva essere anche riprodotto in una medaglia come uno dei simboli del Moro, progetto poi non portato a termine. Un altro gioco di rimandi tipico di Leonardo riguarda il termine greco galé evocativo del cognome Gallerani, che significa "donnola, furetto".

Mentre posava per il dipinto, Cecilia ebbe modo di conoscere Leonardo. Lo invitò a riunioni di studiosi e di intellettuali di Milano, in cui si discuteva di filosofia e di varia cultura. Cecilia stessa presiedeva alcune di queste riunioni. Era una donna colta, che parlava correntemente latino e che fece del canto e della scrittura i suoi principali interessi. Cecilia ebbe un figlio da Ludovico il Moro, Cesare, che fu allevato a corte da Ludovico e Beatrice (è probabilmente ritratto accanto a Ludovico nella Pala Sforzesca alla Pinacoteca di Brera). Dopo la sua nascita fu allontanata dal Castello ricevendo in dono diversi beni come il feudo di Saronno e immobili tra cui proprio il Palazzo Carmagnola, dove visse con il marito conte Bergamini e dove grazie a lei verrà istituito uno dei primi circoli letterari. Alla caduta del Moro nel 1499 si rifugiò per due anni presso **Isabella D'Este** a Mantova, poi tornò a Milano con gli Sforza. in una delle residenze di famiglia, l'attuale Villa Medici in Vascello in San Giovanni in Croce (Cremona), Cecilia tenne numerosi incontri con artisti, poeti e letterati, trasformando il castello del marito in un luogo comunemente aperto a personalità di alta levatura culturale. Morì all'età di 63 anni e fu probabilmente sepolta nella cappella della famiglia Carminati nella chiesa di San Zavedro a San Giovanni in Croce (Cremona).

Jacqueline Vodoz, *Giochi per le strade*, 1954 ca.

Rogers e Marco Zanuso per ospitare la sede del Piccolo Teatro di Milano, fondato in quegli stessi anni da Paolo Grassi, Giorgio Strehler e Nina Vinchi. Di lei, che in questi spazi lavorò per anni instancabilmente curando gli aspetti organizzativi e amministrativi del teatro, Paolo Grassi dirà: «quella straordinaria creatura che è stata ed è Nina Vinchi, senza la quale Giorgio Strehler e io non avremmo saputo né ideare, fondare, dirigere il Piccolo Teatro».

Così il chiostro interno, dopo i restauri del 2009 che lo hanno riportato all'antico splendore, è stato dedicato a Nina Vinchi, come ricorda la targa scolpita da Arnaldo Pomodoro posta a lato dell'ingresso del Teatro.

Tappa 3
Via Santa Maria Fulcorina

Al civico 17 / Fondazione Jacqueline Vodoz e Bruno Danese

Una breve deviazione ci porta al civico 17 di via Santa Maria Fulcorina. Qui ha sede la Fondazione Jaqueline Vodoz e Bruno Danese. **Jacqueline Vodoz** (1921-2005), dopo aver compiuto gli studi in Svizzera e in Inghilterra, torna a Milano, la sua città, all'inizio degli anni Cinquanta e inizia l'attività di fotoreporter avviando importanti collaborazioni con «Settimo Giorno», «Epoca» e con il quotidiano pomeridiano «La Notte». Dopo una breve stagione in cui si dedica ai reportage (famoso il servizio realizzato nel 1956, in occasione del comizio di Palmiro Togliatti in piazza Duomo, a Milano, e la serie di fotografie che ritraggono momenti di vita quotidiana delle mondine, oggetto in quel periodo di attenzione da parte di pittori, fotografi e cineasti e simbolo del lavoro femminile), dal 1957, con Bruno Danese, svolge attività di editrice e produttrice nell'ambito del design, con grande attenzione alle pratiche comunicative. La Danese sarà una azienda capace di coagulare intorno a sé il meglio della cultura del design in Italia, svolgendo un ruolo di promozione culturale ad alto livello.

Sono sue le foto di **Carla Lonzi**, scattate per «Rivolta femminile» nel 1971, che segnano un incontro importante tra due grandi protagoniste della cultura milanese.

Tappa 4
Piazza Cordusio

La piazza, oggi centro di vita sociale e commerciale, deriva il suo nome dal luogo in cui sorgeva la corte dei duchi longobardi, la *Curia Ducis*. Costellata da edifici di gusto eclettico eretti alla fine dell'Ottocento, ospitava un tempo il centro finanziario di Milano con le sedi di varie istituzioni. Un mondo tutto al maschile, eccetto che per la figura di donna che ci guarda dall'alto dell'edificio delle Assicurazioni Generali.

Al civico 2 / Palazzo delle Assicurazioni Generali

L'elegante figura femminile a mosaico ravviva la grande nicchia della facciata del Palazzo delle Assicurazioni Generali, realizzato dall'architetto Luca Beltrami tra il 1897 e il 1901. Si tratta di un'allegoria della Provvidenza, disegnata dall'architetto stesso, dalle forme sinuose e pro-

<
Piazza dei Mercanti

>
Palazzo della Ragione

sperose, ritratta mentre coglie i frutti dall'albero. A ricordarci Venezia, patria delle Generali oltre alla significativa scelta del mosaico, l'altorilievo con il simbolo del leone alato sulla facciata. Questa è sormontata da un'alta cupola ottagonale che fu crea un sistema di corrispondenze percettive con la torre del Filarete allora in costruzione. Lo stile è neorinascimentale, prescelto dal progettista e ritenuto adatto alla funzione amministrativa. Sebbene gli interni siano stati modificati, il palazzo ospita ancora oggi uffici della compagnia assicurativa.

Tappa 5
Piazza Mercanti

Ci troviamo nel cuore antico della Milano civile. Questa piazza, oggi chiamata "dei mercanti", sorse come spazio del "Broletto", ovvero del palazzo considerato simbolo del potere comunale. Fino al 1877 era chiamata *Broletto Nuovo*, per distinguerlo da quello *Vecchio* che aveva occupato fino al 1228 l'area dell'attuale Palazzo Reale. Durante il Medioevo la piazza diventò il centro del potente ceto mercantile e imprenditoriale milanese. Il Broletto costituiva il punto d'incontro di

diverse tipologie di persone, commercianti, faccendieri, funamboli, tra i banchi di mercanti, notai e banchieri che contattavano all'aperto i loro clienti. Fino alla fine del XIX secolo, quando si aprì la via Mercanti, la piazza era circondata da una cinta di fabbricati con sei accessi che corrispondevano alle porte comunali della città. Al centro della piazza sorgeva il Palazzo della Ragione, circondato da diversi edifici alcuni dei quali ancora superstiti, sedi dei vari uffici amministrativi ed economici del Comune. Al posto della vera da pozzo cinquecentesca, che fino al 1921 si trovava dall'altro lato verso via Mercanti, era la cosiddetta "pietra dei falliti" sulla quale chi faceva bancarotta doveva sottoporsi al pubblico oltraggio battendo più volte il deretano.

Al civico 17 / **Palazzo della Ragione**

L'edificio romanico, il più vasto dei palazzi medievali lombardi, fu costruito nel 1233 per ospitare il governo comunale. Venne eretto con grande entusiasmo e velocità in soli cinque anni e inaugurato dal podestà Oldrado da Tresseno, ricordato nel bassorilievo di scuola antelamica che lo ritrae a cavallo sulla facciata verso piazza dei Mercanti. La poderosa mole in laterizio presenta sei grandi trifore per lato, incorniciate da un arco e da una cordonatura in cotto; ad esse corrispon-

<
La loggia degli Osii

>
Targa che ricorda il restauro ottocentesco della loggia in memoria del conte Egidio Osio

>>
La Madonna in trono al centro della loggia

dono gli archi del portico sottostante che racchiude un vasto spazio che simula una vera e propria piazza. Questa nel 1857 fu protetta da vetri e usata dai commercianti fino alla fine dell'Ottocento. L'edificio, durante la sua storia fu sede del Consiglio generale dei Novecento, tribunale (dal XVI secolo) e archivio notarile.

Il sopralzo superiore fu aggiunto nel 1770 (arch. Francesco Croce), sotto il governo di **Maria Teresa d'Austria** (vedi pag. 244) che qui istituì il primo catasto della città. Restaurato recentemente è utilizzato per mostre ed eventi culturali. La facciata era decorata con pitture quattrocentesche e, secondo alcune fonti, sarebbe stato presente un affresco cinquecentesco del pittore Bramantino raffigurante la *Madonna con bambino e due angeli*, staccato nel 1808 e portato alla Pinacoteca di Brera dove si trova attualmente. Recenti studi hanno tuttavia portato a supporre che in realtà l'affresco provenisse dall'Archivio civico di palazzo Carmagnola sede del Broletto Novissimo.

Al civico 9 / **La loggia degli Osii**

L'edificio fu voluto nel 1316 da Matteo Visconti, e prende il nome dalla famiglia degli Osii, nobili milanesi precedenti proprietari di quei terreni. Il complesso, che durante i secoli subì svariate trasformazioni, fu rico-

struito nel 1904 (arch. Giovanni Borsani e Angelo Savoldi) su disegni trecenteschi; l'unico frammento originale è il balcone che interrompe il fregio di stemmi cittadini e mostra l'aquila imperiale tra i biscioni viscontei e le sigle di Galeazzo Maria Sforza e **Bianca Maria Visconti**. Il balcone veniva detto anche *parlera* poiché da lì, annunciati da uno squillo di trombe, venivano proclamati gli editti del Comune e le sentenze dei magistrati. La loggia, dal paramento murario caratterizzato dall'alternanza di bande bianco nere, è composta da due ordini sovrapposti di cinque arcate. Al piano terra le arcate sono a tutto sesto e sono rette da capitelli fogliati mentre al secondo sono a sesto acuto. La struttura termina con una pseudogalleria di cinque trifore in alcune delle quali trovano posto copie ottocentesche di statue trecentesche di scuola campionese (gli originali si trovano in collezione private). Al centro la *Madonna in trono con bambino*; ai lati, figure di santi tra i quali Santa Caterina.

I lavori di restauro furono a carico della **contessa Osio** in memoria del suo defunto marito, generale Egidio Osio e della sua famiglia, ricordati nella lapide tuttora visibile in facciata. A proposito della famiglia, chissà che non si trattasse della famiglia del famoso Paolo Osio amante della monaca di Monza, nel romanzo di Manzoni chiamato proprio Egidio.

La scrofa semilanuta, animale simbolo della città e attributo della Dea Belisama

Guardando le arcate del Palazzo della Ragione verso il palazzo dei Giureconsulti tra il rosso laterizio spicca una lastra marmorea sulla quale appare l'immagine dell'animale-simbolo di Milano la scrofa semilanuta, cosiddetta poiché questa femmina di cinghiale presenta il pelo curiosamente lungo solo sul dorso. Secondo alcune cronache la lastra, proveniente da un precedente edificio e reimpiegata negli archi del palazzo, fu rinvenuta in loco nel 1233. Potrebbe derivare da un tempio dedicato alla **dea Belisama**, dea-madre della fertilità, legata alle acque e alla luna che aveva come simboli la scrofa bianca e il serpente (interessante coincidenza con il biscione dei Visconti e degli Sforza). Nel mondo celtico la scrofa era legata al ciclo femminile, lunare, l'animale magico che poteva indicare il luogo per costruire un santuario. Secondo il mito di fondazione della città di Milano ricordato da Tito Livio, al re gallo Belloveso apparve una scrofa nel luogo dove decise di fondare l'antica Mediolanum. Come molti animali simbolo di città si tratta di un animale femmina, che deve procreare e proteggere i piccoli. In particolare la nostra scrofa sarebbe proprio ritratta "alla lestra", cioè nel momento in cui difende i suoi cuccioli.
Tra le numerosissime etimologie sul nome di Milano c'è anche quella che vede *Mediolanum* riferirsi proprio alla *scrofa mediolanuta*, mentre tra le più accreditate "città in mezzo ai fiumi" (*in medio amnium*) o la derivazione dal celtico *Medlhan* dove *medhe* e *elanon* indicano un santuario al centro di precise coordinate geografiche e astrali e luogo di raduno in speciali occasioni di celebrazioni. Un'affascinante teoria trova un filo di collegamento tra l'antico tempio all'attuale Duomo. Un filo che parte dalla divinità celtica Belisama passa per la dea romana Minerva, seguita da Santa Tecla e per finire con la Vergine. Secondo tale ipotesi infatti il primo santuario sarebbe stato poi sostituito da un tempio dedicato alla dea Minerva (ce ne parla Polibio) ugualmente divinità collegata alle acque. La tradizione identifica questo tempio

La lastra con la scrofa semilanuta alla base dell'arcata del Palazzo della Ragione

con una piccola cella a base quadrata e forse circondata da un portico rinvenuta dall'archeologo Mario Mirabella Roberti all'interno dell'antica cattedrale, con delle misure di circa 17m per lato. Quindi successivamente anche il tempio di Minerva lasciò spazio al nuovo santuario di Santa Tecla, poi demolita per costruire la grande cattedrale odierna dedicata a Santa Maria Nascente. ■

Itinerario 5

DA PIAZZALE CADORNA A VIA SAN GIOVANNI SUL MURO

Via XX Settembre
Via Vincenzo Monti
Cadorna F.N. Triennale
Foro Buonaparte
Piazza Castello
1
Piazza Virgilio
Piazzale Cadorna
Piazza Giovine Italia
Via Boccaccio
2
Via A. Saffi
Cenacolo Vinciano
Santa Maria delle Grazie
Via Carducci
Palazzo Lit
Via Matteo Bandello
4
Corso Magenta
3
9
Corso Magenta
Casa degli Atellani
Ex convento delle Stelline
Via De Togni
Civico Museo Archeologico
5
8
Piazza S.Ambrogio
Via San Vittore
6
Via Carducci
S.Vittore al Corpo
Pusterla e Basilica di S.Ambrogio
7
Via Gian Battista Vico
Museo Nazionale della Scienza e della Tecnica
Università Cattolica del Sacro Cuore
Via Olona
Via Lanzone

Itinerario 5

DA PIAZZALE CADORNA A VIA SAN GIOVANNI SUL MURO

Tappa 1
Piazzale Cadorna

A Cadorna si cambia!

Agli inizi del 2000 viene ultimata a Milano la costruzione della grande piazza antistante la stazione delle Ferrovie Nord e le uscite delle metropolitane linee MM1 e MM2 e risolvendo uno dei più complessi nodi stradali urbani cittadini.

Il progetto è firmato dalla grande architetta **Gae Aulenti** (vedi pag. 269). L'incarico milanese giunge in un momento in cui l'architetta ha già acquisito fama internazionale, riguarda uno spazio urbano di grandi dimensioni e una riqualificazione di importanza strategica nel sistema della mobilità di tutta la città. Prima della ristrutturazione, l'area prospiciente la stazione era l'esempio più eclatante di "non luogo urbano": un caotico parcheggio in mezzo a un intrico disorganizzato di strade. Oggi le automobili non sono più così strettamente adiacenti all'edificio e i percorsi sono delimitati e ben organizzati. La facciata della stazione è preceduta da una grande tettoia, stilisticamente ispirata all'architettura industriale, di cui condivide anche l'aspetto funzionale. Una struttura essenziale, sorretta

Swing!
PIAZZALE

Coosje van Bruggen
(1942-2009)

Svedese, è stata scultrice, storica critica d'arte. Sposata con Claes Oldenburg, dal 1976 ha collaborato con il marito creando progetti a quattro mani e installazioni esposte in tutto il mondo, principalmente negli Stati Uniti. Sempre in coppia con il marito, ha avuto un lungo sodalizio professionale con l'architetto Frank Gehry. Tra le altre ricordiamo la performance *Il Corso del Coltello*, nel 1985 a Venezia e la curiosa entrata del Google Campus di Los Angeles, vicino a Venice Beach, a forma di gigantesco binocolo. Coosje Van Bruggen è inoltre autrice di testi scolastici e di saggi dedicati ad alcuni importanti artisti contemporanei (Gerhard Richter, John Baldessari, Bruce Nauma, Hanne Darboven).

Coosje van Bruggen
con il marito Claes Oldenburg

da colonnine tubolari rosse, realizzata in metacrilato trasparente con profili e struttura laccata in verde intenso. I colori scelti sono quelli delle linee metropolitane milanesi che qui si incontrano e la loro vivacità dona al tutto allegria e un senso di piacevole accoglienza. I treni sono facilmente raggiungibili attraverso un percorso protetto, sotto il quale trovano posto numerose panchine. Al centro della piazza una vivace fontana orizzontale accoglie la scultura iperrealista *L'Ago, il Filo e il Nodo* opera degli scultori pop **Coosje van Bruggen** e Claes Oldenburg. Non tutti hanno accolto favorevolmente l'installazione, ma Gae Aulenti ha fortemente voluto e difeso l'opera che rappresenta i tre strumenti basilari della sartoria, celebrando le attività tessili della Lombardia e dell'alta moda. Qui, oltre al verde e al rosso, troviamo il giallo, colore della terza linea metropolitana.

p. 400
Piazzale Cadorna

p. 401
Coosje van Bruggen, *L'ago e il filo*

>
Il palazzo in cui aveva sede lo studio delle sorelle Giussani

Tappa 2
Via Boccaccio

Al civico 32 / Le sorelle più *Diabolik* d'Italia

Piazza Cadorna ci porta a ricordare le due sorelle, **Angela** (Milano 1922 – Gavirate 1987) e **Luciana** (Milano 1927 – Milano 2001) **Giussani**, editrici di un nuovo tipo di fumetto, ideato da Angela nel 1962, che ancora oggi gode di notevole successo. Nate da una famiglia benestante, crebbero nella casa paterna situata in piazza Buonarroti, in quell'area di Milano in cui, nelle nuove costruzioni di fine Ottocento si sviluppò maggiormente il gusto ecclettico e storicistico con la preferenza di costruire scegliendo tra gli stili già codificati nel passato. Il contesto dell'architettura residenziale con spiccata preferenza per il neomedievale, e il livello socio culturale borghese-progressista degli abitanti, costituirono lo sfondo da cui si distinsero i nuovi comportamenti, le impreviste abilità, le creazioni e le invenzioni delle due sorelle agli inizi del Ventesimo secolo. Angela, la maggiore, dinamica, curiosa e sperimentatrice, nel dopoguerra fece parte tra l'altro del primo sparuto drappello di donne che guidavano l'automobile, arrivando poi a conseguire il brevetto di pilota d'ae-

Angela e Luciana Giussani nel loro studio, 1966

reo. Aveva iniziato l'attività lavorativa come modella, quindi fondato un'agenzia pubblicitaria con il futuro marito, l'editore Gino Sansoni, sposato poi nel 1946, editore di *Astoria,* di cui divenne redattrice dipendente. Licenziatasi nel 1960, aprì la sua prima casa editrice, *Astorina*, nella medesima sede di via Boccaccio 32.

Angela ebbe l'intuizione di creare una pubblicazione a fumetti che avesse un formato adatto a un viaggiatore pendolare e richiedesse un tempo di lettura modulato sul viaggio breve. Così, il 1° novembre 1962, uscì il primo numero di *Diabolik* dal titolo *Il re del terrore.* Protagonista era un eroe negativo ma vincente, per il quale le due sorelle (nel frattempo anche Luciana si era unita all'impresa editoriale) furono spesso accusate di "incitamento alla corruzione".

In realtà il personaggio di Diabolik, per volere delle sorelle Giussani, è stato testimonial di molte battaglie sociali: contro la droga, contro l'eccessiva velocità nelle strade, contro l'abbandono dei cani, per la promozione della lettura tra i giovani.

Il fumetto, che continua ad avere un buon numero di lettori e lettrici, esce tuttora regolarmente con cadenza mensile in diverse versioni come l'*Inedito,* consistente nei nuovi numeri e le *Ristampe* per i collezionisti. A tutto ciò si aggiunge una serie di altre proposte (gadget, edizioni speciali).

Tappa 3
Piazza Santa Maria delle Grazie

Chiesa di Santa Maria delle Grazie

Volti di donne e di sante tra interno e esterno

Lasciamo piazzale Cadorna, proseguiamo verso ovest e percorriamo via Boccaccio. La bella strada è fiancheggiata da palazzi patrizi di diverse epoche, con alcuni esempi *liberty*. Raggiungiamo piazza Virgilio, svoltiamo a sinistra in via Caradosso. Alla fine della strada, sulla nostra destra compare il retro della chiesa di Santa Maria delle Grazie, edificata dai frati domenicani sul terreno donato loro dal conte Gaspare Vimercati nel luogo in cui sorgeva una cappella con un affresco dedicato alla Madonna detta "delle Grazie". Sotto la direzione dell'architetto Guiniforte Solari, ingegnere presso la Veneranda Fabbrica del Duomo, venne così eretta la chiesa dedicata a una delle figure mariane più note e diffuse: Santa Maria delle Grazie. I lavori iniziarono nel 1463, il convento fu completato nel 1469, la chiesa nel 1482. Alla morte dell'amata moglie Beatrice, il duca di Milano, Ludovico il Moro scelse la chiesa come mausoleo per la propria famiglia decretandone alcune modifiche, attribuite a un'idea dell'architetto urbinate Donato Bramante ed eseguite probabilmente da maestranze lombarde. La struttura fu così ampliata con l'aggiunta di grandi absidi semicircolari, venne eretta la magnifica cupola circondata da colonnati e furono costruiti il chiostro e il refettorio. È proprio la parte absidale aggiunta da Bramante quella di maggior prestigio. La caratteristica di questo nuovo volume è la ripartizione in fasce orizzontali segnalate dal cotto. Le prime due fasce contengono campiture rettangolari racchiuse da cornici in laterizio, sopra le quali si trova una struttura poligonale a sedici lati e a due livelli che di fatto contiene e maschera la cupola. Il tutto culmina nella lanterna grazie alla quale la luce avrebbe dovuto illuminare le tombe di Ludovico e Beatrice. Il progetto non venne ultimato a causa dell'invasione francese del 1499 e i monumenti

<

Eccezionalmente la basilica di Santa Maria delle Grazie presenta volti femminili (di sante, martiri, ma anche personaggi storici), quasi camuffati tra gli elementi del tipico apparato decorativo lombardo in cotto e pietra.

>

Vista absidale della chiesa di Santa Maria delle Grazie dal chiostro "delle rane".

funebri si trovano attualmente nella Certosa di Pavia. Il lato che affaccia su corso Magenta è diviso in campiture regolari che ne ritmano l'architettura, il rosso del mattone si alterna con la pietra, all'interno lunette e medaglioni, tipico motivo decorativo milanese a partire da Bramante. Soffermandoci a considerare più attentamente gli elementi decorativi che animano le superfici, scopriamo che elementi ricorrenti sono ritratti di personaggi di rilievo. In particolare si ritrovano numerosi profili femminili, Sante, ma anche personaggi storici realmente esistiti, raro esempio di narrazione al femminile in esterno.

Riconosciamo **Beatrice d'Este** e **Bianca Maria Sforza** e le sante **Caterina da Siena**, **Caterina d'Alessandria**, **Agata**, **Magdalena**.

La facciata della Chiesa ha il tipico profilo lombardo "a capanna", ed è aperta da oculi in alto e da monofore in basso, scandita da contrafforti in cinque settori, che corrispondono alle tre navate e alle fasce delle cappelle laterali. Al centro si trova il portale rinascimentale marmoreo, con i pilastri e le colonne antistanti che reggono una trabeazione con fregio e medaglioni. L'affresco nella lunetta, dipinto nel 1729 da Michelangelo Bellotti, ritrae il benefattore conte Gaspare Vimercati e la moglie **Lantelmina Secco di Caravaggio** in pre-

<

Dettaglio dei medaglioni dedicati alle sante: Santa Caterina da Siena, Santa Magdalena, Santa Caterina d'Alessandria e Sant'Agata

>

Santa Maria delle Grazie, interno

ghiera davanti alla Vergine delle Grazie e a due santi domenicani. Secondo alcune fonti questo affresco ne avrebbe sostituito uno precedente attribuito a Leonardo. All'interno della chiesa colpisce la differenza tra lo stile solariano delle tre navate, ricco di affreschi e ispirato al gotico lombardo, e quello bramantesco dell'abside, luminosa e quasi priva di decorazioni. L'interno è ricco di simboli mariani, la parte affrescata presenta le immagini di numerosi santi, sante e, naturalmente, della Madonna a cui è dedicata. In particolare, nella prima cappella a destra, un affresco quattrocentesco rappresenta *La Vergine adorante Gesù Bambino tra i Santi Ambrogio e Lucia che presentano un'intera famiglia*. Non se ne conosce la committenza, l'autore potrebbe essere Bergognone o Bernardino de' Conti. La prima cappella a sinistra è dedicata alle sante Caterina da Siena e Caterina d'Alessandria. In essa si trovano sei formelle, di recente fattura, con episodi della vita della santa senese. Nell'angolo vicino alla bella cancellata, in una nicchia di marmo, si conserva la preziosissima reliquia del *mantello di Santa Caterina da Siena*. La sesta cappella a sinistra, dedicata a San Giuseppe, era nel 1500 la cappella gentilizia dei Borromeo. La piccola pala d'altare raffigura la *Sacra Famiglia con Santa Caterina d'Alessandria* di Paris Bordone (XVI secolo), uno dei migliori discepoli del

Tiziano. Giungiamo infine alla cappella della *Madonna delle Grazie*, l'ultima a sinistra dell'altare.

Nella lunetta corrispondente alla navata principale c'è una suggestiva composizione a stucco smaltato datata 1632 *Madonna del Rosario con San Domenico, Santa Caterina e devoti*, che segnala così il luogo principale, origine e cuore di tutto il complesso. Sulla lunetta sovrastante l'ingresso della cappella, una tela con *Madonna libera Milano dalla peste* dipinta nel 1631 dal Cerano.

All'altare della cappella vi è la *Madonna delle Grazie* che accoglie sotto il suo manto protettivo la famiglia del committente (attualmente l'opera è collocata provvisoriamente sull'altare maggiore). La tavola fu oggetto di grande venerazione durante le pestilenze del 1576 e del 1630. Lungo i secoli è stata tagliata e infatti ora dell'angelo si vedono solo la mano che tiene sollevato il manto e un'ala e dei figli restano le teste di profilo e le mani giunte. Nonostante tanti rimaneggiamenti e aggiunte, questo piccolo spazio conserva intatta un'intima atmosfera di raccoglimento e di invito alla preghiera.

Nella zona del presbiterio proprio sotto la cupola bramantesca avrebbero dovuto essere sepolti i due duchi, in realtà la sola Beatrice fu qui accolta subito dopo la sua morte e successivamente traslata a

<
Lunetta del portale centrale

>
Madonna del Rosario con San Domenica, Santa Caterina e devoti, stucco smaltato, 1632

Pavia. Il progetto di mausoleo ducale fu infatti interrotto dalla conquista francese del 1499.

La parte absidale della chiesa è molto più luminosa e chiara rispetto alle navate. Per la decorazione e la delineazione delle figure della tribuna non si fece ricorso all'affresco ma alla tecnica dello "sgraffito", incidendo l'intonaco. In questo modo la decorazione non copre la purezza delle linee architettoniche. Questa antica decorazione è stata ritrovata sotto lo strato di affreschi che furono aggiunti nel corso del Seicento. Usciamo nel *Chiostro delle rane* pure attribuito a Bramante. Il portale della Sacrestia Vecchia, realizzato sempre dal maestro urbinate per volere di Ludovico il Moro, è sormontato da una lunetta monocroma di Bramantino raffigurante la *Madonna col Bambino tra i Santi Giacomo e Luigi IX di Francia*.

Sulla parete nord del refettorio dei frati è ancora oggi presente l'*Ultima Cena* di Leonardo da Vinci. L'artista iniziò il lavoro per incarico del Moro, attorno al 1494, terminandolo nel 1498. Il fatto evangelico è rappresentato nel momento drammatico in cui il Cristo annuncia che uno dei suoi discepoli lo tradirà. Al centro, isolato, è Gesù, mentre intorno si agitano gli apostoli, disposti a gruppetti di tre. Da subito l'opera suscitò ammirazione, ma pre-

<
Monumento funebre di Ludovico il Moro e Beatrice d'Este dello scultore Cristoforo Solari attualmente nella Certosa di Pavia, 1497/1499

>
Madonna delle Grazie, tavola di scuola lombarda, XV sec.

sto iniziarono anche i problemi per la sua conservazione, a causa della tecnica sperimentale usata da Leonardo. Infatti, per evitare di lavorare velocemente come la tecnica dell'affresco prevede, decise di usare una tempera innovativa "a secco" simile a quella usata su tavola, perfetta per raggiungere gli straordinari effetti di luci e ombre e il tipico "sfumato". Purtroppo tale scelta portò l'opera al degrado in tempi più rapidi. Si dovettero perciò eseguire numerosi interventi di restauro, il più importante dei quali tra il 1979 e il 1999 fu condotto da **Pinin Brambilla Barcilon**, che eliminò le pesanti ridipinture e riverniciature, restituendo la poesia e la perfezione del dipinto leonardesco. Nella parete di fronte alla cena si nota la grandiosa *Crocifissione,* firmata da Giovanni Donato Montorfano e datata 1495. La scena si presenta estremamente animata, gremita di voci e figure che contrastano con l'assoluto silenzio e con la compostezza della Cena. Ai lati dell'affresco del Montorfano si leggono le figure di Ludovico e **Beatrice d'Este**, a malapena visibili, aggiunte con una tecnica simile a quella usata da Leonardo. Sopra il dipinto di Leonardo, nelle lunette, si leggono ancora le insegne dei committenti, Ludovico e Beatrice.

Pinin Brambilla Barcilon
(1925-2020)

Nata a Monza, è conosciuta come "La donna che salvò l'ultima Cena". Oltre al famoso ventennale restauro del capolavoro di Leonardo, ha restaurato opere dei più celebri artisti italiani. Nel corso degli anni ha ricevuto incarichi di consulenza da parte di diversi musei stranieri, come il Louvre e il Museo d'arte della Catalogna. È stata invitata a tenere conferenze e seminari in tutto il mondo. Fondatrice del Centro Conservazione e Restauro La Venaria Reale, un istituto per la formazione universitaria dei restauratori, lo ha diretto fino al 2012.
Il Museo del Louvre l'ha chiamata, come consulente, a far parte del comitato internazionale di esperti per il restauro del dipinto di Leonardo da Vinci *Sant'Anna, la Vergine e il Bambino con l'agnellino* (2012) e nel 2019 ha fatto parte del comitato, voluto dal Ministero per i beni e le attività culturali, per la commemorazione del cinquecentesimo anniversario della morte di Leonardo da Vinci.
In un'intervista del 2015 a chi le chiede quali siano state le più grandi difficoltà del restauro del Cenacolo risponde: «Molte, a cominciare dall'essere una restauratrice donna». Attorno a lei "curiosità" ma anche "giudizi, pressioni". «Ho fatto fatica – continua l'espertissima restauratrice – ma la guerra mi aveva temprato e alla fine ho superato le stesse difficoltà che avrebbe superato un uomo». Non mancava anche il senso di colpa verso la famiglia, verso il figlio perché costretta a stare lontana da lui. «Mi sentivo colpevole come tutte le donne che lavorano».

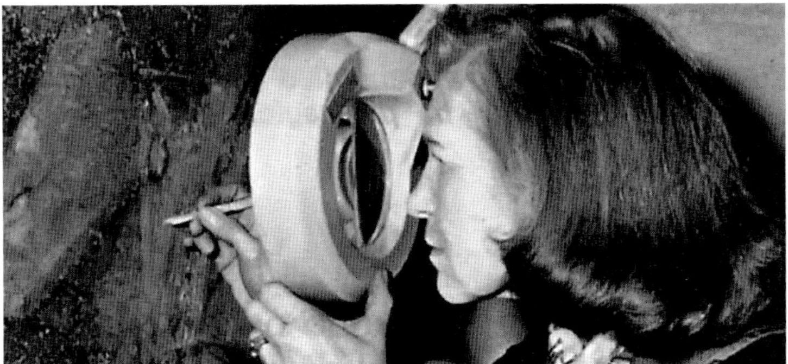

dida???

Qui riportiamo le biografie sintetiche delle figure femminili rappresentate all'interno e all'esterno del complesso delle Grazie.

Santa Maria Magdalena

(I sec. d.C.)

Santa Maria Magdalena

Detta anche Maria di Magdala, è una figura-simbolo della penitente nel mondo cristiano, dal Medioevo in poi. Maria Maddalena è menzionata nel Vangelo di Luca, assieme a Susanna e Giovanna, come una delle donne che "assistevano Gesù con i loro beni". Costoro finanziavano personalmente la missione itinerante del Maestro. Nel medesimo Vangelo non è tuttavia menzionato il nome della donna che lavò i piedi di Cristo con l'olio profumato, episodio da cui è derivata l'immagine della peccatrice pentita. Secondo Giovanni si tratta di Maria, sorella di Marta e di Lazzaro di Betania, mentre è solo una tradizione quella che la identifica con il personaggio di Maria Maddalena che Cristo liberò dall'influsso di sette spiriti maligni e che assistette alla crocifissione. La Chiesa orientale sostiene tuttora l'esistenza di tre personaggi distinti, mentre la Chiesa occidentale accredita da sempre l'esistenza di un solo personaggio. Suo attributo è il vaso con l'unguento. Secondo il Vangelo di Giovanni, divenne la prima annunciatrice della resurrezione e si meritò in seguito il titolo di "apostola degli apostoli" e di "evangelista" in qualità di prima annunciatrice della buona novella.

Il culto più antico rivolto a Maria Maddalena, risalente alla fine del IV secolo, è quello che si svolgeva nei riti della Chiesa orientale, la seconda domenica dopo Pasqua, chiamata "delle mirofore". In quel giorno si commemoravano le donne che il giorno dopo la crocifissione e la morte di Gesù si recarono al sepolcro con gli unguenti per imbalsamarlo. Tra le mirofore un ruolo importante era attribuito a Maria Maddalena. Il primo centro della venerazione della Maddalena fu Efeso, dove secondo una tradizione si sarebbe recata insieme a Maria madre di Gesù e all'apostolo Giovanni e dove si diceva fosse pure la sua tomba; il culto si sposta poi a Costantinopoli, dove sarebbe stato trasferito il corpo, e si diffonde poi nella Chiesa occidentale soprattutto dall'XI secolo. I suoi devoti costruirono numerose chiese in suo onore: la più nota è quella gotica di Saint-Maximin-la-Sainte-Baume (1295) dove è conservato quello che si dice sia il teschio della santa. "Sainte Baume" in antico provenzale significa "santa grotta": a Plan-d'Aups-Sainte-Baume, sotto la cima più alta del massiccio montagnoso, c'è una grotta dove la tradizione vuole che sia morta.

Sant'Agata

(229/235-251 d.C.)

La tradizione vuole che sia nata a Catania e abbia subito il martirio sotto l'imperatore Decio. Alcune iscrizioni testimoniano che, avendo respinto le pretese sessuali del governatore romano, fu sottoposta a terribili torture tra cui l'estirpazione delle mammelle. In seguito ad altre atroci prove morì nel 251. Secondo la tradizione maltese, prima del martirio Agata si rifugiò per un breve periodo a Malta dove trascorse le sue giornate in una cripta rocciosa presso Rabat, pregando e insegnando la fede cristiana ai bambini. La cripta di Sant'Agata, venerata dai maltesi fin dai primi secoli, è una basilica sotterranea, ingrandita durante il V secolo, mentre all'epoca di Sant'Agata era una piccola grotta naturale. La leggenda narra che nell'anniversario del suo martirio vi fu

Sant'Agata

un'eruzione dell'Etna, ma gli abitanti di Catania furono salvati grazie al suo velo (oggi conservato nel duomo di Firenze) che deviò il flusso della lava. Sant'Agata è raffigurata in ricche vesti, a testimoniare le sue nobili origini, con la palma del martirio e il piatto contenente le mammelle. È invocata contro i terremoti, le eruzioni vulcaniche e per estensione gli incendi. È venerata sia dalla chiesa cattolica che da quella ortodossa. È patrona di Catania e compatrona di Palermo.

Santa Caterina d'Alessandria

(287-305 d.C.)

Santa Caterina d'Alessandria

Nacque ad Alessandria d'Egitto. È considerata protettrice degli studenti e patrona della cultura in genere. Secondo la leggenda subì il martirio all'inizio del IV secolo sotto l'imperatore Massenzio. A causa della sua incerta autenticità come figura storica è stata tolta dal calendario cattolico nel 1969. Le più antiche leggende sulla sua vita risalgono al IX secolo e si ritiene abbiano radici nella figura di Ipazia, filosofa pagana di Alessandria celebre per la sua sapienza e cultura, morta nel 415, per mano di monaci fanatici. Di stirpe nobile si convertì al cristianesimo e durante una visione si unì in nozze mistiche con Cristo. L'imperatore volendo sedurla tentò di far crollare la sua fede discutendo con lei ma, fallito lo scopo, affidò il compito a cinquanta filosofi che uscirono dall'impresa convertiti al cristianesimo. Essi furono mandati al rogo dall'imperatore e fino all'ultimo confortati da Caterina. Per lei si escogitò uno strumento di tortura costituito da quattro ruote dentate, ma un fulmine lo distrusse prima che potesse nuocerle. Morì poi decapitata. Per questo i suoi attributi iconografici sono la ruota e la spada.

Santa Caterina da Siena

(1347-1380)

Nacque a Siena nella famiglia Benincasa, penultima di una prole numerosissima. Mistica cristiana, apparteneva all'ordine domenicano. Secondo un biografo contemporaneo ebbe le prime visioni all'età di sette anni. Perse i fratelli durante la peste.

Santa Caterina da Siena

Nella vita si dedicò alla cura dei malati e dei bisognosi. Si interessò agli affari pubblici e contribuì al ritorno dei papi da Avignone a Roma. Venne canonizzata da Pio II nel 1461. Nel 1970 Paolo VI la dichiarò Dottore della Chiesa. Con San Francesco d'Assisi è patrona d'Italia e d'Europa. Per questo può mostrare le stimmate, oltre ad attributi come l'abito domenicano e il giglio, simbolo di purezza.

Bianca di Savoia

(1336-1387)

Forse il fatto di aver perso entrambi i genitori quando era ancora bambina e di essere cresciuta tra parenti indifferenti, fecero di lei una donna mite e caritatevole. Non le mancarono il lusso e la possibilità di studiare e costruirsi una cultura solida e ampia, che coltivò con passione per tutta la vita. Fu amica di Francesco Petrarca, che l'aiutò a fondare la Biblioteca Viscontea di Pavia.

Sposò a 14 anni Galeazzo II Visconti, con un matrimonio che garantì scambio di terre e denari tra le famiglie degli sposi. Nel 1351 nacque il primo figlio, Gian Galeazzo V, al quale, grazie alla sua tenacia e abilità, riuscì a far assegnare la Signoria di Milano. Nel 1354 nacque la figlia Violante; ebbe poi un terzo figlio che morì bambino.

Pur sempre attenta e partecipe alle vicende politiche della famiglia, si occupò soprattutto dei poveri della sua terra e fondò un monastero francescano dedicato a Santa Chiara.

Bianca Maria Sforza (vedi pag. 371)

Isabella d'Aragona (vedi pag. 368)

Beatrice d'Este

(1475-1497)

Beatrice d'Este

La biografia di Beatrice presenta alcune delle caratteristiche più specifiche delle donne nobili della sua epoca: si sposa poco più che bambina con un matrimonio "politico", accetta serenamente la sua condizione e diventa preziosa compagna di vita e di governo del marito, duca di Milano, per poi morire, giovanissima, di parto.

Sposò, sedicenne, Ludovico Sforza, detto il Moro, perché quest'ultimo voleva avvalorare il contratto nuziale già speso nel 1472 tra il nipote Gian Galeazzo Maria Sforza e **Isabella d'Aragona**. Viene descritta come «dotata di grazia e vivacità, affabilità e ingegno, spirito curioso e perspicace». Con il marito si prodigò per la protezione di numerosi artisti, tra cui Leonardo e Bramante, e mantenne contatti con le corti di Ferrara e Mantova dov'era marchesa la sorella Isabella. Non si occupò mai direttamente di politica, ma fu attenta ascoltatrice e consigliera di Ludovico. In particolare si ricorda l'episodio in cui lo steso Ludovico la inviò a Venezia per un'ambasceria che doveva sondare l'atteggiamento della Repubblica circa l'eventuale discesa in Italia del Re di Francia Carlo VIII. Di questo periodo rimane una fitta corrispondenza tra i due coniugi, ricca di notizie interessanti, e prova del reciproco affiatamento. Beatrice ebbe due figli, Ercole, detto poi Massimiliano in onore dell'imperatore che aveva concesso a Ludovico il titolo ducale dopo la morte di Gian Galeazzo Maria, e Francesco. Morì nel 1497, a 22 anni, a causa di un terzo parto. I funerali furono celebrati con grande solennità nella chiesa di Santa Maria delle Grazie dove, per ordine dello stesso duca che voleva essere sepolto accanto alla moglie, venne eretto un mausoleo, opera di Cristoforo Solari. Il mausoleo fu smembrato nel XVI secolo e le pietre sepolcrali furono acquistate dalla Certosa di Pavia, dove si trovano tuttora.

<
Lezione di disegno dal vivo, Palazzo delle Stelline, Milano, 1890/1910

>
Targa che ripercorre la storia del Palazzo

>>
Il chiostro

Tappa 4
Corso Magenta

Al civico 61 / Palazzo delle Stelline e dei Martinitt

Un palazzo e un'istituzione storici

La struttura attuale si presenta piuttosto trasformata rispetto all'originale, sebbene resistano i pregevoli scaloni in pietra e i chiostri, silenziosi e mistici. Gli ingressi principali si aprono su corso Magenta e conducono immediatamente, dopo l'attraversamento di un portico, alla vista del chiostro, da cui ci separano solo le luminose e grandi vetrate.

Spostandoci sulla perpendicolare via De Togni possiamo vedere su un cancello laterale della recinzione del giardino una delle "stelle" simbolo dell'istituzione benefica.

Questo antico edificio ha avuto una storia femminile. Prende il nome dall'antico monastero delle suore Benedettine di Santa Maria della Stella fondato nel XV secolo, al quale si aggiunsero alla metà del XVI secolo lo Spedale per i Poveri, sia adulti che minori, per volere di San Carlo Borromeo e un orfanotrofio femminile ad opera dei padri Somaschi sezione separata da quello dei Martinitt, collocato in Santa Caterina di Rancate. Le istituzioni convissero fino al XVIII

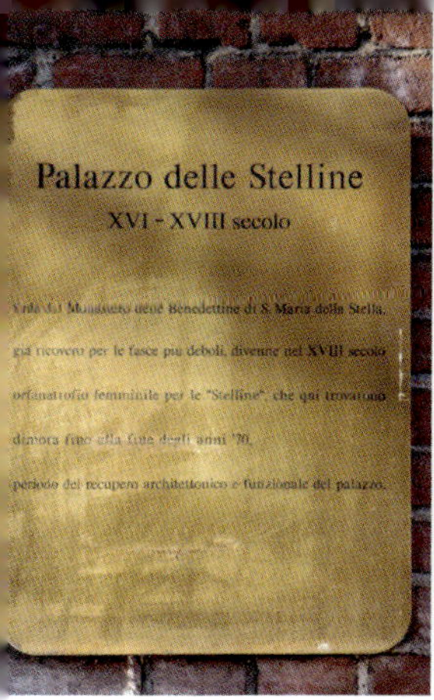

secolo quando **Maria Teresa d'Austria** (1752) conferì allo Spedale il titolo di Regio orfanotrofio femminile. Al contrario di quanto avveniva per i bambini e ragazzi che ricevevano una istruzione anche tecnica e specialistica, i criteri formativi per le bambine e ragazze, dette "Stelline", erano indirizzati a formare soprattutto delle buone madri di famiglia, o domestiche, governanti e istitutrici per i più abbienti. Tra le varie attività di formazione si sviluppò un settore relativo alla pratica agricola. Fu la scrittrice, agronoma e pedagogista **Aurelia Josz** (1869-1944), a organizzare questo insegnamento (per la prima volta in Italia), interpretando lo spirito agricolo femminile. Questa donna costituisce un altro esempio di capacità inventiva e organizzativa sostenute da coraggio e forza d'animo che la portarono a esporsi per i suoi ideali fino ad essere deportata ad Auschwitz, dove morì. A lei è intitolato un giardino botanico in zona Niguarda.

L'orfanotrofio rimase attivo fino al 1971, quando il complesso venne acquistato dal Comune di Milano. Nel 1986 l'amministrazione milanese e la Regione Lombardia costituirono l'omonima fondazione per gestire il palazzo e utilizzarlo per la fervente attività artistica e culturale della città. Ha qui la propria sede il *Museo Martinitt e Stelline* inaugurato nel 2009 dove si racconta la vita degli

Casa degli Atellani

orfani attraverso installazioni multimediali. Inoltre troviamo diverse istituzioni quali la Rappresentanza a Milano dell'Unione Europea, il Centro Culturale Francese, un Centro Congressi e la Galleria Gruppo Credito Valtellinese. Ogni anno vi si svolgono convegni, dibattiti, manifestazioni, presentazioni, corsi per un totale di oltre 1300 iniziative e il coinvolgimento di oltre 100mila persone.

Al civico 65 / **Casa degli Atellani**

Questo edificio, dall'aspetto piuttosto inusuale e tale da suscitare più di una curiosità, costituisce un'importante testimonianza delle modalità di intervenire nel campo dell'architettura del XV secolo. Gli Atellani, o "Della Tela", erano fidati cortigiani di Ludovico il Moro, che aveva donato loro due case adiacenti proprio a lato della basilica. Qui trovavano spesso ospitalità artisti come Leonardo, Bramantino e Montorfano. Nei secoli successivi la casa cambiò più volte proprietà, finché nel 1922 venne acquistata da Ettore Conti, ingegnere e fondatore della società incaricata della distribuzione dell'energia elettrica a tutta la città. La casa era in pessime condizioni tanto che, si racconta, la moglie del Conti, **Gianna Casati**, rimase sconvolta dallo stato pietoso della costruzione. Il Conti affidò all'ar-

chitetto Piero Portaluppi, già noto per le sue attività nel territorio e marito della nipote, la ristrutturazione del complesso residenziale. Il Portaluppi riformò radicalmente l'assetto distributivo degli ambienti, spostando la posizione delle scale e liberando i porticati. Collegò le due corti, una quattrocentesca e l'altra del primo Cinquecento, attraverso un passaggio aperto su due lati, centro del nuovo sistema distributivo della sala, che cancellava l'originale bipartizione della proprietà. La ristrutturazione si prolungò nel tempo e venne ripresa dopo la Seconda guerra mondiale, a causa dei forti danni causati dai bombardamenti. Oggi, dall'esterno, la casa ci appare con due facciate contigue, una in mattoni con portale in legno, e la più recente, realizzata nel dopoguerra, a intonaco con basamento in ceppo che presenta cinque medaglioni ottocenteschi con ritratti della famiglia Sforza, tra i quali compaiono due grandi dame (**Bianca Maria Visconti** e **Beatrice d'Este**). La casa è tutt'oggi abitata ma è possibile visitarne alcuni splendidi interni. Dal cortile si accede alla *Sala dello Zodiaco* così chiamata per la presenza sulle volte e sulle lunette di figure allegoriche di pianeti e segni zodiacali. Sulla parete di destra sono in evidenza anche le iniziali dei padroni di casa HE e JO (Ettore Conti e **Giovannina Casati**).

<
Casa degli Atellani, il cortile interno

>
Bernardino Luini, *Lunetta affrescata raffigurante Bianca Maria Visconti*, XVI sec., Casa degli Atellani, Sala del Luini

Aperta sul giardino è la *Sala del Luini*, così detta per gli affreschi eseguiti dal pittore. Tra le decorazioni floreali, eseguite da Bernardino Luini e dalla sua bottega, compaiono i ritratti di quattro coppie della famiglia Sforza: Francesco I e **Bianca Maria Visconti**, Ludovico il Moro e **Beatrice d'Este**, Galeazzo Maria e **Bona di Savoia**, Gian Galeazzo Maria e **Isabella d'Aragona**, Massimiliano I d'Asburgo e **Bianca Maria Sforza**. (Questi ritratti sono delle copie, gli originali si trovano al Museo d'Arte Antica, Salette Nere, del Castello Sforzesco).

Nel giardino del palazzo dal 2015 è stata riallestita la *Vigna di Leonardo,* ovvero il vigneto che Ludovico il Moro regalò a Leonardo in segno di riconoscenza, sul terreno della vigna grande di San Vittore. Lo stesso architetto Portaluppi era riuscito, a suo tempo, a salvare alcune piantine originali di vitigno Malvasia, che con un progetto del 2015 in collaborazione con l'Università Statale di Milano e Confagricoltura, sono state rimesse a dimora nella loro collocazione.

Tappa 5

Via Matteo Bandello

Ai civici 14-16 / Dalle case Candiani all'atelier di Rossana Orlandi

Proseguendo su tracce femminili giungiamo in breve alle *Case Candiani*, una serie di edifici in mattoni con decorazioni in cotto che costituiscono un insieme di cittadella industriale di fine Ottocento praticamente intatto. L'area comprende il palazzo padronale, le abitazioni operaie e le (scomparse) fornaci della Carlo Candiani e C., l'azienda che ha prodotto, tra l'altro, le terrecotte e le statue del Museo di Storia Naturale di Milano, inaugurato nel 1892. Fin dalla metà dell'Ottocento a Milano sorsero numerosi laboratori e aziende produttrici di manufatti in terracotta, sia artistici che tipicamente edilizi, vista la grande richiesta della fiorente architettura eclettica che attingeva ispirazione e definizione artistica dagli stili del passato.

Il palazzo sorse nel tardo Ottocento per opera dell'architetto Luigi Broggi che si ispirò all'edificio delle Cucine Economiche da lui stesso progettate nel 1882.

Caratterizzante la facciata è il balcone che si estende sopra il portale di ingresso per l'intero perimetro della casa, il tutto decorato in cotto con tanto di lesene, finestre bifore, fregi e grottesche. Sono proprio i ricchi dettagli della decorazione in cotto, come i capitelli delle lesene o le decorazioni delle cornici delle finestre bifore a rendere caratteristica la palazzina. Il luogo ha mantenuto la vocazione a ospitare nel tempo anche aziende diverse senza stravolgere l'aspetto degli edifici, ancora oggi in parte residenziali e in parte sedi di attività legate al design e all'architettura, in maniera simile a quanto successo alle fabbriche dismesse nelle vie Tortona e Savona. Questi spazi furono scelti e trasformati dalla gallerista **Rossana Orlandi** nel suo show-room. La novità della sua proposta risiede proprio nel mix di attività artistiche e legate al design in uno spazio la cui atmosfera è definita dall'uso preferenziale di materiali naturali. Dopo aver lavorato per più di vent'anni nell'ambito della moda per marchi come Armani e Donna Karan, nel 2002 decise di trasferire la sua passione per il design come collezionista in una vera e propria galleria innovativa in cui lei stessa si propone come performer. In breve tempo la sua versatilità e il suo intuito l'hanno resa un prestigioso punto di riferimento internazionale per il design contemporaneo. Dalla sua costante ricerca in tutto il mondo sono qui raccolte dalle piccole produzioni di giovani designer a opere a metà tra design e arte.

Tappa 6

Piazza e via San Vittore

Al civico 25 / Basilica di San Vittore al Corpo

La cortina muraria che delimita continuativamente la via è interrotta dall'ampio sagrato della Basilica di San Vittore al Corpo. Alla chiesa si accede per una breve scalinata settecentesca. Alla sobria, elegante facciata neoclassica fa riscontro un interno riccamente affrescato. In particolare, l'ultima cappella a destra, la *Cappella dell'Assunta*, realiz-

Basilica di San Vittore al Corpo

zata nel 1669, racchiude una intensa opera d'arte, un pannello in rilievo *La Vergine portata in cielo dagli angeli* di Giuseppe Vismara. Le origini della chiesa si possono far risalire al IV secolo. Nel 1542, quando gli Olivetani acquisirono il pieno possesso della Basilica, questa divenne un importante centro di raccolta per i fedeli e un riferimento per la storia artistica della città. La chiesa necessitava di una importante ristrutturazione, che venne affidata prima a Vincenzo Seregni e poi, in via definitiva, a Galeazzo Alessi, che si era già occupato, nel 1558, della costruzione di Palazzo Marino. L'Alessi fu attivo a San Vittore dal 1570 al 1576, e la Basilica assunse la magnificenza rinascimentale che ancora la caratterizza, a eccezione della facciata, che rimase incompiuta per l'uso lombardo di dare spazio prima all'interno e poi al suo completamento. A parte il pavimento rifatto negli anni Trenta del Ventesimo secolo, l'interno conserva la ricchissima decorazione originale, che rimanda all'elegante sfarzo del Cinquecento genovese nonché a opere precedenti come la Certosa di Garegnano o la Chiesa di Santa Maria della Passione a Milano. La pianta basilicale è classica, con tre navate e sei cappelle per lato. La vasta copertura a botte della navata centrale è sorretta da grandi pilastri a pianta rettangolare. Nell'abside terminale del profondo presbiterio è stato realizzato un coro ligneo. Gli affreschi della volta, divisa a cassettoni, si devono a Daniele Crespi e Guglielmo Caccia detto il Moncalvo. I migliori autori del Seicento lombardo si sono espressi nelle cappelle laterali: ancora Daniele Crespi, Francesco Cairo, Carlo Francesco Nuvolone, i Procaccini, Ambrogio Figino, già operante nella Veneranda Fabbrica del Duomo.

La Basilica venne molto danneggiata durante i bombardamenti del 1943, e solo l'intervento dello Stato permise di salvare questa prestigiosa opera d'arte. Gli spazi del grande monastero adiacente alla chiesa ospitano oggi il Museo della Scienza e della Tecnica.

Una vittima "domestica" delle Cinque giornate di Milano: Maria Giuditta Galimberti in Facchini

Sebbene non sia rimasta alcuna concreta testimonianza urbana, la via San Vittore richiama alla memoria il nome di una donna del popolo, **Maria Giuditta Galimberti Facchini,** segnalatasi per il suo coraggio durante gli avvenimenti delle Cinque giornate di Milano e per un episodio che la vide protagonista. Di lei sappiamo che era una tessitrice e che, come molte altre donne, durante i moti rivoluzionari del '48 di Milano partecipò attivamente alle azioni antiasburgiche anche in maniera violenta, utilizzando per l'occasione ciò che aveva a disposizione nel suo ambiente domestico. Però mentre lanciava dalla finestra, con grande accanimento, masserizie domestiche, venne colpita e ferita a una gamba da una fucilata. La scena divenne il fortunato soggetto dell'opera pittorica di un artista, Stragliati, che ne fece una scena concitata, risultante da tante piccole scene minori, ricca di dettagli e particolari. L'immagine costituisce una bella testimonianza della partecipazione generalizzata della popolazione alla cacciata degli austroungarici, con la grande novità della consistente presenza femminile. ■

>
La pusterla di Sant'Ambrogio

p. 430
Basilica di Sant'Ambrogio, la facciata, il nartece e il quadriportico di Ansperto.

Tappa 7
Pusterla e Basilica di Sant'Ambrogio

Antistante la piazza Sant'Ambrogio si trova una delle porte minori della città, un tempo dette "pusterle", ricostruita nel 1939 dall'architetto Gino Chierici a imitazione di una porta della cinta difensiva del 1171. L'architetto riutilizzò materiali originali trovati in sito tra cui un tabernacolo. Questo presenta i *Santi Ambrogio, Gervasio e Protasio*. Le effigi di santi, e in più larga misura della Vergine, erano poste sulle porte della città come icone protettive contro i pericoli che potevano giungere dall'esterno. Nei pressi delle porte si svolgevano veri e propri riti propiziatori come le *Litanie* o *Rotazioni Triduane*, attestate a Milano già dal V secolo. Il rituale si svolgeva nei tre giorni seguenti la domenica successiva all'Ascensione, alla fine di maggio. I fedeli si muovevano in processione dalla cattedrale verso le porte della città che dovevano essere raggiunte nell'arco dei tre giorni. Dato il carattere penitenziale del rito, si doveva osservare il digiuno a pane e acqua, vestire abiti semplici e in origine andare scalzi. Ogni città aveva un proprio itinerario e una propria preghiera e a Milano si usava una preghiera che rinviava a una forte minaccia esterna e alla grave prostrazione dei cittadini.

La Basilica di Sant'Ambrogio

Il quadriportico d'ingresso

Attraversata la piazza ci avviciniamo alla Basilica di Sant'Ambrogio, santo patrono della città. La basilica, fondata nel IV secolo, fu da lui denominata *Martyrum* perché sorta in una zona dove egli rinvenne alcune reliquie di martiri. L'edificio attuale, pur interessato da molteplici rifacimenti, rispetta ancora la pianta dell'antica basilica paleocristiana: quadriportico, tre navate absidate, assenza del transetto. Il quadriportico, ricostruito nell'XI secolo, costituisce un elemento filtro-preparatorio tra la profanità della città e la sacralità del tempio e ci colpisce per le sue armoniche proporzioni e il felice cromatismo dei materiali, il rosso del cotto interrotto dalla pietra dei pilastri mistilinei e inserita negli archi e nelle semicolonnine. Si notino i capitelli protoromanici e romanici, alcuni dei quali di reimpiego da edifici romani. Procedendo verso la facciata, costituita da due loggiati sovrapposti, raggiungiamo il nartece che presenta un elegante portale con le *Storie di David e Saul*.

L'interno

Entrati in basilica si nota subito una solenne spazialità: tre navate, quella centrale larga il doppio di quelle laterali, alle quali corrispondono altrettante absidi. L'abside centrale, vasta, profonda e rialzata, spicca per il mosaico dorato. Le navate presentano soffitti con volte a crociera e sono rette da grandi pilastri a fascio. Mettendoci come sempre sulle tracce delle donne, le troviamo in alcuni degli elementi più significativi della basilica: nel sarcofago-pulpito, nel ciborio, nel mosaico del catino absidale e in una delle cappelle. Ricordiamo infine che in Sant'Ambrogio come in altre chiese, per le donne era presente il matroneo, lo spazio a loro riservato.

Il sarcofago-pulpito

Nella terza campata di sinistra troviamo il pulpito ricomposto dopo il crollo del 1196, addossato a un antico sarcofago paleocristiano. Il pul-

<
Il sarcofago di Stilicone

>
La navata centrale

p. 434
Il ciborio con le figure di Maria tra due devote

p. 435
Il mosaico del catino absidale. Sotto il Cristo in trono, nei tre clipei si leggono i ritratti di Santa Marcellina, San Satiro e Santa Candida

pito è sorretto da colonnine con capitelli, archi e cornici arricchiti da un'elaborata decorazione ascrivibile all'epoca tardo ottoniana. Il fronte è impreziosito da due pezzi eccezionali di oreficeria in rame sbalzato rappresentanti un'*aquila* e un *personaggio reggente un libro*, di epoca preromanica. Sotto il pergamo si trova il sarcofago del IV secolo del tipo "a porte di città", con altorilievi che narrano le storie di Cristo su tutti i lati. È ricordato come "sarcofago di Stilicone" anche se ormai non è più riconosciuto come sepoltura del generale di Teodorico morto nel 403. Secondo altri studi si potrebbe trattare della tomba dell'imperatore Graziano morto nel 383 e della sua seconda moglie **Leta**, di cui si leggono i ritratti nel clipeo nella parte frontale del coperchio.

Il ciborio

Al centro del presbiterio si trovano due preziosi elementi artistici e simbolici, il ciborio e l'altare d'oro. Il primo singolare monumento, ascritto al IX secolo, è un tempietto quadrangolare, retto da quattro colonne di porfido (probabilmente di reimpiego di epoca romana). Il baldacchino presenta sui lati decorazioni in stucco colorato della metà del X secolo. Si riconoscono: sul fronte verso i fedeli la *Traditio legis*; sul fronte opposto, verso il coro *Sant'Ambrogio con il modello del*

ciborio e santi; sul lato destro *Sant'Ambrogio tra due devoti* recentemente identificati come gli imperatori Ottone I e Ottone II; il lato sinistro presenta alcuni personaggi femminili: troviamo *Maria, prefigurazione di Mater Ecclesia* mentre riceve l'omaggio di due figure muliebri riconosciute da alcuni come **Adelaide** (931 ca.-999), imperatrice seconda moglie di Ottone I e **Teofane**, moglie di Ottone II; Adelaide esercitò una diretta azione politica prendendo parte attiva alle vicende del suo tempo meritando l'appellativo di *Mater Regnorum*, in quanto madre del successore al trono Ottone II, sorella del re di Borgogna, suocera del re di Francia e Regina d'Italia e tutrice del futuro imperatore Ottone III. Fondò chiese, conventi e monasteri. Secondo altre interpretazioni potrebbe trattarsi di Santa Tecla o Santa Scolastica fra due devote.

Al centro della zona del presbiterio, ed esattamente al di sopra della cripta, dove sono esposti i corpi di Sant'Ambrogio, Gervasio e Protasio, vi è, protetto da un'urna di cristallo, l'altare d'oro, notissimo capolavoro di oreficeria tardo carolingia (835 circa). L'opera, eseguita a sbalzo e impreziosita da smalti, perle e pietre preziose, narra nella facciata anteriore in lamine d'oro le *Storie di Cristo* e nella facciata posteriore le *Storie di Sant'Ambrogio* in lamine d'argento.

Santa Marcellina

(330 ca. – 400 ca.)

Figlia del prefetto delle Gallie dell'Impero Romano, il luogo e l'anno della sua nascita sono incerti, potrebbe essere nata a Treviri, dove il padre svolgeva l'incarico, o a Roma, dove la famiglia aveva vissuto in precedenza e dove tornò ad abitare in un secondo tempo. Sicuramente era la maggiore dei fratelli Ambrogio e Satiro e secondo alcuni testi ne avrebbe seguito l'educazione. Nacque quindi prima del 334, data in cui si ritiene comunemente sia nato Ambrogio. Dati storici sulla sua figura sono desunti dalle menzioni che di lei fa Ambrogio nelle sue lettere e, anzitutto, nella sua prima opera letteraria, il trattato *De virginibus* (*Sulle vergini*).

L'evento più importante della sua vita è raccontato all'inizio del libro III: «Nel Natale del Salvatore presso l'apostolo Pietro suggellavi la professione della verginità anche con il mutamento della veste, alla presenza anche di moltissime fanciulle di Dio che facevano a gara a vicenda per esserti compagne».

Lo studioso Raymond D'Izarny afferma che, contrariamente a quanto si pensa, è poco sicuro che Marcellina abbia effettivamente preso il velo: nel testo non si fa menzione tanto di questo (citato invece in altre opere

Camillo Pacetti, Statua di Santa Marcellina in preghiera, 1812

ambrosiane sulla verginità consacrata), quanto del cambio d'abito. Nel latino classico, *"mutare vestem"* significava prendere il lutto, indossare abiti di colore scuro come quelli dei poveri. Inoltre, l'usanza della velazione delle vergini pare essere stata importata dall'Africa da San Zeno, vescovo di Verona, che di lì era originario. Comunque sia, l'episodio della velazione ha avuto una certa fortuna in campo iconografico.

La nuova vita della vergine si svolse quindi a Roma e, in seguito all'elezione episcopale del fratello minore, a Milano. Il suo genere di vita doveva essere simile a quello che Ambrogio nel *De virginibus* descrive a proposito di altre congregate, che trascorrevano il tempo nella preghiera e procurandosi il vitto con le proprie mani, in modo da poter distribuire il superfluo ai poveri.

Nella sua prima opera, Ambrogio si lancia in un'appassionata difesa della verginità consacrata cristiana, contrapposta a quella, temporanea e poco fruttuosa, delle Vestali romane. A chi lo rimprovera di tessere continuamente le lodi delle vergini, risponde che è anche grazie a loro se lui, vescovo e veramente cristiano da poco più di tre anni, ha imparato la fede.

Lo spunto per alcuni paragrafi sembra arrivargli proprio da Marcellina, per tre volte chiamata "*sancta soror*": ad esempio, risponde a una sua domanda circa la scelta di quelle donne che, per conservarsi integre e scampare ai persecutori, si sono suicidate gettandosi da un palazzo o annegando in un fiume.

Marcellina è inoltre scelta come interlocutrice privilegiata in tre punti dell'epistolario ambrosiano, in cui il fratello l'aggiorna sull'andamento del conflitto con l'**imperatrice Giustina**, e il ritrovamento dei corpi dei martiri Gervaso e Protaso.

Fu anche sua consigliera a difesa delle cause che interessavano le vergini come il caso di **Indicia**, accusata di infanticidio.

Marcellina sopravvisse di poco al fratello che morì nel 397. Un epitaffio metrico, attribuito a Simpliciano, fissa il giorno della sua morte "alla metà di luglio". La sua memoria liturgica, infatti, è stata fissata al 17 luglio.

Il corpo di Marcellina venne sepolto nella basilica di Sant'Ambrogio, non molto lontano dalle spoglie dei suoi fratelli. Nel 1607 il cardinale Federico Borromeo chiese ufficialmente che venisse traslato dalla cripta, bisognosa di rifacimento, in un luogo più degno. Dopo un passaggio nella sacrestia della basilica nel 1722, venne infine sistemato, nel 1812, nella terza cappella della navata destra, precedentemente dedicata a Santa Caterina.

Da lì ogni anno, il 2 febbraio, comincia la Messa presieduta dall'arcivescovo di Milano con la benedizione delle candele e la processione. Ispirandosi forse al primo compito che le fu affidato come educatrice, le è intitolata la congregazione delle *Suore di Santa Marcellina*, fondata nel 1838 a Cernusco sul Naviglio da monsignor Luigi Biraghi e da **Marina Videmari** (1812-1891), benefattrice e organizzatrice dell'itinerario scolastico per le allieve e per le docenti. Attualmente le Marcelline sono presenti con scuole e ospedali in varie parti dell'Italia e del mondo.

Il mosaico absidale

Alle spalle del presbiterio la navata si chiude con l'abside attorno alla quale sono state ricollocate parti superstiti del coro ligneo (XV sec.) e la cattedra vescovile marmorea dell'XI sec. La conca dell'abside è arricchita dal mosaico con parti dei secoli VI e VIII, restaurato e integrato durante il XVIII sec. e nel secondo dopoguerra. Esso presenta al centro *Cristo Pantocratore tra angeli e santi*; sotto il trono in medaglioni troviamo i busti di Santa Marcellina, sorella di Ambrogio, suo fratello San Satiro e Santa Candida. Ai lati l'episodio del miracolo della bilocazione di Ambrogio.

Il portico della canonica

Dalla navata di sinistra si esce sul Portico della Canonica ricostruito dopo il bombardamento reimpiegando materiali autentici. Il chiostro fu iniziato da Donato Bramante per Ludovico il Moro nel 1492, poi interrotto dopo la caduta dello Sforza nel 1499. Le bombe del 1943 distrussero la canonica bramantesca e la palazzina abbaziale, in sua vece si costruì una seconda ala del chiostro in stile "novecento". La parte antica mostra al centro un arco sul cui portale troviamo due busti a mezzo rilievo che ritraggono Ludovico il Moro e **Beatrice d'Este** (v. pag. 419).

<<
Madonna dell'aiuto, attribuito alla bottega di Bernardino Luini (prima metà XVI sec.). Dopo un recente restauro è tornato nella sua cappella originaria (la terza da sinistra).

<
Mezzo rilievo con la figura di Beatrice d'Este nel Portico della Canonica

>
Le domus Giulia, Carola e Fausta di Gio Ponti

Tappa 8
Via De Togni e via Mellerio

Via De Togni ai civici 21-25 /
Le nuove case di Giò Ponti per la donna moderna

Riattraversiamo via Carducci e imbocchiamo sulla destra la via De Togni. In quest'area, a partire dagli anni Cinquanta, operano gli architetti Monti (Gianemilio, Piero e Anna), molto impegnati in questo periodo dell'architettura milanese tesa tra innovazione e rigore. **Anna Bertani Monti** (1923) è un delle prime architette italiane (si laurea al Politecnico di Milano nel 1948). Il primo tratto della cortina muraria destra presenta delle forti dissonanze stilistiche dovute all'introduzione, tra le tipologie otto-novecentesche prevalenti in zona, di edifici volutamente e programmaticamente moderni (razionalisti). I volumi che definiscono questi organismi edilizi sono assai semplici (primari) e senza alcun cenno di decorazione. "Ornamento e delitto" era il titolo di un celebre saggio dell'architetto viennese Adolf Loos fin dall'inizio del Movimento Moderno in Architettura. La serie di progetti studiati su questo tema da Giò Ponti (con Gino Lancia), fa parte di un totale di nove realizzazioni e dimostra come anche il grande architetto italiano si sia occupato degli studi sperimentali sull'abitare già diffusi all'epoca, soprattutto in Nord Europa. Anche Ponti si applicò all'approfondimento del tema dell'*existenz minimum* che comportava un cambiamento degli usi domestici e familiari presupponenti la ricerca dell'uomo e della donna nuovi. La minimizzazione degli spazi comportava anche la revisione dell'architettura e della maniera di vivere la casa, ma Ponti opponeva a questa idea una richiesta di spazi "visivamente" più ampi e quindi di maggior confort rispetto a quanto perseguito dalla maggior parte dell'architettura sociale nel resto d'Europa. Particolare impegno richiedeva l'ambiente cucina, la cui nuova impostazione era studiata nella prospettiva che la casalinga potesse diventare una lavoratrice con scansioni orarie e salario al pari delle altre lavoratrici, in particolare delle operaie. Sulla tematica della cucina Ponti realizzò alcuni interessanti progetti pubblicati.

Giulia, Carola e Fausta sono i nomi che l'architetto stesso diede a queste *domus*. Furono costruite dal 1931 al 1933 con un nuovo interesse per la colorazione: colori vivaci come il rosso, il giallo e il verde applicati alle facciate caratterizzano l'inizio della via de' Togni dove sorgono queste tre palazzine. Oltre ai colori sono la scelta e gli accostamenti dei materiali diversi, per provenienza e consistenza, e i criteri compositivi di finestre e logge a evidenziare il lavoro di ricerca e di sperimentazione.

Via Mellerio al civico 13 / **Palazzo Mellerio**

Riprendendo a camminare in direzione di corso Magenta, il nostro sguardo è immediatamente attratto dallo stridente confronto con l'edificio che si sviluppa angolarmente tra la via de' Togni e la perpendicolare via Mellerio. La nostra attenzione viene catturata da un'architettura stilisticamente agli antipodi di quelle appena esaminate. Irregolare planimetricamente e volumetricamente ha finiture decorative che rimandano all'architettura rinascimentale. Ma ciò che incuriosisce maggiormente sono le figure erette sulla balaustra superiore. Alcune di queste sono sagome femminili, figure allegoriche algide e severe equipaggiate con armi più simboliche che offensive.

>
Palazzo Mellerio

p. 442
Palazzo Litta

p. 444
Palazzo Litta. Sala degli Specchi

Tappa 9
Corso Magenta

Al civico 24 / Palazzo Litta

Prospiciente il Museo archeologico troviamo lo splendido Palazzo Litta, dalla estrosa facciata in stile rococò. Venne costruito nel 1645 per volontà della famiglia Arese, su disegno dell'architetto Francesco Maria Richino nel periodo in cui, terminata la peste, gli aristocratici tornarono in città dando il via a nuovi progetti edilizi. La facciata, aggiunta nel 1743, fu disegnata dall'architetto milanese Bartolomeo Bolli e si presenta suddivisa in tre corpi. Un colossale stemma di famiglia retto da due grandi statue di mori si trova sul frontone, mentre il portone è affiancato da due sculture di giganti che sostengono il balcone curvilineo. L'interno dell'edificio, più austero della facciata, presenta una corte d'onore quadrata con colonne in granito binate e architravate. Dai due lati del cortile si accede a due corti minori, una detta "Dell'orologio" (a sinistra), per la presenza del bell'orologio dipinto di azzurro che domina il teatrino Litta, tuttora attivo. Attualmente il Palazzo è sede regionale dei Beni culturali e paesaggistici della Lombardia, del Polo museale regionale e della Soprintendenza

di Milano e non è visitabile. Lo scenografico scalone detto "a tenaglia" risale al 1740 e fu ricostruito dopo i danni della Seconda guerra mondiale. Lo scalone è composto da tre rampe con gradini in granito rosa di Baveno, balaustre in marmo rosso di Arzo e nero di Varenna e affiancato da statue poste all'interno di nicchie in forma di conchiglia.

Al piano nobile si trovano magnifici interni rococò ancora in buono stato come il *Salone degli specchi* con decorazioni in oro zecchino, il *Salotto rosso*, con damaschi color porpora e affreschi e, incastonata nel mosaico a forma di fiore del pavimento, una perla che ricorda, secondo la tradizione, il punto in cui a **Barbara Litta** cadde una lacrima per l'emozione di vedere Napoleone tra le pareti del suo *boudoir.*

Tra gli straordinari ricevimenti e feste che si svolsero nel palazzo ricordiamo quello organizzato nel 1649 in onore di **Maria Anna d'Austria**, che passava da Milano per andare in sposa a Filippo IV di Spagna, quando i proprietari erano ancora gli Arese. Nel 1739 fu presente anche **Maria Teresa d'Austria**. Frequentatrice delle feste e delle danze tra giochi d'acqua, labirinti di siepi e *cabinet de verzure*, fu la contessa **Antonietta Fagnani Arese** che spesso interpretò la parte di Niobe o di sacerdotessa di Venere in quei *tableaux vivants* che andavano di moda alla fine del XVIII secolo. Personaggio interes-

Il *boudoir*

Uno dei pochi spazi della residenza pensato e progettato specificamente per le esigenze femminili era il cosiddetto *boudoir*. La zona di Via Meravigli e Corso Magenta era, e in parte è ancora, costellata da palazzi aristocratici. Curiosiamo all'interno di alcune delle loro sale, accompagnate dalla descrizione che ne fa Raffaele Calzini nel suo testo *Milano fin de siècle*.

«...Le case signorili, i palazzi, avevano un guardaportone che montava la guardia verso le due del pomeriggio e si pavoneggiava con mazza dorata e palandrana trapunta di argento sulla soglia dove entravano e uscivano carrozze. Un paio di servitori, per lo più venerandi e incariatiditi, accoglievano i visitatori nelle anticamere e li introducevano al cospetto della padrona di casa. A parte la speciale procedura e le cerimonie del settimanale o bisettimanale giorno di ricevimento, l'ospite era di solito avviato con un inchino e un cenno verso la sfilata dei saloni, in fondo alla quale, come nella cella dell'ape regina, stava la padrona di casa. Le sale degli appartamenti aristocratici erano contraddistinte da un nome corrispondente alla loro intonazione coloristica: si passava senza gradazioni di tinte dalla sala rossa alla gialla alla verde alla blu, prima di arrivare alla intimità penombrosa del salottino che, franciosamente, tutti chiamavano *boudoir*. Qui trionfavano le stoffe, la polvere e, nel peggior dei casi, anche i microbi. Le finestre erano parate di tendoni bianchi trattenuti dalle *sembralles* in modo da creare sul pavimento una stilizzata cascatella di panneggi e di pieghe artisticamente disposte a ventaglio. La luce del giorno era accuratamente velata da tendine foderate di sottotendine mobili, e la teatralità dell'ambiente veniva aumentata dal trasparente sipario che era sorretto e governato dall'imponente *geneffa* dorata. Si voleva creare l'"intimo", malgrado il ricco, con l'aiuto della seta e delle dorature diffuse a profusione [...] Il grigio perla e il celeste-blu incorniciavano nel *boudoir* la padrona di casa che volgeva le spalle alla luce delle finestre, "terribile" in quelle ore di ricevimento (dopo colazione fino alle tre). Luce e sole erano i più grandi nemici della bellezza muliebre fin di secolo, e il conte Stampa, figliastro di Manzoni soleva ricordarmi che le sue contemporanee volevano mantenersi candide come l'*indivia sotteràda*». ■

sante e controverso, è considerata una delle figure di spicco della società milanese in epoca napoleonica. È "l'amica risanata" di Ugo Foscolo, con cui ebbe una breve relazione, alla fine della quale il poeta scrisse di lei a un amico "che aveva il cuore fatto di cervello".

Al civico 15 / **Museo Archeologico**

Il civico Museo Archeologico è ospitato in una parte dell'ex Monastero Maggiore, uno dei più grandi e importanti complessi ecclesiastici femminili milanesi del passato. Fa parte del complesso la cinquecentesca chiesa di San Maurizio, attribuita da molti a un iniziale programma edificatorio di Dolcebuono e impreziosita e resa famosa in seguito dallo splendido ciclo di affreschi per lo più di Bernardino Luini e della sua scuola, che coprono quasi senza soluzione di continuità l'intera superficie delle pareti. Ha subito nei secoli, come molti altri monumenti milanesi, devastazioni, spoliazioni, trasformazioni e da ultimo i bombardamenti della Seconda guerra mondiale. Nelle aree adiacenti alla chiesa, salvate e recuperate dopo lungo e accurato lavoro, è allestito il Museo, il cui assetto è stato rinnovato negli anni successivi. I materiali pre e proto storici e quelli egizi sono attualmente esposti presso il Castello Sforzesco.

L'ingresso principale del Museo è su corso Magenta, proprio a fianco di quello della preziosa chiesa di San Maurizio. A una presenza esterna molto semplice corrisponde un elegante e rigoroso allestimento interno. L'itinerario di visita è caratterizzato fin da subito dalla presenza della cosiddetta "Torre di Ansperto" che, con la sua particolare volumetria poligonale di mattoni scuri, è elemento fortemente dissonante rispetto alle scelte formali e materiche e ai contenuti del museo stesso. Suscita perciò nel visitatore quella curiosità che si traduce in spinta ad avanzare fino a percorrere tutto l'itinerario espositivo fino alla meta, che in questo caso è la nuova Palazzina di via Nirone, utile ampliamento della vecchia sede. L'intero itinerario si può perciò sintetizzare, in un certo senso, come "passeggiata alle torri e ritorno," che attira anche il pubblico meno preparato e i bambini.

La palazzina di via Nirone contiene al piano terra spazi per la didattica e l'incontro; al primo piano la sezione altomedioevale (dalla tarda romanità al medioevo); al secondo piano la sezione etrusca (dalle origini alla romanizzazione, VIII-II sec. a.C.) e al terzo e ultimo piano quella greca, incentrata sull'età classica.

In questa presentazione evidenziamo solo alcune tra le testimonianze delle varie sezioni, quelle più importanti e significative dal punto di vista della ricostruzione della storia delle donne.

Entrando al piano terra dall'ingresso principale, tra i primi esempi di arte statuaria greca e romana che ci accolgono notiamo la bella **Testa di Agrippina** (la madre di Nerone), realizzata in prezioso e splendente marmo bianco, in dimensioni un po' maggiori del naturale e con un'acconciatura a piccoli riccioli. Poco distante sono esposte altre due teste di giovani donne, più piccole della precedente, ma molto simili per tipologia rappresentativa e acconciatura.

In quest'area vicino all'entrata, in bella evidenza, è esposto uno dei pezzi di maggior valore artistico, la *Patera di Parabiago* (dal nome del luogo di rinvenimento). Si tratta di un oggetto di doppia preziosità: il materiale con cui è stata realizzata, l'argento dorato, e soprattutto l'abilità tecnica e la creatività dell'artista. Il soggetto, eseguito a sbalzo, ha al centro **Cibele**, che giunge su un carro trainato da una quadriglia di leoni. Accanto alla dea il semidio Attis che impersona il ciclo vitale della natura, la rigenerazione, l'eterno ritorno. Il mito di Cibele era originario dell'Anatolia dove la dea era celebrata come Grande Madre primigenia, creatrice e governatrice del mondo naturale vegetale e animale che viene diversamente denominata a seconda dell'area culturale di appartenenza: Madre degli dei, Madre Terra, Era, Demetra, Giunone... A Roma il culto si manifesta pubblicamente per la prima volta in occasione delle celebrazioni e delle feste di primavera (all'equinozio) che poi furono chiamate *della Candelora* (in riferimento alla festa cristiana della Presentazione al Tempio di Gesù in cui, tra l'altro, vengono benedette le candele).

p. 447
Testa di Agrippina

<
Patera di Parabiago

>
Sarcofago etrusco, metà II – fine I sec.

p. 450
San Maurizio al Monastero Maggiore, facciata

p. 452
Bernardino Luini, *Ippolita Sforza Bentivoglio e santi*, S. Maurizio al Monastero Maggiore

L'omaggio e la celebrazione della divinità femminile primigenia, creatrice e governatrice di tutto il mondo vivente (animale e vegetale) è ribadita da un altro importane reperto che a prima vista ha la forma di un vaso canopo contente le ceneri del defunto, ma che in realtà è un altro tipo di rappresentazione della dea madre seduta in un trono, i cui braccioli hanno sagome zoomorfe. Una colomba solitaria le è posta in grembo. Da notare la differenza di dimensioni tra il busto e il resto del corpo assiso di cui si intuiscono le gambe molto esili, cui fanno riscontro due altrettanto piccoli e pressoché inerti piedi.

Sempre al piano terra si può ammirare l'altro capolavoro esibito da questo museo, la cosiddetta *Coppa Trivulzio*, realizzata in vetro a strati colorati.

Nei begli esemplari di vasi esposti nelle eleganti teche di cristallo si possono osservare scene, dipinte in rosso su terracotta nera (come l'*oinochoé* e il *kylix*, della fine del V sec. a.C.), riferite alla vita quotidiana, ad attività ginniche e ludiche, come banchetti, in cui sono protagonisti cittadini greci ed etere.

Al terzo piano, che dovrebbe essere dedicato alla sezione greca, siamo subito colpite, invece, da uno straordinario sarcofago etrusco, probabilmente proveniente da Volterra (metà II e fine I sec.), dedicato alle spoglie

mortali di una nobildonna, che appare raffigurata sul coperchio. Al di là del valore propriamente artistico di questo manufatto, realizzato in terracotta e modellato un po' grossolanamente, ci interessa osservare la postura del corpo della defunta, che viene raffigurata appoggiata su un fianco, fuori dai rigidi schemi classici assiali e simmetrici. (In altra sede ho avuto occasione di notare il ripetersi di tali posizioni libere, disinvolte, comode nell'arte funeraria etrusca. Ciò può essere ascritto sicuramente alla maggior considerazione che questa cultura riconosceva alle donne, una conseguenza della maggiore libertà e dignità a loro attribuita).

Il resto della sezione espone alcune piccole sculture, talora modellini di oggetti reali di uso quotidiano, come quello assai emozionante di una madre che insegna i lavori domestici alla figlia bambina. Pannelli didattici, appesi alle pareti, completano le testimonianze riferite alla vita domestica dell'antico popolo etrusco e in particolare all'educazione delle giovinette.

Al civico 15 / **San Maurizio al Monastero Maggiore**

Percorrendo Corso Magenta incontriamo il complesso di San Maurizio al Monastero Maggiore, uno dei più antichi e importanti centri monastici femminili della città. È infatti menzionato in un docu-

mento del 1027 (allora gestito dalla badessa **Gerechilda** e ancora per qualche anno intitolato a Maria) e detto "il Maggiore" probabilmente per via della fama che godette fin dalle origini (nel XVI secolo si contavano più di cento monache). Fin dall'epoca medievale ebbe una posizione di primo piano all'interno della Chiesa milanese e gli esponenti della più ricca società cittadina affidavano alle monache benedettine sia i loro averi che l'educazione delle loro figlie. Il monastero fu soppresso in epoca napoleonica. Fortunatamente è sopravvissuta la chiesa, soprannominata la "Cappella Sistina di Milano", data la preziosità degli affreschi. Fu costruita nel 1503, probabilmente dall'architetto Giangiacomo Dolcebuono sul sito di una basilica più antica.

La facciata appare semplice e sobria, in contrasto con la ricchezza della decorazione interna. L'interno si presenta a una sola navata a doppia aula di dieci campate in tutto, sull'esempio di molte chiese monastiche di clausura: un'aula era destinata ai fedeli e aperta alla città durante le funzioni, mentre l'altra ospitava il coro delle monache, ed era separata da una parete trasversale aperta in alto e caratterizzata da una grata e due finestrelle chiamate "comunichini", che permettevano alle monache di partecipare alle funzioni. La decorazione delle pareti si articola su tre registri: cappelle, matronei intervallati da serliane e lunette. La decorazione pittorica della chiesa, recentemente restaurata, si svolse in circa tre fasi di interventi dal 1510 al 1570 circa, accogliendo diverse maestranze lombarde: Bernardino Luini e i suoi figli, i fratelli Campi, i Piazza e il maestro di Caravaggio, Simone Peterzano. Il primo ciclo della decorazione iniziò dall'aula delle monache, in quello che per esse doveva essere il presbiterio, con la raffigurazione di Dio Padre tra gli evangelisti. Da qui si snoda il ciclo della *Passione di Cristo*, che doveva sottolineare il sacrificio della vita delle monache per la salvezza dell'umanità. Commoventi, a decorare le diverse campate i numerosi paesaggi, alcuni dei quali leonardeschi, grazie ai quali le monache, essendo in clausura, potevano contemplare e ricordare il mondo esterno. Nell'aula sono ancora visibili l'antico

RÆ AC CELESTIS TRIVMPHI SPECVLVM CERNIS

organo e il coro cinquecenteschi, dove le monache si distribuivano per la lettura dei loro breviari e per i canti delle messe che attiravano fedeli e visitatori. Il documento di "allogagione" del prezioso organo riporta il nome del maestro esecutore dello strumento e del pittore che eseguì le decorazioni con i ritratti di Santa Caterina e Santa Elisabetta d'Ungheria. Esso fornisce inoltre uno spaccato del carattere elitario del cenobio cittadino; all'atto erano presenti infatti 96 monache tutte provenienti dalle famiglie più nobili di Milano, tra le quali ricordiamo: Angela Serafina da Terzago, Alessandra Sforza Bentivoglio, Francesca Violante Bentivoglio, Ottavia Pusterla, Judita e Prospera da Fiorenza, Polissena Simonetta, Faustina de Barzizza, Angela Francesca e Vittoria da Birago, Serafina, Gabriella e Adriana Resta, Sigismonda e Caterina Panigarola, Ippolita e Tarasia Gallarati, Laura Pellegrina Landriano. Gran parte delle sante martiri effigiate nel coro claustrale sono probabilmente ritratti delle monache del tempo.

Nel registro inferiore della parete centrale troviamo figure di sante martiri ritratte da Bernardino Luini; da sinistra a destra si riconoscono grazie ai loro attributi e alla palma del martirio: Santa Cecilia (libro), Sant'Orsola (corona), Sant'Apollonia (tenaglia con dente) e Santa Lucia (occhi), mentre nella lunetta di destra troviamo le sante Agnese (agnello), Caterina (ruota) e Scolastica (abito monacale) che accompagnano **Ippolita Sforza** alla Vergine. Ippolita è inginocchiata, elegantissima nel suo abito di broccato bianco ricamato a groppi d'oro (nodi di memoria leonardesca). Fu proprio Ippolita che all'entrata delle figlie nel monastero permise i lavori donando un'ingente somma di denaro. Le figlie **Alessandra** e **Ippolita** divennero suor Bianca e suor Francesca, mentre **Violante** e **Ginevra** entrarono una volta rimaste vedove. Alessandra, grazie alla dote lasciatale dalla madre, diverrà più volte badessa del convento negli anni del suo massimo splendore. Possiamo riconoscere il suo ritratto nel volto di Santa Scolastica, raffigurata proprio dietro la madre. Compare anche nell'aula delle monache nell'episodio della *Deposizione di Cristo*.

Tappa 10

Via San Giovanni sul muro

Il nome della via pare alludere alla presenza di una chiesa scomparsa da tempo.

Al civico 2 / Teatro Dal Verme

La storia di questo teatro inizia nel 1871, quando la nobile famiglia Dal Verme lo fece realizzare in un solo anno e mezzo, al posto del baraccone di legno del Circo Ciniselli, per sedare le continue proteste degli abitanti del quartiere, che non volevano il Circo. Da allora, la storia del teatro è stata un succedersi di stagioni, spesso memorabili.

L'edificio, firmato dall'architetto Giuseppe Pestagalli, dopo l'ultima ristrutturazione è tornato ai fasti iniziali. È un'imponente costruzione che conserva abbastanza fedelmente la struttura originale: solo la splendida cupola è andata perduta, distrutta dai bombardamenti del 1943. Nel 1884 qui esordì un giovane Giacomo Puccini con *Le Villi*; nel 1888 Arturo Toscanini vi diresse la sua prima orchestra. Successivamente Marinetti ne fece la sede del suo teatro futurista. Fu anche luogo del debutto di molte artiste per cui la numerosa e variegata presenza vale quanto detto a proposito della Scala. La facciata è parallela alla via San

<
Teatro Dal Verme

>
Chiesa di Santa Maria della Consolazione

Giovanni sul muro, gli ingressi centrali sono evidenziati e nel contempo protetti da un bel portico a tre arcate. Inusuale nella tradizione degli edifici pubblici è invece il colore rosa, di tonalità piuttosto intensa, adottato per le facciate. Il contrasto con il colore chiaro delle cornici delle finestre mette in evidenza le geometrie elementari da "imparaticcio" del neoclassico, in netta antitesi con la moderna, tecnologica macchina scenica, che si nasconde al suo interno. Dopo i più svariati tentativi di utilizzo, la struttura giunse alla chiusura definitiva. Alla fine del secolo scorso il Comune e la Provincia di Milano lo acquistarono e diedero inizio a una intensa opera di ristrutturazione, terminata nel 2001. Il teatro è ora un punto di riferimento nell'attualità e nella cultura milanese con un'ampia offerta di concerti, mostre, incontri e convegni.

Chiesa di Santa Maria della Consolazione o Santa Maria al Castello

Di fronte al Teatro Dal Verme troviamo la Chiesa di Santa Maria della Consolazione. A precedere l'attuale costruzione fu una prima edificazione della fine del Quattrocento per opera dei padri agostiniani, che vi affiancarono un convento. Il secolo successivo vide un altro intervento di rilievo a seguito delle vicissitudini dell'area antistante il Castello. Perso il

convento, venne via via inglobata nell'edificazione urbana. Stretta tra due corpi di fabbrica, tende ad esser poco visibile allo sguardo del passante. Il volume è incastonato, quasi incastrato, tra due edifici che lo stringono da molto vicino. Solo il pronao si evidenzia, creando diversi livelli di profondità della facciata che, soprattutto a cancelli e porte aperti, acquista maggior spaziosità e leggerezza. Il pronao, a parte le modeste e quasi severe sottolineature, consta di un volume parallelepipedo dalla geometria essenziale, aperto da tre arconi frontali più uno per ogni fianco. Questa forma dell'architettura con pronao quasi aggiunto a posteriori costituisce una vera e propria tipologia architettonica tipica dell'ambiente milanese. Il modello fa riferimento a quello proposto dall'architetto imperialregio Piermarini per il Teatro alla Scala. Il portico d'ingresso prima di essere elemento compositivo dell'opera architettonica era elemento funzionale per proteggere gli ospiti al momento della discesa dalla carrozza. Ma la parte che ci sembra più affascinante è il gruppo scultoreo che compare al centro dell'architrave soprastante gli arconi. Al centro una Madonna, ai lati due angeli. Si stagliano come silhouettes contro la facciata superiore più interna, acquistando risalto o appiattendosi secondo la direzionalità e intensità delle luci. Lungo l'architrave è riportata la scritta *AEDES INSTAURATA PRONAUM ADIECTUM ANNO MDCCCXXXVI.*

<
Chiesa di Santa Maria della Consolazione, gruppo scultoreo con Madonna e due angeli

>
I giardini di Largo Maria Callas

Tappa 11
Largo Maria Callas

Lasciando alle nostre spalle la piazza Cadorna e percorrendo il lato sinistro di Foro Bonaparte giungiamo in largo Maria Callas. Il 14 dicembre del 1994 il Comune di Milano ha intitolato alla grande cantante lirica (vedi pag. 108) un'area pubblica appoggiandosi all'entusiasmo degli amici del Loggione del Teatro alla Scala, che in soli venti giorni raccolsero le firme occorrenti. Poteva essere un piccolo accogliente salotto, da godere nella stagione estiva data la contiguità con il Teatro Dal Verme e la presenza di alberi ad alto fusto ormai voluminosi, quindi in grado di ombreggiare sufficientemente la zona sottostante. Ma purtroppo non è andata proprio così: forse il vincolo di accesso ai parcheggi privati sotterranei, cui si accede rimuovendo le barriere con telecomando, più la presenza di bancarelle permanenti, la commistione di ciclisti e pedoni e il fondo stradale abbastanza variegato e sconnesso rendono un'immagine disordinata e poco allettante e non consentono un'agibilità rilassata e sicura in particolare per bambini e anziani. Sarebbe auspicabile un intervento di riqualificazione funzionale e di aggiornamento paesaggistico e conseguente valorizzazione.

Bibliografia sintetica

AA. VV., *La chiesa di San Maurizio al Monastero Maggiore*, Gruppo BPM, Milano 1998.

AA. VV., *Il Duomo di Milano*, Cassa di risparmio delle province lombarde, Milano 1973.

Tatiana Agliani, "L'arte della vita è di scena al Jamaica", in *Jamaica. Arte e vita nel cuore di Brera*, Rizzoli, Milano 2012.

Renzo Allegri, *La vera storia di Maria Callas. Con documenti inediti*, Mondadori, Milano 1991.

L. Aversano e J. Pellegrini (a cura di), *Mille e una Callas: voci e studi*, Quodlibet, Macerata 2017.

Raffaello Barbiera, *Il salotto della contessa Maffei*, Fratelli Treves, Milano 1919.

Adriano Bassi, *Guida alle compositrici dal Rinascimento ai giorni nostri*, Odoya, Città di Castello 2016.

Nino Bazzetta de Vemenia, *Donne ed amori, ville e misteri di Milano e del Lario*, V. Omarini, Como 1925.

Marta Boneschi, *Milano, l'avventura di una città. Tre secoli di storie che hanno fatto l'Italia*, Ledizioni, Milano 2014.

Ernesto Brivio, *Il Duomo*, Veneranda Fabbrica del Duomo, Milano 2003.

Ernesto Brivio, *La scultura del Duomo di Milano: la fede e i suoi testimoni narrati nel marmo di Candoglia*, Veneranda Fabbrica del Duomo di Milano, Milano 2003.

Annarita Buttafuoco, *Le Mariuccine. Storia di un'istituzione laica: l'Asilo Mariuccia*, F. Angeli, Milano 1985.

Carlo Capponi (a cura di) *La basilica di Sant'Ambrogio in Milano*, Gruppo BPM, Milano 1997.

Silvia Cavicchioli, *Anita. Storia e mito di Anita Garibaldi*, Einaudi, Torino 2017.

Benedetta Craveri, *La civiltà della conversazione*, Adelphi, Milano 2001.

Vittorio Della Croce, *Una giacobina piemontese alla Scala. La primadonna Teresa Belloc*, Eda, Torino 1978.

Rachele Farina (a cura di), *Dizionario biografico delle donne lombarde, 568-1968*, Baldini&Castoldi, Milano 1995.

Rachele Farina (a cura di), *Esistere come donna*, Nuove edizioni Gabriele Mazzotta, Milano 1983.

Rachele Ferrario, *Margherita Sarfatti. La regina dell'arte nell'Italia fascista*, Mondadori, Milano 2018.

Daniela Ferro, *Le grandi donne di Milano*, Newton Compton Editori, Roma 2011.

Maria Teresa Fiorio, *Le chiese di Milano*, Electa, Milano 2006.

Carla Fracci, *Passo dopo passo. La mia storia*, Mondadori, 2013.

Paolo Grillo, *Nascita di una Cattedrale*, Mondadori, Milano 2017.

Flaminio Gualdoni, (a cura di), *Dadamaino. Passo dopo passo, 1987-1989*, Studio Reggiani, Milano 1989.

A. Lanza, M. Somarè, *Milano e i suoi palazzi*, Libreria milanese, Milano 1992.

Margherita Migliarini, *Alle origini del Duomo. La Basilica e il culto di Santa Tecla*, Nuove edizioni Duomo, Milano 1990.

Lorenza Minoli (a cura di), *Margarete Schütte Lihotzky. Dalla cucina alla città*, Franco Angeli, Milano 1999.

Luisa Negri, *Il grembiule di castagne*, Comune di Varese, Varese 2001.

G. Nuvoli e C. A. Colombo (a cura di), *La signora dei disperati. Alessandrina Ravizza e Milano nel centenario della scomparsa*, Raccolto Editore / Umanitaria, Milano 2015.

Maura Palazzi, *Donne sole. Storie dell'altra faccia dell'Italia tra antico regime e società contemporanea*, Bruno Mondadori, Milano 1997.

Maria Iolanda Palazzolo, *I salotti di cultura nell'Italia dell'Ottocento: scene e modelli*, Franco Angeli, Milano 1985.

Giò Ponti, *La casa all'italiana*, Domus, Milano 1933.

Giò Ponti et al., *Verso la casa esatta*, Domus, Milano 1945.

Lalla Romano, *Le parole tra noi leggere*, Einaudi, Torino 1969.

Caterina Santoro, *Gli Sforza*, Corbaccio, Milano 1992.

Giovanni Truglia, "La dimora milanese di Giuditta Pasta", in «Bollettino di studi belliniani», III, Catania 2017.

Touring Club Italiano, *Milano*, 2008.

Adriana Valerio, *Le ribelli di Dio. Donne e Bibbia tra mito e storia*, Feltrinelli, Milano 2014.

Jessie White Mario, *Vita di Garibaldi*, Studio Tesi, Pordenone 1986.

Giovanna Zapperi, *Carla Lonzi. Un'arte della vita*, DeriveApprodi, Roma 2017.

Indice dei nomi

I numeri in grassetto rimandano alla pagina in cui si trova il box di approfondimento biografico

Crediti

L'Itinerario n. 4 *Da Piazza Castello a Piazza Mercanti* è di Linda Bertella. Il box di pag. 25 *Comunicare: immagini e immaginario della modernità* e il box di pagg. 27-28 *Palazzo Reale: esposizioni decisive* sono di Rossana Di Fazio. I box di pagina 113 e segg. dedicati alle compositrici sono di Milena Gammaitoni; il box di pag. 122 su Carla Fracci e il box di pag. 105 su Renata Tebaldi sono di Paola Rizzi; il box di pag. 182-183 *Il dopoguerra e le vie della moda* è di Enrica Morini (da: *Da sarta a stilista. Le donne che hanno fatto la moda*, in *La signorina Kores e le altre*, enciclopediadelledonne.it, 2016).

Referenze fotografiche

___ Bembo, Bonifacio: *Ritratto di Bianca Maria Sforza duchessa di Milano e consorte di Francesco Sforza*. Milano, Pinacoteca di Brera. ©2022 Foto Scala,Firenze - su concessione Ministero Beni e Attività Culturali e del Turismo.

___ Induno, Domenico: *Tre donne intente a confezionare una bandiera*. Milano, Museo del Risorgimento. ©2022. Foto Scala, Firenze.

___ Leonardo da Vinci: *Dama con l'ermellino*, 1490 ca., Cracovia, Museo Nazionale. Già Collezione Czartorysky. ©2022. Foto Scala, Firenze.

___ Scuola lombarda: *Madonna delle Grazie*, Milano, S. Maria delle Grazie. ©2022. Foto Scala, Firenze.

___ Michelangelo: *Pieta' Rondanini*, Milano, Castello Sforzesco. ©2022. Foto Scala, Firenze.

___ Guardi, Francesco: *Il parlatorio delle monache di S. Zaccaria*, 1746, Venezia, Ca' Rezzonico ©2022. Foto Scala, Firenze.

___ Pollaiolo, Piero (attr.): *Ritratto di donna*, inv. 442. Milano, Museo Poldi Pezzoli. ©2022. Foto Scala, Firenze

___ *Ritratto di Giuseppina Verdi Strepponi*, Milano, Museo Teatrale alla Scala. ©2022. Foto Scala, Firenze

___ Hayez, Francesco: *Ritratto di Alessandro Manzoni*, 1841, Milano, Pinacoteca di Brera. Olio su tela. ©2022. Foto Scala, Firenze - su concessione Ministero Beni e Attività Culturali e del Turismo.

___ Bellini, Gentile e Bellini, Giovanni: *Predica di S. Marco in Egitto*, Milano, Pinacoteca di Brera. ©2022. Foto Scala, Firenze - su concessione Ministero Beni e Attività Culturali e del Turismo.

___ *Interno dell'abside*. Milano, S. Maria presso S. Satiro. ©2022. Foto Scala, Firenze.

___ *Ciborio lato con S. Tecla tra due devote*, Milano, Basilica di Sant' Ambrogio. ©2022. Foto Scala, Firenze.

___ Luini, Bernardino: *Parte destra del tramezzo con Ippolita Sforza Bentivoglio e sante*, Milano, S. Maurizio al Monastero Maggiore. ©2022. Foto Scala, Firenze.

___ *Sarcofago di Stilicone*, fine sec. IV. Milano, Basilica di Sant'Ambrogio. ©2022. Foto Scala, Firenze.

___ Bisi, Ernesta: *La famiglia Manzoni intorno al 1825, in alto: Alessandro tra la madre Giulia e la moglie Enrichetta; in basso: i figli Giulietta, Pietro, Cristina, Sofia, Enrico, Clara e Vittoria*. Milano, Museo Manzoniano. ©2022. DeAgostini Picture Library/Scala, Firenze.

___ Gariboldi, Federico: *Ritratto di Teresa Stolz*, Milano, Museo Teatrale alla Scala. ©2022. DeAgostini Picture Library/Scala, Firenze.

___ Medaglioni con i ritratti di Alessandro Manzoni e della moglie Enrichetta Blondel. ©2022. DeAgostini Picture Library/Scala, Firenze.

___ *Ritratto di Giulia Bonesana Beccaria*, Milano, Pinacoteca di Brera. ©2022. DeAgostini Picture Library/Scala, Firenze.
___ *La ballerina Maria Taglioni nel balletto La Sylphide*, 1830-40 circa. Stampa colorata, XIX secolo. Parigi, Bibliotheque des Arts Decoratifs. ©2022. DeAgostini Picture Library/Scala, Firenze.
___ *Ritratto di Bona di Savoia*, affresco di Bernardino, XVI secolo. ©2022. DeAgostini Picture Library/Scala, Firenze.
___ Anguissola, Sofonisba, *Autoritratto*, Pinacoteca di Brera, ©2022. DeAgostini Picture Library/Scala, Firenze.
___ *Maria Callas,* 1956. Foto: Barbara Pflaum. ©2022. Foto Austrian Archives/ Scala, Firenze.
___ *Villa Manzoni a Brusu*glio, quadro di Massimo d'Azeglio, disegno di Gaetano Fasanotti, incisione di Canedi tratta da L'Illustrazione Italiana, anno VI, n. 46, 16 novembre 1879. Milano, Biblioteca Ambrosiana. © 2022. Veneranda Biblioteca Ambrosiana/DeAgostini Picture Library/Scala, Firenze.
___ *Ritratto di Anna Maria Ribeiro da Silva detta Anita Garibaldi*, Genova, Istituto Mazziniano. ©2022. DeAgostini Picture Library/Scala, Firenze.
___ *Ritratto di Costanza Trotti Arconati Visconti*, Milano, Museo del Risorgimento. ©2022. DeAgostini Picture Library/Scala, Firenze.
___ *Gioco della palla*, particolare del ciclo di affreschi dei *Giochi Borromeo*, di Michelino da Besozzo, Borromeo Palace, Milano. Italia, XV secolo. ©2022. DeAgostini Picture Library/Scala, Firenze.
___ *Fanny Cerrito Italian ballet dancer*, Londra, Mary Evans Picture Library. ©2022. Mary Evans/Scala, Firenze.
___ *Palazzo Litta. Sala degli Specchi*. Milano, Palazzo Litta. ©2022. Foto Scala, Firenze/ Mauro Ranzani
___ *Stendardo. Madonna del Rosario*. Milano, Duomo. ©2022. Foto Scala, Firenze/ Mauro Ranzani.
___ *Fanny Elssler as Florinda in the dance La Cachucha (ballet Le Diable boiteux),* 1836. From a private collection. ©2022. Foto Fine Art Images/Heritage Images/Scala, Firenze.
___ *Auguste Vestris, first dancer and ballet master of the Paris opera, and Mlle. Angiolini in the 'Ballet of the Tyrolese'*, 1810. Coloured engraving. Parigi, Bibliotheque-Musee de l'Opera. ©2022. Album/Scala, Firenze
___ *Lezione di disegno dal vivo*, Palazzo delle stelline, Milano, 1890-1910 ©Archivio ASP Istituti Milanesi Martinitt e Stelline e Pio Albergo Trivulzio – tutti i diritti di legge riservati

Le foto degli esterni e della copertina sono di Loris Calgaro.

I prospetti del Duomo, il disegno del Castello Sforzesco, l'albero genealogico degli Sforza, la mappa dell'antica Piazza Duomo sono di Federica Garofoli.

Le mappe degli itinerari sono di Sara Santoro.

L'editrice è a disposizione degli aventi diritto con i quali non è stato possibile comunicare, nonché per eventuali omissioni o inesattezze nella citazione delle fonti.

Finito di stampare nel mese di marzo 2022 presso
Geca Srl – Industrie Grafiche, San Giuliano Milanese (MI)